KB276044

기본사활로 수읽기에 강해져라

기본에 충실하면 기력향상은 저절로 따라온다!

기본사활로
수읽기에 강해져라

2판 1쇄 발행 2024년 9월 30일

감 수	목진석
지은이	이하림
마케팅	조정빈
발행인	조상현
발행처	더디퍼런스

등록번호	제2018-000177호
주소	경기도 고양시 덕양구 큰골길 33-170
문의	02-712-7927
팩스	02-6974-1237
이메일	thedibooks@naver.com
홈페이지	www.thedifference.co.kr

독자여러분의 소중한 원고를 기다리고 있습니다. 많은 투고 부탁드립니다.

ISBN 979-11-6125-501-9 13690

목진석 감수 · 이하림 지음

기본사활로
수읽기에 강해져라

기본에 충실하면 기력향상은 저절로 따라온다!

더 디퍼런스

　한 판의 바둑에서 어떤 상황에서든 중요하지 않은 쟁점은 없습니다. 가볍게 방향을 정해가는 포석이든, 귀와 변에 이르는 정석이든, 그리고 더욱 복잡해진 어느 국면에서 벌어지는 전투든 모두 신경을 써야 합니다.

　다만 어디서든 한 수 삐끗하면서 바둑을 그르치는 경우가 나오지 않을 수 없습니다. 실수라는 것이 인간의 조건인데 인생의 축소판인 바둑에서야 더 말해 무엇 할까요. 그런데 초반 정석이나 포석이라면 다소 실수해도 아직 갈 길이 멀어 언제든 만회할 수 있지만, 삶과 죽음을 둘러싼 공방에서의 실수는 승부와 직결되므로 얘기가 달라집니다. 문제는 치명적이라는 데 있습니다.

　손을 빼도 멀쩡하게 살아 있는 돌을 가일수하다가 귀중한 선수를 상대방에게 헌납해 고전에 빠지는 경우도 많이 봅니다. 또 손을 써야 마땅한 돌을 놔두고 다른 곳에 전환하다가 불의의 일격을 얻어맞고 횡사하는 바람에 승부가 끝나 버리는 비극도 흔히 볼 수 있는 풍경입니다. 프로의 바둑이라면 그런 일은 좀처럼 일어나지 않겠지만, 아마추어라면 그런 촌극은 비일비재하게 일어납니다. 구경하는 사람이야 재미있겠지만 당사자의 심정은 얼마나 아플까요.

　이처럼 삶과 죽음, 즉 사활이 차지하는 비중은 상당히 큽니다. 사활 공부가 수읽기의 힘을 기르는 데 으뜸이라는 것은 이론의 여지가 없습니다. 수읽기의 힘은 바둑 전반, 그러니까 포석이나 정석 시대, 또는 부분전투에 의한 수상전, 공격과 타개, 끝내기에 이르기까지 두루 영향을 미칩니다. 그런 의미에서 바둑의 모든 것이 수읽기의 범주에 들어있다고 봐도 지나치지 않을 것입니다. 그것은 곧 사활 공부의 중요성은 아무리 강조해도 모자람이 없다는 뜻도 되는 것이죠.

구체적으로 이 책은 모두 네 개의 큰 장르로 나누고 다음과 같은 내용을 담았습니다.

1장 '사활의 기본 상식 ABC' 편은 일종의 서론 성격으로 사활의 기본적인 상식과 삶과 죽음의 형태를 한눈에 알아보도록 꾸미는 데 그쳤습니다.

2장 '기초 사활의 정복' 편에서는 귀에서의 기초적인 사활, 특히 실전에서 가장 많이 등장하는 형태를 중심으로 돌의 가감, 공배가 있고 없음이 사활에 어떤 영향을 주는지 유형별로 분류해 소개했습니다.

3장 '사활 업그레이드' 편은 한 단계 업그레이드된 실전 사활입니다. 역시 돌의 가감이나 공배 관계 등 조금씩 변형된 형태에서 사활이 어떻게 달라지는지를 세밀하게 검토했습니다. 중급 기력의 소유자라면 필히 섭렵해야 할 내용입니다.

4장 '실전형 6궁도와 뒷박형' 편은 기본적이면서 까다로운 6궁도 안팎의 사활을 다루면서 아울러 가장 난해하다는 뒷박형의 기본사활을 맛보기로 설명했습니다. 여기까지 마스터했다면 중급코스를 완성했다고 봐도 무방합니다. 어쩌면 어디선가 고급자 행세를 할지도 모릅니다.

이 책은 사활의 체계적 학습을 위해 유형별로 세분화해서 꼬리에 꼬리를 무는 식으로 효과적인 학습이 가능하도록 구성했습니다. 이 책의 특징이자 자랑이라고 봐도 무방할 것입니다. 더불어 알차게 배우도록 본문의 중간 중간에 필요에 따라 보충 성격의 코너를 두어, 가벼운 내용은 '원포인트 레슨', 심화된 내용은 '레벨업 레슨'으로 구분했습니다. 전체적으로 보면 수준별 단계적이며 입체적인 학습에 초점을 맞췄습니다.

모쪼록 이 책을 통해서 사활이라는 테마와 보다 친숙해지고 그러는 사이에 저절로 수읽기의 힘이 강해진다면 기력도 자연히 업그레이드되고 판을 그르치는 절대 실수는 사라질 것입니다. 그런 안정된 기량이야말로 승률을 높이는 지름길 아닐까요?

이하림

4장 실전형 6궁도와 뒷박형 (중급 완성) ● 219

1
사활의 기본 상식 ABC

　초반의 정석과 포석, 중반의 전투, 종반의 끝내기. 이런 과정을 거치는 한 판의 바둑에서 중요하지 않은 분야는 없다.

　그런데 사활이야말로 바둑에서 차지하는 비중이 상당히 크다. 사소한 수읽기의 착오로 삶과 죽음이 왔다 갔다 하는 사활은 승패에 바로 직결되는 경우가 많기 때문이다. 두지 않아도 살아 있는 돌을 가일수한다거나, 살았다고 생각한 나머지 손을 빼다가 횡사하는 일이 일어난다면 허무하기 짝이 없을 것이다.

　이 장에서는 삶과 죽음의 공간(궁도)을 한눈에 파악해볼 것이다. 아울러 사활의 기본형과 이에 따른 여러 가지 상식, 수법 등에 대해 살펴보기로 한다.

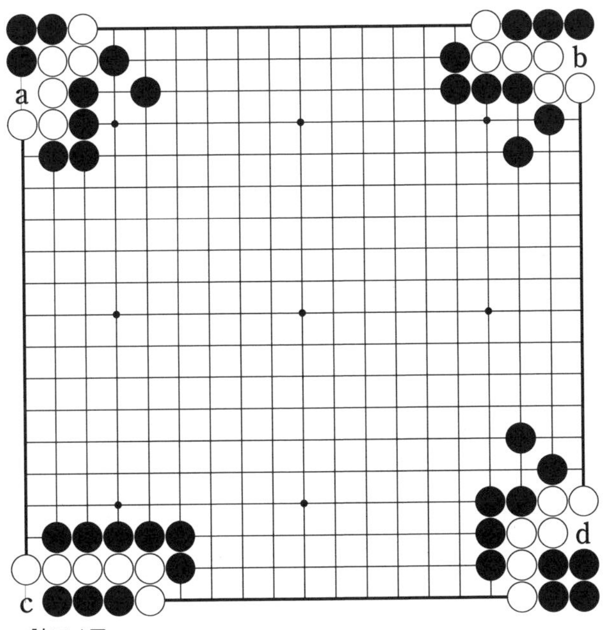

참고 1도

참고 1도(죽음의 궁도 1)
좌상귀와 우상귀, 그리고 좌하귀와 우하귀. 이렇게 네 군데의 백은 모두 살 수 없는 형태라는 것에 주목하기 바란다. 각각의 백은 a, b, c로 석점을 따내도 d로 넉점을 따내도 살 수가 없다. 이제 그것을 증명하기로 한다.

백이 따낸 모양을 옮긴 것이 다음 그림이다.

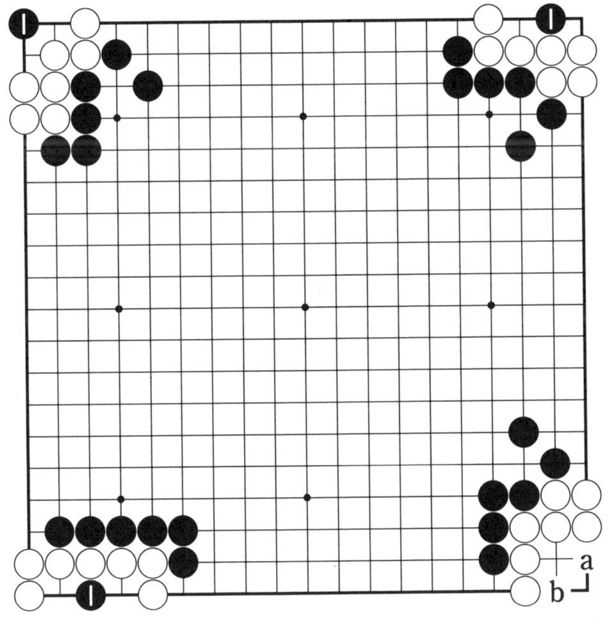

참고 2도

참고 2도(죽음의 증명)
좌상귀 백은 3궁도의 형태이다. 흑1로 치중하면 백이 죽는다는 것은 명백하다. 우상귀, 좌하귀도 마찬가지로 흑1로 치중하면 백이 죽는다. 우하귀는 바보사궁이라고 부르는 형태로 놔두어도 백의 죽음이다. 백이 a에 두면 흑b로, 백이 b에 두면 흑a로 역시 살 길이 없다.

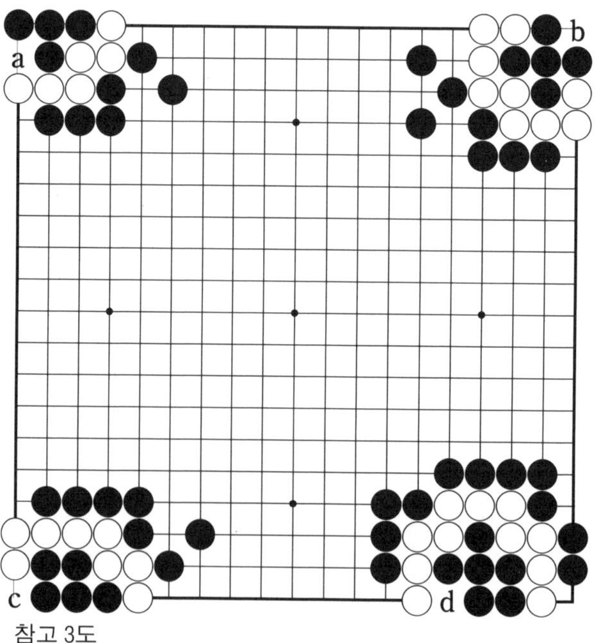

참고 3도

참고 3도(죽음의 궁도 2)
좌상귀는 백이 a로 흑
넉점을 따내도 살 수 없
다(삿갓사궁). 우상귀와
좌하귀는 각각 백이 b
와 c로 흑 다섯점을 따
내도 죽음을 면할 수 없
다(순서대로 십자오궁,
오궁도화). 우하귀는 백
d로 흑 여섯점을 따내
고도 삶이 없다(매화육
궁). 백이 따낸 모양을
모두 다음 그림으로 옮
긴다.

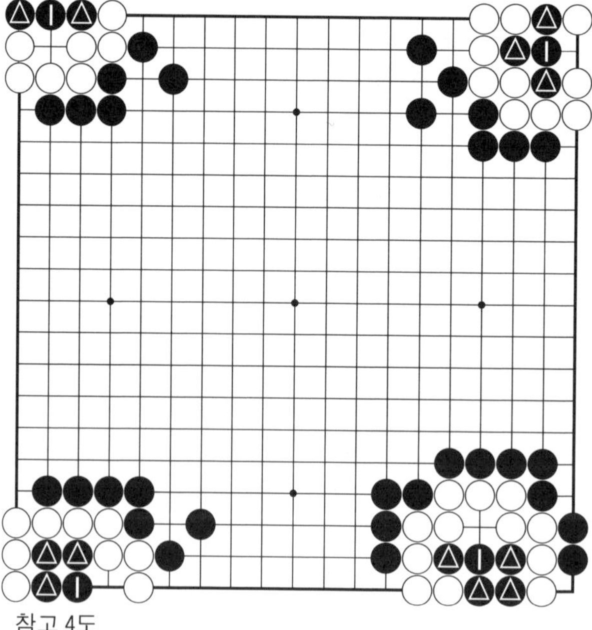

참고 4도

참고 4도(죽음의 증명)
좌상귀 백은 4집이지만
흑1로 치중해서 죽음이
다. 흑▲를 두었다 생각
하면 3궁도. 앞에서 봤
듯이 살길이 없다. 우상
귀와 좌하귀도 마찬가
지로 급소인 흑1로 치
중하면 백의 죽음이다.
▲를 더해서 보면 각각
삿갓사궁, 바보사궁. 우
하귀는 흑1로 치중하고
▲를 더하면 오궁도화
의 모습이다.

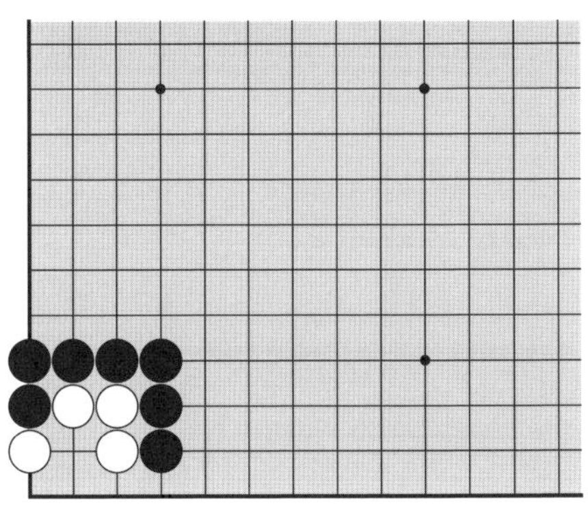

1-1도

1-1도(잡는 수와 사는 수)

흑이 둘 차례라면 백을 잡을 수 있는 모양이다. 초보자라도 죽음의 급소를 한눈에 알아챌 만한 기본적인 형태이다.

　단, 답이 하나만 있는 것은 아니다. 또 백 차례일 경우 사는 수도 함께 알아보자.

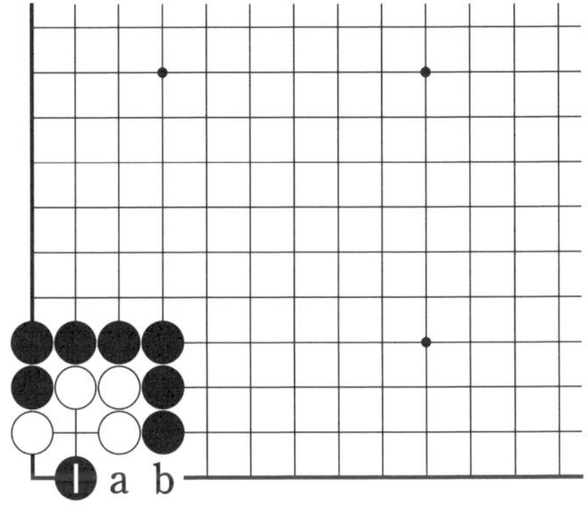

1-2도

1-2도(3가지 잡는 수)

이 백을 공략하는 급소 가운데 가장 먼저 떠오르는 수가 흑1의 치중이다. 이것으로 산뜻하게 백을 잡을 수 있다.

　이 수 말고도 흑은 a에 단수하거나 b에 내려서는 것으로도 백을 잡을 수 있다.

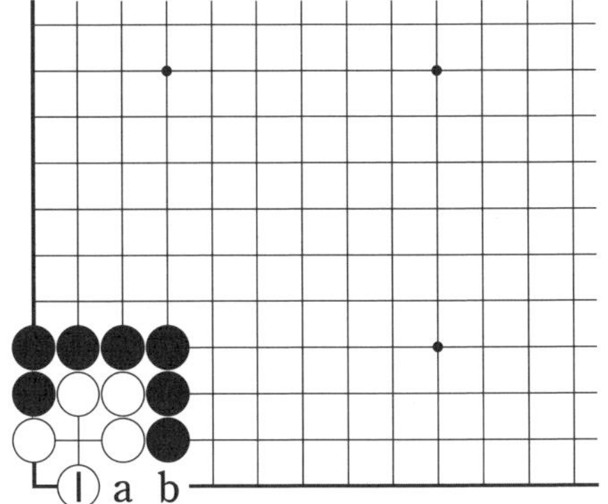

1-3도

1-3도(사는 수)

이번에는 백 차례로 사는 수를 알아본다. 흑이 두어서 백을 잡았던 그 자리가 바로 급소이다. '적의 급소가 나의 급소'라는 격언을 상기하도록 하자.

　백1로 두지 않고 a나 b면 흑1을 불러서 잡힌다.

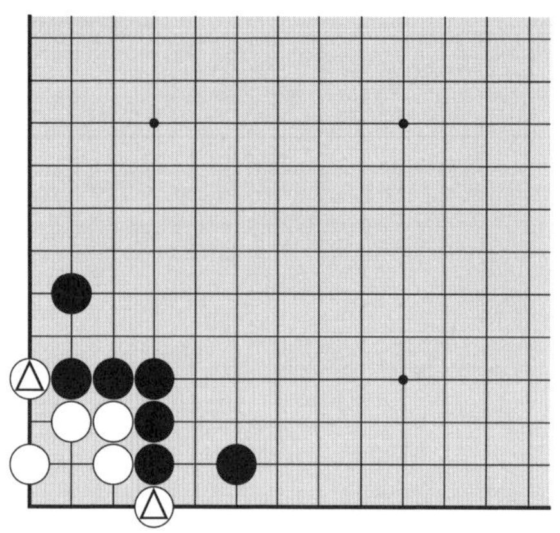

1-4도

1-4도(변형된 문제)

약간 변형된 형태로, 1선에 백△의 젖힘이 두 개 있다. 약간 혼동될지도 모르지만 엄밀하게 말하면 같은 취지의 문제이다.

　백 차례로 사는 수와 흑 차례로 잡는 수 모두 알아보기로 하자.

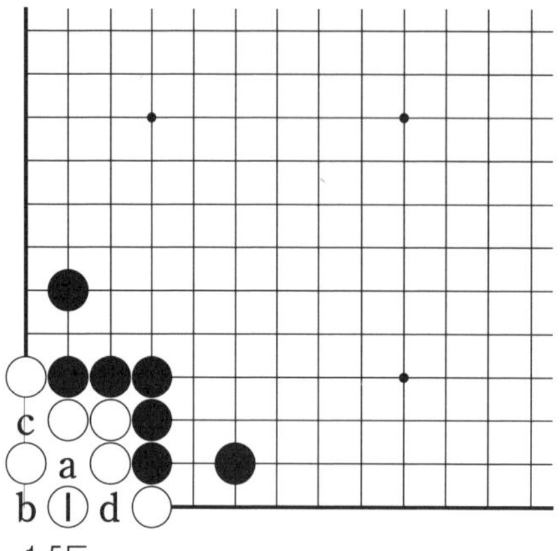

1-5도

1-5도(사는 수와 옥집)

백이 둘 차례면 1로 급소를 두어 살 수가 있다.

　얼른 보면 a, b, c, d가 모두 눈(집) 같지만 c와 d는 나중에 흑이 바깥쪽에 두어서 단수하면 이어야 할 곳이므로 집이 아니다. 이른바 옥집이다.

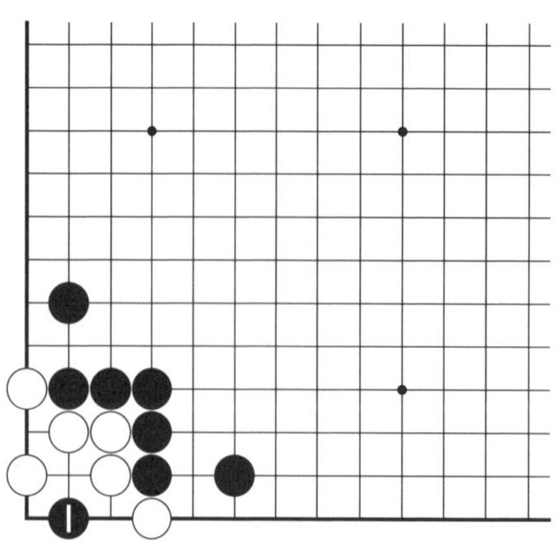

1-6도

1-6도(치중하는 한 수)

흑이 둘 차례로 잡는 수는 흑1로 치중하는 한 수뿐이다. 앞서도 말했듯이 적의 급소는 나의 급소라는 바둑격언은 살아 있다.

　백이 두어서 살았던 그곳이 잡는 급소가 됨에 주목하자.

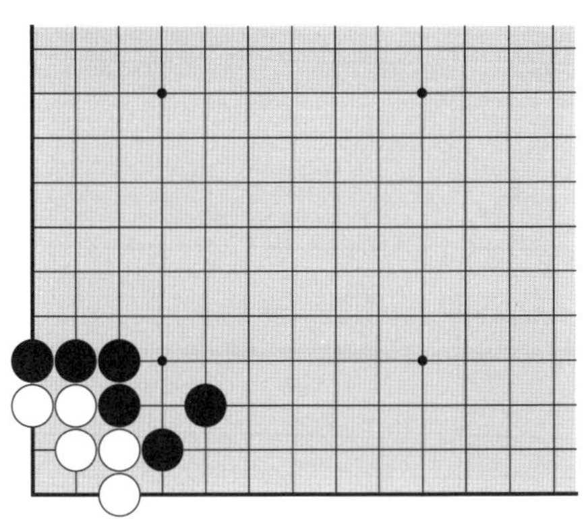

2-1도

2-1도(사는 수)

백이 둘 차례. 귀의 백을 살리는 문제이다.

백은 3개의 집을 갖고 있다. 이런 형태를 가리켜 3궁도라고 부르는데, 구부러져 있는 3궁도이므로 곡3궁도 또는 줄여서 곡3궁이라고 한다.

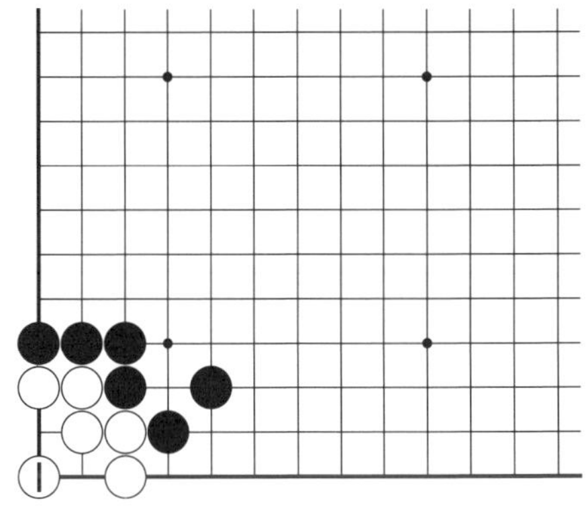

2-2도

2-2도(삶의 조건)

삶의 급소는 백1이었다. 이 한수로 양쪽에 분리된 두 개의 눈(집)을 얻는다.

삶의 조건을 충족시키기 위한 최소 요건이 바로 두 개의 눈이다.

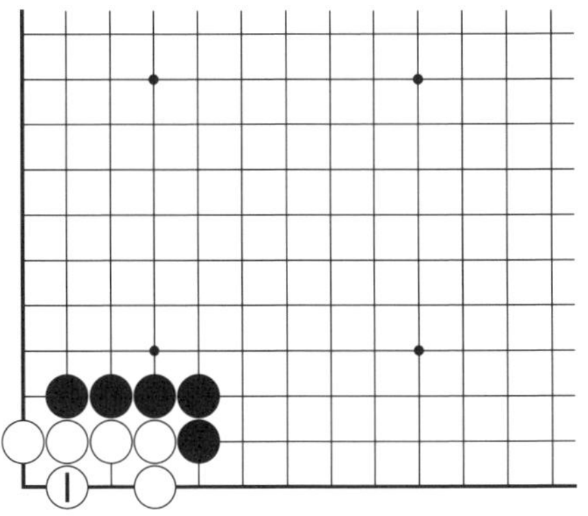

2-3도

2-3도(두 눈의 삶)

귀의 백은 3개의 집을 갖고 있다. 직선으로 이루어진 이런 3궁도를 직3궁이라고 부른다.

백이 둘 차례로 사는 수는 한눈에 찾을 수 있을 것이다. 백1이 급소! 이로써 두 눈을 확보해서 살 수 있다.

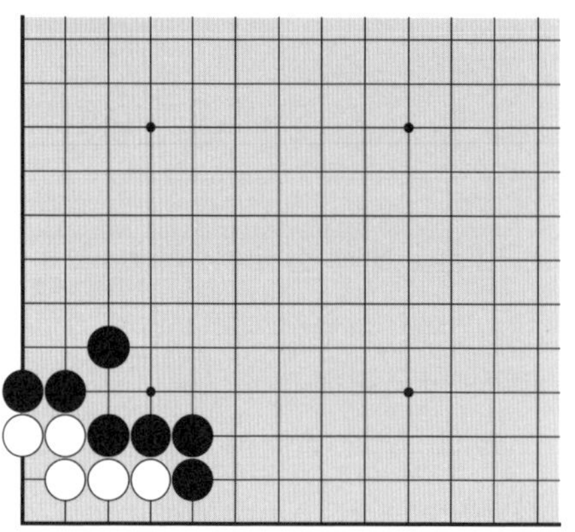

2-4도

2-4도(삶의 급소는?)

조금 어려워졌다. 귀의 백을 살리는 수를 묻고 있다.

둘 곳이 몇 군데 안 되는 만큼 신중하게 생각해서 틀리지 말아야 한다. 삶의 급소는 어디일까?

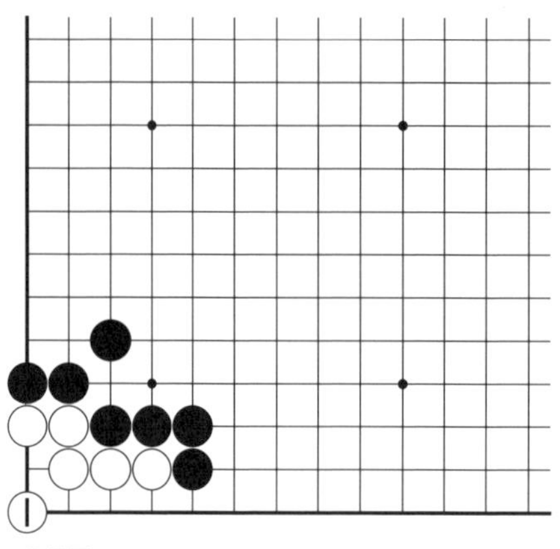

2-5도

2-5도(유일한 급소)

백1로 '1의 一'의 곳을 두는 것이 유일한 삶의 급소이다. 이것으로 백은 분리된 두 개의 눈을 확보할 수 있다.

앞서 곡3궁에서의 사는 방법과 마찬가지임이 의미심장하다.

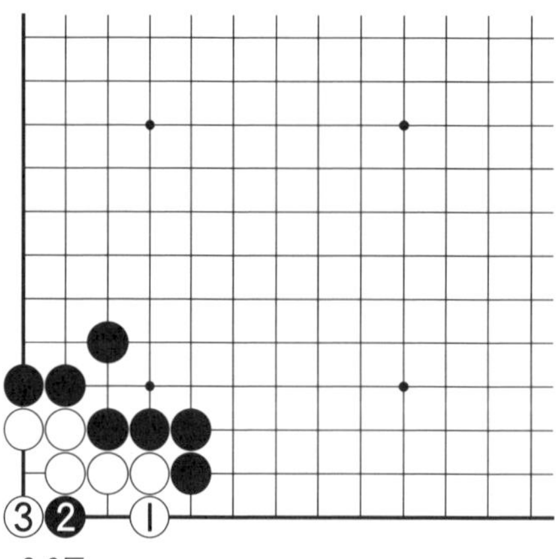

2-6도

2-6도(패는 실격)

백1로 꼬부리면서 내려서는 것은 공간을 최대한 넓히겠다는 의도이다. 이렇게 두어서 살 수 있다면 좋겠지만, 흑2가 통렬한 공격이어서 백3으로 패를 할 수밖에 없다. 물론 이것은 실격이다.

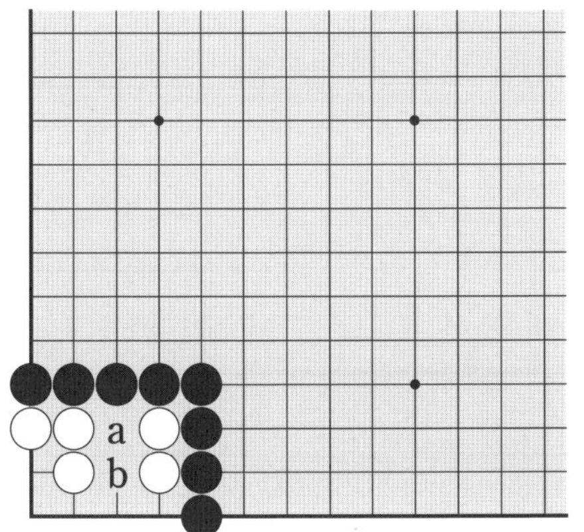

2-7도

2-7도(비슷한 유형)

흑a와 백b가 문답되어 있는 형태라면 바로 앞에서 본 유형과 대동소이하다. 그렇다면 삶의 급소는 어디일까?

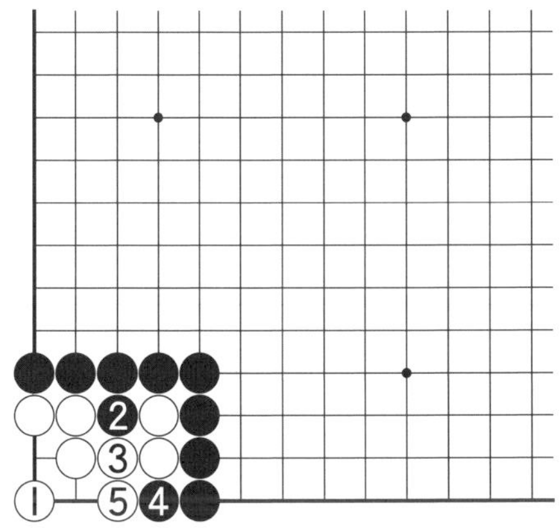

2-8도

2-8도(백1이 급소)

백1로 두는 것이 역시 삶의 급소이다. 흑2와 백3의 교환은 언제든지 흑의 선수이므로 이렇게 되어 있다고 생각하면 1의 곳이 급소임을 얼른 알 수 있을 것이다.

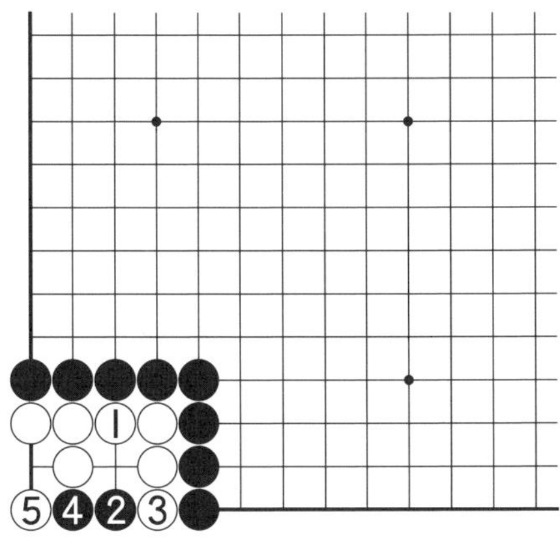

2-9도

2-9도(패가 불가피)

백1은 갖고 있는 공간을 최대한 넓혀서 삶을 도모하는 방법으로 성공한다면 크게 살 수 있지만 위험한 경우가 많다.

흑2의 치중이 통렬하다. 백3에 흑4로 들어가면 백은 5의 패가 불가피하다.

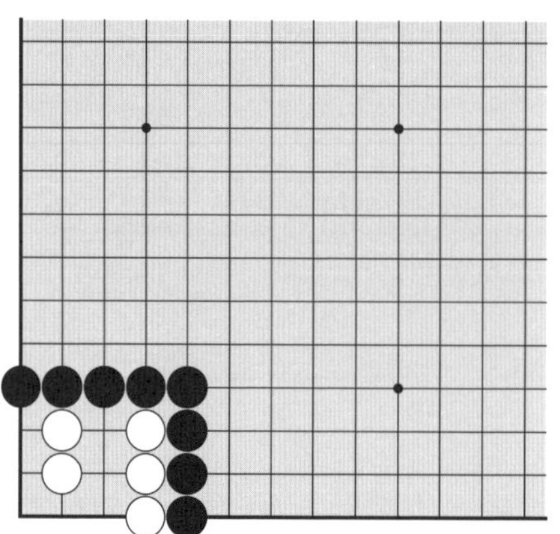

2-10도

2-10도(귀의 급소)

앞과는 백의 형태가 다소 다르다. 귀에서 삶과 죽음의 급소는 '2의 一 또는 1의 一'의 곳이 90퍼센트 이 상이라는 점을 염두에 두도록 하자. 백의 사는 수를 알아보기로 한다.

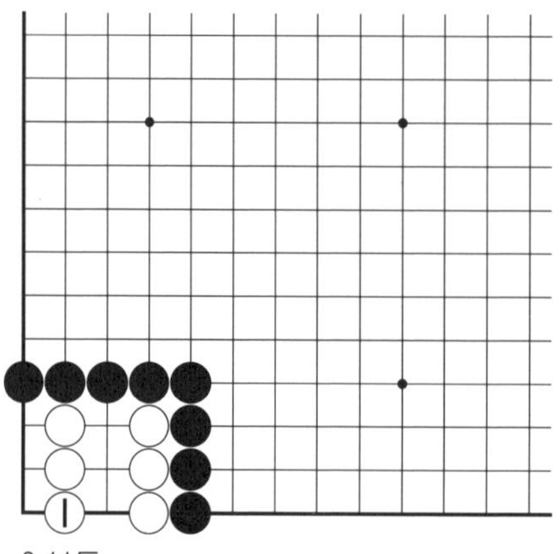

2-11도

2-11도(삶의 급소인 2의 一)

무조건 살 수 있는 수는 하나뿐이 었다. 백1로 내려서는 것이 삶의 급 소이다. 이로써 양쪽에 한 눈씩을 마련하는 데 성공했다.

1의 곳이 귀의 급소인 '2의 一'임 에도 주목할 필요가 있다.

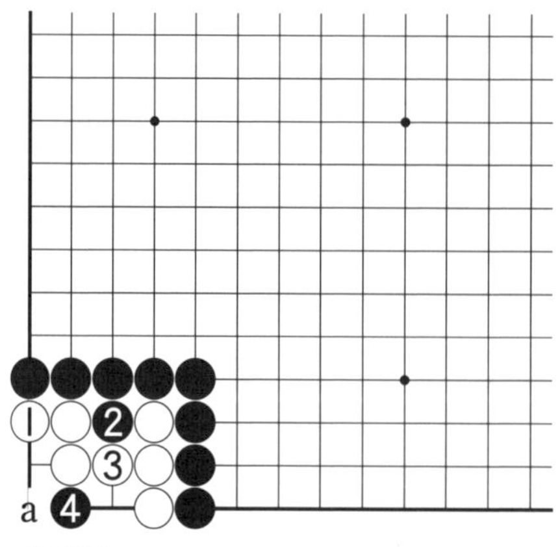

2-12도

2-12도(패는 실패)

백1은 공간을 넓혀서 크게 살려는 의도이지만 그건 욕심이다. 흑은 2 와 백3을 선수해서 궁도를 좁혀 놓 고 흑4로 공략할 것이다.

백은 a로 패를 들어가야 하므로 실패가 명백하다.

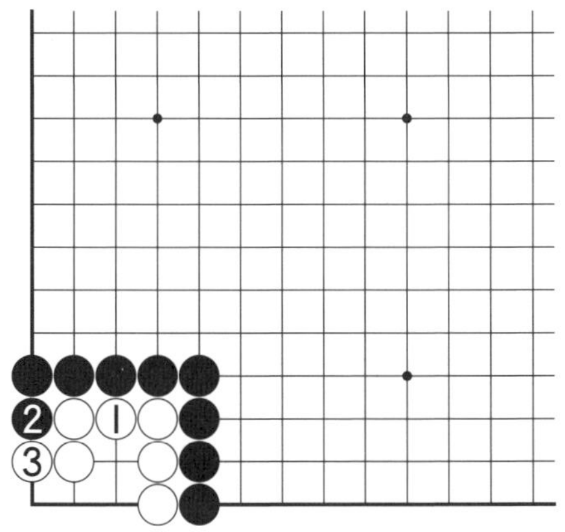

2-13도

2-13도(크게 산다?)

백1 역시 공간을 넓혀서 살려는 의도이다. 얼른 봐서 흑2로 두는 정도이므로 백3으로 막아서 거뜬하게 살 수 있는 것 같기도 하다.

이러면 4집이나 지으면서 살 수 있으니 좋겠지만….

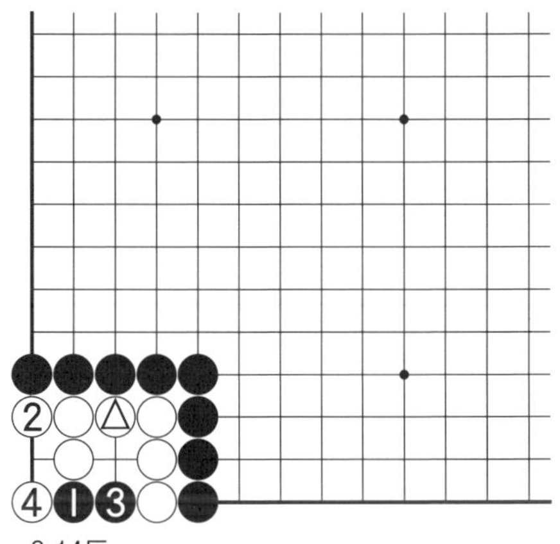

2-14도

2-14도(패)

아쉽게도 앞 그림은 백의 달콤한 환상이었다.

백△에 대해 흑은 1로 '2의 一'의 급소를 공략하는 수가 있다. 백2가 최강의 저항이지만 흑3으로 파호하면 백4로 패를 들어가지 않을 수 없다.

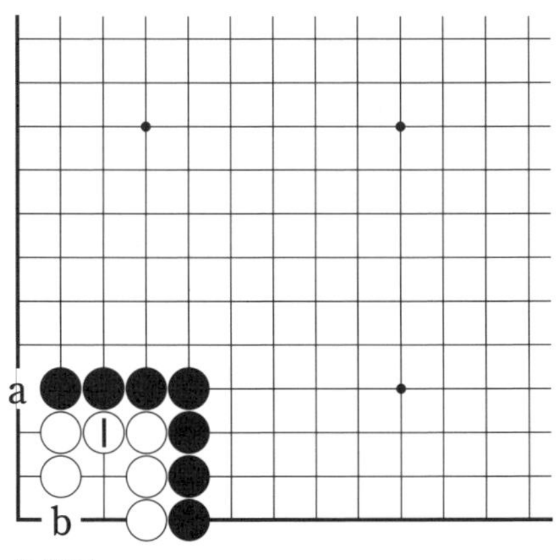

2-15도

2-15도(5집 삶)

이런 상황이라면 백1로 사는 것이 정해로 백은 5집이나 얻고 산다. 그런데 흑a가 있는 형태에서 백b의 붙임이라는 멋진 맥점이 있었음을 잘 기억해 두자.

백1로 b여도 삶이지만 집으로는 1이 이득이다.

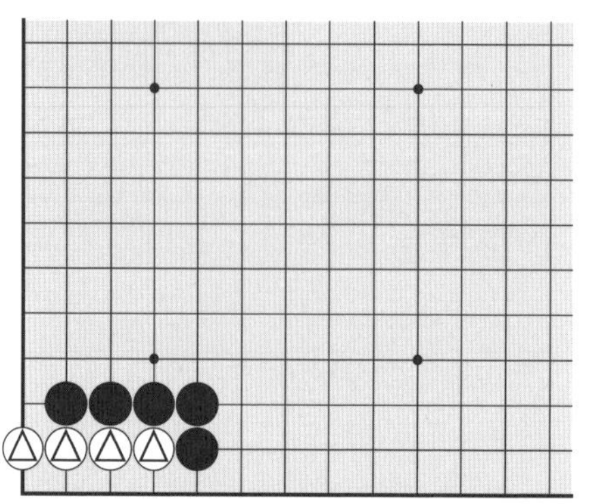

3-1도

3-1도(4사6생)

백△ 넉점이 귀쪽부터 2선에 늘어서 있다. 이 백을 살리는 수가 있을까?

　결론을 먼저 말하자면 사는 수는 없다. 이른바 4사6생(四死六生). 네 번을 기면 죽고 여섯 번을 기면 산다는 말이다.

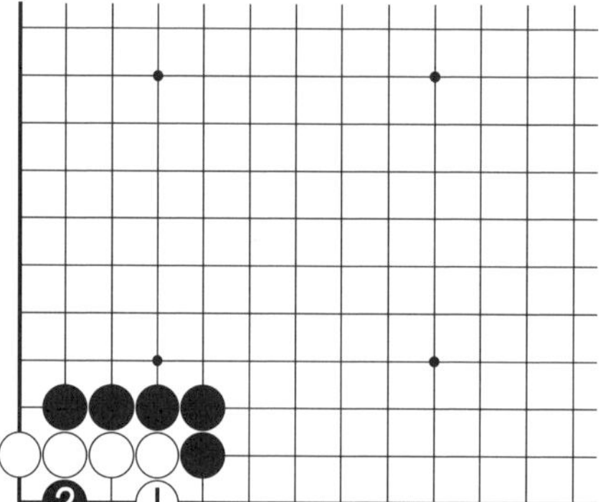

3-2도

3-2도(죽음의 증명 1)

백1로 궁도를 넓혀보는 것은 유력한 삶의 시도 가운데 하나이다.

　이러면 백은 3궁도의 모습이다. 흑2의 치중이 안성맞춤의 공략이어서 백은 살길이 없다.

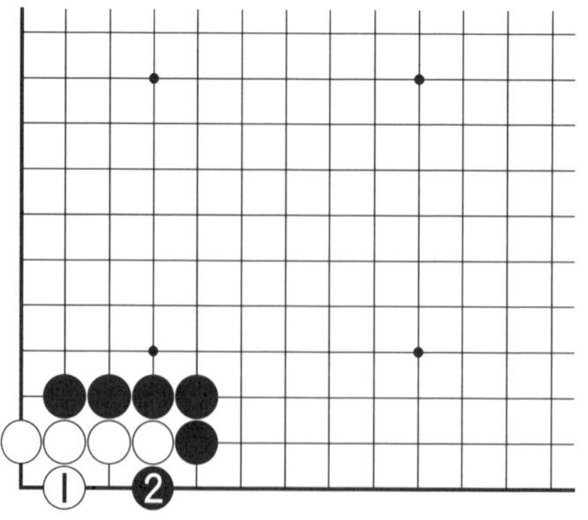

3-3도

3-3도(죽음의 증명 2)

그렇다면 백1로 흑이 두었던 급소를 차지해서 살자는 것은 어떨까?

　그러면 흑은 2로 가만히 젖혀서 삶을 방해할 것이다. 이것은 말할 것도 없이 죽음의 형태. 이 백은 삶이 없었다.

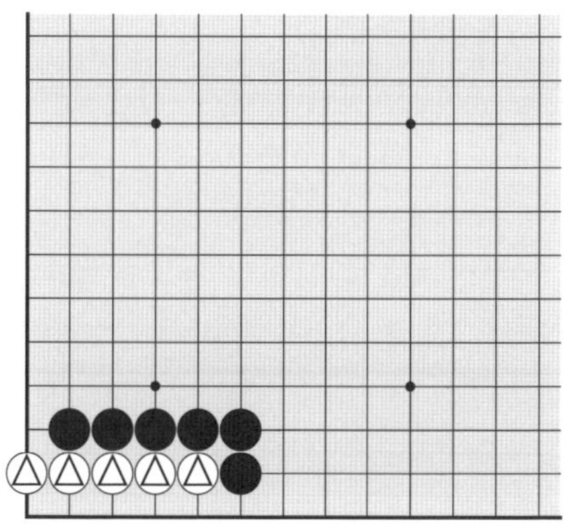

3-4도

3-4도(사는 수와 잡는 수)

이번에는 백△가 다섯 개 늘어서 있다. 이 경우 백의 사활은 어떤 변화가 있을까?

백이 사는 수와 흑이 잡는 수도 함께 알아보기로 하자.

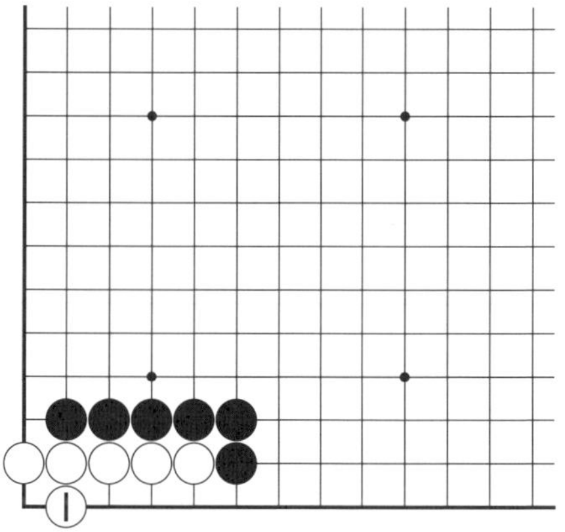

3-5도

3-5도(사는 수 1)

사는 수가 한 가지만 있는 것은 아니다. 백1로 급소를 두는 것으로도 훌륭하게 살 수 있다.

왼쪽에 한 눈, 오른쪽에 한 눈. 이렇게 두 개의 눈을 갖고 있음을 금방 알 수 있다.

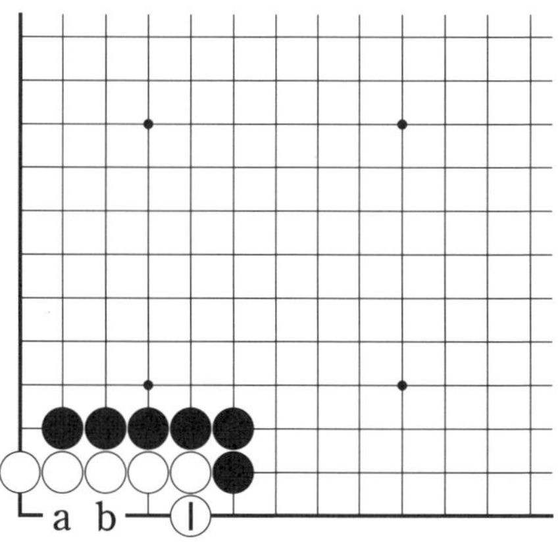

3-6도

3-6도(사는 수 2)

같은 값이면 백은 크게 사는 것이 좋다. 백1로 공간을 크게 넓히는 것이 좋은 수이다. 이다음 흑이 a에 두면 백b, 흑이 b에 두면 백a로 살 수 있다.

백은 4집이나 되므로 앞 그림보다 낫다.

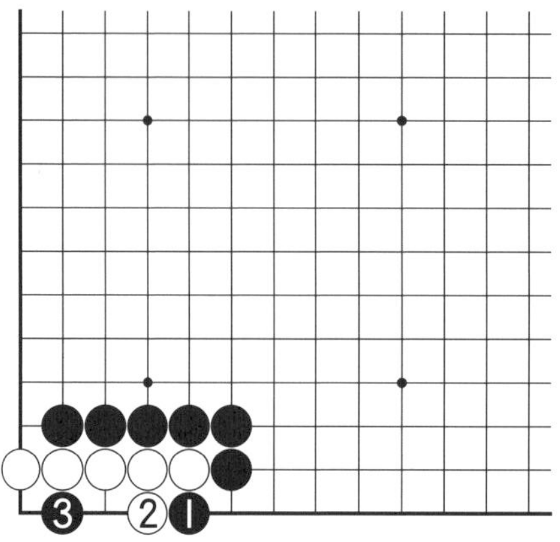

3-7도

3-7도(잡는 수 1)

잡으러갈 때의 원칙은 두 가지이다. 하나는 궁도를 좁히는 것, 또 하나는 급소를 두는 것이다.

우선 흑1로 젖혀서 궁도를 좁혀 놓고 3으로 급소를 두어서 잡는다.

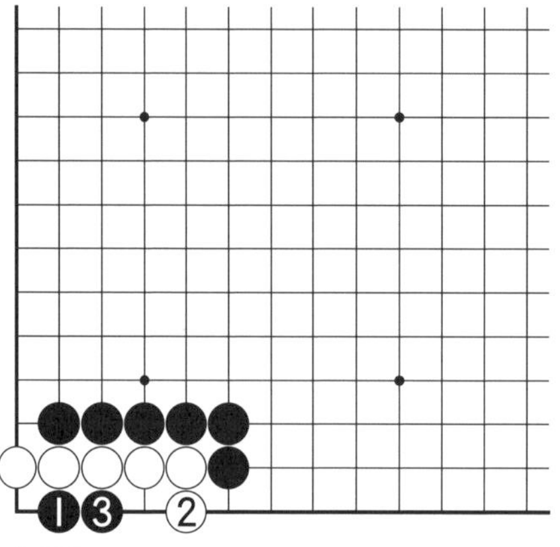

3-8도

3-8도(잡는 수 2)

그냥 급소를 먼저 두는 것이 좋을 때도 있다.

이 모양은 흑1로 급소를 바로 공략해도 좋다. 백2로 궁도를 넓혀도 흑3으로 방해하면 백은 살길이 없다. 단, 앞 그림의 진행이 상식!

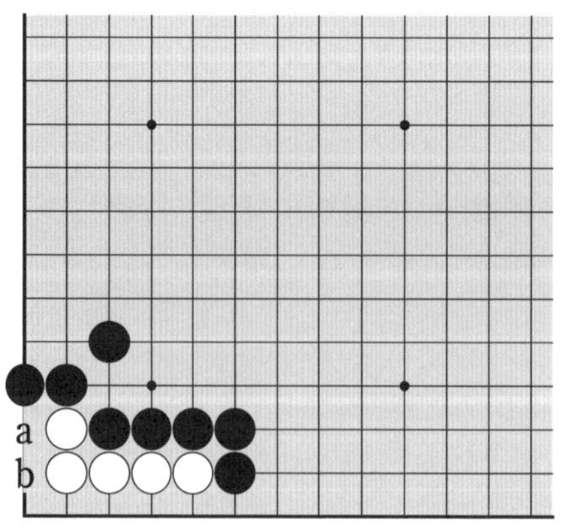

3-9도

3-9도(어떤 차이?)

앞 그림과 어떤 차이가 있을까? 만약 흑a, 백b의 문답이 이루어져 있다면 앞서와 똑같은 유형이 될 것이다.

과연 백이 사는 수와 흑이 잡는 수가 달라질까?

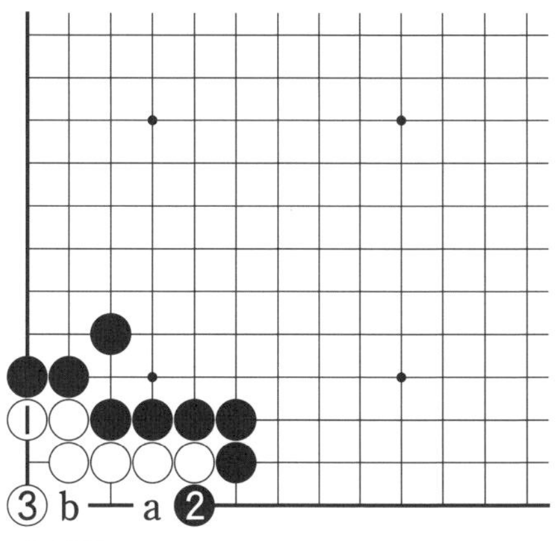

3-10도

3-10도(사는 수 1)

백1로 막아서 살자고 하는 것도 일리 있는 생각이다. 단, 흑2에 백3으로 물러서서 살아야 한다는 점이 아프다.

백3으로 a에 막다가는 흑b를 불러 그냥은 살 수 없다는 점을 확인하기 바란다.

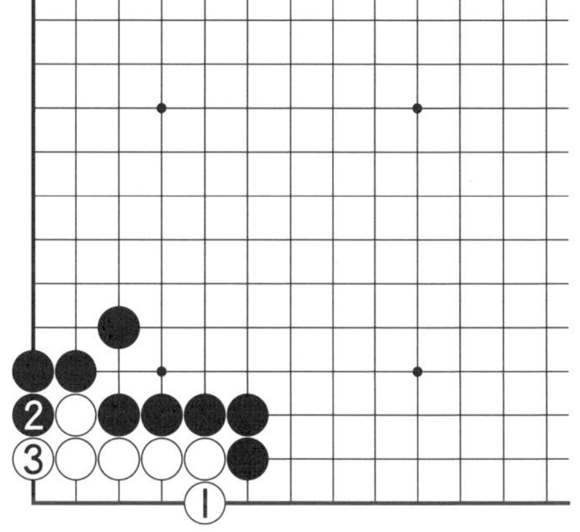

3-11도

3-11도(사는 수 2)

백1로 꼬부려 내려서는 것이 가장 좋은 삶의 방법이다. 흑2는 선수가 되지만 백3으로 응수해서 아무 일도 없다.

이러면 백은 4집이나 지으면서 안전하게 살았다는 얘기가 된다.

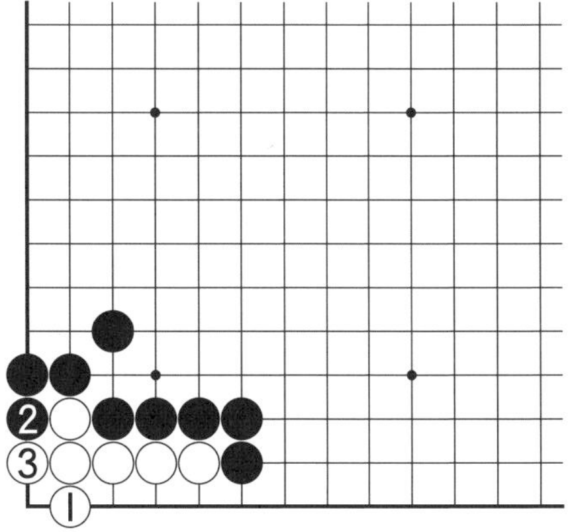

3-12도

3-12도(사는 수 3)

백1로 '2의 一'의 급소를 두어도 살 수는 있다. 이것도 흑2에 백3으로 받아서 사는 데는 지장이 없다.

그러나 앞 그림보다는 지은 집이 작다. 되도록 크게 사는 편이 나음은 말할 나위도 없다.

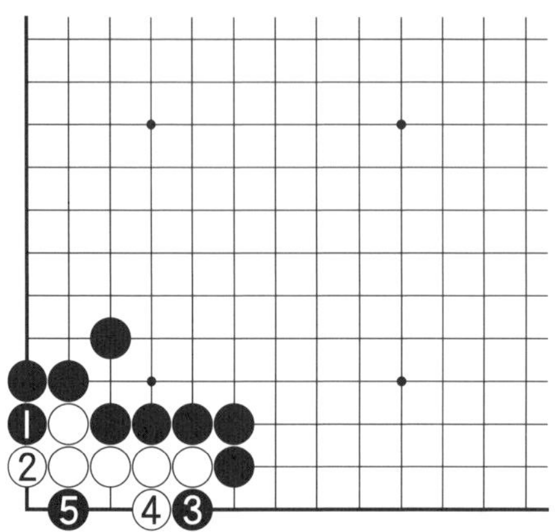

3-13도

3-13도(잡는 수)

이번에는 흑이 둘 차례로 잡는 수를 알아본다.

흑1과 백2로 궁도를 좁힌 다음 또 흑3, 백4로 궁도를 좁히고 나서 흑5의 급소가 결정타! 흑1과 3은 바꿔도 괜찮다.

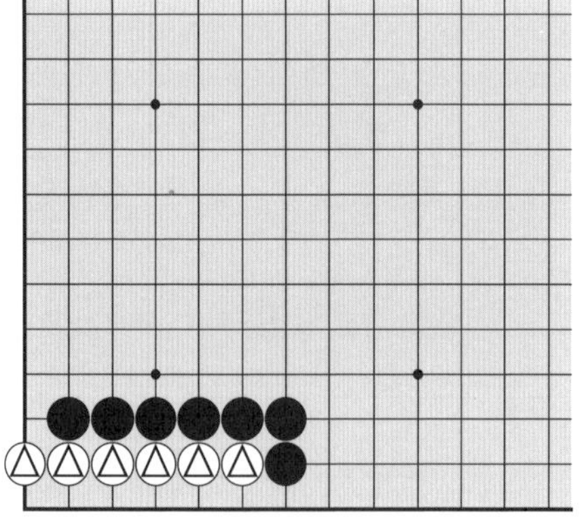

3-14도

3-14도(여섯 개일 때는?)

이번에는 백△가 여섯 개 늘어서 있다. 이 경우에 백을 잡는 수가 있을까?

4사6생이라고 했는데, 과연 어떻게 될까?

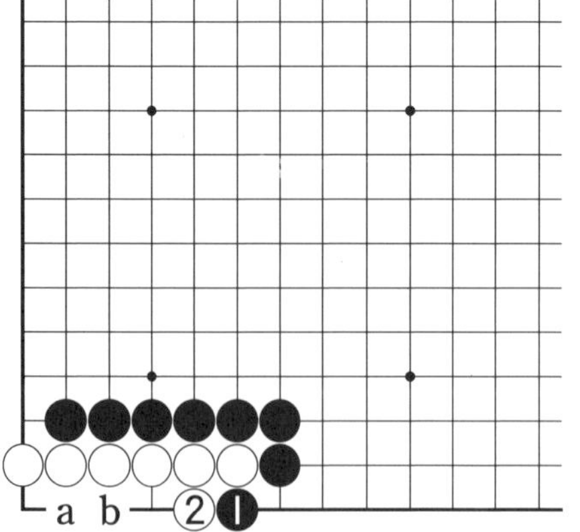

3-15도

3-15도(직4궁은 삶)

이 백은 이대로 살아 있다. 6생이라는 말 그대로이다. 흑1, 백2로 궁도를 좁혀도 백은 직4궁의 형태이다. 흑a면 백b, 흑b면 백a로 무사하다.

귀에서는 6개 늘어서 있으면 완벽한 삶이라고 알아두자.

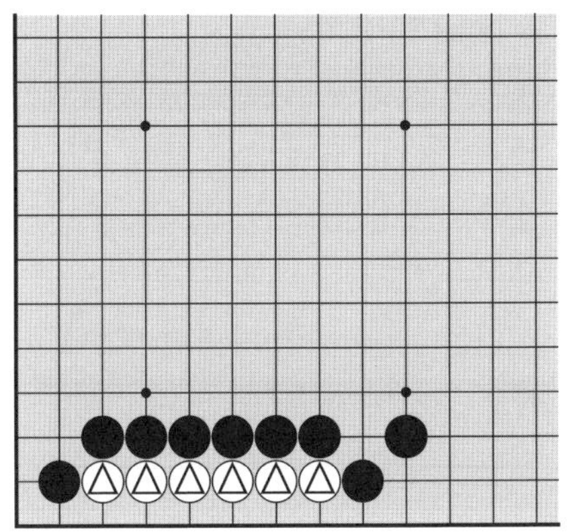

3-16도

3-16도(변에서는 6사8생)

이번에는 좀 다른 형태이다. 변쪽에 백△가 여섯 개 늘어서 있다.

귀에서는 4사6생이지만 변에서는 6사8생이라는 사활의 법칙을 알아두도록 하자. 과연 백은 사는 수가 있을까?

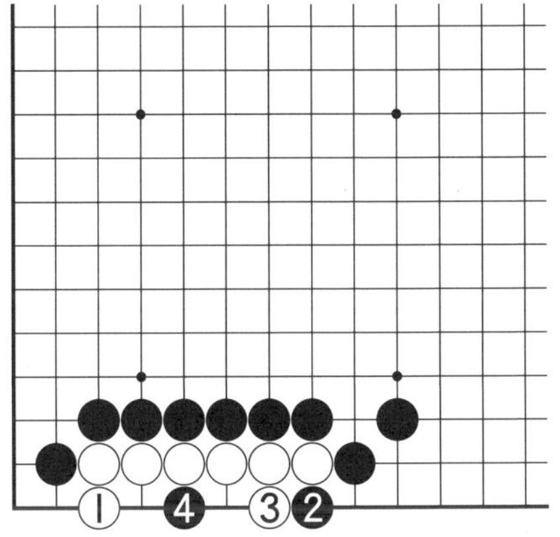

3-17도

3-17도(백은 삶이 없다)

백1쪽을 꼬부려 내려서는 것이 가장 유력한 수이다. 그러나 흑이 2, 백3을 교환해 궁도를 좁히고 나서 흑4로 급소를 치중하면 백은 살길이 없다.

'6사'이므로 본래 이 백은 사는 수가 없었다.

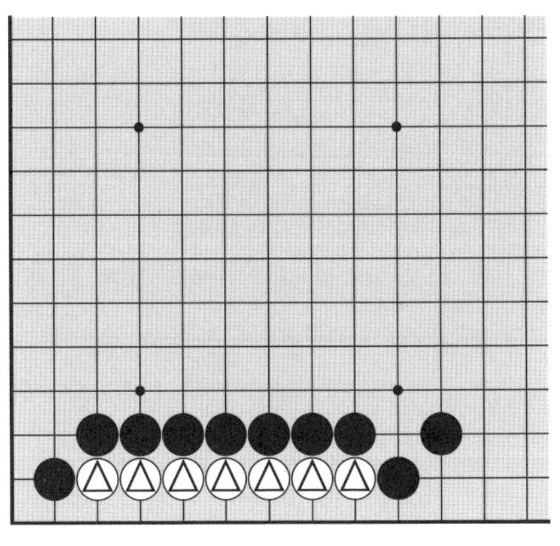

3-18도

3-18도(일곱 개 늘어선 경우)

이번에는 변쪽에 백△가 일곱 개 늘어서 있는 경우이다.

여기서도 사는 수와 잡는 수를 알아보자. 이때는 먼저 두는 쪽이 살든가 잡든가 하게 된다.

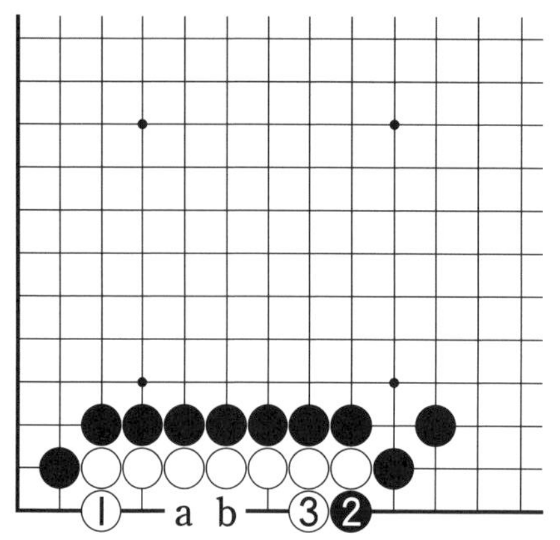

3-19도

3-19도(백 차례면 삶)

백이 먼저 두면 1로 궁도를 넓혀서 살 수 있다. 흑이 2로 젖혀 궁도를 좁혀 와도 백3으로 받아서 무난히 살 수 있다.

다음 흑a면 백b, 흑b면 백a로 이 백을 도저히 잡을 수 없다.

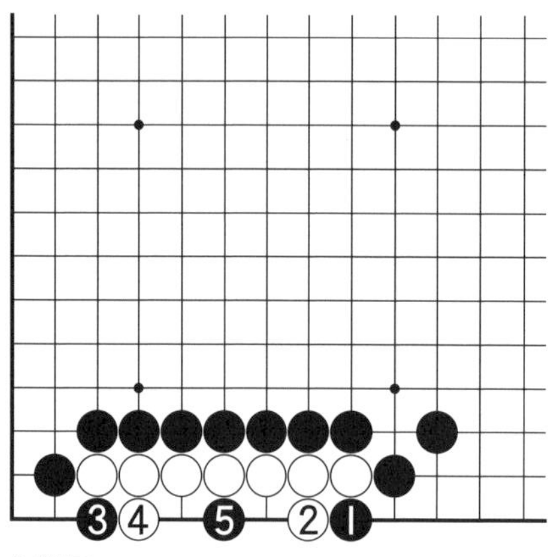

3-20도

3-20도(흑 차례면 죽음)

흑이 둘 차례면 이 백을 잡을 수 있다. 흑1로 젖혀 궁도를 좁히고 또 3에 젖혀서 궁도를 좁히면 백은 3궁도이다.

그러면 흑5의 급소가 한눈에 보인다. 이것으로 백의 죽음!

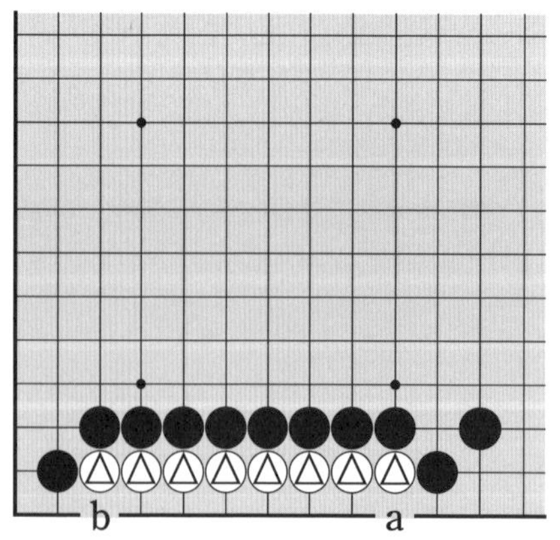

3-21도

3-21도(여덟 개면 삶)

백△가 변쪽에 여덟 개 늘어서 있는 경우는 손을 빼어도 이 백은 살아 있다. 이른바 '8생'이다.

흑이 a로 젖히든 b에 젖히든 다 받아 주어도 백은 직4궁의 삶이다. 확인해보기 바란다.

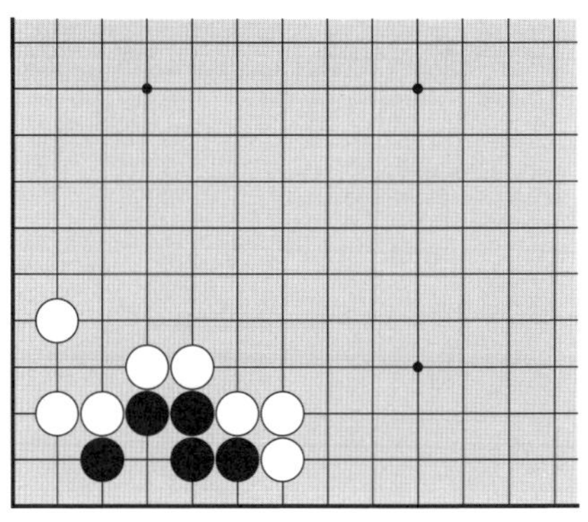

4-1도

4-1도(사는 수)

흑 다섯점을 살리는 문제이다. 삶의 기본은 첫째가 궁도를 넓히는 것, 둘째가 나의 공간 안쪽의 급소를 찾는 것이다.

그렇다면 이 장면에서 흑의 선택은 어디가 좋을까?

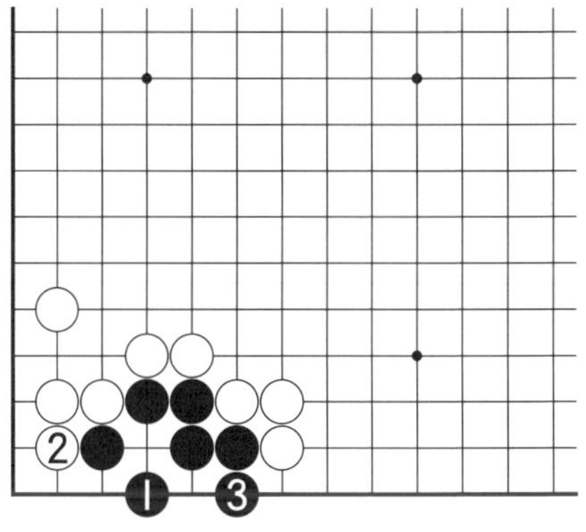

4-2도

4-2도(삶의 급소)

흑1로 한 눈을 만들면서 양쪽에서 또 한 눈을 만드는 수를 맞보는 것이 유일한 삶의 급소이다. 백2에는 흑3으로 알뜰하게 살 수 있다.

백2로 3의 곳을 젖히면 흑2로 기어나가서 산다.

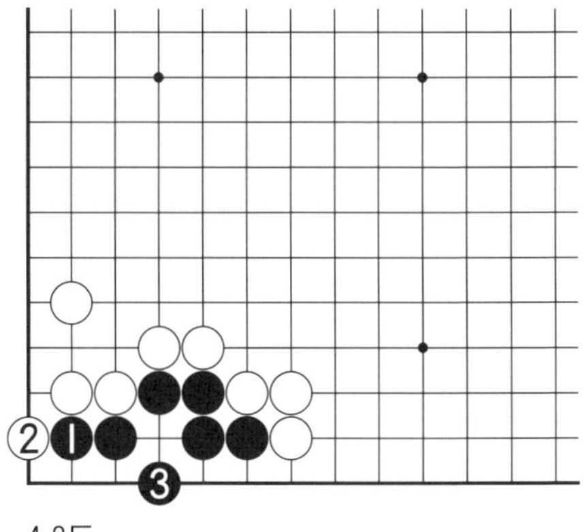

4-3도

4-3도(혼자만의 생각)

흑1로 하나 기어나간 다음 백2를 기다려서 흑3으로 급소를 두는 것은 혼자만의 달콤한 생각이다.

이렇게만 된다면 앞 그림보다 잘된 결과이지만 현실은 다르다.

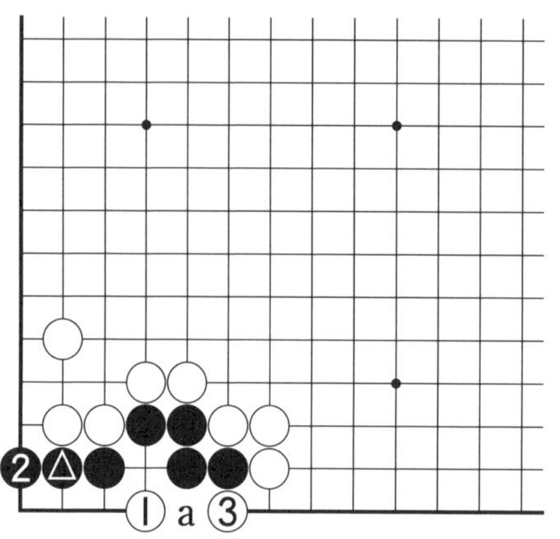

4-4도

4-4도(적의 급소는 나의 급소)

흑이 ▲로 기어나간 순간, 백은 1로 치중해서 잡으러오는 수가 있다. 흑 2에는 백3으로 젖혀서 건넌다.

흑은 a로 차단할 수 없으므로 잡힐 수밖에 없다. 적의 급소는 나의 급소였다.

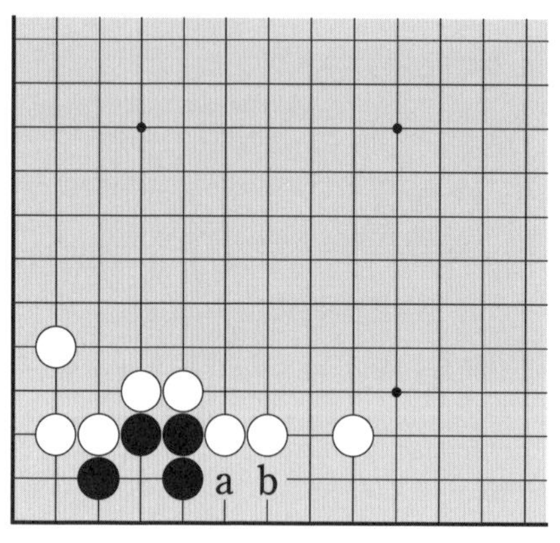

4-5도

4-5도(교환이 없다)

바로 앞의 형태와 다른 점은 흑a와 백b의 교환이 없다는 것이다. 이 점이 사활에 어떤 영향을 미칠지 생각해본다.

이런 상황에서는 흑은 어떻게 두어야 살 수 있을까?

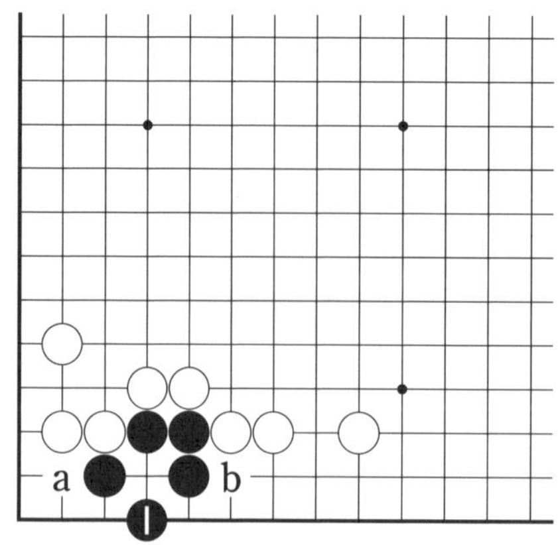

4-6도

4-6도(사는 수 1)

흑1로 급소를 두어 한 눈을 만들면서 좌우 양쪽에서 또 한 눈을 만드는 수를 맞보는 것이 알기 쉽게 사는 방법이다.

다음 백이 a에 막으면 흑b로, 백b면 흑a로 두어서 안전하게 살 수 있다.

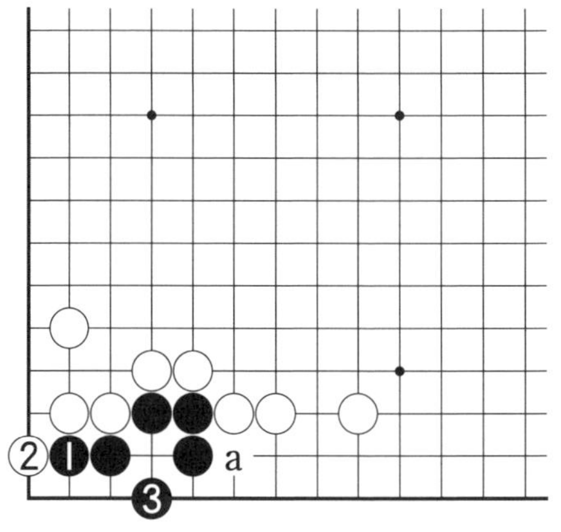

4-7도

4-7도(사는 수 2)

이 경우는 흑1로 먼저 기어나가도 된다. 백2를 기다려 흑3으로 급소를 두어서 앞 그림과 대동소이한 결과를 얻는다.

백2로 a쪽을 막는다면 흑은 역시 3으로 급소를 두어서 살 수 있다.

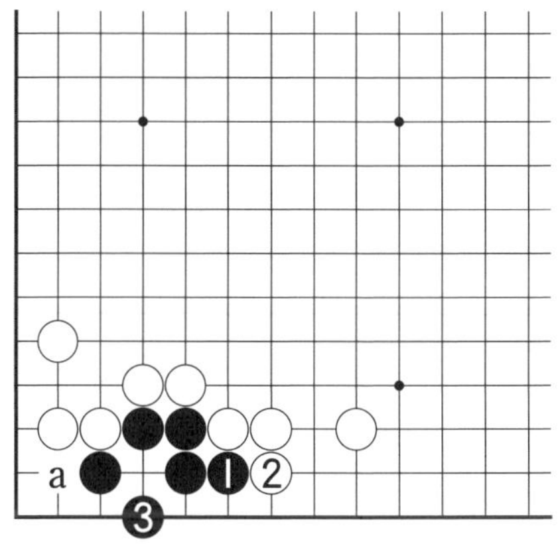

4-8도

4-8도(혼자만의 수읽기)

흑1쪽을 나가고 백2에 흑3으로 급소를 두어서 사는 것도 괜찮아 보인다. 백2로 a에 막는다면 흑3으로 급소를 두어서 살 수 있다.

그러나 이것은 흑의 혼자만의 수읽기였다.

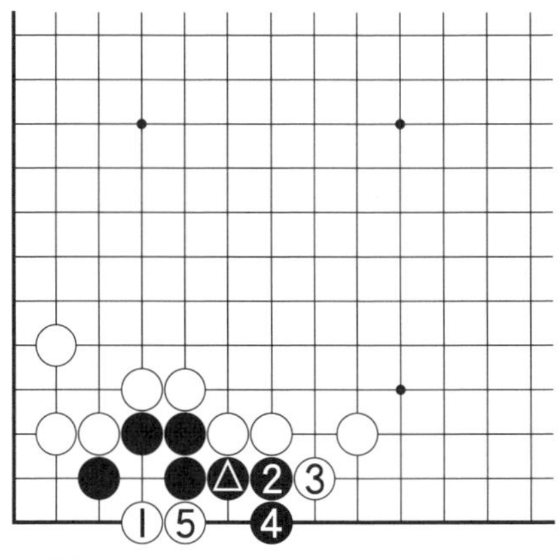

4-9도

4-9도(적의 급소는 나의 급소)

흑이 △로 기어나간 순간, 백은 1로 급소를 공략한다. 바로 적의 급소는 나의 급소라는 격언에 들어맞는 한 수이다.

흑2에는 백3으로 받고 흑4에는 백5로 눈을 방해해서 흑을 잡는다.

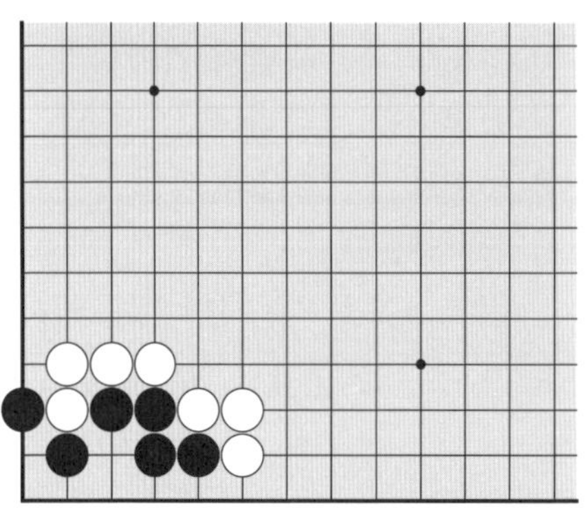

5-1도

5-1도(사는 수는 두 가지)

앞서 나왔던 형태와 많이 비슷하다고 느낄 것이다. 다만 좀 더 생각의 확장이 필요하다.

흑이 둘 차례로 사는 수를 생각해보자. 답을 먼저 말하자면 사는 수는 두 가지가 있다. 모두 찾아내기 바란다.

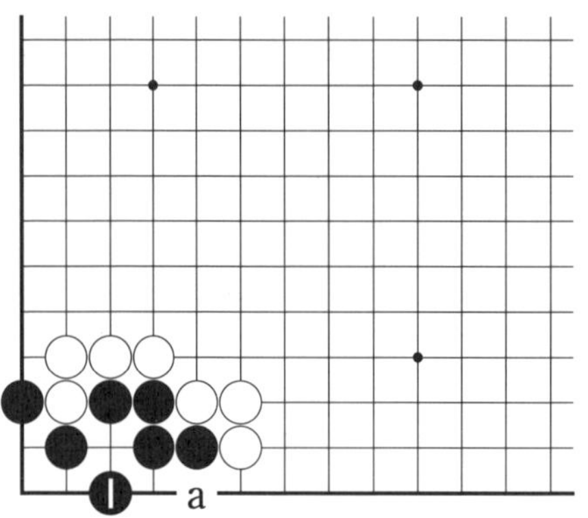

5-2도

5-2도(사는 수 1)

흑1로 급소를 두는 것이 가장 먼저 눈에 띄는 수일 것이다. 이것으로 흑은 확실하게 삶을 얻는다.

백이 a에 두어도 삶에 영향을 받지 않는 것이 흑의 자랑이다.

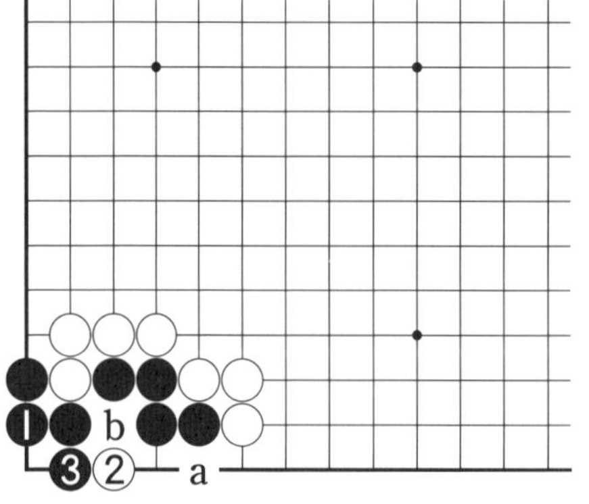

5-3도

5-3도(사는 수 2)

흑1로 일선을 꼭 잇는 것으로 흑은 살 수 있다. 경우에 따라서는 이렇게 사는 편이 좋은 상황도 있을 것이다.

백2의 치중에는 흑3으로 받는 것이 중요하다. 다음 백a에는 흑b로 무사하다.

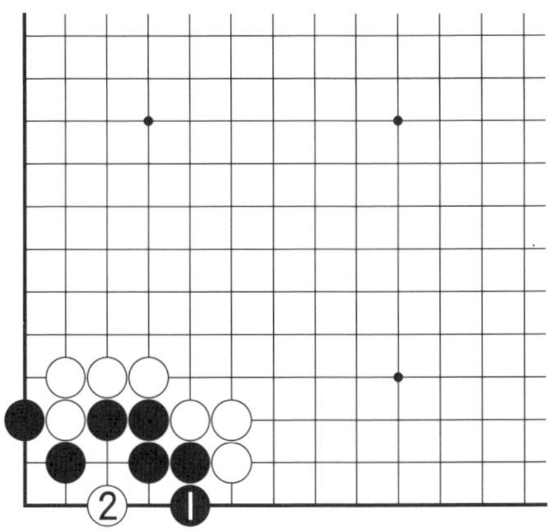

5-4도

5-4도(백2, 통렬한 급소!)

흑1로 궁도를 넓혀서 살려고 하는 것은 욕심이 지나치다.

백2의 치중이 통렬한 급소여서 속절없이 잡혀 버린다. 역시 적의 급소는 나의 급소!

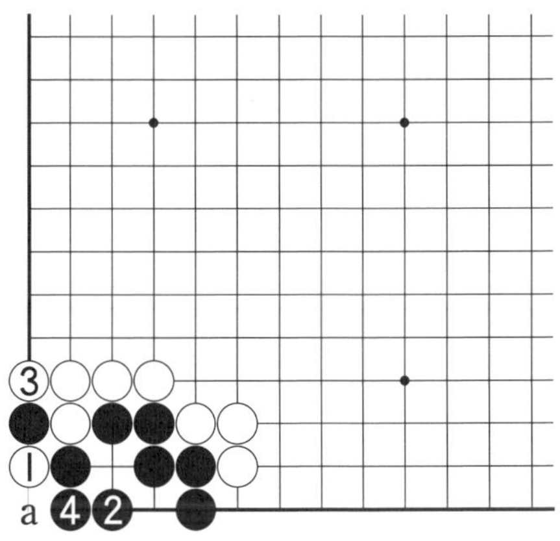

5-5도

5-5도(먹여침은 경솔하다)

앞 그림 2로 이 그림처럼 백1에 먹여치는 것은 경솔하다. 흑은 2로 급소를 두어 운 좋게 살 수가 있다.

흑2로 a에 따냈다가는 백이 2의 곳에 치중해서 도로 잡혀 버린다.

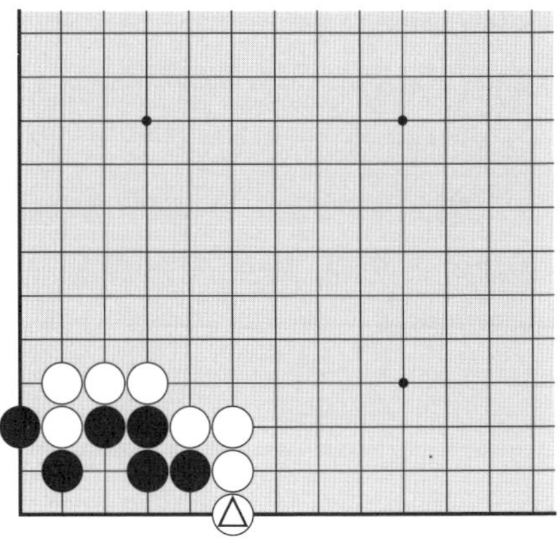

5-6도

5-6도(내려선 수가 있다)

앞의 형태에서 달라진 것은 백△로 내려선 수가 있다는 점이다.

그러면 사활이 어떻게 달라질까? 이 경우 흑이 사는 수는 하나뿐이다.

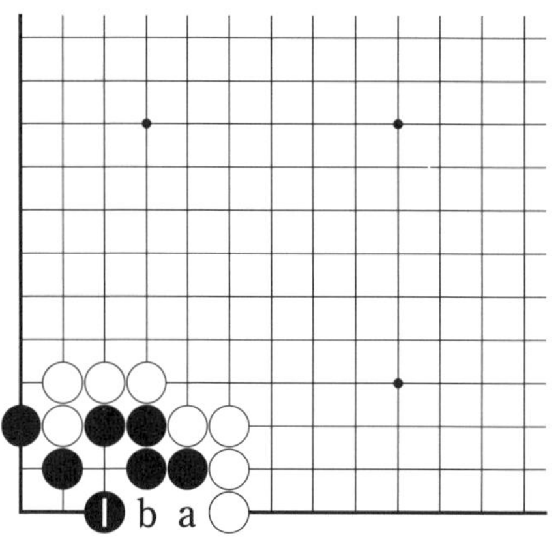

5-7도

5-7도(유일한 삶의 급소)

이런 상황에서는 흑1이 유일한 삶의 급소이다. 이로써 한 눈, 또 귀쪽에 한 눈이 있어 삶을 간단하게 확보할 수 있다.

다음 백a에는 흑b로 받아서 그만이다.

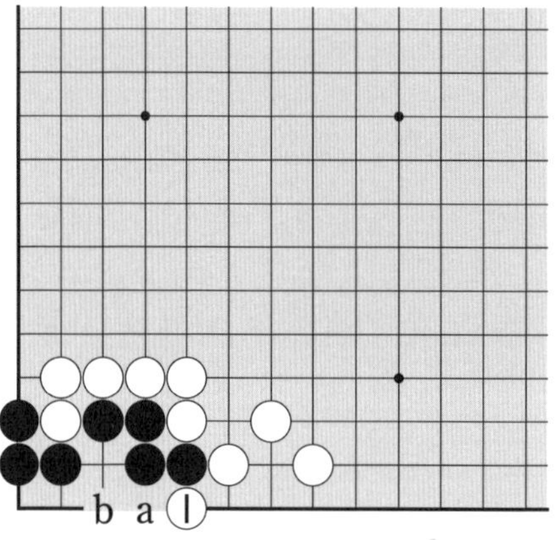

5-8도

5-8도(막느냐, 물러서느냐)

이런 장면에서 백1로 젖혀왔을 때 흑은 어떻게 응수하는 것이 올바를까?

바로 a에 막아야 할까, 아니면 b로 물러서야 할까? 흑a는 백b로 공략당해 살길이 없다.

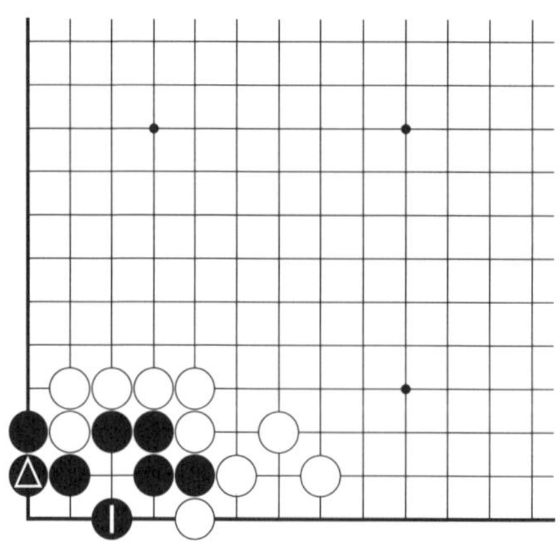

5-9도

5-9도(현명한 물러섬)

흑1로 물러서는 것이 현명하다. 이 수 말고는 살 수가 없다.

흑▲로 이어져 있는 점도 효력을 발휘하고 있다. 바로 막는 우를 범하지 말자!

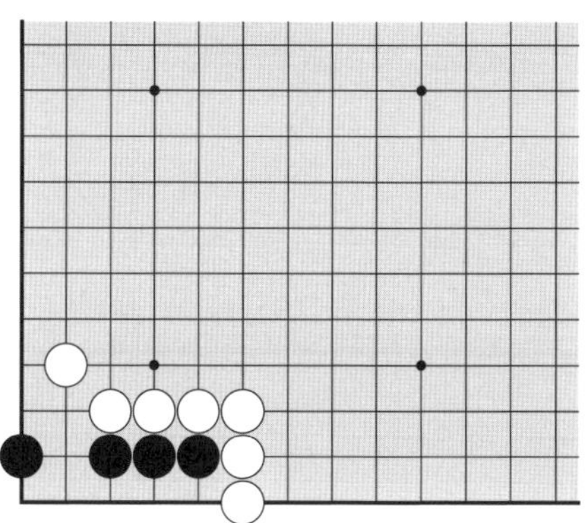

연습문제 1

연습문제 1 (흑 차례)

흑이 사는 수를 찾는 문제이다. 기본 원칙은 궁도를 넓히느냐, 급소를 두느냐의 선택이다.

2선에 늘어선 흑돌이 몇 개인가 하는 점도 생각해야 한다.

1도(궁도를 넓히는 것은 죽음)

흑1로 궁도를 넓히는 것은 백2의 급소가 통렬해 살길이 없다. 흑1 대신 a로 두는 것도 백b, 흑c 다음 3궁도의 가운데인 2의 곳을 백이 치중할 테니 역시 잡혀 버린다.

1도

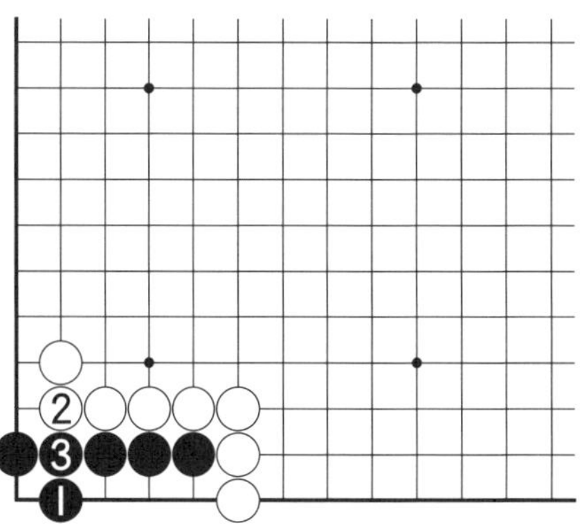

2도

2도(정해/ 적의 급소)

적의 급소는 나의 급소라는 격언을 기억하자!

흑1로 웅크리듯이 급소를 두는 것이 유일한 삶의 길이다. 앞서 백에게 당해서 잡혔던 바로 그곳이 급소인 것이다. 백2에는 흑3으로 받아서 무사하다.

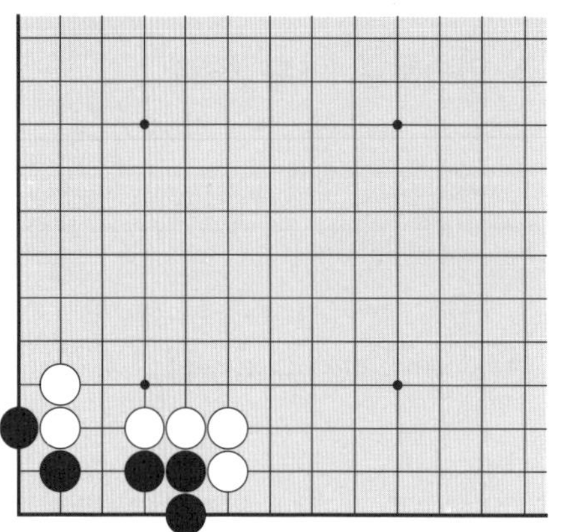

연습문제 2

▨ 연습문제 2 (흑 차례)

얼른 봐도 재미있는 형태이다. 이것도 궁도를 넓히느냐, 급소를 두느냐의 선택이 생사를 판가름한다.

보통의 수로는 잘 안 된다는 걸 금방 깨닫게 될 것이다.

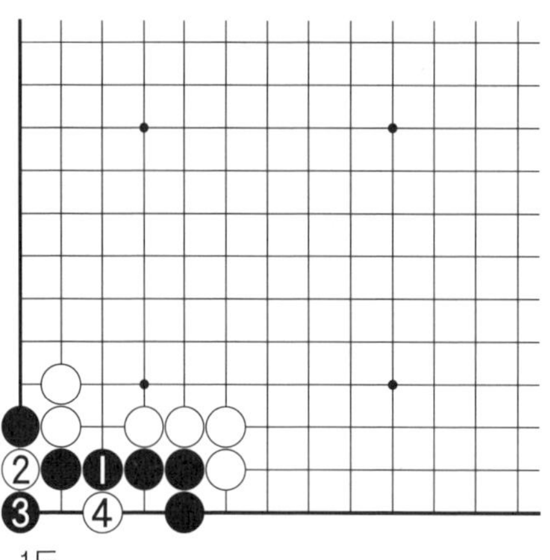

1도

1도(3궁도의 중앙)

흑1로 이어서 살려는 것은 궁도를 넓히는 방법인데, 아쉽게도 공간이 모자란다.

백2로 먹여치는 것은 궁도를 좁히는 수이고 흑3에 따내고 백4로 3궁도의 중앙을 두면 흑은 잡힐 수밖에 없다.

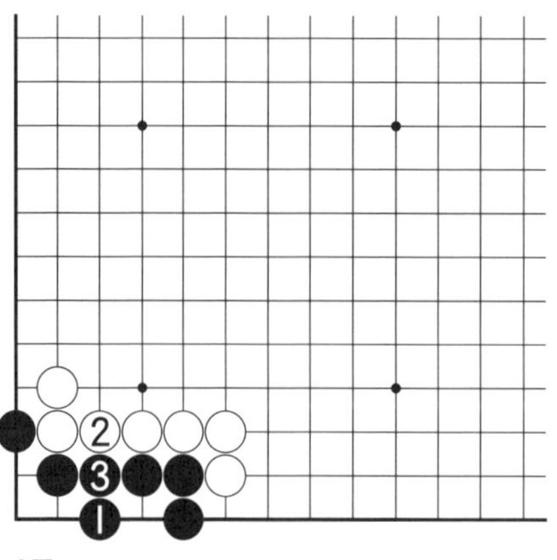

2도

2도(정해/ 적의 급소)

백에게 결정적으로 당했던 급소, 그곳이 바로 역으로 흑이 살 수 있는 급소이다.

따라서 흑1로 웅크리는 것이 절묘한 한 수로 유일한 삶의 길이다. 백2에는 흑3으로 두어서 무사히 삶을 얻는다.

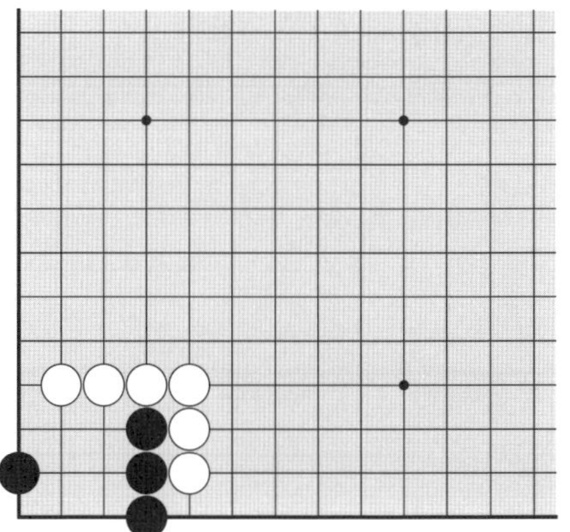

연습문제 3

▨ 연습문제 3 (흑 차례)

크게 달라진 형태이지만 요령은 마찬가지다.

안쪽의 급소를 찾느냐 아니면 공간을 넓히느냐, 그 선택이 삶과 죽음을 결정한다. 과연 흑이 사는 수가 있을까?

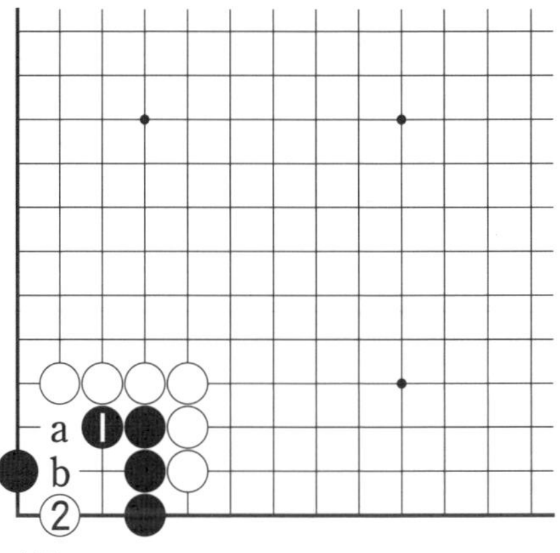

1도

1도(넓혀서는 살 수 없다)

흑1로 꼬부려 막는 것이 공간을 최대한 넓히는 수이지만 아쉽게도 이 선택으로는 살 수 없다.

백2의 치중이 통렬한 급소여서 흑의 죽음이다. 백2로 a는 악수로 흑b에 받게 해 살려준다.

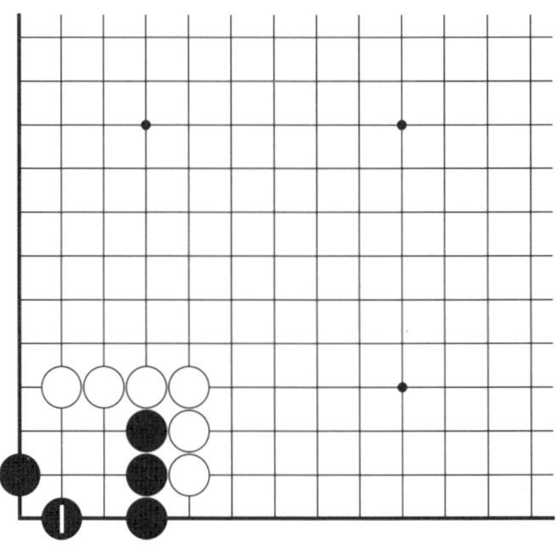

2도

2도(정해/ 2의 一의 급소)

앞 그림의 실패를 거울삼으면 해답은 저절로 나온다. 이번에도 적의 급소는 나의 급소이다.

흑1로 2의 一의 곳을 두어 왼쪽과 오른쪽에 한 눈씩을 동시에 확보하는 것이 유일한 삶의 급소이다.

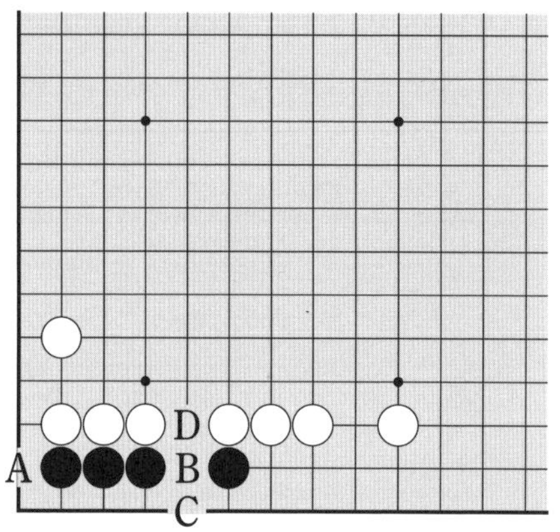

연습문제 4

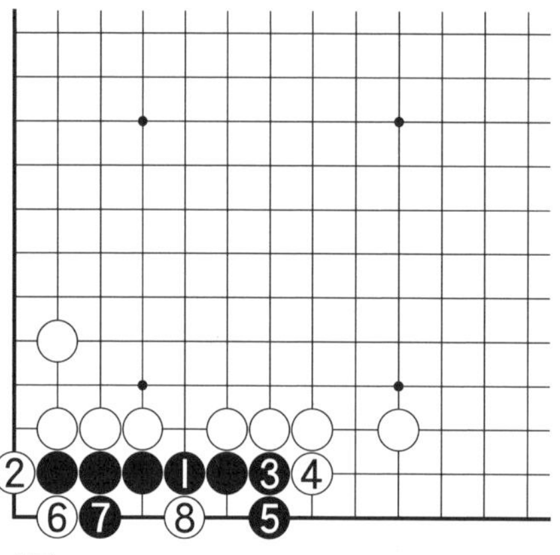

1도

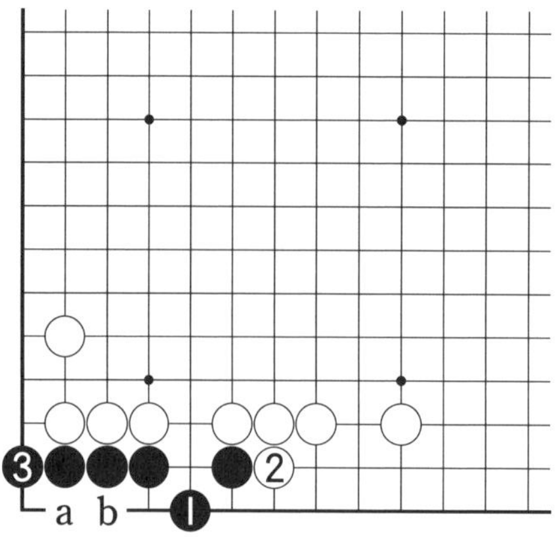

2도

▨ 연습문제 4 (흑 차례)

이 흑돌이 2선에 몇 개 늘어서 있는 것으로 볼 수 있을까?

흑이 삶을 찾는 문제인데, 흑A로 내려서는 것은 백B, 흑C, 백D로 끼워잇는 것이 통렬해 살 공간이 부족해진다. 그렇다면 어디가 급소일까?

1도(6사, 죽음의 증명)

흑1로 잇는 것으로는 살 수 없다. 백2로 젖히고 흑3에 백4로 막으면 흑은 변에서 여섯 개 늘어선 모습이다.

그렇다면 이것은 사활의 원칙인 '6사'에 해당한다. 이하 8까지는 죽음의 증명이다.

2도(정해/ 웅크리는 묘수)

흑1로 웅크리는 묘수가 삶의 급소였다. 백2에는 흑3으로 내려서서 삶의 기본형인 직4궁의 형태이다. a와 b의 두 군데를 백이 다 둘 수는 없다.

백2 대신 3에 젖히면 흑2로 기어나가 역시 살 수 있다.

2

기초 사활의 정복

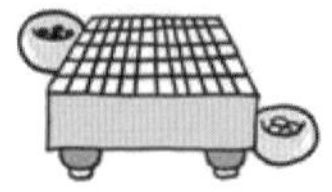

　돌을 잡거나 살리는 데는 기본적인 원칙이 있으며 대략 두 가지로 압축할 수 있다.

　먼저 살릴 경우를 보자. 첫째는 궁도를 넓히는 것, 둘째는 안쪽의 급소를 두는 것이다. 이 두 가지 중 어느 하나에 해답이 있거나 두 가지를 순서대로 함께 적용하면 풀린다.

　다음은 잡으러갈 경우이다. 첫째는 궁도를 좁히는 것, 둘째는 안쪽의 급소를 두는 것이다. 또는 두 가지를 섞을 수도 있다. 그러고 보면 살릴 때나 잡을 때나 이치는 대동소이하다는 얘기다.

　이 장에서는 귀나 변에서의 사활에서 돌의 위치나 공배 관계가 변할 때에 어떻게 결과가 달라지는지도 살펴보면서 기초 사활을 정복하는 길을 제시한다.

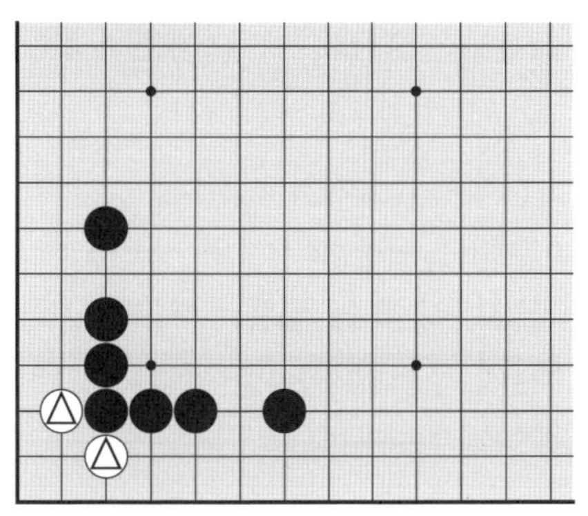

기본형

▨ 백 차례

좌하귀 백△ 두점이 외로운 모습이
다. 바깥쪽 흑이 튼튼하므로 탈출할
길도 없고 안에서 사는 수를 강구
하지 않으면 안 된다.

　좌우동형이므로 사는 수도 두 가
지이지만 한 가지나 다름없다.

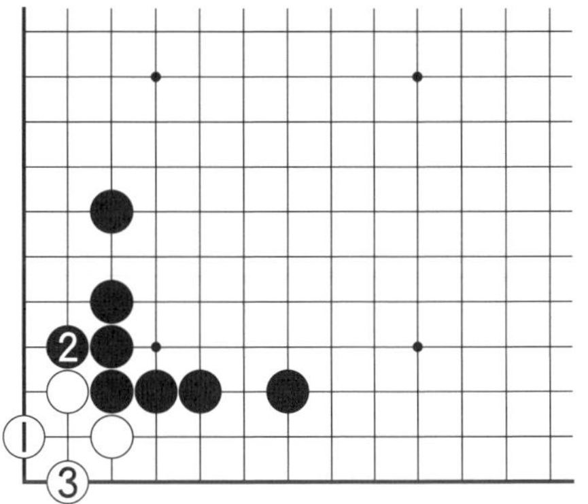

1도

1도(호구가 급소)

백1로 호구를 치는 것이 삶의 급소
이다. 귀의 영원한 급소인 '2의 一'
의 곳이기도 하다. 흑2로 막을 때
백3으로 산뜻하게 산다.

　첫수인 백1은 3의 곳에 두어도
마찬가지다.

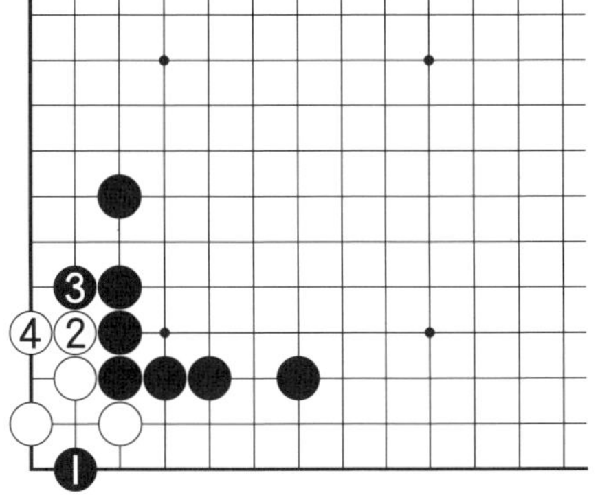

2도

2도(흑이 치중하면?)

앞 그림 2로 이 그림 흑1에 치중하
면 어떻게 될까?

　백은 그쪽은 외면하고 2로 기어
나간 다음 4에 꼬부려서 좋다. 아래
쪽은 이상이 없으므로 이 백은 완
벽한 삶이다.

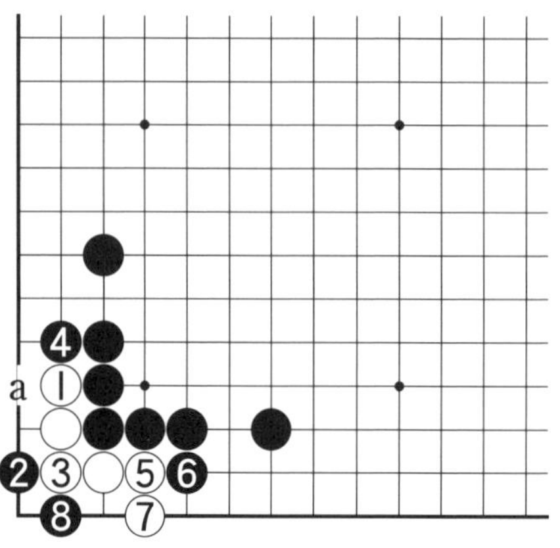

3도

3도(흑2의 치중이 묘수)

애초에 백1쪽을 먼저 기어나가면 흑2의 치중이 묘수! 2의 一의 곳으로 적의 급소이기도 하다.

백3에 이을 때 흑4로 막고 8까지 공략해서 백의 죽음이다(귀곡사). 백a에 두어봤자 소용이 없다. 그런데 흑2로~

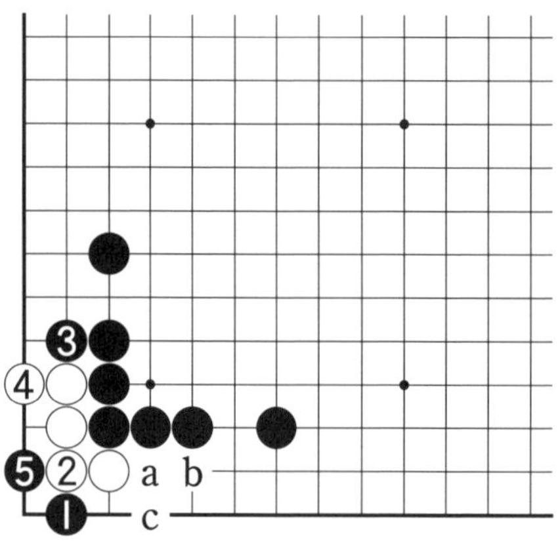

4도

4도(마찬가지?)

흑1에 치중해도 마찬가지일까? 백2로 덥석 이으면 흑3에 막혀서 잡힌다. 흑5 다음 백a, 흑b에 백c로 두어도 귀곡사의 죽음이다(앞 그림과 동일).

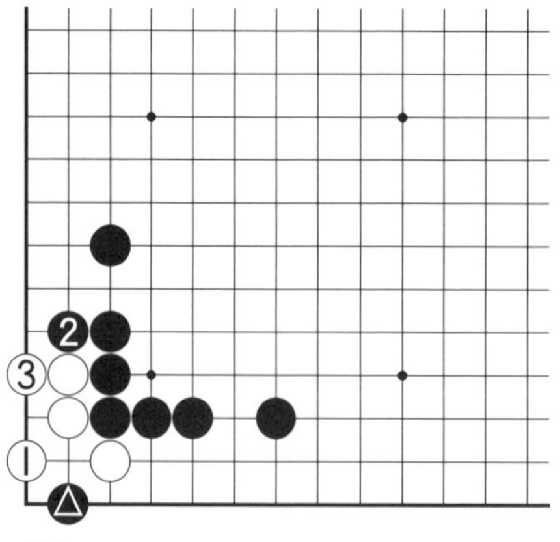

5도

5도(백1, 멋진 응수)

흑▲ 때 백1로 호구치는 것이 멋진 응수이다. 다음 흑2에는 백3으로 꼬부려서 거뜬하게 산다.

그러고 보니 이 그림은 2도와 똑같아졌다. 백의 실수에 흑도 실수하는 바람에 백이 살았다.

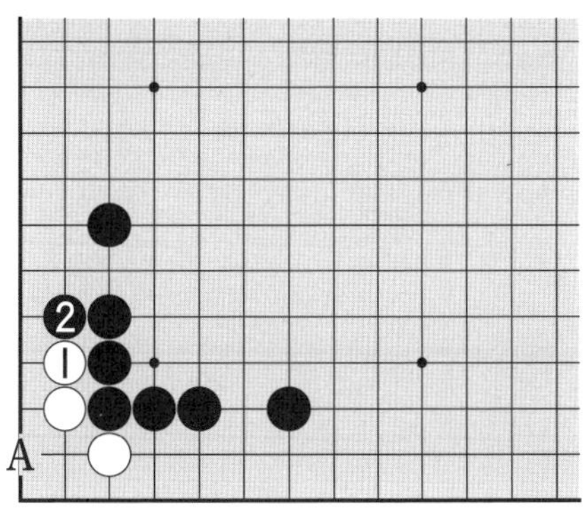

파생형 1

백 차례

앞의 기본형의 변화 중 하나이다. 백1로 기어나간 것은 실수. 그런데 흑도 2로 덥석 받은 것이 실수이다. 둘 다 A에 두었다면 살거나 잡았을 것이다.

이처럼 서로 실수를 주고받았는데, 이 사활의 결과는 어떻게 될까?

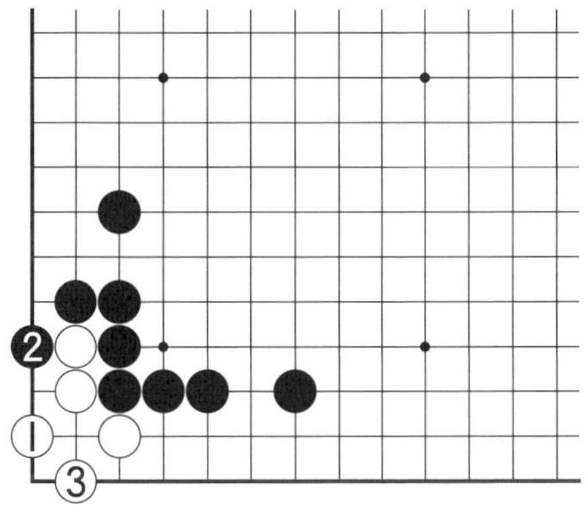

1도

1도(호구가 급소)

뒤늦게나마 백1로 호구치는 것이 삶의 급소이다. 이 수 말고는 사는 수가 없음을 기억해 두자.

흑2의 젖힘에 백3으로 산뜻하게 살 수 있다. 흑2로 3에 두어 삶을 방해해도 백2면 삶이다.

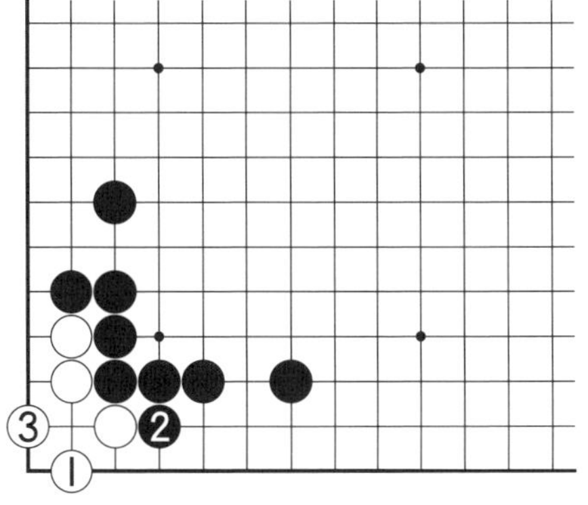

2도

2도(호구의 방향)

백1쪽에서 호구를 치는 것은 생각은 그럴 듯했지만 방향이 틀렸다.

하지만 흑2로 막는 것은 크게 잘못된 응수이다. 백은 3의 곳을 둘 수 있어서 운 좋게 살 수 있다. 그러므로 흑2로는~

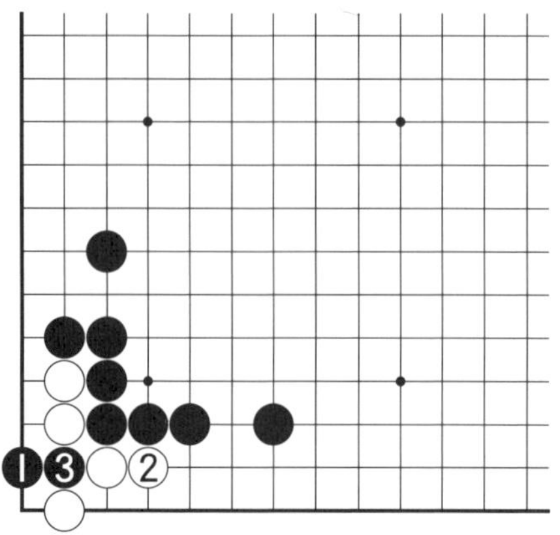

3도

3도(흑1, 적의 급소)

흑1의 치중이 통렬한 급소로 백2에
는 흑3으로 끊어서 그만이다. 백2
대신 3의 곳에 잇는 것도 흑2로 막
아 살 수 없음은 말할 것도 없다.

　1의 곳은 '적의 급소는 나의 급
소'에 해당하는 한 수였다.

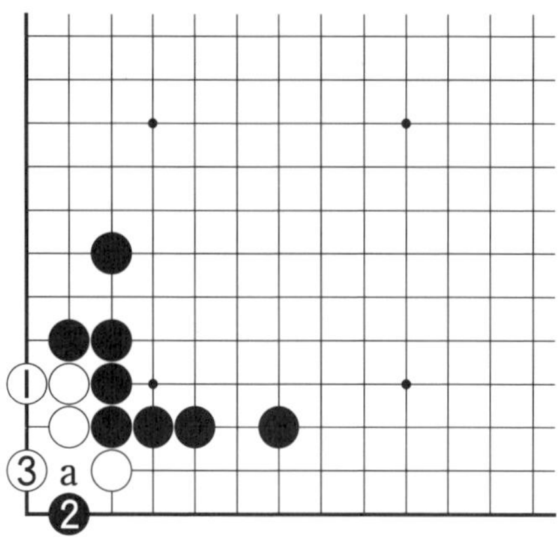

4도

4도(흑2, 방향착오)

처음으로 돌아가서, 백1로 꼬부려
궁도를 넓히는 것은 욕심이다.

　하지만 흑2의 공략은 방향착오이
다. 백3이 절묘한 응수여서 가볍게
살아 버린다. 다음 흑이 a에 끊을
수 없음을 확인하자.

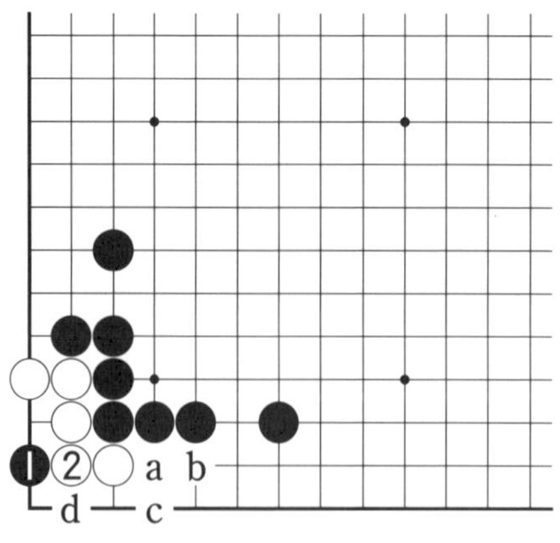

5도

5도(올바른 급소)

앞 그림 2로는 흑1쪽을 치중해 공
략하는 것이 올바른 급소이다. 백2
로 이어봤자 흑이 손을 안대도 살
길이 없다.

　백이 또 a에 두어도 흑b, 백c, 흑
d로 귀곡사의 죽음임이 명백하다.

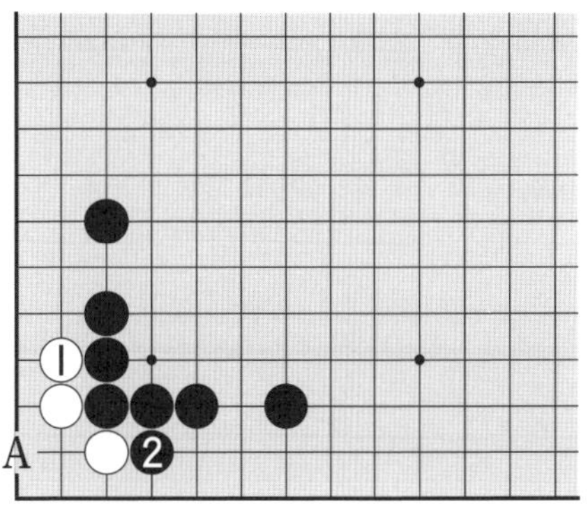

파생형 2

백 차례

백1로 기어나가는 것은 앞서도 말했듯이 실수이다. 그런데 흑도 오른쪽을 2로 막았다. 이것도 물론 실수이다.

백이나 흑이나 A의 곳을 두어야 옳았음은 바로 앞의 경우와 마찬가지다. 그렇다면 이 사활은 어떻게 될까?

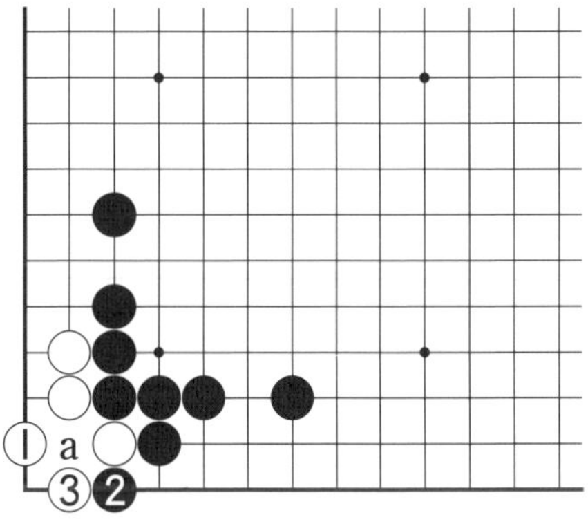

1도

1도(패가 최선)

여기서도 백1로 호구치는 것이 급소이자 최선의 한 수이다.

다만 무조건 살 수는 없고 흑2로 단수할 때 백3의 패로 버텨야 한다. a의 곳 패를 누가 이기느냐가 사활을 판가름한다.

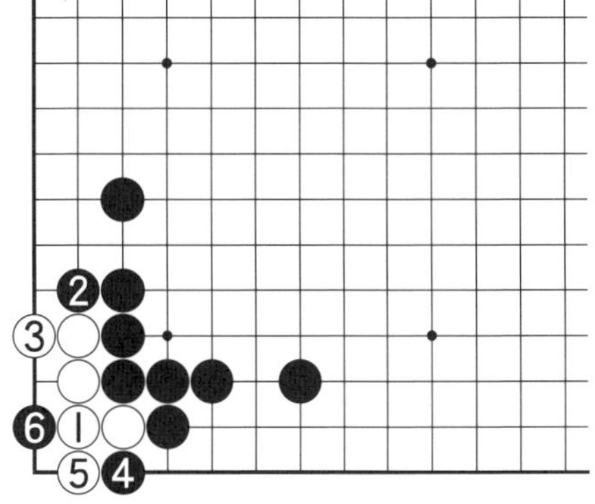

2도

2도(꽉 잇는 것은 죽음)

백1로 꽉 잇는 것으로는 살 수 없다. 요컨대 탄력도 부족하고 공간도 넉넉하지 못하다.

흑2로 막아서 좋다. 백3에는 흑4로 젖히고 백5에 3궁도의 중앙을 6으로 치중해서 그만이다.

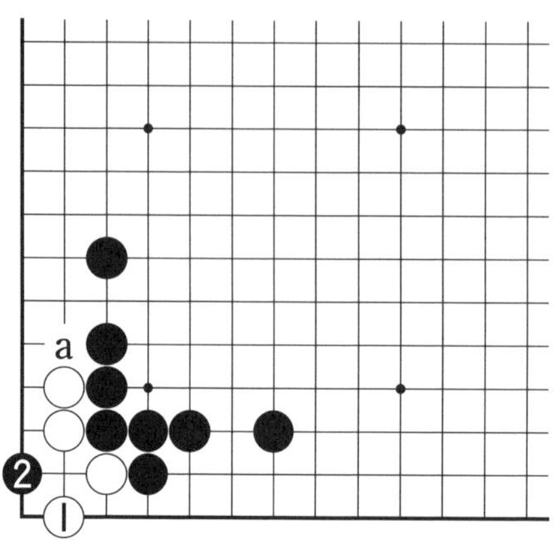

3도

3도(방향착오)

백1쪽을 호구치는 것은 방향이 잘 못되었다. 흑2의 급소 치중이 너무 도 빤해 허무하게 잡혀 버린다.

흑2로 a에 막아준다면 백은 2의 곳을 두어서 살 요량이었겠지만….

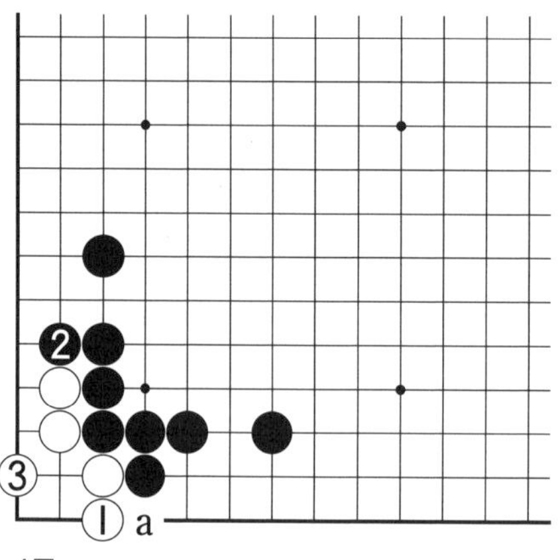

4도

4도(흑2, 생각 없는 수)

백1로 내려서서 궁도를 넓히는 것 은 꽤 궁리한 수이다.

이에 대해 흑2로 막는 것은 생각 없는 응수이다. 백은 3으로 호구쳐 서 깔끔하게 살아 버릴 것이다. 흑2 로 a에 막아도 역시 백3으로 산다.

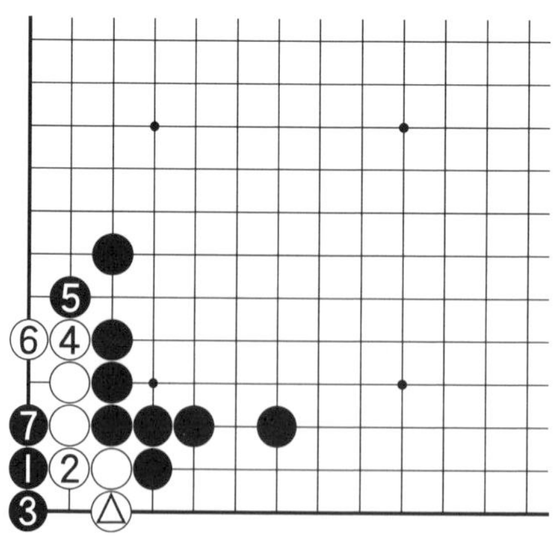

5도

5도(귀곡사의 죽음)

백△로 내려섰을 때 흑1로 치중하 는 것이 통렬한 급소 공략이다. 역 시 적의 급소는 나의 급소!

백2의 이음을 기다려 흑3으로 눈 을 없애고 7까지면 이것은 빅이 아 닌 귀곡사의 죽음이다.

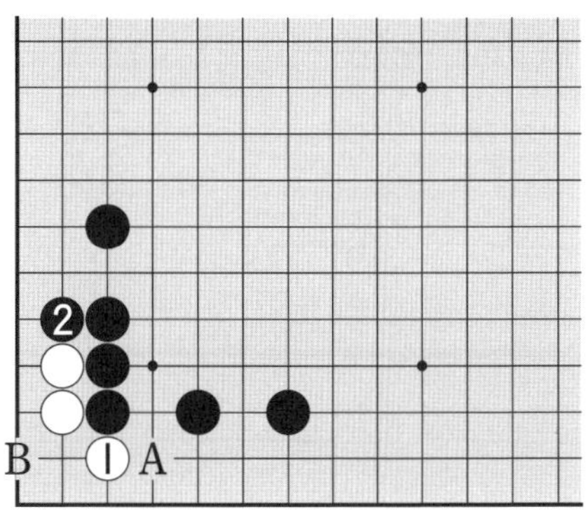

파생형 3

백 차례

배석이 좀 달라져 있다. 이 상황에서 백1에 젖히자 흑이 2로 막은 장면이다.

흑2로 A쪽을 막는다면 백은 B로 호구쳐서 앞서 본 것처럼 패가 되는 것이었다. 이제 이 백의 사활은 어떻게 될까?

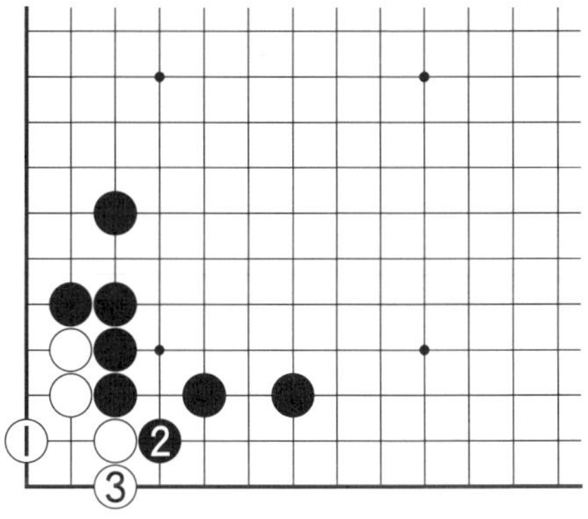

1도

1도(호구가 급소)

백1로 호구치는 것이 급소이자 무조건 백을 살릴 수 있는 한 수이다.

흑2에는 백3으로 내려서서 살아 있음을 확인할 수 있다.

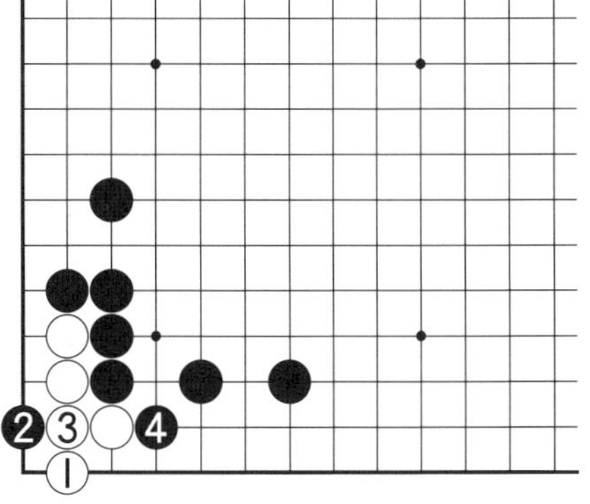

2도

2도(백1, 방향착오)

백1쪽으로 호구치는 것은 방향이 틀렸다. 흑2의 급소 치중이 통렬해 백은 살길이 없다. 백3에 이어봤자 흑4로 막아서 그만이다.

백3 대신 4로 나가면 당연히 흑은 3의 곳을 끊는다.

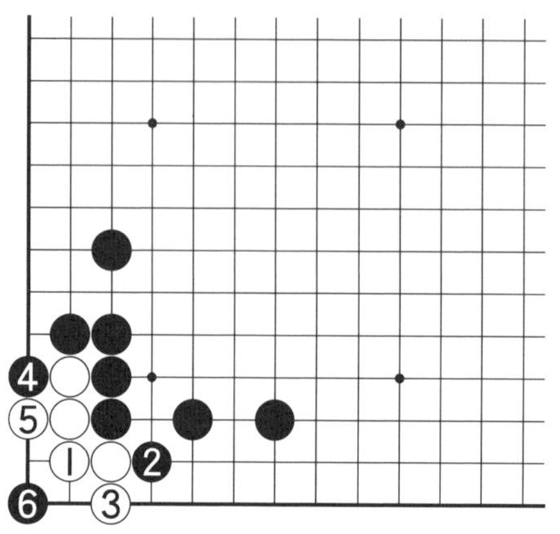

3도

3도(살 공간이 부족)

백1로 잇는 것은 앞서도 그랬듯이 흑2로 막혀서 살 공간이 부족하다.

이다음 백3으로 꼬부려 봐도 흑4, 백5 때 흑6으로 3궁도의 중앙을 공략해서 끝장이다.

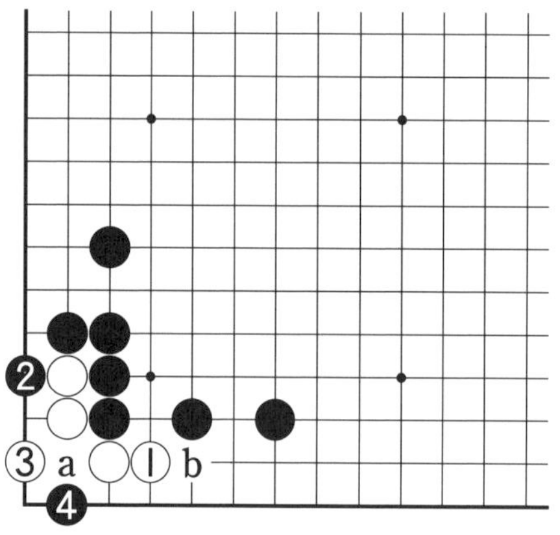

4도

4도(젖힘이 급소)

백1로 기어나가는 것은 유력한 시도이지만 흑2의 젖힘이 급소여서 응수가 난감하다. 백3에 호구치면 흑4의 치중이 결정타이다.

다음 백a로 잇는 것은 흑b에 둘 필요 없이 자체로 잡혀 있다.

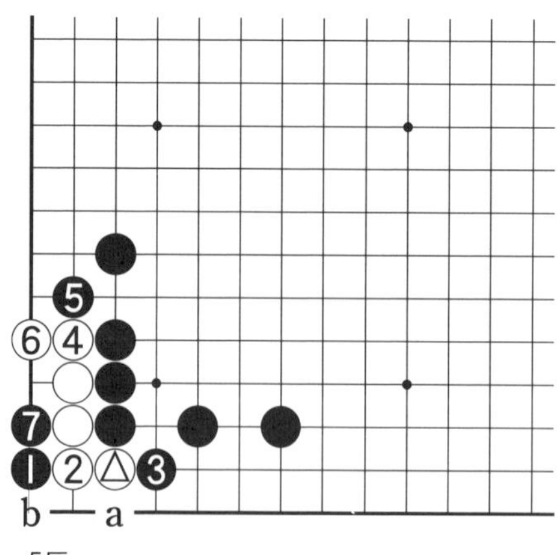

5도

5도(본래 귀곡사의 죽음)

애초에 백이 △로 젖혔을 때 흑은 1로 치중하는 멋진 급소 공략이 있었다.

백2로 이을 때 흑3으로 막으면 백은 살길이 없다. 이하 흑7 다음 백a에 두어 봤자 흑b로 귀곡사의 죽음이다.

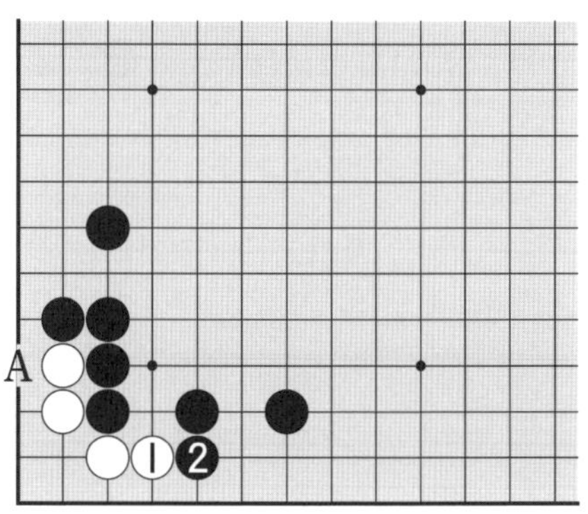

파생형 4

백 차례

백1로 기어나가는 것은 실수이다. 그런데 이에 대해 흑2로 덥석 받은 것도 실수였다.

앞서 봤듯이 흑2로는 A의 곳에 젖혔으면 알기 쉽게 백을 잡을 수 있었다. 그럼 이 백의 사활은 어떻게 될까?

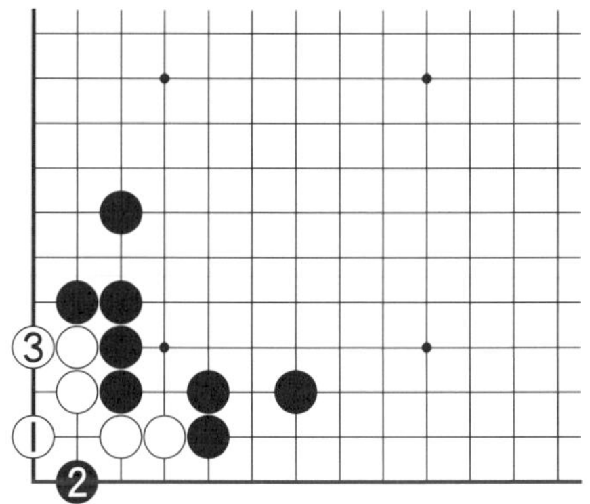

1도

1도(호구가 급소)

백1로 호구치는 것이 유일한 삶의 급소이다. 흑2의 치중으로 공략해도 백은 그쪽을 외면하고 3에 꼬부려서 살 수 있다.

실전이라면 흑2로 3의 곳에 젖히고 백은 2의 곳에 두어 살게 될 것이다.

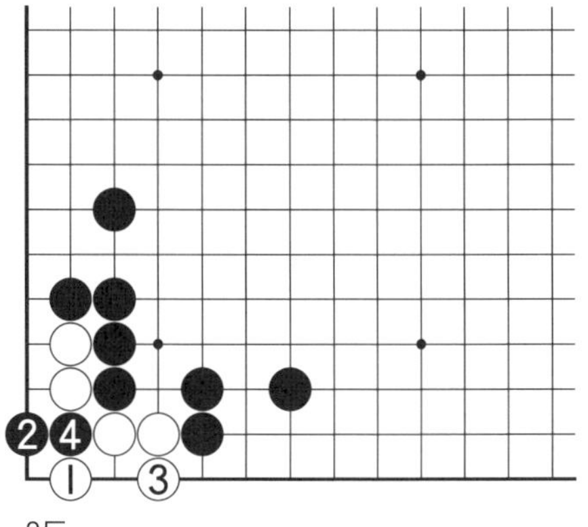

2도

2도(백1, 방향착오)

백1쪽에서 호구를 치는 것은 방향착오이다. 이번에는 흑2의 치중이 통렬한 급소 일격이다.

백3으로 꼬부리면 흑4에 끊어서 백의 죽음이다. 백3으로 4의 곳에 이으면 흑3에 젖혀서 그만이다.

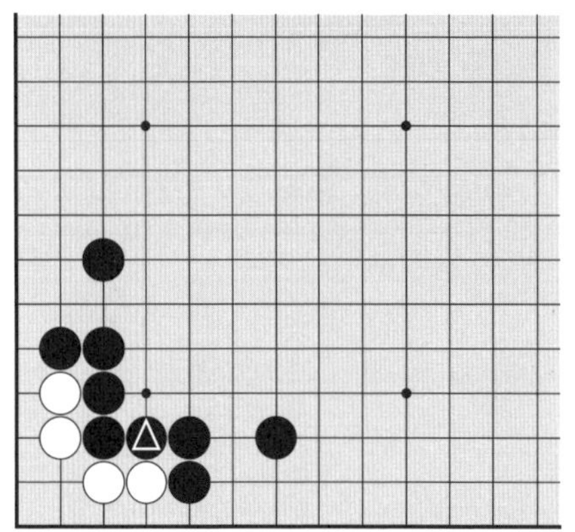

장면도

▦ 공배가 메워진 조건 (백 차례)

[파생형 4]와의 차이는 흑▲로 공배가 메워져 있다는 점이다.

그러면 백의 사활은 어떻게 달라질까. 아니, 백이 사는 수가 있기는 한 것일까?

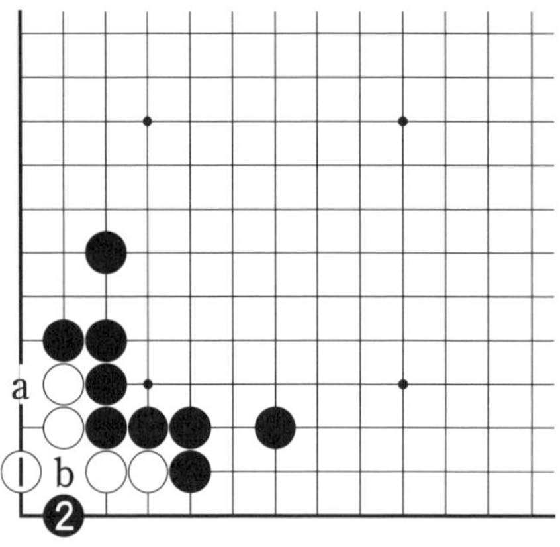

참고도 1

참고도 1(시도 1/ 백 죽음)

백1쪽으로 호구를 쳐보자. 그러면 흑2의 치중이 통렬하다. 다음 백a면 흑b로 끊어서 죽음이다. 또 백b면 흑a로 역시 죽음.

애초 백1로 2의 곳에 호구치는 것도 흑이 1의 곳에 치중해서 마찬가지다.

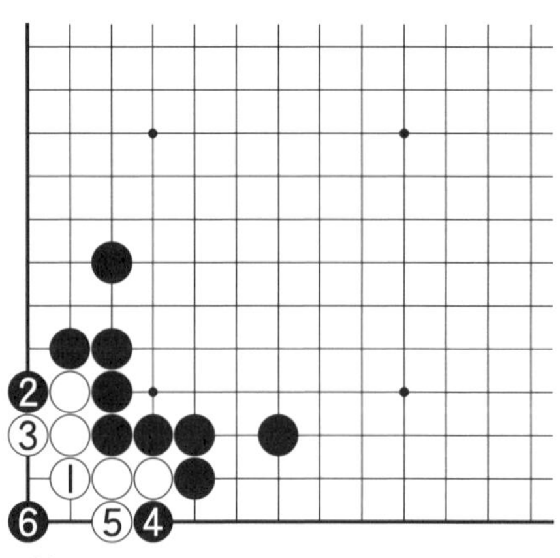

참고도 2

참고도 2(시도 2/ 백 죽음)

백1로 잇는 것으로는 살 공간이 부족하다. 좌우동형이므로 흑2와 4는 바꿔도 괜찮다.

3궁도의 중앙을 공략하는 흑6이 최후의 결정타이다. 본래 이 백은 사는 수가 없었다.

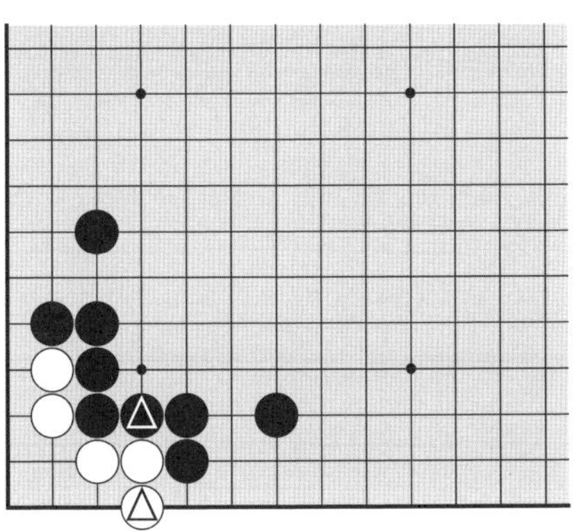

파생형 5

백 차례

흑●와 백△가 덧붙여져 있는 형태가 마지막 관문이다.

얼른 보기에는 아무렇게나 두어도 살 수 있을 것 같겠지만 사는 수는 단 하나뿐이다. 그 급소는 어디일까?

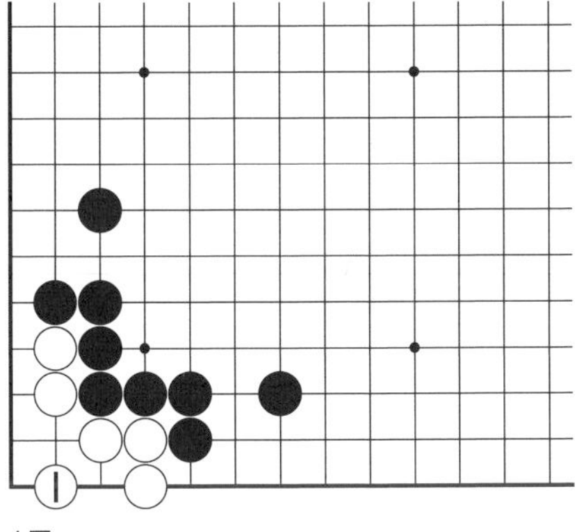

1도

1도(호구의 급소)

백1로 호구치는 것이 유일한 삶의 급소이다. 이곳이 2의 一의 급소인 것도 의미심장하다.

이에 대해 흑은 더 이상 공략할 방법이 없음을 확인하기 바란다.

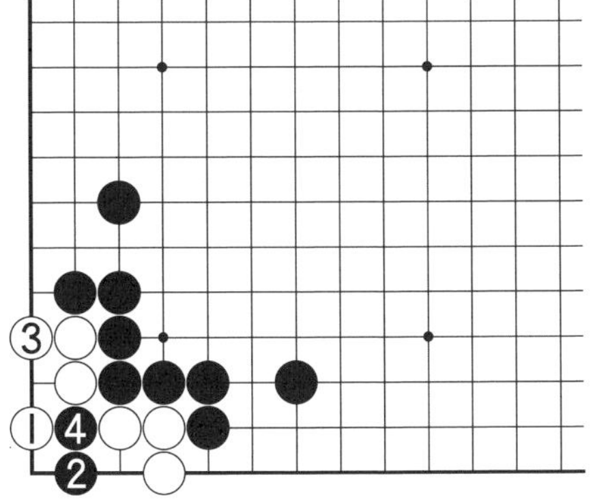

2도

2도(백1, 방향착오)

백1쪽에서 호구치는 것은 방향착오이다.

흑2가 '적의 급소는 나의 급소'에 해당하는 통렬한 공략이어서 살길이 없다. 백3에는 흑4의 끊음으로 막이 내린다.

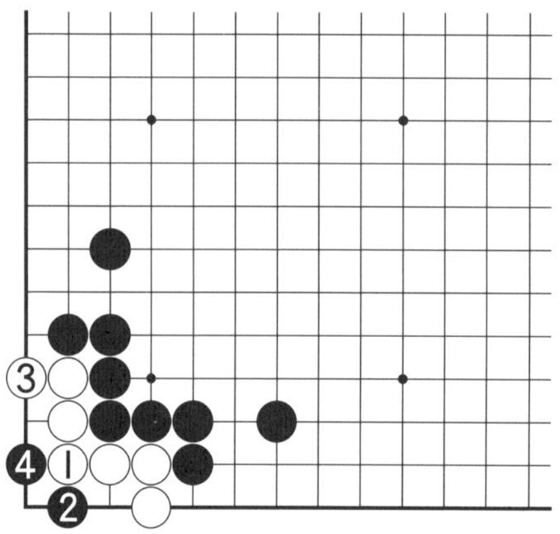

3도

3도(적의 급소)

백1로 꽉 잇는 것은 안이한 행동이다. 궁도가 넓어 잡힐 리가 있겠나 싶겠지만 흑2의 일격으로 숨이 끊어진다.

역시 이곳은 적의 급소였다. 백3에는 흑4로 젖혀서 귀곡사의 죽음이다.

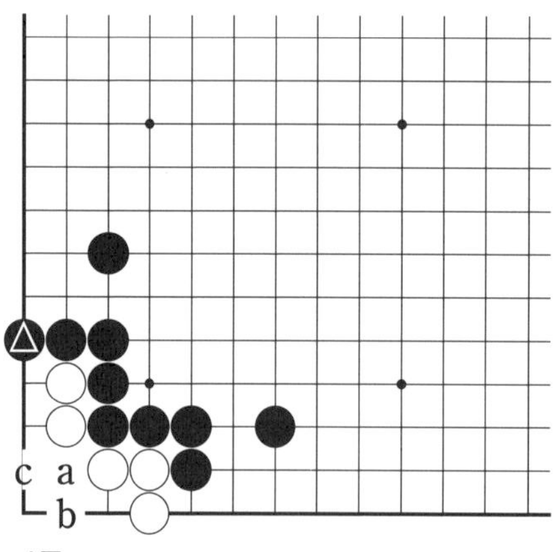

4도

4도(내려섬이 있으면?)

이번에는 흑▲의 내려섬이 있다. 이 형태도 요령은 앞서와 마찬가지다.

백a는 흑b로 죽음이며, 백c는 흑b로 치중당해서 죽음이다. 그렇다면 급소는 빤하다.

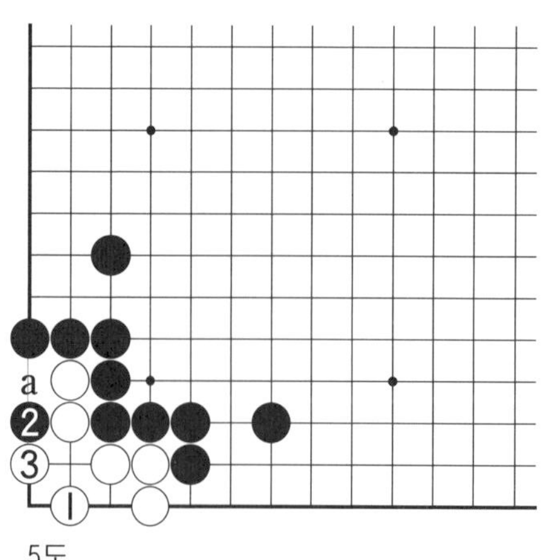

5도

5도(급소는 같다)

백1로 호구치는 것이 삶의 급소이다. 1선의 내려섬이 있으나 없으나 급소는 같다. 흑2에는 백3으로 받아서 안심이다.

다음 흑이 a에 두는 것은 백이 손을 뺄 테니 아무 소용이 없다.

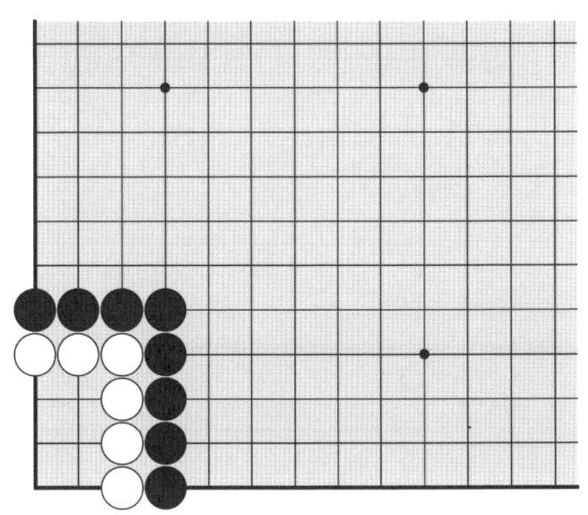

기본형

▨ 흑 차례

귀의 백 여섯점은 흑에게 포위되어 있다. 따라서 흑은 필살의 기백으로 급소를 찾아서 백을 공략해야 한다.

　목하 백은 6집을 갖고 있는 형태로 이른바 6궁도이다. 첫수가 성패를 결정짓는다.

1도(2의 二의 급소)

흑1로 붙이는 것이 백의 자충에 착안한 급소이다.

　귀의 양대 급소인 2의 二의 급소라는 점에도 주목할 필요가 있다. 백2에는 흑3이 결정타. 백은 자충 때문에 a로 둘 수 없음이 뼈아프다.

1도

2도(2의 一 공략은 패)

흑1도 2의 一의 급소로 유력한 공략이지만 백2가 좋은 응수(이곳이야말로 적의 급소!)여서 그냥은 못 잡는다. 요컨대 흑3에 백4로 집어넣는 수가 있어 a의 패를 다둘 수밖에 없다.

2도

53

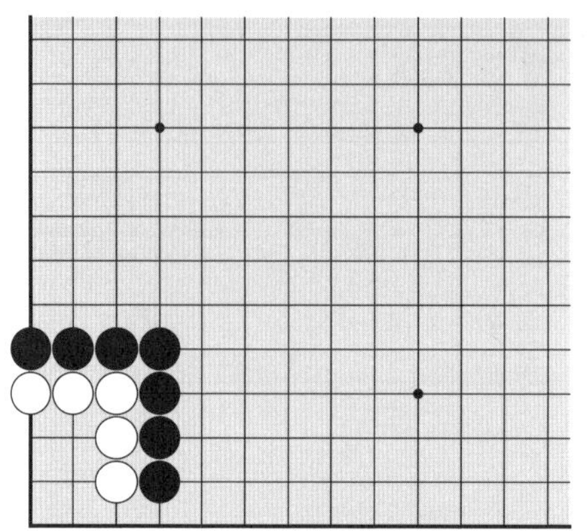

장면도

🔳 원형의 사활 (백 차례)

이 형태가 [2형]의 원형이라고 볼 수 있다. 1선에 있는 돌을 흑백 하나씩 뜯어냈다.

여기서 백이 사는 수는 모두 몇 가지나 될까?

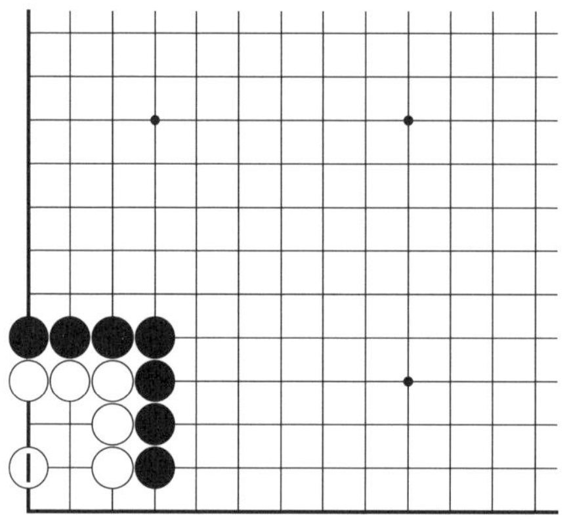

참고도 1

참고도 1(사는 수 1)

백1로 '2의 一'의 급소를 두어 틀을 갖추는 것이 가장 많이 쓰이는 삶의 한 방법이다. 이것으로 백은 완벽하게 살았다.

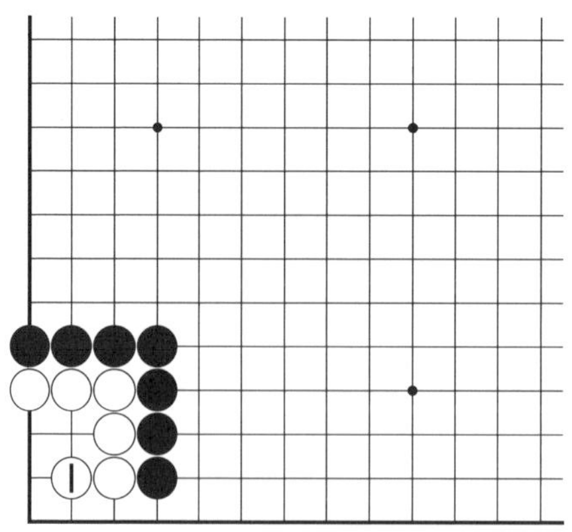

참고도 2

참고도 2(사는 수 2)

백1로 꼬부리는 수로도 살 수 있다. 이곳도 귀의 급소 중 하나인 '2의 二' 자리이다.

앞 그림보다는 모양이 좀 산뜻하지는 않지만 훌륭하게 살아 있다. 앞 그림과의 선택은 경우에 따른다.

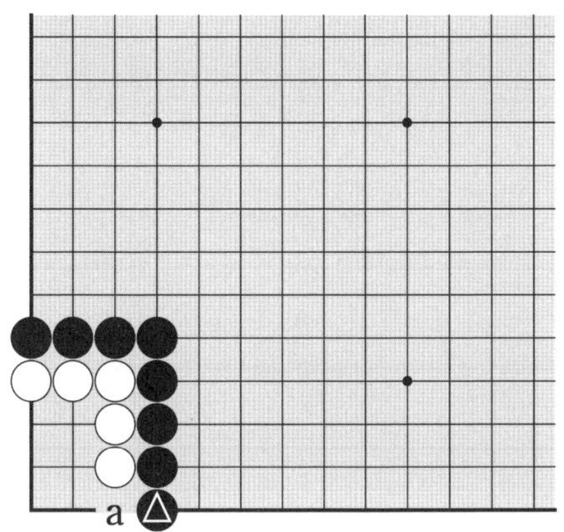

장면도

▦ 내려섬이 있는 경우 (백 차례)

흑△로 내려선 수가 있는 점이 다르다. 여기서 백이 a에 막으면 [2형]으로 돌아가서 싱겁게 잡힌다.

그렇다면 백이 사는 수가 있을까? 아니, 어떻게 두는 것이 최선일까?

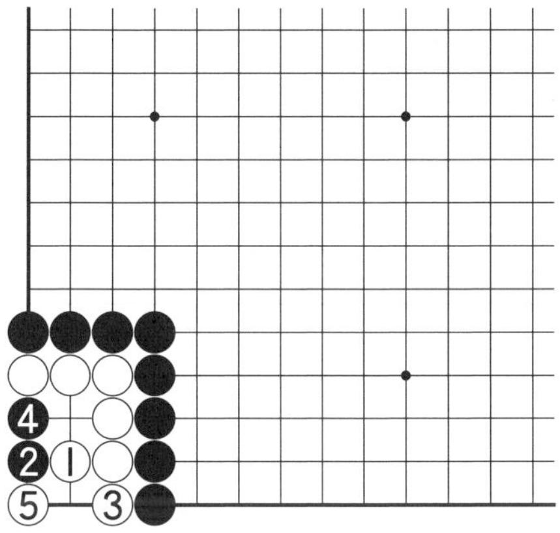

참고도 1

참고도 1(패가 쌍방 최선)

백1의 꼬부림이 최선의 선택이다. 역시 2의 二의 급소!

흑2의 붙임이 강력한 공략이지만 백3으로 막아서 궁도를 넓히는 것이 좋은 응수여서 5까지 패가 되는 것이 필연이다.

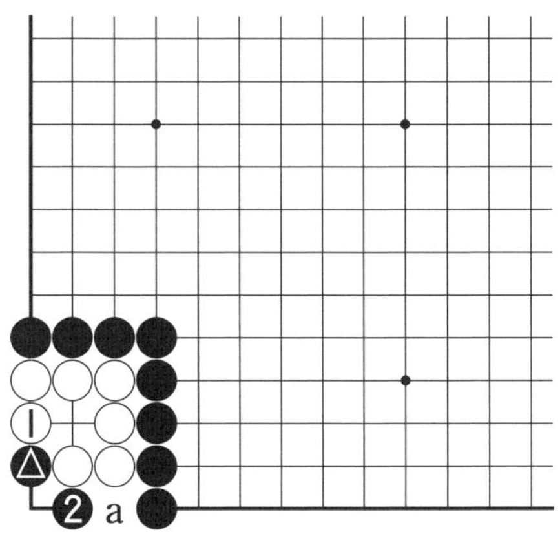

참고도 2

참고도 2(백, 횡사)

흑△의 붙임에 대해 백1로 응수하는 것은 경솔하다. 흑2의 젖힘이 준비된 맥점이다.

백은 자충이 되어 a의 곳을 둘 수가 없음을 확인하기 바란다. 경솔한 한 수로 백은 횡사하고 말았다.

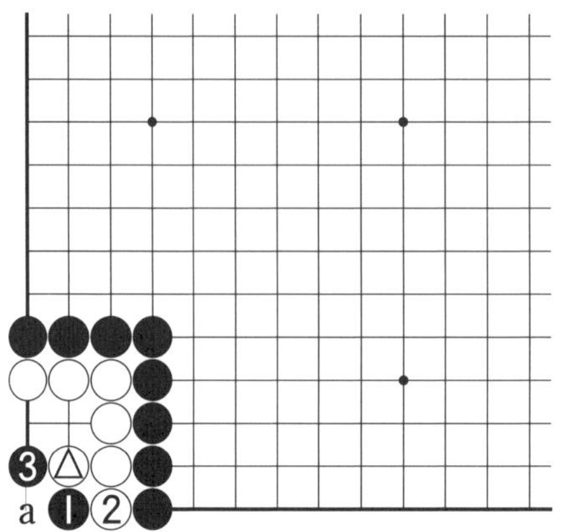

참고도 3

참고도 3(단패도 아니다)

백△에 대해 흑1쪽을 먼저 붙이는 것은 수순을 그르친 수이다.

　백2에 흑3으로 젖히면 a의 패를 다투게 되지만 백이 따낼 차례이므로 이만저만 불만이 아니다. 더욱이 단패도 아니다.

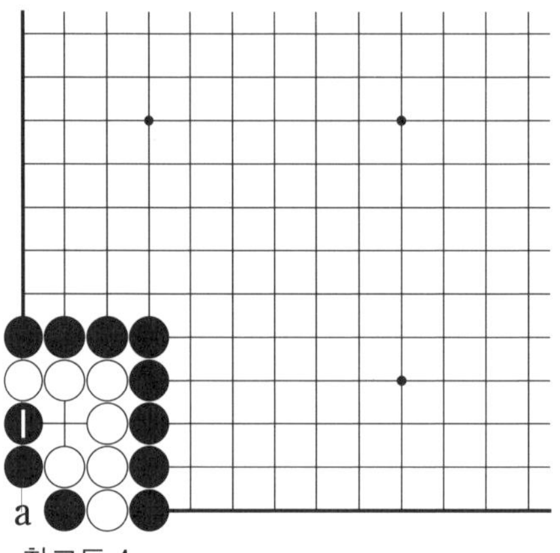

참고도 4

참고도 4(한 수 늦은 패)

앞 그림에 이어, 흑은 a의 패를 버티고(이기고) 나서 1로 단수할 차례에 돌아와야만 비로소 단패가 되는 것이다.

　앞 그림의 결과는 흑의 입장에서 볼 때 한 수 늦은 패였던 것이다.

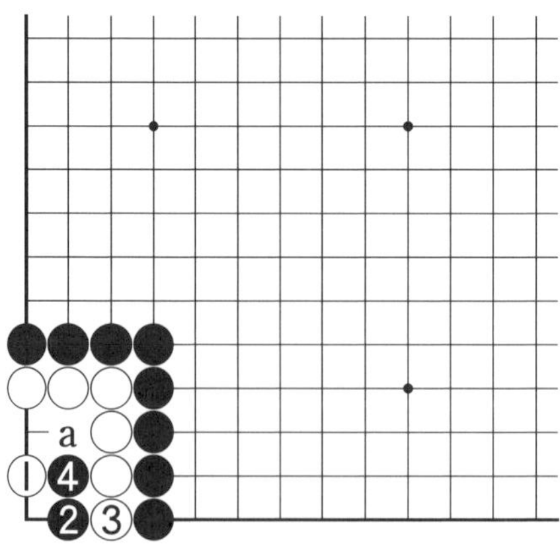

참고도 5

참고도 5(2의 一은 착각)

백1로 2의 一의 급소를 두어서 살자는 것은 착각이다. 흑2의 치중이 통렬한 공략이다.

　다음 백3에 흑4로 올라가면 백은 a에 둘 수가 없어 허무하게 잡힌다. 백은 자충에 울고 있다.

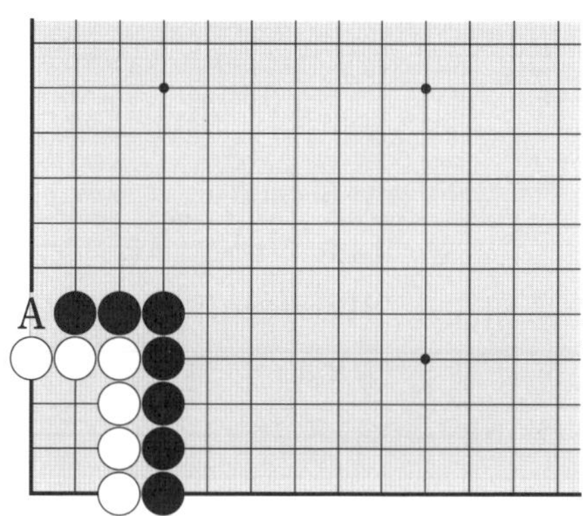

파생형 1

흑 차례

기본형과 차이점은 A의 곳 공배 하나가 비어 있다는 점이다. 이런 형태라면 사활이 어떻게 달라질까?

과연 무조건 잡는 수가 가능한건지도 알아본다.

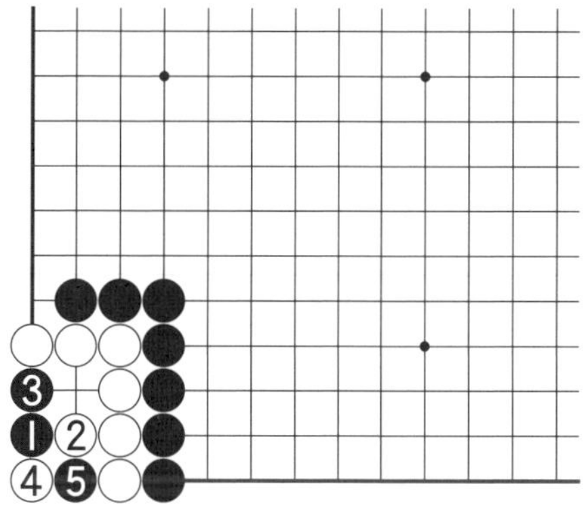

1도

1도(정해/ 패가 최선)

흑1로 '2의 一'의 급소에 치중하는것이 정확한 공략이다.

백2는 이 한수의 응수이며 흑3으로 파호할 때 백4, 흑5로 패가 되는것이 최선이다. 그런데 이 패는~

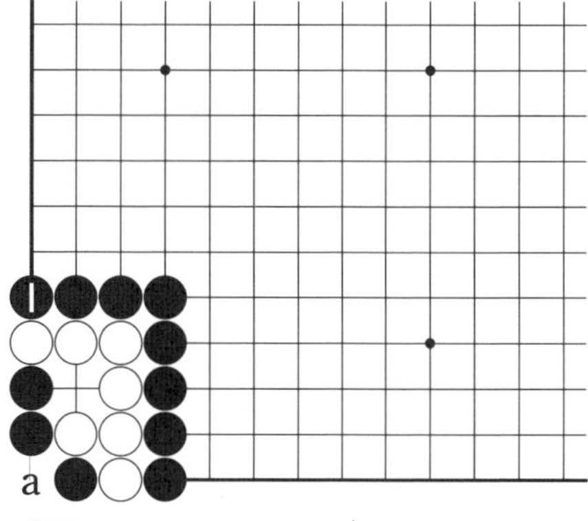

2도

2도(정해 다음의 수순)

다음 그림처럼 a의 패를 버티다가결국은 흑1로 단수해야만 비로소단패가 된다. 그렇다면 한 수 늦은패이다.

다만 이 패는 백이 또 먼저 따낼차례의 패이다.

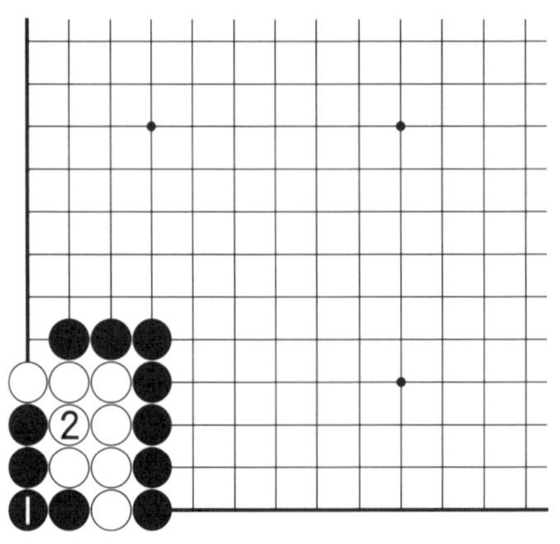

3도

3도(백의 자랑)

흑은 백의 선패가 싫다면 단수하지 않고 1로 잇는 방법도 있다. 그러면 백은 2로 따내게 된다.

문제는 백2로 따내는 수를 당장 둘 필요가 없다는 점이다. 백은 상황이 좋을 때 따내도 된다는 뜻이다. 이건 백의 자랑이다.

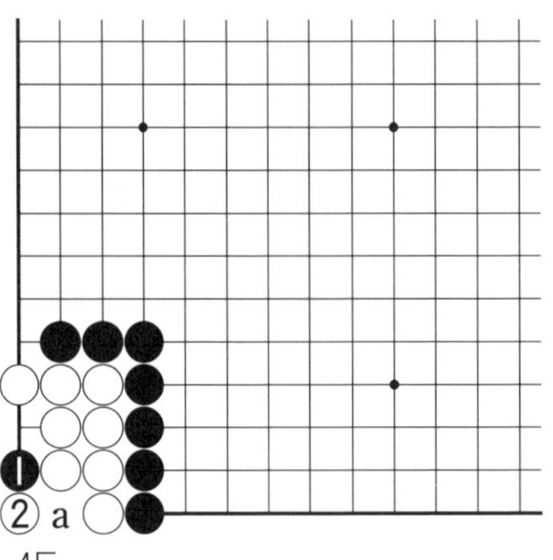

4도

4도(흑이 따낼 차례의 패)

백이 따낸 다음의 상황을 옮긴 그림이다.

흑은 당장 1로 공략하지 않으면 안 된다. 백도 놔두면 잡히므로 2로 들어가 a의 패를 다투게 된다. 단, 흑이 따낼 차례의 패이다.

5도(번지수가 틀렸다)

흑1로 공략하는 것은 백2의 붙임이 '적의 급소는 나의 급소'에 해당하는 호수여서 살려준다.

다음 a와 b가 맞보기. 요컨대 흑 a면 백b, 흑b면 백a로 산다. 따라서 흑1은 번지수가 틀렸다.

5도

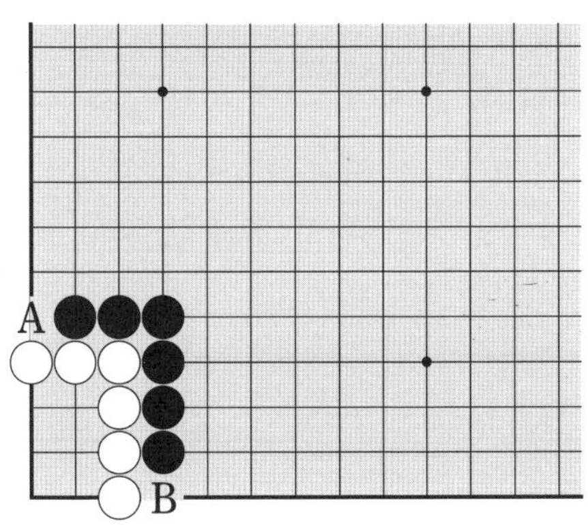

파생형 2

▨ 흑 차례

이번에는 바깥쪽 공배가 두 개나 비어 있는 상황이다.

요컨대 A와 B에 있었던 흑돌을 뜯어낸 형태이다. 과연 이 사활은 어떻게 될까?

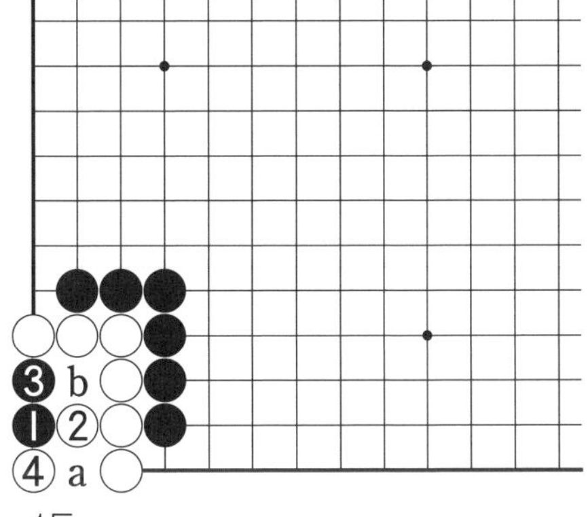

1도

1도(시도 1/ 백 삶)

흑1의 치중은 일단 2의 一의 급소인 만큼 유력한 공략이다.

백2, 흑3 때 백4로 들어와 패인가 싶지만 그게 아니다. 다음 흑이 a에 따내도 백b로 모는 수가 성립해서 그냥 살아 버린다.

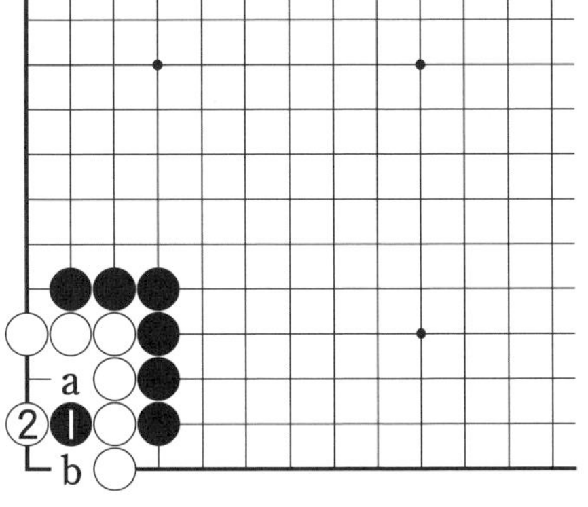

2도

2도(시도 2/ 백 삶)

흑1의 치중은 앞서 공배 하나가 비어 있을 때도 실패했으니 이번이라고 성공할 리가 없다.

백2가 좋은 수여서 다음 a와 b를 맞봐 역시 쉽게 산다. 이 백은 본래 살아 있는 돌이었다.

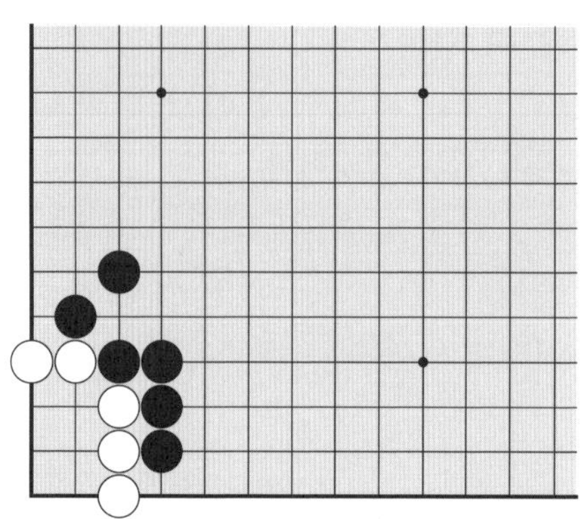

파생형 3

바깥쪽 공배가 두 개 비어 있는 점은 앞의 [파생형 2]와 마찬가지다. 하지만 귀의 백은 형태가 다소 달라져 있다.

그러면 이 사활의 결과는 어떻게 달라질까?

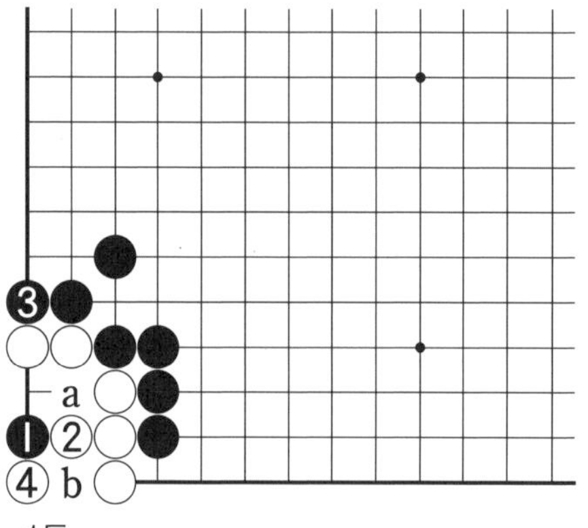

1도

1도(패가 최선)

흑1로 치중해서 백의 단점을 엿보는 것이 좋은 공략이다. 백2로 받는 것이 최강의 저항이며, 흑3으로 뒤쪽에서 막아 a의 환격을 보는 것이 호수이다.

결국 백4로 들어가서 b의 패를 다투게 된다.

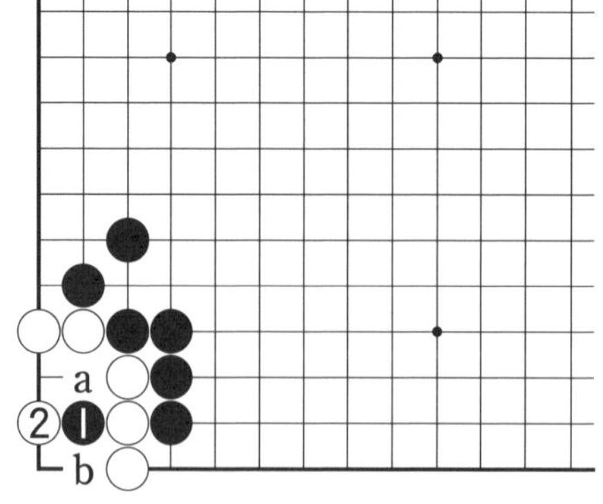

2도

2도(백이 사는 급소)

이번에도 흑1로 공략하는 것은 잘못이다. 백2가 적의 급소여서 쉽게 살아 버린다.

다음 a와 b가 맞보기라는 것은 새삼 설명할 필요도 없을 것이다.

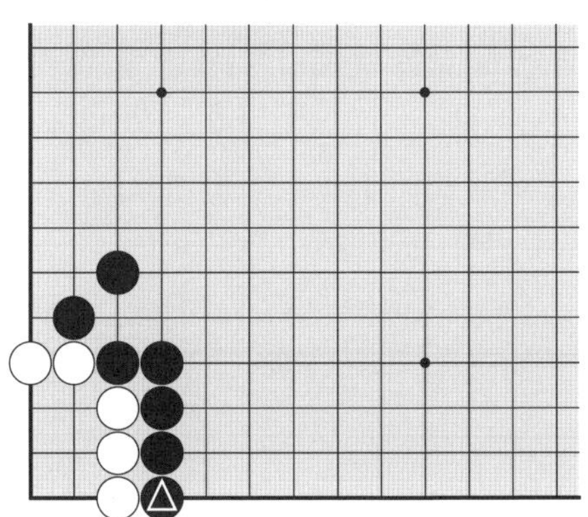

파생형 4

흑 차례

바로 앞의 [파생형 3]에서 흑▲가 덧붙여져 있는 상황이다. 흑돌 하나 차이로 백의 형태가 아주 부실해 보인다.

그렇다면 이 사활의 결과는 어떻게 될까? 무조건 잡는 수가 있으면 물론 좋을 것이다.

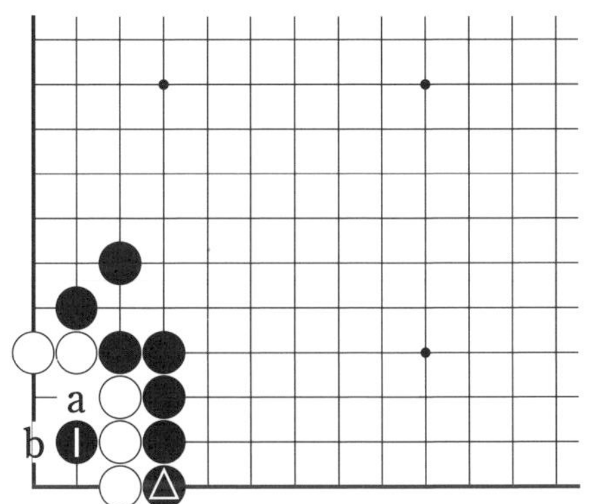

1도

1도(백의 죽음)

이번에야말로 흑1의 붙임이 정확한 공략이다. 흑▲가 있어 백 석점이 자충인 점에 착안한 수법이다.

당장 끊기는 점을 방비해 백a로 이으면 흑b로 살 공간이 나오지 않는다.

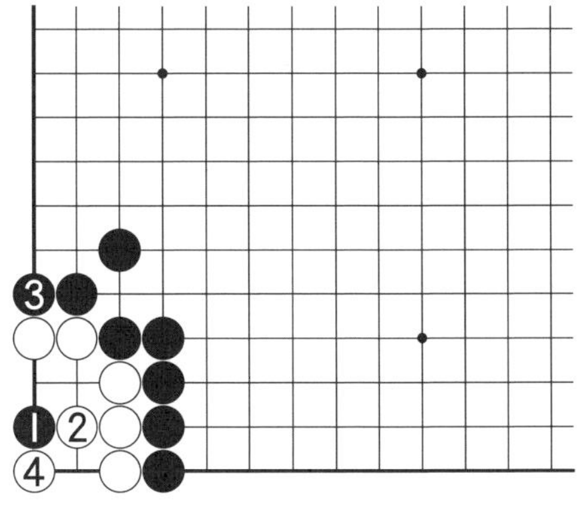

2도

2도(패는 실패)

흑1로 치중하는 것은 백2의 저항을 불러서 결국 4까지 패를 피할 수 없게 되므로 흑의 실패이다.

이 패는 오른쪽 공배가 비어 있는 상황에서 최선의 결과였다.

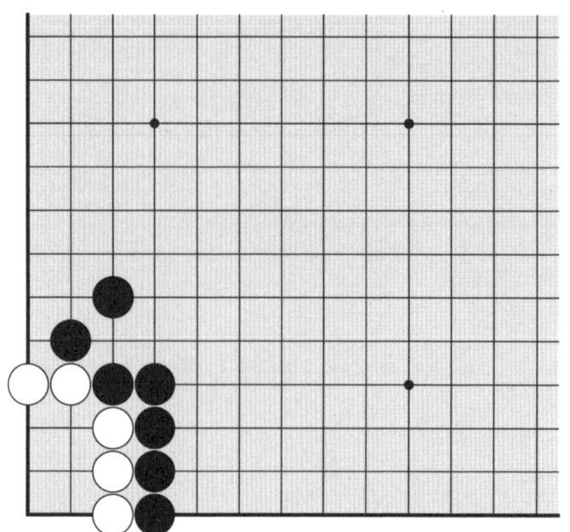

장면도

⊞ 사는 방법 (백 차례)

'앗, 똑같은 문제가 나왔다'고 생각하는 이도 있을 것 같다. 그러나 이번에는 백 차례로 어떻게 사는 것이 가장 좋으냐가 주안점이다.

사는 방법은 두 가지인데, 어떤 선택이 가장 좋을까?

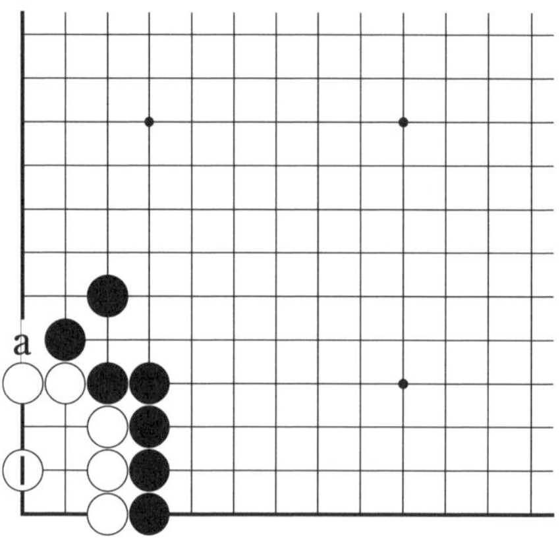

참고도 1

참고도 1(정해/ 5집의 삶+ 알파)

백1로 2의 一의 곳을 뛰어서 정비하는 것이 가장 좋은 삶의 방법이다. 백은 5집이나 얻으면서 살았고, 더욱이 흑이 a로 막아도 받을 필요가 없는 점이 플러스알파이다.

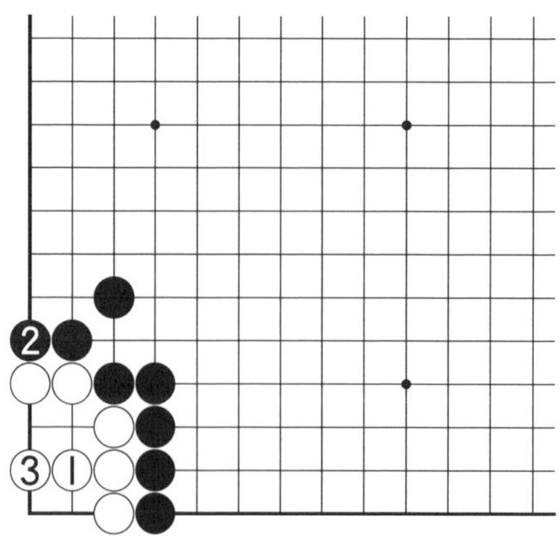

참고도 2

참고도 2(4집의 삶)

백1로도 살 수는 있지만 생각이 모자라다. 흑2로 막으면 백3의 가일수가 필요하므로 앞 그림에 비해 손해이다.

두지 않으면 흑3을 불러 패가 되므로 주의! 귀의 백은 4집에 불과하다.

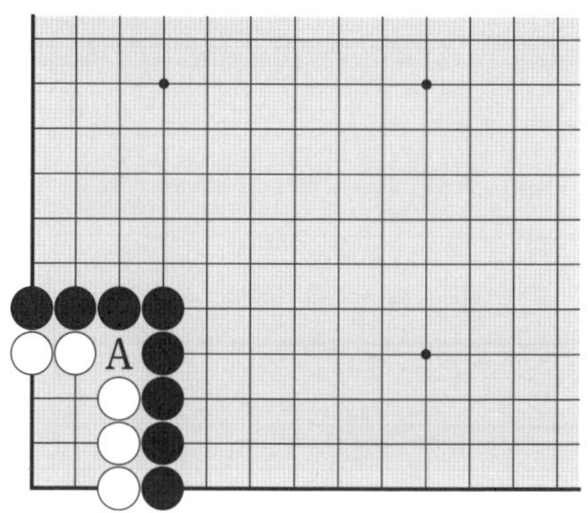

파생형 5

▨ 흑 차례

1선의 공배가 아니라 중앙 쪽 A의 공배가 하나 비어 있는 점이 앞서와 다르다.

　흑은 이 백을 어떻게 공략하는 것이 좋을까? 첫수와 세 번째 수의 콤비네이션이 매우 중요하다.

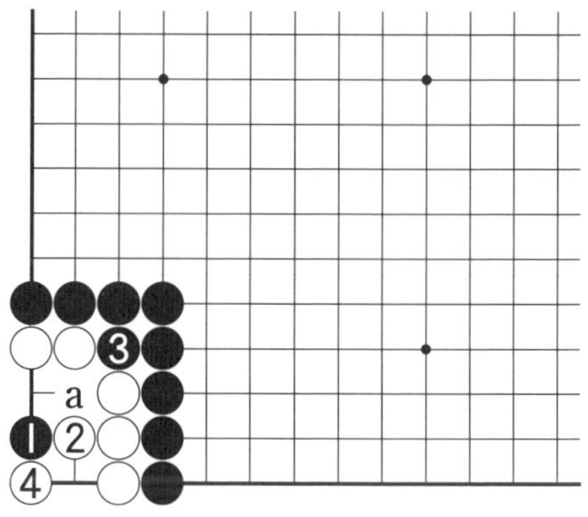

1도

1도(패가 최선)

흑1의 치중이 정확한 공략이다. 백2는 절대의 응수이며 여기서 살그머니 흑3에 찝는 것이 결정타이다.

　a의 환격을 보고 있는 만큼 백4의 패는 필연적이다. 이것이 쌍방 최선의 결과이다.

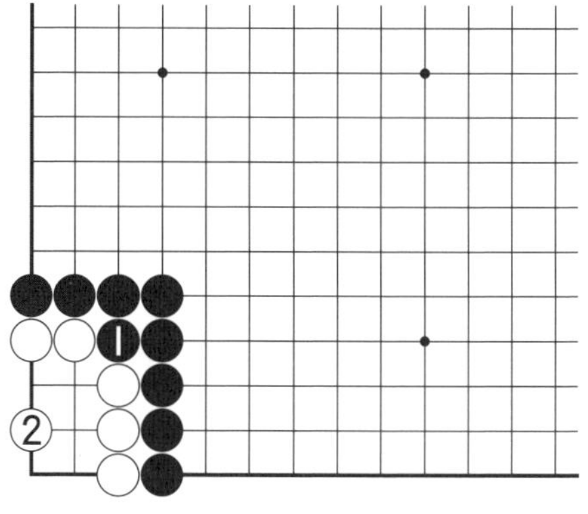

2도

2도(흑1, 이적수)

흑1로 두어서 수가 난다면 그것이야말로 공배의 묘수!

　이 상황에서는 백2로 급소를 두는 순간 쉽게 살 테니 이적수라는 지탄을 받을 수밖에 없다.

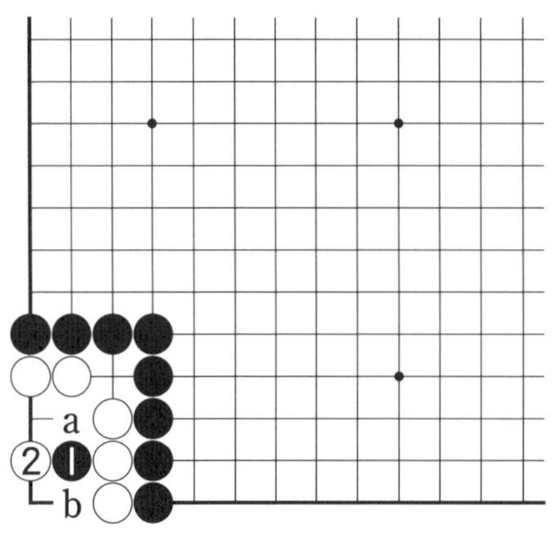

3도

3도(맞보기의 삶)

흑1로 공략하는 것은 방향이 틀렸다. 백2의 붙임이 안성맞춤이어서 역시 실패한다. 다음 흑a면 백b, 흑b면 백a로 살아 있다.

　요컨대 2 다음 백은 a와 b를 맞보고 있는 것이다.

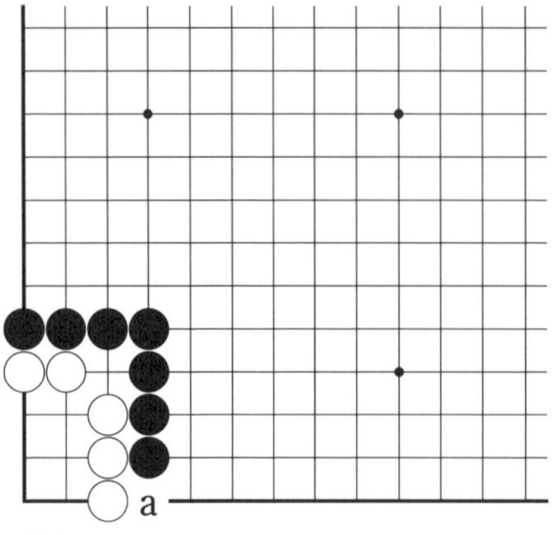

4도

4도(공배가 둘)

이번에는 중앙 쪽의 공배뿐 아니라 a쪽 1선의 공배도 하나 비어 있다.

　이런 상황이라면 이 백의 사활은 어떻게 될까? 다음 그림이 답을 대신한다.

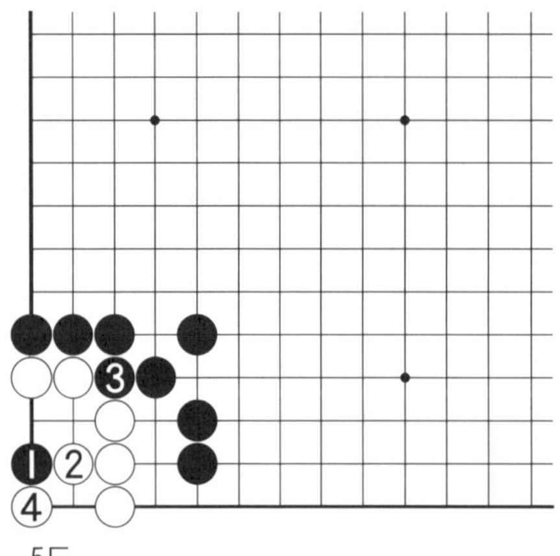

5도

5도(결론은 패)

공배가 4개나 비어 있는데, 이 백의 사활은 어떻게 될까?

　공배가 하나 비든 두 개 이상 비든 흑1, 3으로 공략하면 백4까지 패가 된다.

　앞 그림도 이와 똑같은 수순으로 패가 됨은 물론이다.

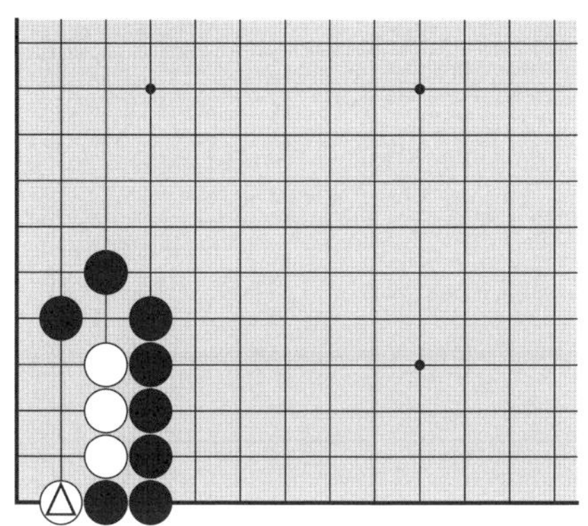

기본형

▨ 백 차례

백 넉점의 사활을 묻는다. 아래쪽은 흑이 1선을 젖히고 이은 모습을 하고 있다.

1선에 있는 백△가 어떤 구실을 하느냐가 성패를 판가름한다.

1도(최선/ 호구가 급소)

백1로 호구를 치는 것이 유일한 삶의 급소이다. 이곳이 2의 一의 급소인 것도 의미심장하다.

흑2에는 백3으로 받아서 아슬아슬하지만 두 눈의 삶이다. 흑2로 a면 백b로 받아서 무사하다.

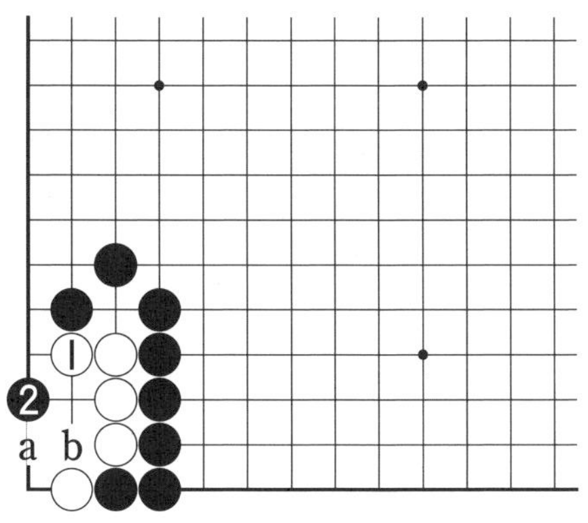

2도(궁도를 넓히면?)

백1은 궁도를 넓혀서 살자는 의도이지만 무모하다. 흑2의 일격으로 살길이 없다. 흑2로는 a에 치중해도 좋다.

다만 흑2로 b에 끊는 것은 경솔하다. 백은 a의 패로 버틸 것이다.

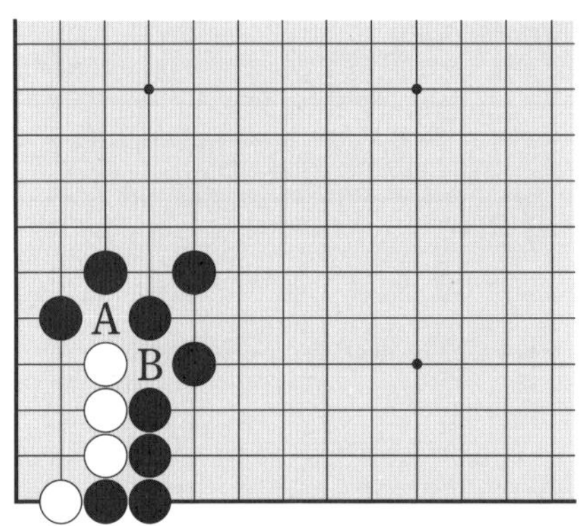

파생형 1

백 차례

기본형과 다른 점은 공배가 하나 더 비어 있다는 것이다. 즉 A의 곳뿐 아니라 B의 곳도 비어 있다.

그러면 백의 사활에 어떤 영향을 미칠까?

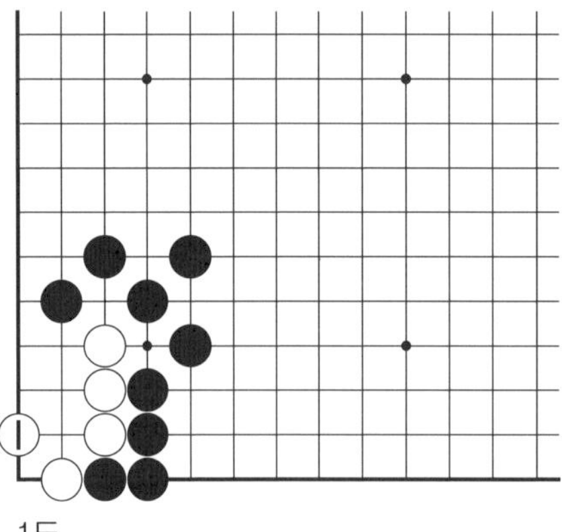

1도

1도(최선/ 마찬가지 호구)

삶의 급소는 마찬가지다. 공배가 하나 비어 있든 두 개 비어 있든 같은 형태라고 생각해도 좋다.

백1로 '2의 一'의 급소 자리를 호구치는 것이 삶으로 가는 유일한 길이다.

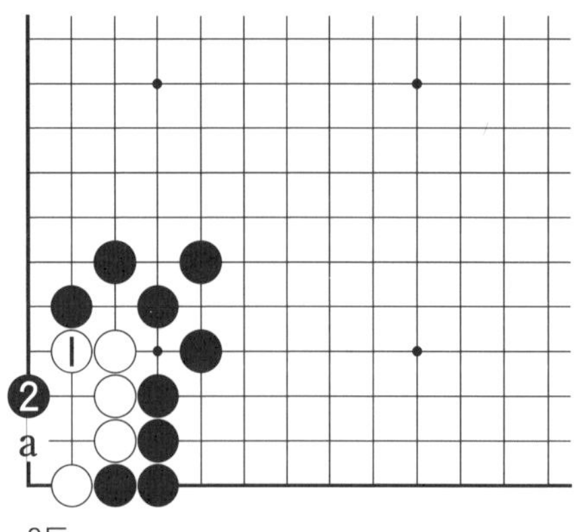

2도

2도(궁도를 넓히면 죽음)

백1로 궁도를 넓혀서 살자는 수가 성립하지 않는 점도 같다.

흑2 또는 a의 치중이면 백은 살 길이 사라진다. 모든 것이 기본형과 동일하다고 봐도 좋겠다.

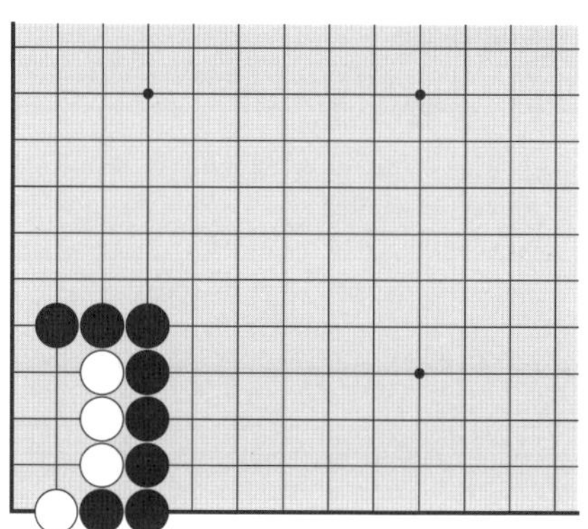

파생형 2

백 차례

이번에는 바깥쪽 공배가 모두 메워져 있다. 이런 상황이라면 이 백의 사활이 어떻게 달라질까?

이러고도 살기를 바라면 백의 욕심일지도 모른다.

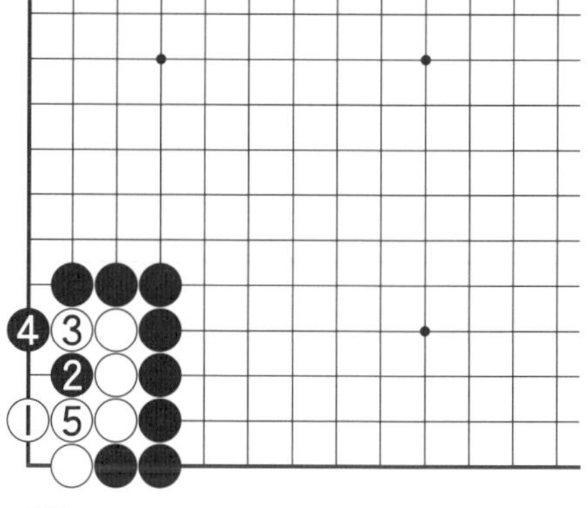

1도

1도(이런 삶이 정해일까?)

백1로 호구치는 것이 가장 유력한 시도이다.

흑2로 삶을 방해하더라도 백3으로 찌르고 흑4로 단수할 때 백5로 이어두면 2의 한점이 달아날 수 없으므로 삶이다. 이것이 정해일까?

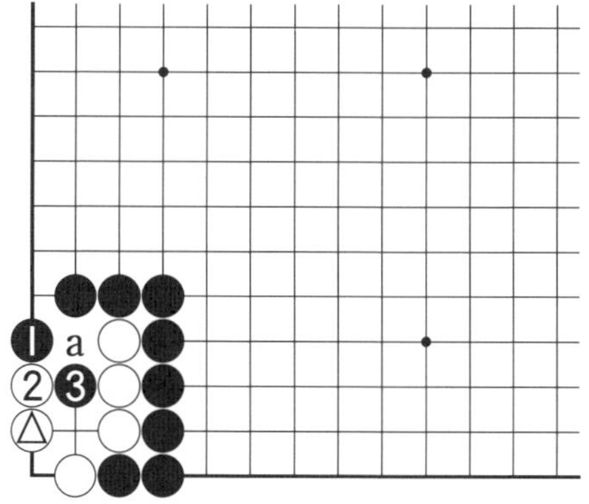

2도

2도(사는 수가 없었다)

앞 그림은 백의 희망사항이었다. 백△에 대해 흑은 1로 마늘모하는 교묘한 수가 있다. 백2에는 흑3으로 끼워서 백의 죽음이다.

백은 자충으로 a에 둘 수가 없다. 따라서 이 백은 본래 사는 수가 없었다.

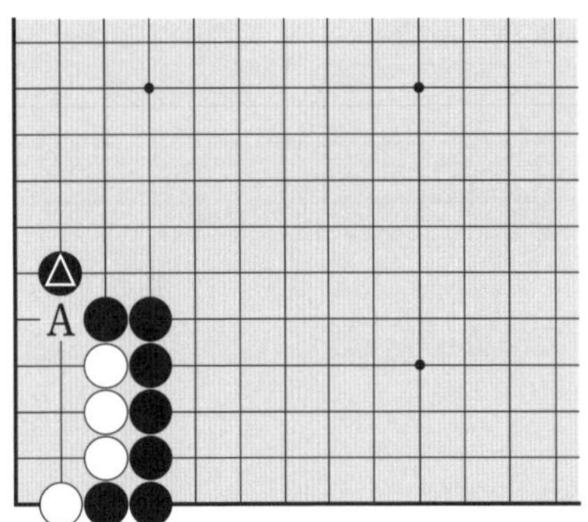

파생형 3

▨ 백 차례

위쪽 흑▲의 위치가 묘하다. 앞의 [파생형 2]는 이렇게 마늘모하는 대신 A로 내려서 있었다.

이러면 백의 사활은 어떻게 달라질까? 백은 사는 수를 목표로 삼아야 한다.

1도(최선/ 호구의 급소)

이 경우에도 백1로 호구치는 것이 최선이자 유일한 삶의 급소이다.

흑2에는 백3으로 받아서 아슬아슬하지만 두 눈의 삶이다. 흑4에도 백5로 받아서 이상이 없다.

1도

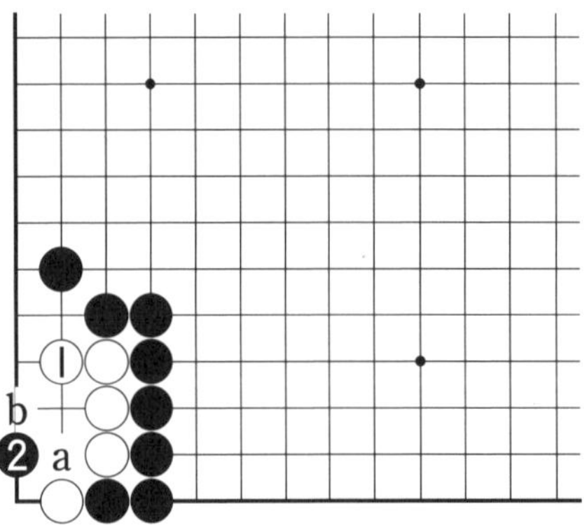

2도

2도(백의 욕심)

백1의 꼬부림으로 궁도를 넓혀서 살자는 것은 욕심이다. 흑2의 치중이 통렬해 살길이 없다. 이곳은 바로 적의 급소는 나의 급소!

그런데 흑2로 a에 끊으면 백2로 패이다. 또 흑2로 b는 백2로 살아버린다.

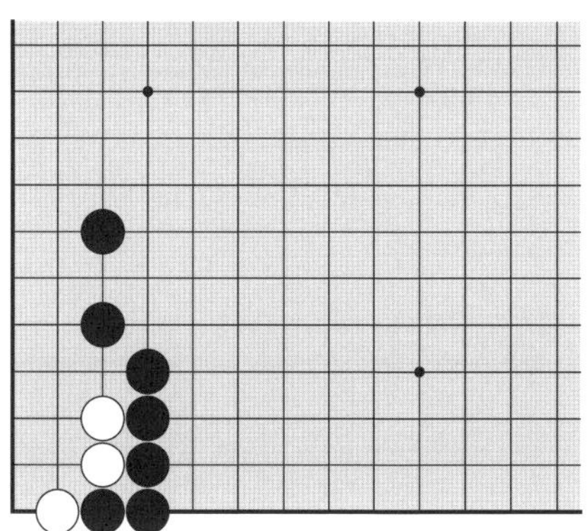

파생형 4

백 차례

지금까지 안쪽의 백은 석점이 늘어선 모습이었는데, 이번에는 두점으로 줄어들었다.

조금 달라진 이 상황이 사활에 어떤 영향을 미칠지 생각해본다. 과연 백은 사는 수가 있을까?

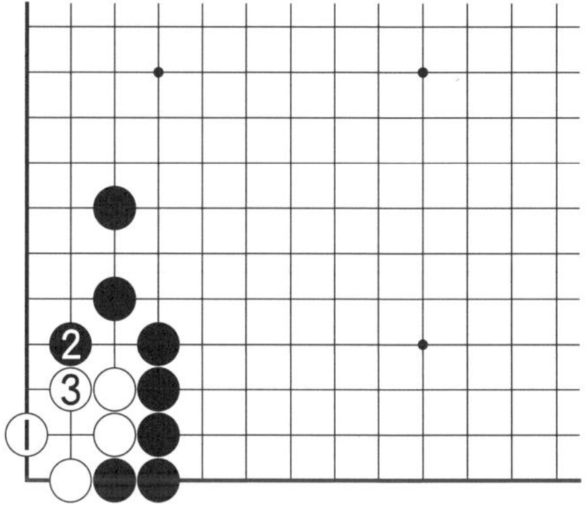

1도

1도(최선/ 역시 호구가 급소)

상황이 바뀌었지만 요령은 마찬가지다.

이번에도 백1로 호구치는 것이 삶의 급소이다. 흑2로 마늘모해도 백3으로 받아서 안심하고 살 수 있다. 흑2로는~

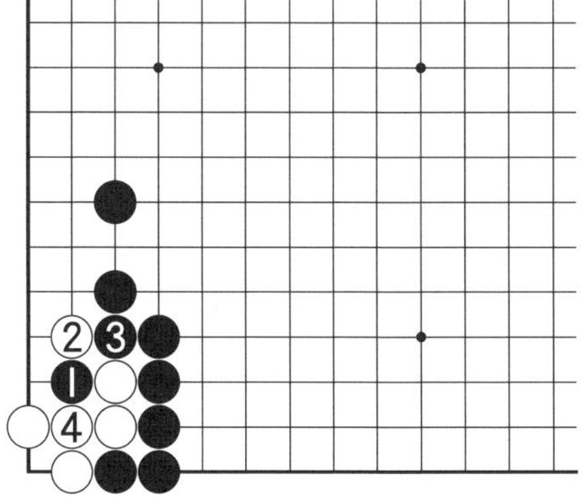

2도

2도(흑의 변화)

흑1로 붙여서 습격하는 것도 생각할 수 있지만, 백2로 젖히는 수가 성립하므로 사는 데 지장이 없다.

흑3의 단수에는 백4로 받아서 흑은 후속수단이 없다.

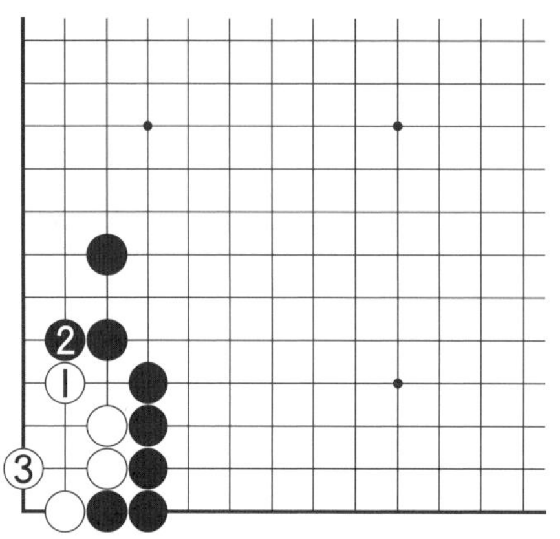

3도

3도(더 크게 산다?)

백1로 마늘모하고 흑2로 받을 때 백3으로 호구치는 것은 어떨까?

이렇게만 된다면 1도보다 백의 집이 더 많으므로 이득이지만 이건 백의 달콤한 환상이다.

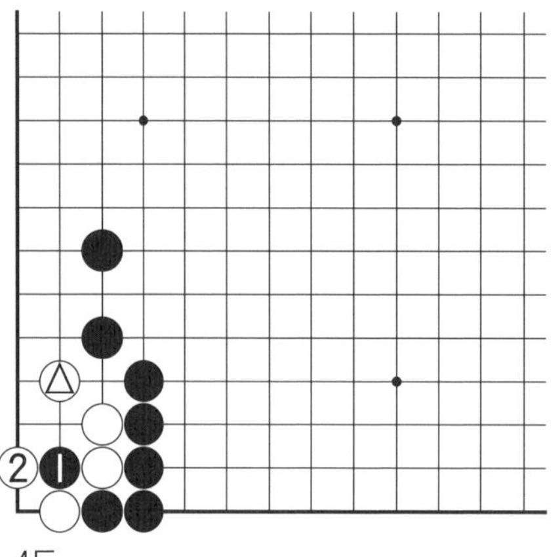

4도

4도(패만 되어도 성공?)

다만 백이 △로 마늘모했을 때 흑1로 끊는 것은 성급하다. 백2의 패로 버티는 수가 있기 때문이다.

하긴 패만 되어도 백△가 잘못이 었음을 인정할 수밖에 없지만 흑은 더 좋은 수가 있다.

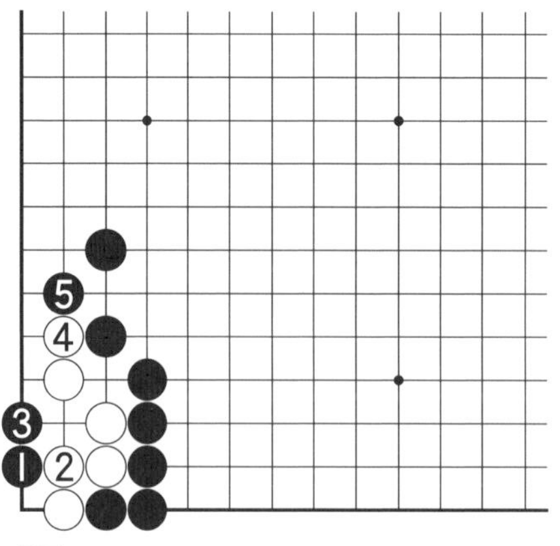

5도

5도(치중으로 백의 죽음)

조금 복잡해 보이지만 흑1로 치중하는 것이 적의 급소이다. 백2에는 흑3으로 파호해 백은 살길이 없다. 백4에는 흑5로 받아서 그만이다.

이 백이 살 수 없음은 각자 확인해 보기 바란다.

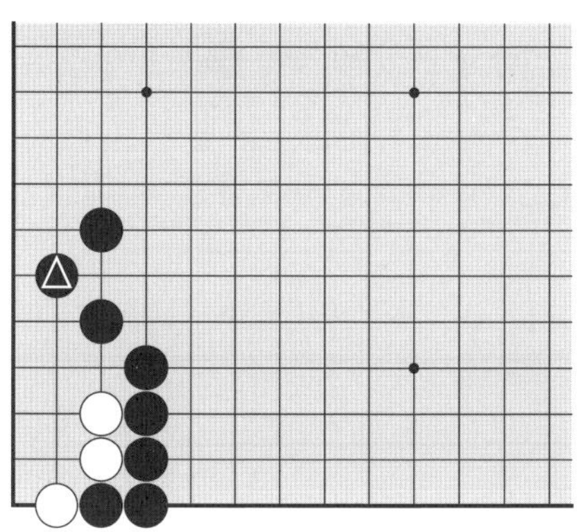

파생형 5

▨ 백 차례

앞의 [파생형 4]와 다른 것은 2선에 흑⬤가 추가되어 있는 점이다.

결론부터 먼저 말하자면 이 돌이 백의 사활에 중대한 영향을 미친다. 그럼 최선의 사활 결과는 어떻게 될까?

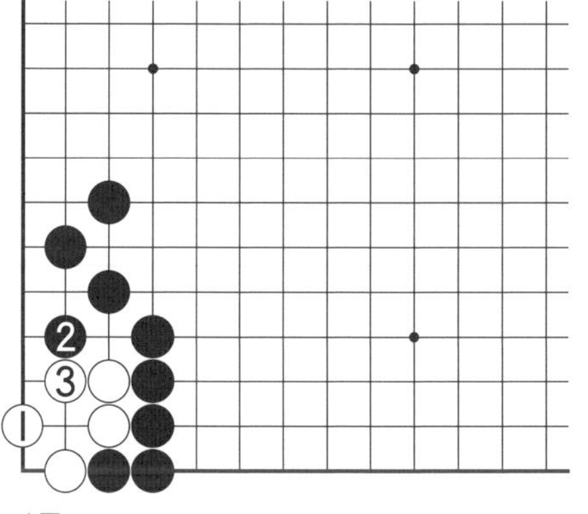

1도

1도(흑2, 안이한 공략)

백1로 호구치는 것이 가장 유력한 급소라는 것에는 변함이 없다.

문제는 그 다음이다. 흑2의 마늘모는 안이한 공략이다. 덕분에 백은 3으로 받을 수 있어 안도의 한숨을 내쉰다. 흑2로는~

2도

2도(흑1, 통렬한 급소)

흑1로 붙이는 것이 통렬한 공략이다. 어쨌든 이곳 백의 눈을 없애지 않고서는 아무것도 안 된다.

백2의 젖힘에는 흑3으로 단수하고 5에 돌려치는 수가 성립해 백을 잡을 수 있다.

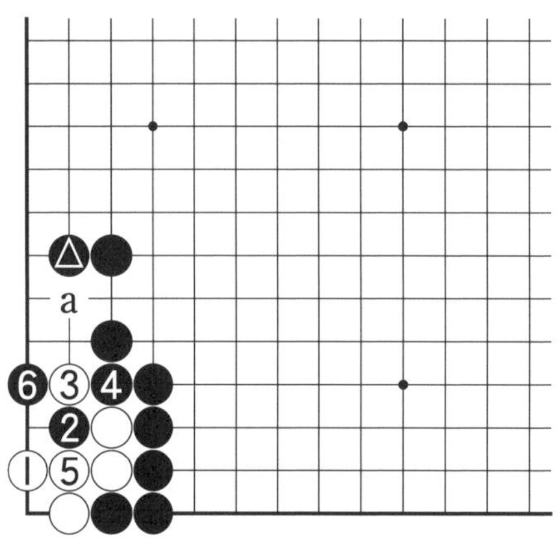

3도

3도(돌의 이동)

흑의 a에 있던 돌이 ▲로 이동한 경우에도 귀의 백은 사는 수가 없다.

백1이 가장 유력한 삶의 시도이지만 흑2로 붙이고 4에서 6으로 돌려치는 수가 이번에도 성립하기 때문이다.

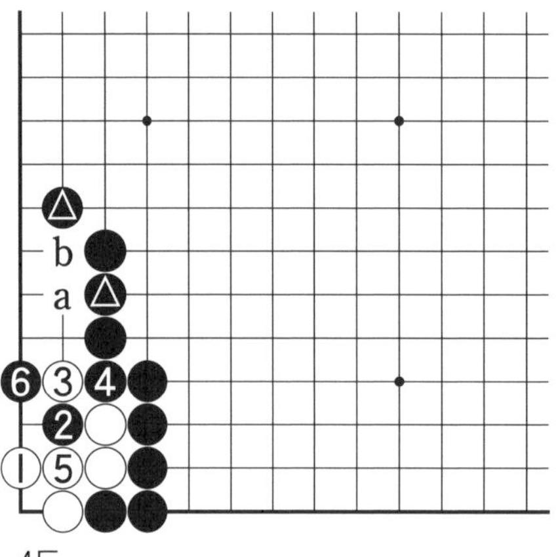

4도

4도(역시 사는 수가 없다)

배석이 크게 달라져 있는 상황이다. a나 b에 흑돌이 없는 대신 흑▲ 두 점이 추가되었다.

이런 형태에서도 백은 사는 수가 없다. 백1에 흑2 이하 4, 6으로 파호하는 수가 있기 때문이다.

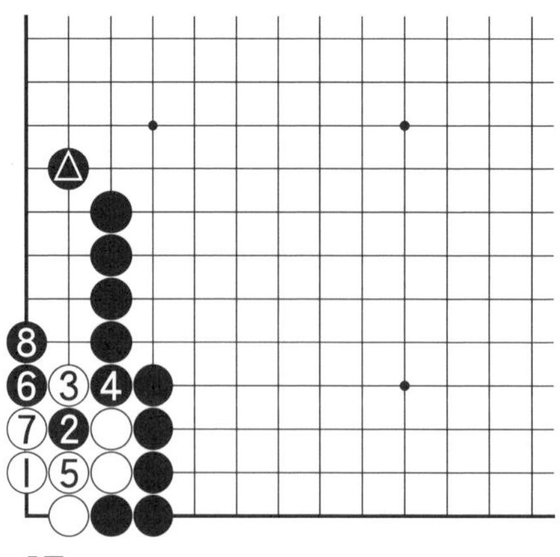

5도

5도(역시 백의 죽음!)

흑의 배석이 또 달라져 ▲가 한줄 더 멀리 있다. 역시 이 경우도 귀의 백은 사는 수가 없음에 주목하기 바란다.

백1에 흑2 이하 6은 같은 요령이다. 백7에 따내도 흑8로 달아나는 수가 성립한다.

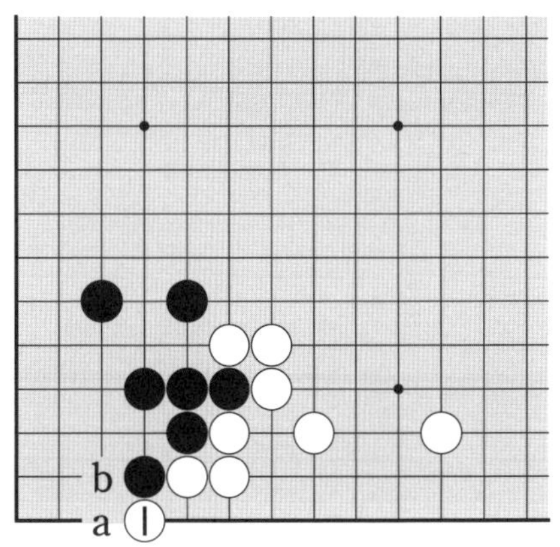

장면도

▦ 귀의 젖힘 이후 (흑 차례)

백이 일선에서 1로 젖혔다. 이에 대해 흑은 어떻게 받는 것이 정수일까?

a로 막느냐, 아니면 b로 늦추느냐가 초점이다. 이 응수에 따라 귀에 수단의 여지가 생긴다.

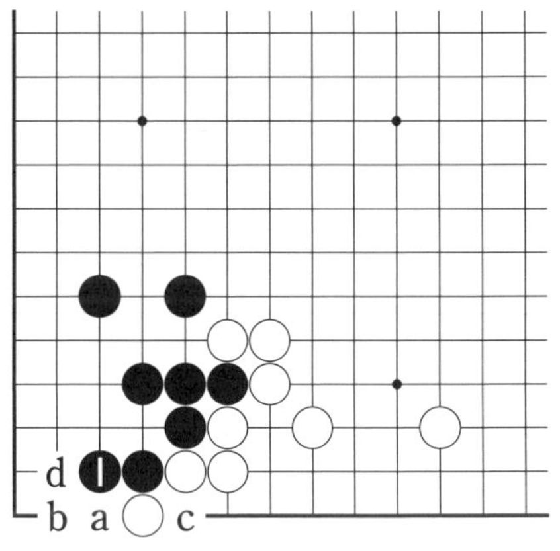

참고도 1

참고도 1(정해/ 늦추는 것이 정수)

이런 상황에서는 흑1로 늦추는 것이 정수이다. 다음 백은 a로 기어들어오고 흑b, 백c, 흑d까지의 선수 끝내기가 권리로 남는다.

억울한 것 같지만 흑은 이 정도는 감수해야 한다.

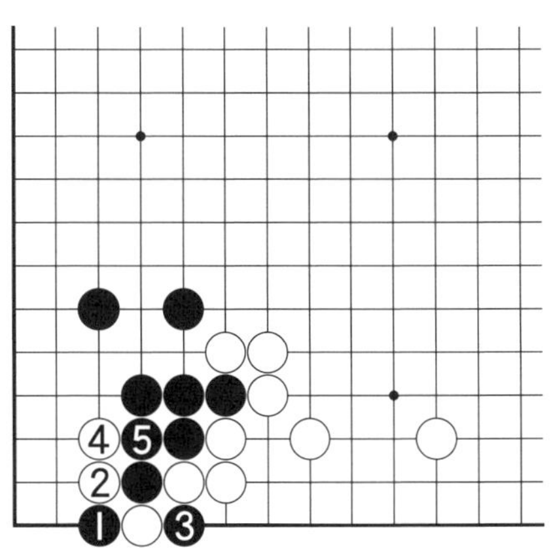

참고도 2

참고도 2(막는 것은 위험)

아마도 실전에서 흑1로 막아본 경험이 없는 이는 드물 것이다. 그러나 위험한 행동!

백2로 끊는 맥점이 발동한다. 흑3으로 따낼 수밖에 없을 때 백4로 올라선다. 흑5로 잇게 한 다음~

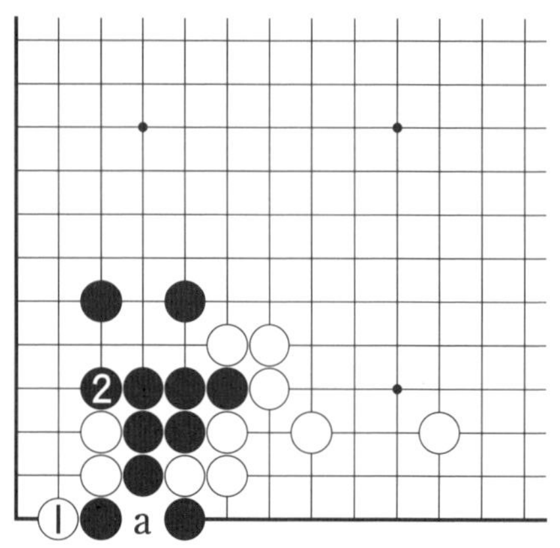

참고도 3

참고도 3(큰 패가 난다)

백1로 막으면서 단수한다. 여기서 흑은 잇지 않고 2로 꼬부릴 수밖에 없다.

이렇게 되면 a의 패를 다퉈 백이 사느냐 죽느냐 하는 상황이 된다. 귀에서 정말 큰 수가 났다.

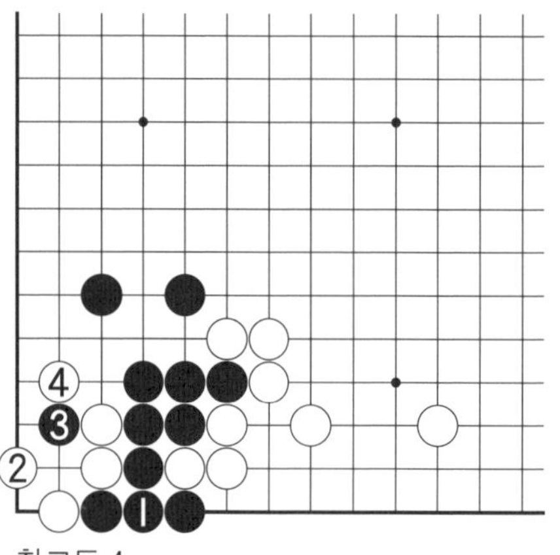

참고도 4

참고도 4(익혔던 호구)

그렇다고 백이 단수했을 때 흑1로 잇는 것은 백2로 호구쳐서 귀에서 살아 버리므로 너무 싱겁다. 흑3에 붙여도 백4가 있어 사는 데 지장이 없다.

백2는 이번 형에서 익혔던 바로 그 수!

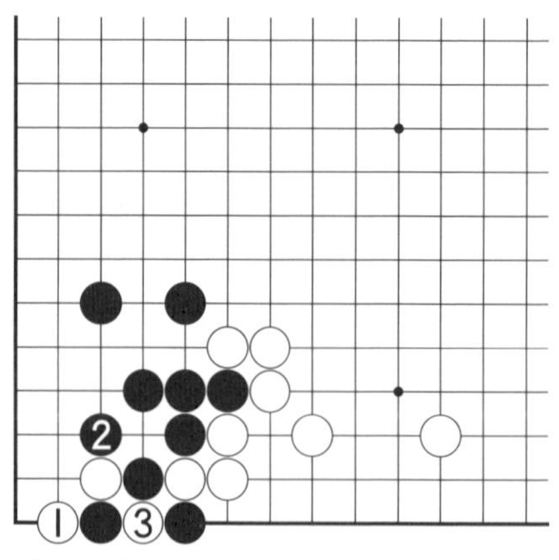

참고도 5

참고도 5(바로 단수)

참고도 2의 4로는 백1에 바로 단수하는 것이 더 상식적이다. 흑은 이으면 앞 그림에서 봤듯이 백이 쉽게 살 테니 2에 단수하고 백도 3으로 따내어 패가 시작된다.

실전이라면 이런 식으로 진행될 공산이 크다.

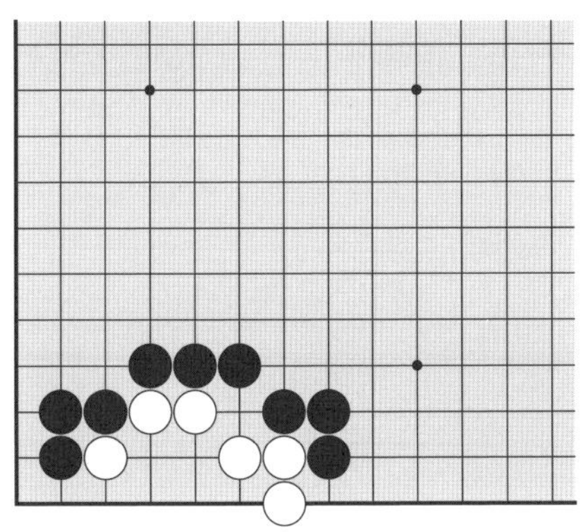

기본형

백 차례

흑의 울타리 안에 갇혀 있는 백 여섯점의 사활을 묻는다.

백은 궁도를 넓히느냐 급소를 두느냐의 선택인데, 급소 또한 호구와 마늘모의 두 군데가 보인다.

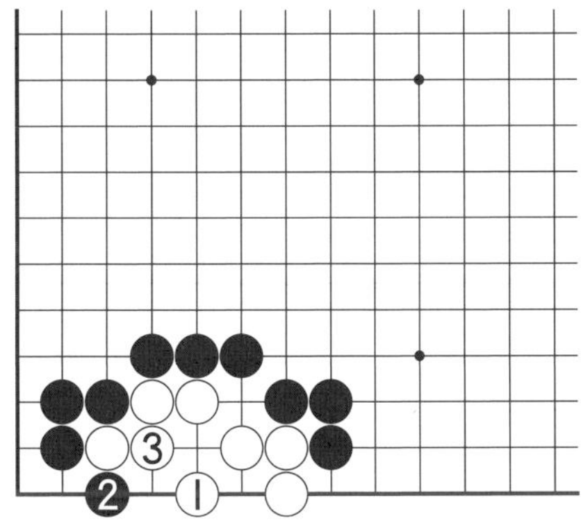

1도

1도(최선/ 마늘모가 급소)

백1로 마늘모하는 것이 유일한 삶의 급소이다. 흑은 끊는 수가 없으므로 2에 단수해서 백3으로 잇게 하는 것이 고작이다.

백은 아슬아슬해 보이지만 실은 거뜬하게 산 셈이다.

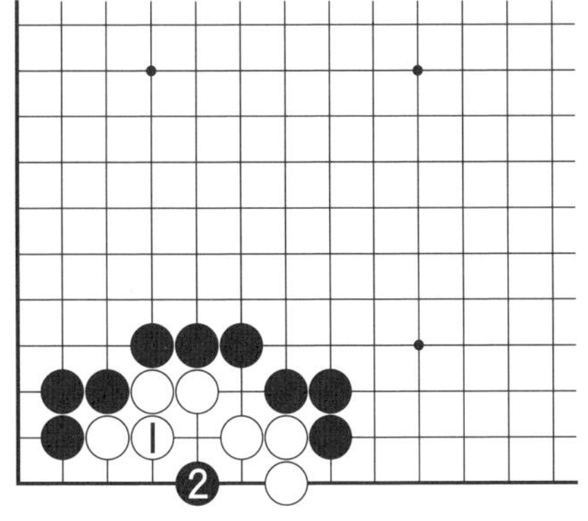

2도

2도(안이한 행동)

백1로 잇는 것은 다음의 수읽기가 전혀 없는 안이한 행동이다. 흑2의 치중이 너무도 빤하지 않은가?

백은 힘도 못쓰고 잡혔다. 두 수만 읽었어도 이런 수는 두지 않았을 것이다.

75

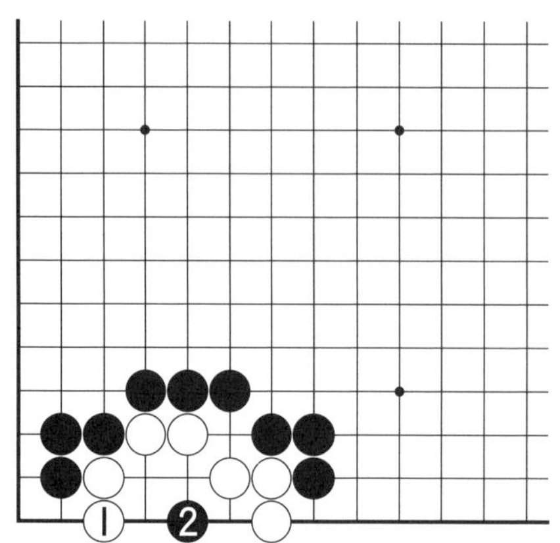

3도

3도(5궁도의 중앙)

백1로 내려서는 것은 크게 살려는 수이지만 욕심이다. 흑2의 치중이 5궁도의 중앙에 해당하는 급소 일격이다.

백이 살 수 없다는 것은 설명할 것도 없이 명백하다.

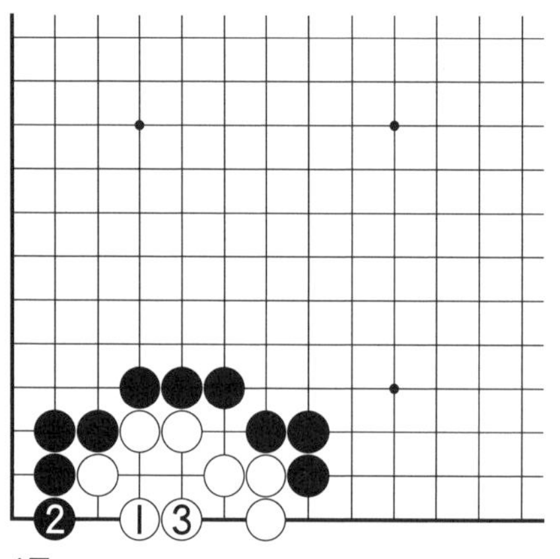

4도

4도(호구도 삶?)

백1로 호구치는 것도 유력한 삶의 급소 가운데 하나이다. 흑2로 내려서면 백3으로 두어서 두 눈의 삶이 확실하다. 그렇다면 이것도 정해일까? 천만에! 흑2는 최선의 수가 아니었다.

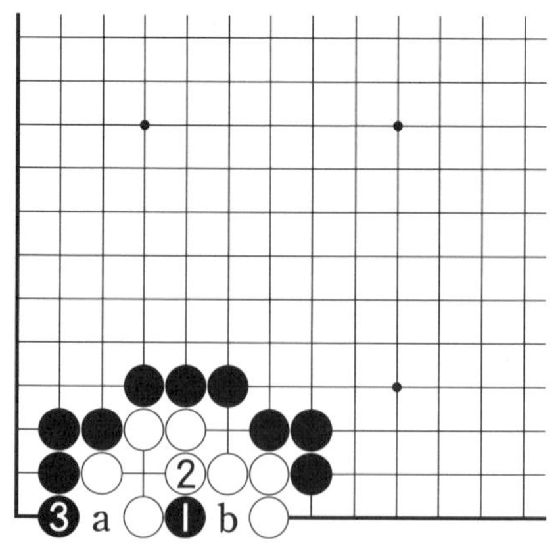

5도

5도(흑1, 적의 급소)

앞 그림의 2로는 흑1로 공략하는 것이 절묘하다. 이곳이 적의 급소는 나의 급소임에 주목할 필요가 있다.

백2에 흑3으로 내려서면 백은 a에 둘 수가 없다. 다음 백b에 따내면 흑a로 그만이다.

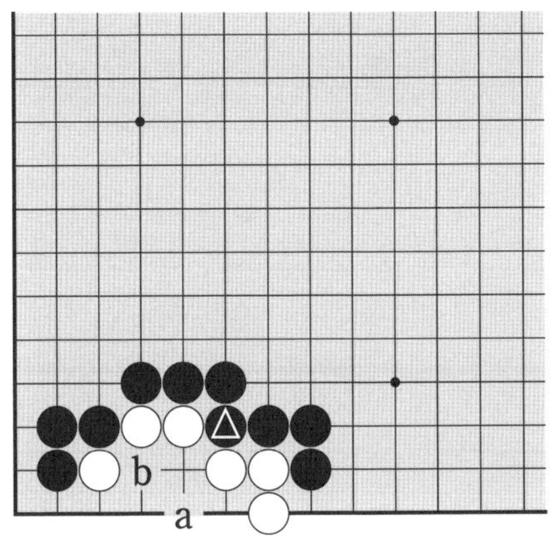

장면도

▦ 공배가 없는 경우 (백 차례)

얼른 봐서 똑같은 문제 같지만 다르다. 기본형에서 흑▲가 덧붙여졌다. 이 돌이 사활에 어떤 영향을 미칠지 생각해본다.

앞서처럼 백a면 흑b의 양단수가 있다. 그럼 백은 사는 수가 있을까?

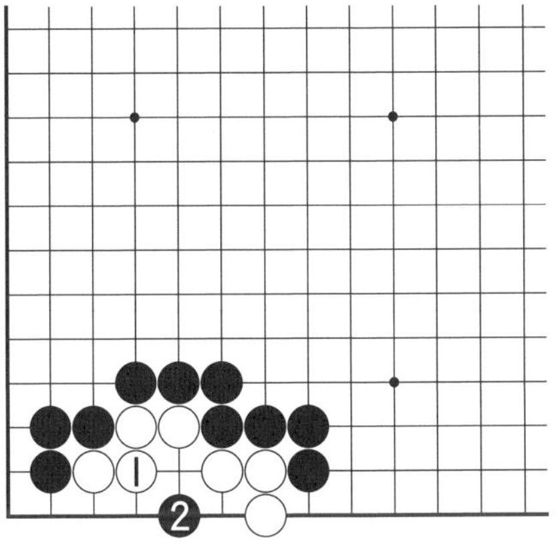

참고도 1

참고도 1(시도 1/ 백 죽음)

결론부터 말하자면 이 백은 사는 수가 없다.

백1로 잇는 것은 앞서와 마찬가지로 흑2의 치중이 너무도 빤한 급소여서 살길이 없다.

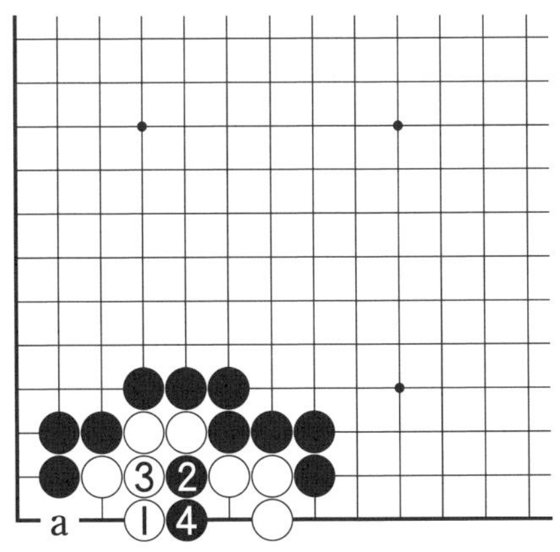

참고도 2

참고도 2(시도 2/ 백 죽음)

백1로 호구치는 것 역시 살길이 없다. 알기 쉽게 흑2로 끊고 백3에 흑4로 키워서 잡혀주는 것이 결정타이다.

하긴 흑2로는 4의 곳에 붙이고 백이 2의 곳에 둘 때 흑a로 내려서도 잡을 수 있다.

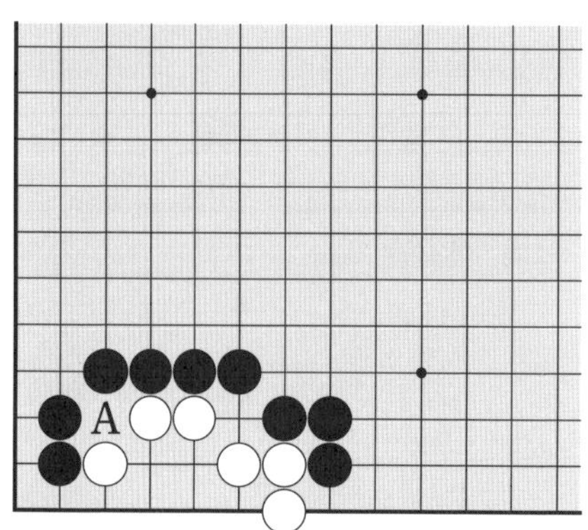

파생형 1

▨ 백 차례

기본형과 다른 것은 A의 공배 하나가 더 비어 있다는 점이다.

　백이 사는 수는 앞서 봤듯이 간단하다. 그것 말고도 백을 살리는 수가 또 있을까?

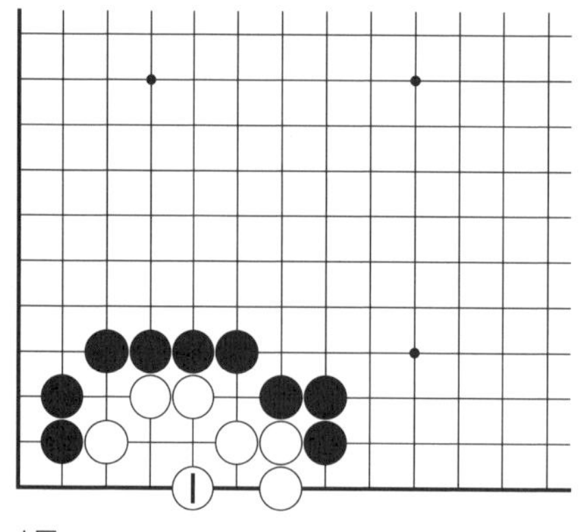

1도

1도(사는 수 1)

백1로 마늘모하는 것은 틀림없는 삶의 급소이다. 앞서도 쉽게 살았으니 여기서는 더 쉽게 살 수 있다.

　더 이상 흑이 이 백을 괴롭히는 수가 없음을 확인하자.

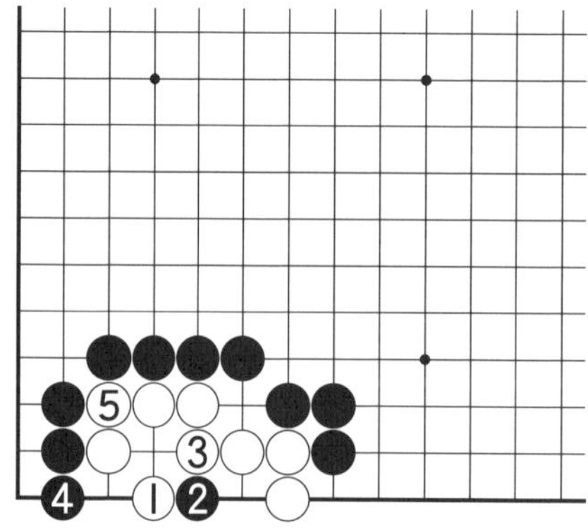

2도

2도(사는 수 2)

이 경우는 백1쪽에서 두어도 살 수 있다. 흑2가 앞서도 나왔던 급소이지만 백3으로 받아서 아무 일이 없다. 흑4에는 백5로 받아서 안심하고 산다.

　이 형태는 삶의 급소가 두 군데였다.

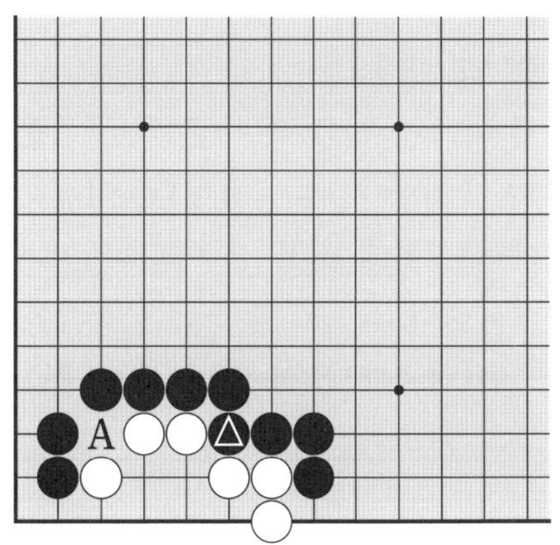

장면도

▦ 공배의 이동 (백 차례)

이번에는 A의 곳 공배가 비어 있는 대신 흑▲쪽 공배는 메워져 있다. 비슷한 형태 같아도 결과는 다를 수 있다.

　과연 백이 사는 수는 몇 가지나 될까?

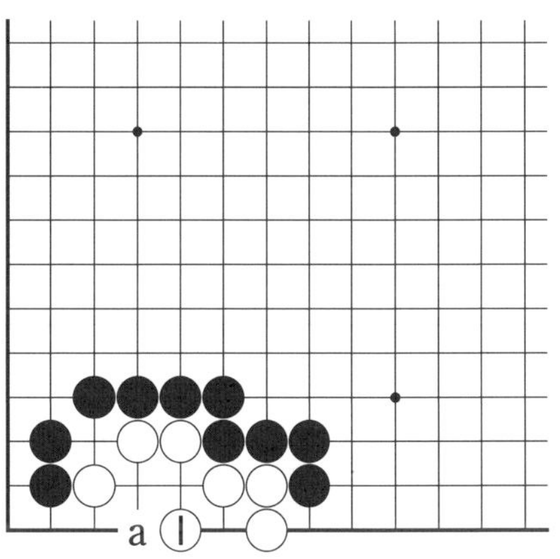

참고도 1

참고도 1(정해/ 사는 수가 두 가지)

백1로 마늘모하는 것은 이 경우도 정확한 삶의 급소였다.

　아울러 백1로는 a에 두는 것도 삶의 급소가 된다. 이 경우도 사는 수가 두 가지 있었다.

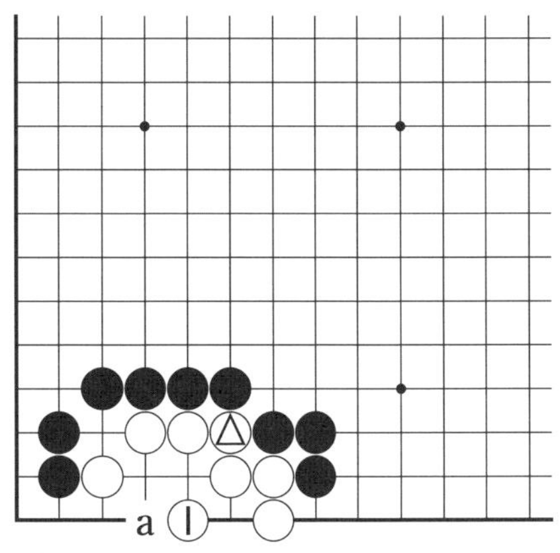

참고도 2

참고도 2(역시 두 가지)

흑돌 대신 백△가 놓여 있어도 상황은 변함이 없다.

　이때도 백1의 마늘모는 삶의 급소로 유효하며, 1 대신 a에 두어도 살 수 있다. 역시 사는 수는 두 가지였다.

79

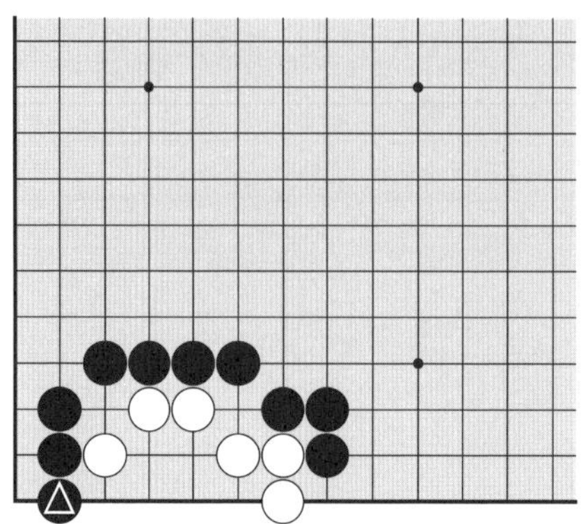

파생형 2

▨ 백 차례

앞의 [파생형 1]과 다른 것은 흑▲의 내려섬이 있는 점이다. 이것이 백의 사활에 어떤 영향을 끼칠지가 궁금하다.

이런 형태에서 백이 사는 수는 몇 가지 있을까?

1도

1도(최선/ 마늘모가 급소)

여기서도 백1로 마늘모하는 것이 삶의 급소이다. 흑2에는 백3으로 받아서 전혀 이상이 없다.

언제든 흑a는 선수가 되겠지만 백b로 받아서 두 눈의 삶이다.

2도

2도(의문의 수순)

백1쪽에서 마늘모해도 살 수 있을까?

흑2면 백3으로 늘어서서 분리된 두 눈을 만들 수 있으므로 확실한 삶이며 앞 그림과 같아진다. 그런데 이 수순에 의문은 없을까?

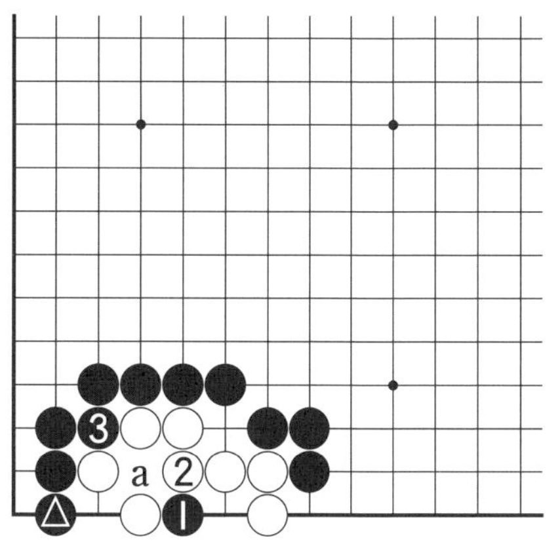

3도

3도(맥점 일발로 백의 죽음)

앞 그림의 2로는 흑1에 붙이는 맥점이 있었다. 백2에 흑3으로 찔러서 백을 잡는다.

흑▲로 내려선 점이 있어 a의 곳이 옥집이 됨에 주목하기 바란다. 앞 그림의 결과는 백의 환상이었다.

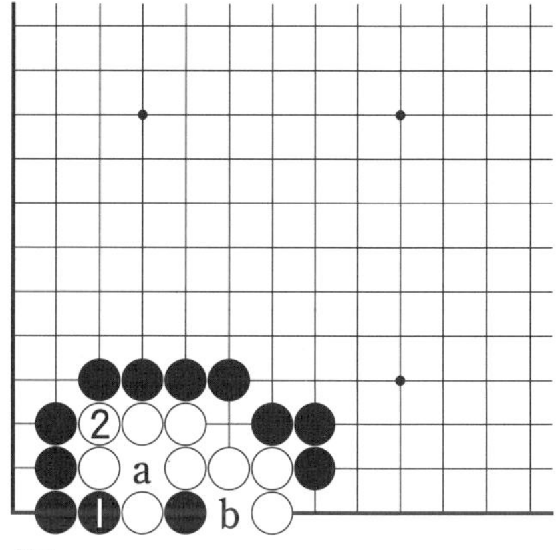

4도

4도(경솔한 행동)

앞 그림의 3으로 흑1에 단수하는 것은 '다된 밥에 재 뿌리는' 경솔한 행동이다.

백이 a에 이을 리도 b로 따낼 리도 없지 않은가. 백2로 버티는 한 수뿐이며 결국 패가 필연이다.

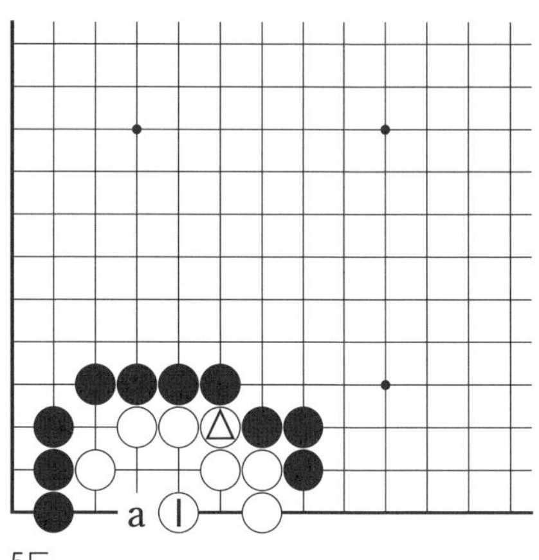

5도

5도(공배가 메워져도 마찬가지)

백△로 공배가 메워져 있어도 결과는 똑같다. 백1의 마늘모 이외에는 사는 수가 없음을 확인하기 바란다.

백1로 a는 흑에게 1의 곳을 공략당해 3도와 마찬가지로 잡힌다.

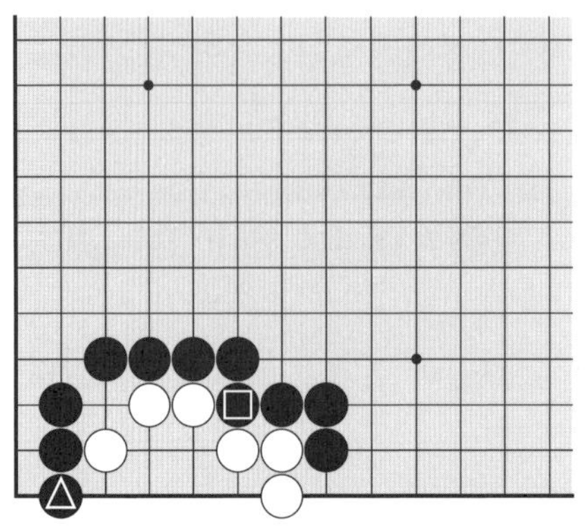

파생형 3

또 배석이 조금 달라져 있다. 흑△의 내려섬뿐 아니라 흑■로 공배가 메워져 있기까지 하다.

이 사활은 어떻게 될지 생각해본다. 요컨대 이 백은 사는 수가 있을까?

1도(시도 1/ 백 죽음)

백1로 마늘모하는 것은 계속 봐왔던 유력한 삶의 급소이다.

하지만 이 경우에는 뜻을 이루지 못한다. 흑2, 백3 다음 흑4의 먹여침이 통렬한 파호여서 살길이 없다.

1도

2도(시도 2/ 백 죽음)

백1쪽 마늘모로도 살 수 없다. 흑2에서 4의 공략은 배운 수법이다. 백은 a의 곳을 두지 못하므로 잡힐 수밖에 없다.

흑2로는 그냥 4의 곳이나 a의 곳을 찝어도 백을 잡을 수 있다.

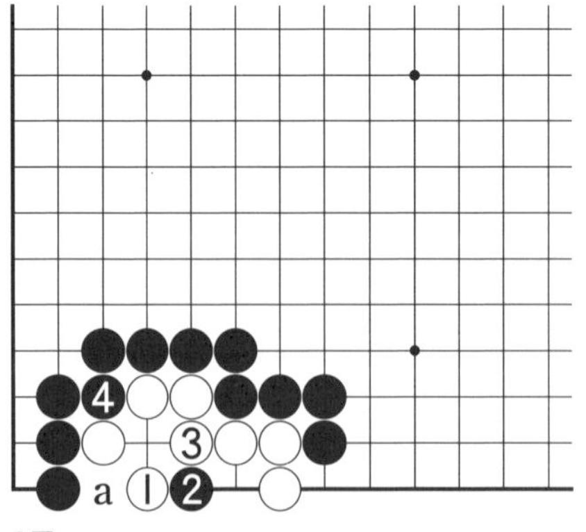

2도

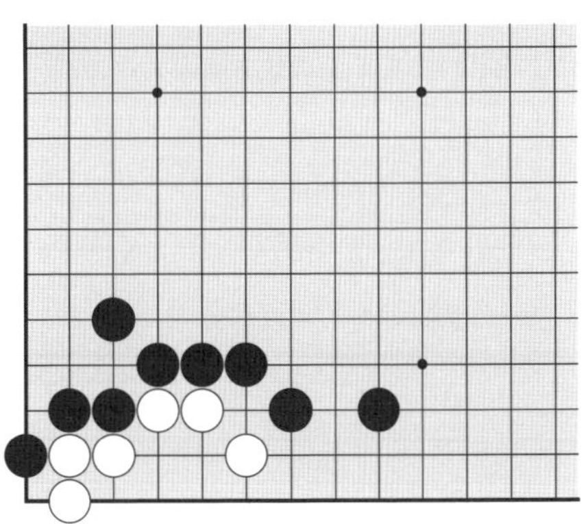

파생형 4

흑 차례

이제껏 봐온 형태와는 비슷하면서도 다르다. 좌우의 백돌이 바뀌어서 배치되어 있다.

　이제는 입장도 바뀌어서 흑이 백을 공략해야 한다. 이 백을 잡는 수가 있을까?

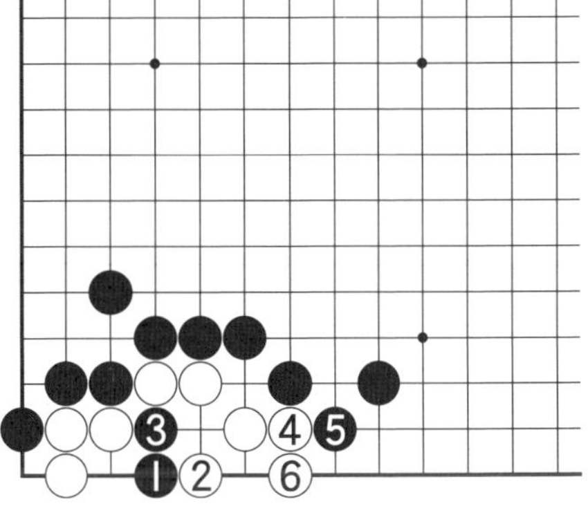

1도

1도(시도 1/ 백 삶)

흑1로 치중하는 것이 가장 유력한 급소 공략일 것이다.

　그러면 백은 2로 마늘모붙이는 것이 좋은 응수이다. 흑3으로 파호하면 백4, 6으로 한 눈을 마련해 아슬아슬하지만 살 수 있다.

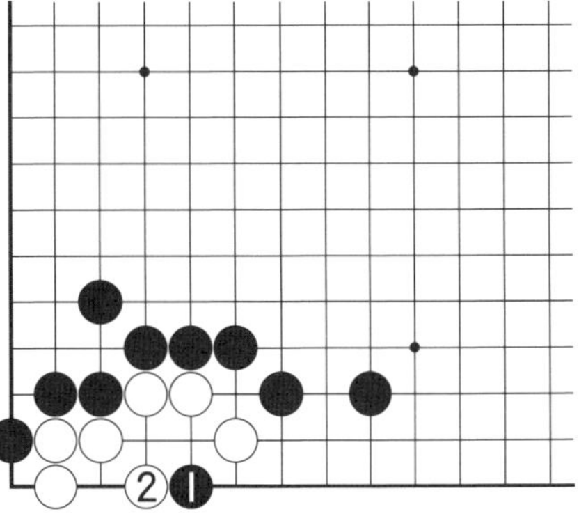

2도

2도(시도 2/ 역시 백 삶)

흑1로 치중하는 수도 신통치 않다. 백2의 응수가 안성맞춤이기 때문이다. 이것으로 백은 보기 좋게 산다.

　본래 이 백을 잡는 수는 없었고, 백은 자체로 살아 있었던 것이다.

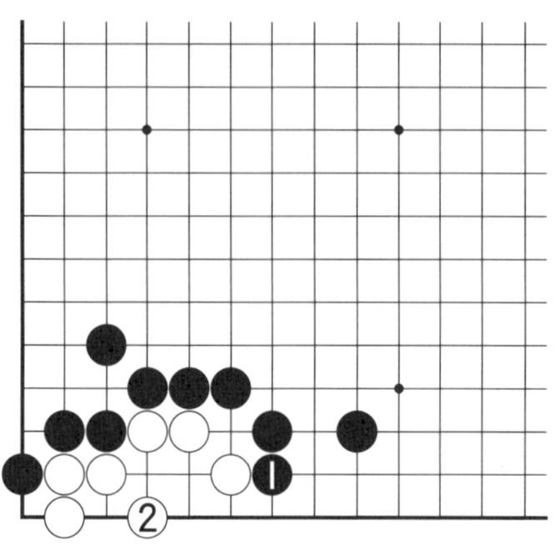

3도

3도 (실전이라면)

따라서 흑은 직접 공략하는 수가 잘 안된다고 보고 실전이라면 1로 막는 수를 선수하는 정도일 것이다.

백은 2로 응수해서 여유 있게 사는 모습을 갖추게 된다.

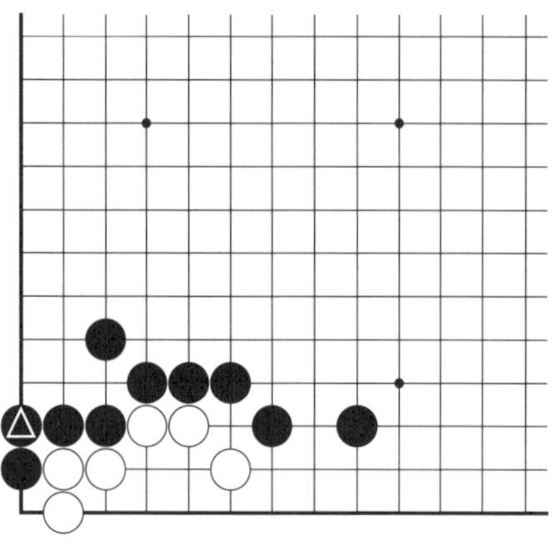

4도

4도 (1선 이음이 있을 경우)

만약 흑▲의 1선 이음이 덧붙여져 있다면 백의 사활은 어떻게 달라질지 생각해본다. 백은 이 상태로 손을 빼는 것이 가능할까?

요컨대 흑이 백을 잡는 수가 있느냐 없느냐를 판단해야 한다.

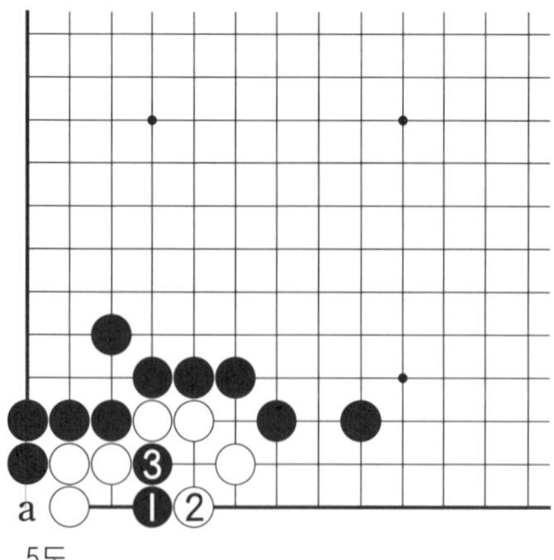

5도

5도 (백, 손을 뺄 수 없다)

이 경우는 흑1의 치중이 유효한 공략이다. 백2의 마늘모붙임에는 흑3의 끊음이 a의 단수를 보고 있어 백은 오른쪽에서 한 눈을 만들 틈이 없다.

따라서 백은 애초 손을 빼다가는 큰일 난다.

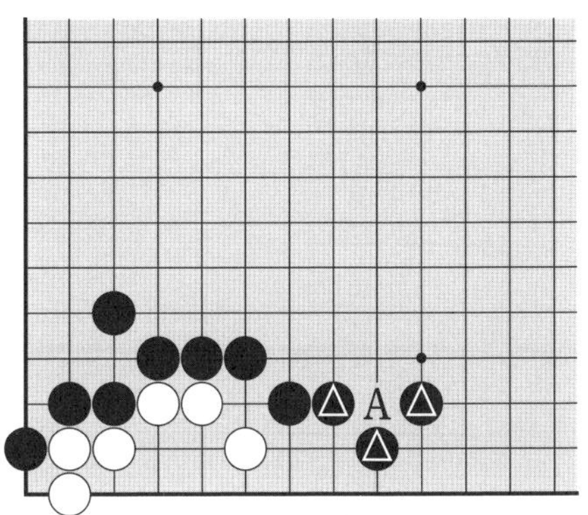

파생형 5

흑 차례

앞의 파생형에서 A의 곳에 흑돌이 있었는데, 대신 이번에는 무려 흑△ 석점이 옹기종기 추가되었다. 이것이 백의 사활에 큰 영향을 미칠 것 같은 느낌이 온다.

그런 측으로 흑은 백을 잡는 수가 있을 것 같은데, 과연 결과는 어떻게 될까?

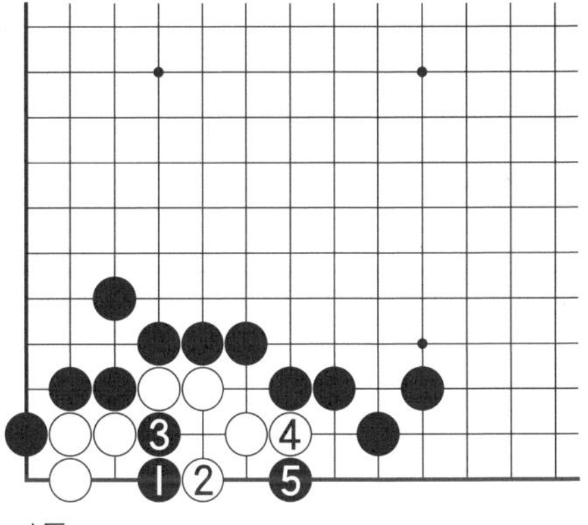

1도

1도(최선/ 치중이 급소)

흑1의 치중이 통렬한 급소이다. 이 수 말고는 달리 공략할 곳도 없다. 백2에는 흑3으로 파호하고 백4에 흑5로 붙여서 이쪽 눈도 없앤다.

이렇게 되면 백은 살길이 없음이 명백하다.

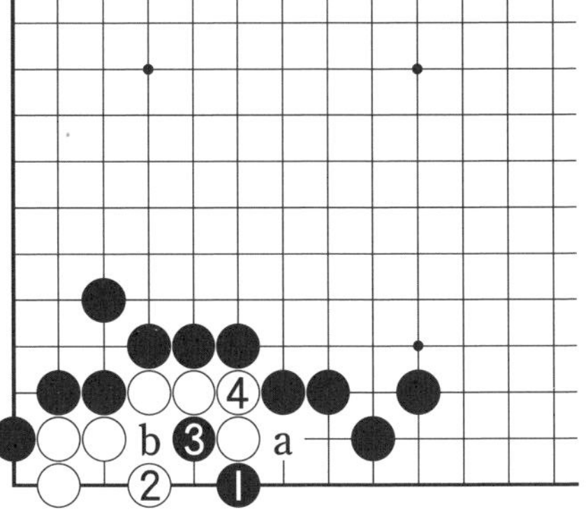

2도

2도(백2, 적의 급소)

흑1의 붙임은 비약적인 발상이지만 백2가 냉정한 응수여서 실패한다. 이곳이 적의 급소는 나의 급소인 점도 의미심장하다.

계속해서 흑3에는 백4로 이어서 그만이다. 다음 흑a, 백b로 될 자리이다.

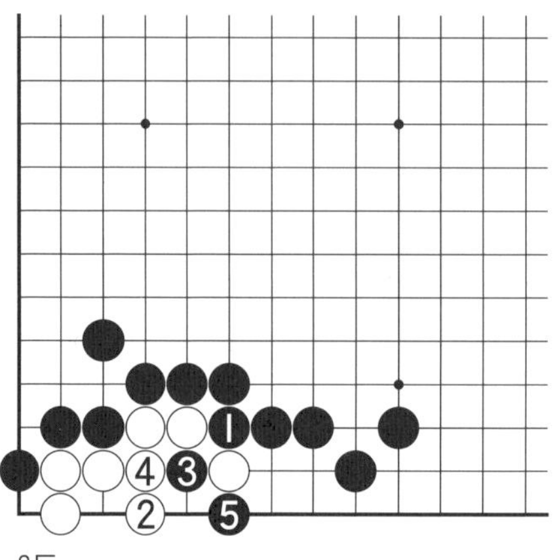

3도

3도(공배의 묘수?)

흑1로 바깥쪽 공배를 메우는 것도 유력한 공략법이다.

이른바 이런 수가 통한다면 공배의 묘수라는 얘기를 들을 만하다. 백2면 흑3에서 5로 파호해서 백은 졸지에 집혀 버린다. 그런데 백2로는~

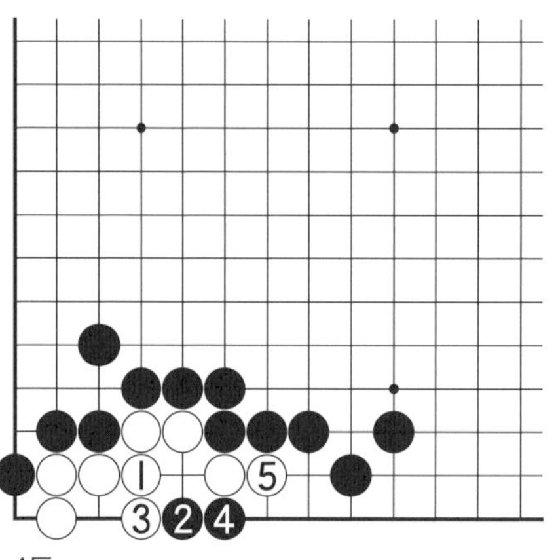

4도

4도(백1, 올바른 응수)

백1로 꽉 잇는 것이 올바른 응수이다. 흑2의 치중에는 백3으로 받아서 좋다. 다음 흑4에는 백5로 슬슬 나가서 이것은 살아 있는 모습이다.

물론 흑2부터의 수순도 문제가 많지만….

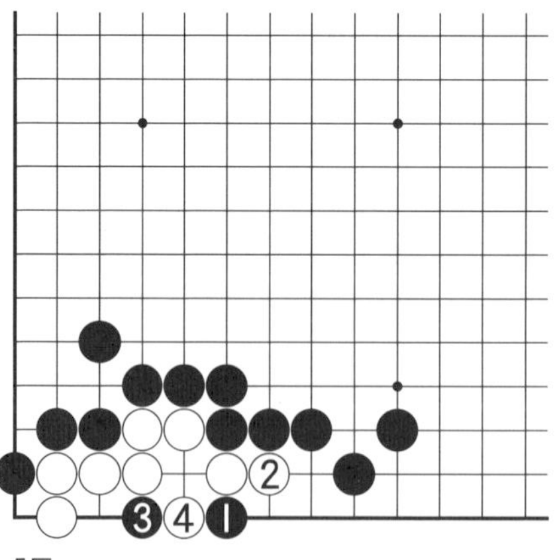

5도

5도(3도의 결론은 패)

실은 앞 그림의 2로는 흑1의 붙임이 날카로운 수이다. 백2가 어쩔 수 없으므로 흑3의 맥점이 성립한다. 결국 백4로 패를 들어가는 것이 이 변화의 결론이다.

3도의 공략은 패가 쌍방 최선이었다.

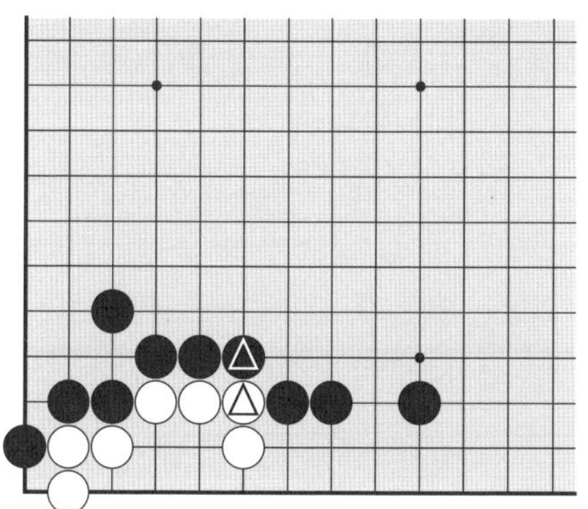

파생형 6

흑 차례

앞서의 형들과 다른 것은 백△와 흑△가 문답되어 있다는 점이다. 이것은 백으로서 자충의 의미가 있어 여간 기분이 나쁜 것이 아니다.

그렇다면 흑은 이런 자충을 이용해 백의 형태를 공략하는 수를 찾아야 한다.

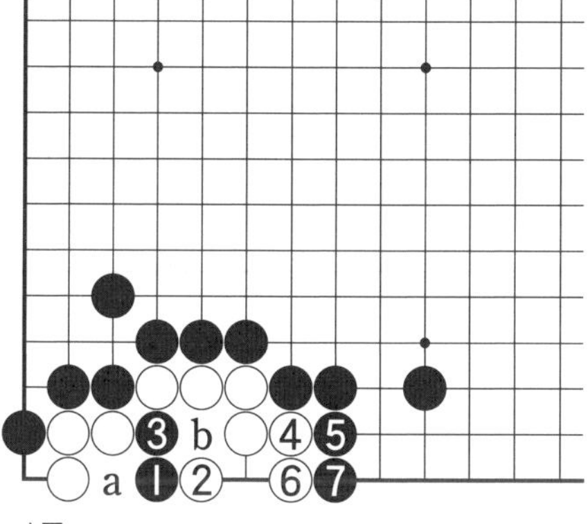

1도

1도(최선/ 양자충의 죽음)

흑1로 치중하는 것이 통렬하다. 백2로 받으면 흑3으로 파호하고 백4, 6으로 한 눈을 만들 때 흑7이 결정타이다.

이로써 백은 양자충의 죽음이다. 백이 a와 b의 어느 곳도 둘 수가 없음을 확인하자.

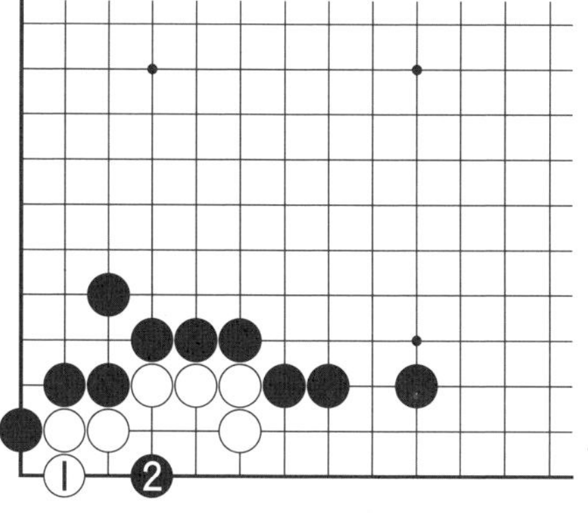

2도

2도(어떻게 두어야 했나?)

백은 이 상황에서 1로 꼬부려서 살려고 한 것이나 다름없다. 그것은 의문!

그 바람에 흑2의 급소를 공략당해 결국 양자충의 죽음을 초래했으니까. 그렇다면 백은 어떻게 두어야 했을까?

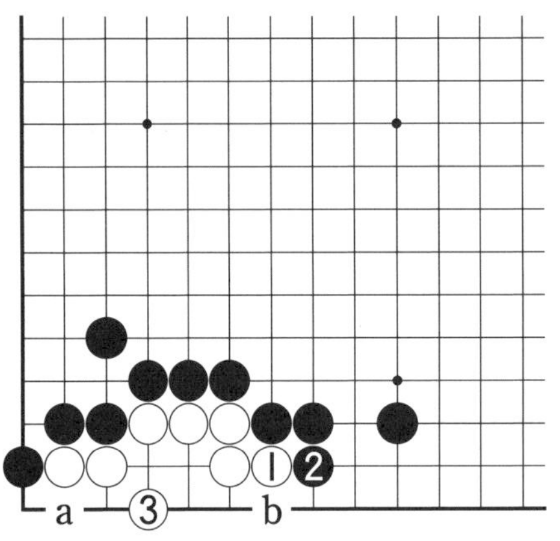

3도

3도(맞보기의 삶)

여기서 백이 사는 방법은 하나만 있는 것이 아니다.

　백1로 하나 나가고 3에 호구치면 간단하게 삶의 조건을 충족시킨다. 다음 a와 b가 맞보기이므로 확실하게 살아 있는 모습이다.

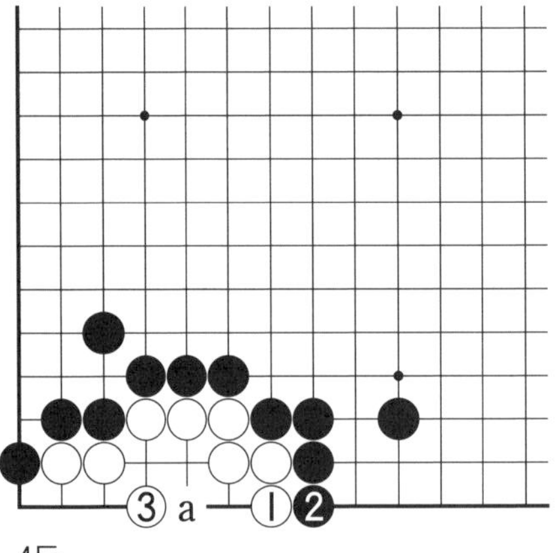

4도

4도(더 나을 수도 있다)

앞 그림의 3으로는 백1로 꼬부려도 살 수 있다. 흑2로 막는다면 백3으로 호구친다. 아니, 이렇게 사는 것이 더 나은 경우도 있을 것이다.

　흑2로 3에 치중하면 백a로 받아서 그만이다.

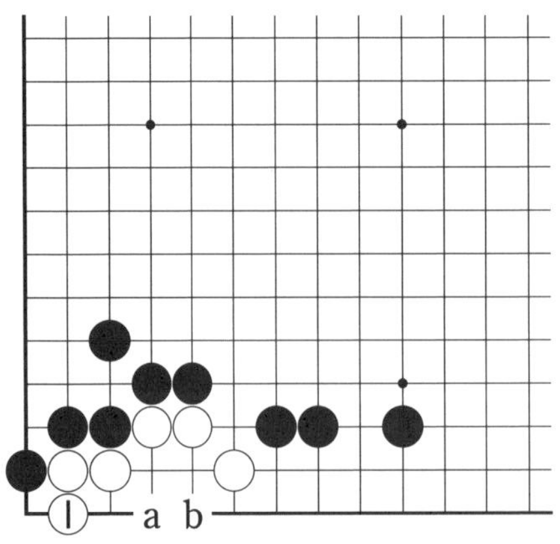

5도

5도(이번에는 꼬부림이 좋은 수)

형태가 조금 바뀌었다. 오른쪽의 배석이 약간 달라져 백은 자충의 염려가 없다.

　이럴 때는 백1로 꼬부려서 사는 것이 좋은 수가 된다. 흑a에는 백b로 받아서 아무 탈이 없다.

실전 사활에서

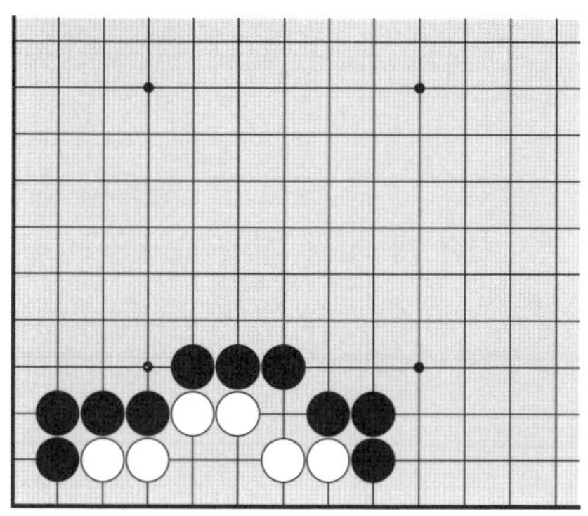

기본형

백 차례

실전에서 흔히 볼 수 있는 형태이다. 백 여섯점은 적당한 공간을 갖고 있다.

여기서 백을 살리는 급소는 어디일까? 대략 두 군데 정도의 후보가 떠오른다.

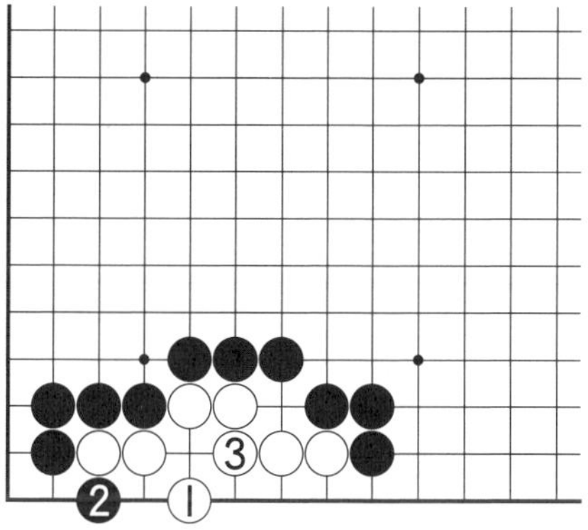

1도

1도(최선/ 호구가 급소)

백1로 호구치는 것이 탄력적인 한 수이자 유일한 삶의 급소이다.

흑2의 젖힘에는 백3으로 받는 것이 정확한 응수로 확실하게 살아 있다. 달리 두다가는 큰일 난다.

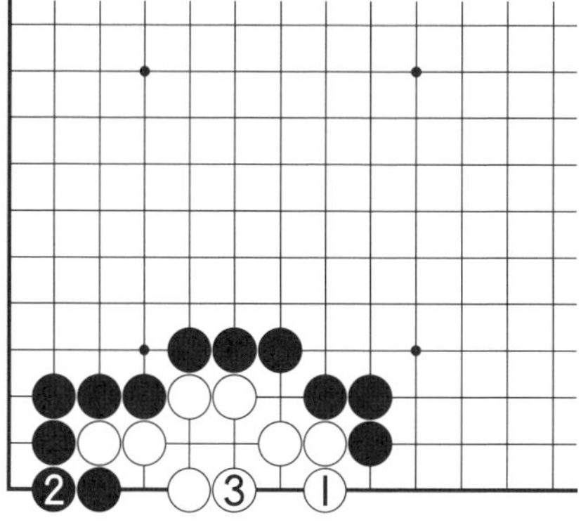

2도

2도(위험한 발상)

앞 그림의 3으로 백1에 꼬부리는 것은 위험한 발상이다.

흑2로 두어온다면 백3으로 늘어서서 양쪽에 한 눈씩, 두 눈을 확보할 수 있으므로 살 수 있겠지만….
그러나 흑2가 경솔한 실착이었다.

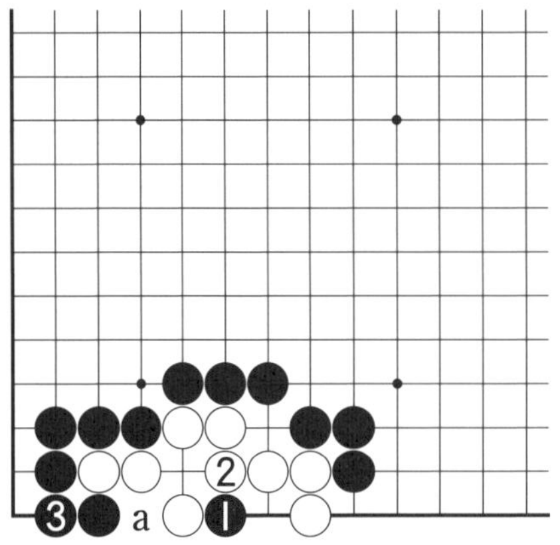

3도

3도(교묘한 수순)

앞 그림의 2로는 흑1에 붙여서 백을 습격하는 것이 강력하다. 백2로 응수할 수밖에 없을 때 비로소 흑3으로 1선에 잇는 것이 교묘한 수순이다.

백은 a에 둘 수 없으므로 잡힐 운명이다.

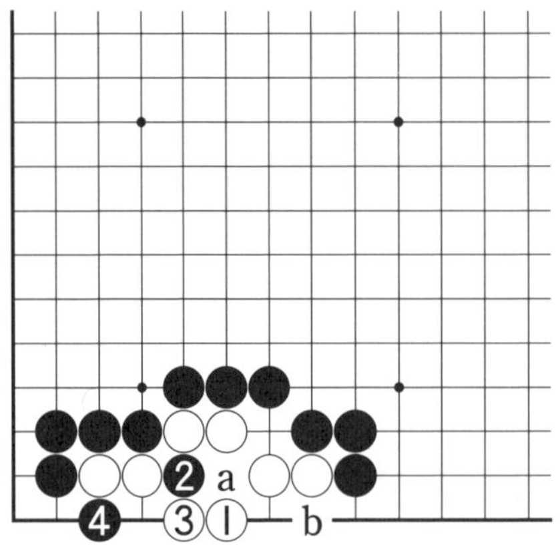

4도

4도(방향착오)

처음부터 백1쪽에서 마늘모하는 것은 방향착오이다.

흑2의 끊음이 통렬한 급소 일격으로 백의 숨을 멎게 한다. 백3에는 흑4의 단수가 결정타이다. 다음 백a면 흑b로 파호해서 그만이다.

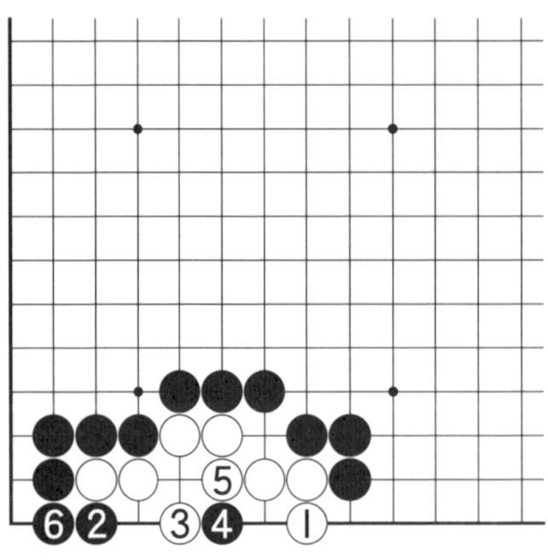

5도

5도(3도와 같은 결과)

백1로 꼬부려서 살자고 하는 것은 욕심이라기보다 잘못된 선택이다. 흑2로 젖히고 백3에 흑4로 공략하면 이것은 3도와 같은 결과임을 알 수 있다.

흑2로는 먼저 4의 곳에 치중해도 좋다.

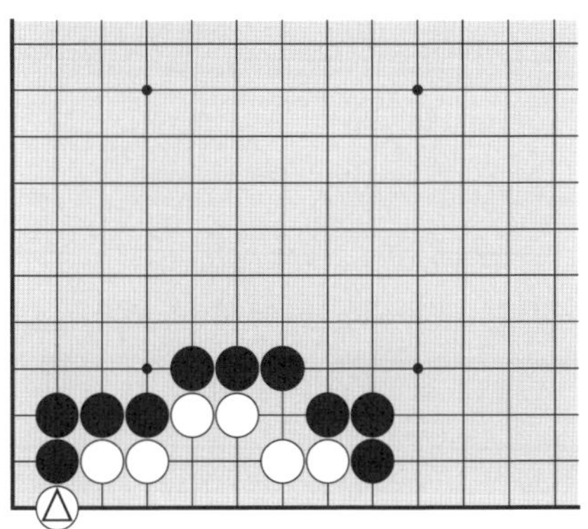

파생형 1

백 차례

기본형과 다른 것은 백△의 1선 젖힘이 있다는 점이다. 귀쪽을 향한 젖힘이어서 귀의 특수성을 활용할 조건이 갖춰져 있다.

이 형태에서 백이 사는 수는 몇 가지 있으며 각각 어떤 속성이 있는지도 알아보자.

1도

1도(사는 수 1)

기본형과 똑같이 백1로 호구치는 수도 삶의 급소 가운데 하나이다. 다음 흑2의 먹여침에 백3으로 사는 것이 상식적이다.

이렇게 사는 방법의 장점은 흑a로 따내는 것이 선수가 안 된다는 점이다.

2도

2도(사는 수 2)

앞 그림의 3으로는 백1에 꼬부려도 살 수 있다. 다만 이것은 흑2로 백 한점을 따내는 것이 선수가 된다.

백은 집으로 손해이지만 a나 b에 우군이 있을 때 효과적인 삶의 방법이 될 수도 있다.

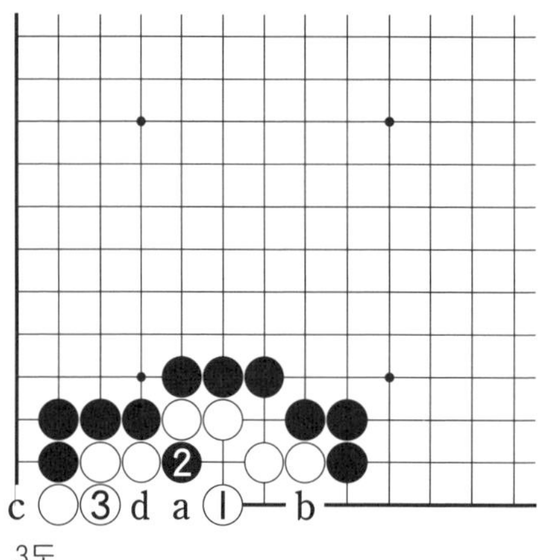

3도

3도(사는 수 3)

백1의 마늘모도 삶의 급소! 흑2의 끊음에 백3의 이음이 호수로, 다음 a와 b를 맞봐서 살 수 있다.

흑2로 3에 먹여치면 백b로 꼬부린다. 다음 흑c에 따낼 때 백d로 단수하면 앞 그림보다 백의 이득이다.

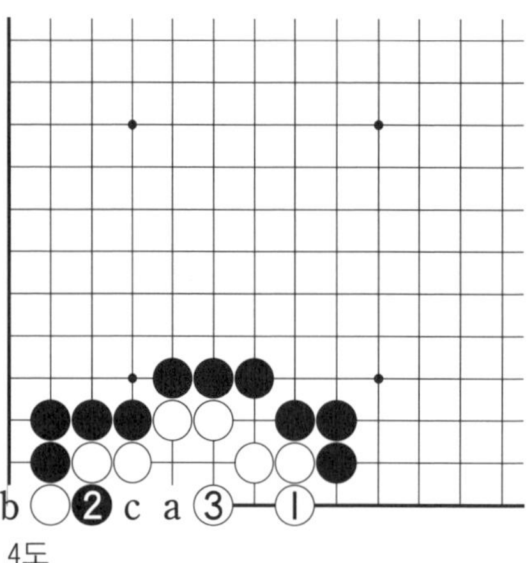

4도

4도(사는 수 4)

백1로 꼬부려도 살 수 있다. 흑2의 먹여침에는 백3으로 사는 것이 멋진 응수이다. a로 사는 것보다 이득임은 얼른 알 수 있을 것이다.

다음 흑b에 따낼 때 백c로 단수할 수 있기 때문이다.

5도(사는 수 5)

백1로 흑이 먹여칠 곳을 꽉 이어서 사는 것이 집으로는 가장 이득이다. 흑2의 젖힘에는 백3으로 받아서 아무 탈이 없다.

흑2로 3의 곳에 공략해 와도 백a로 응수해서 살아 있음을 확인하자.

5도

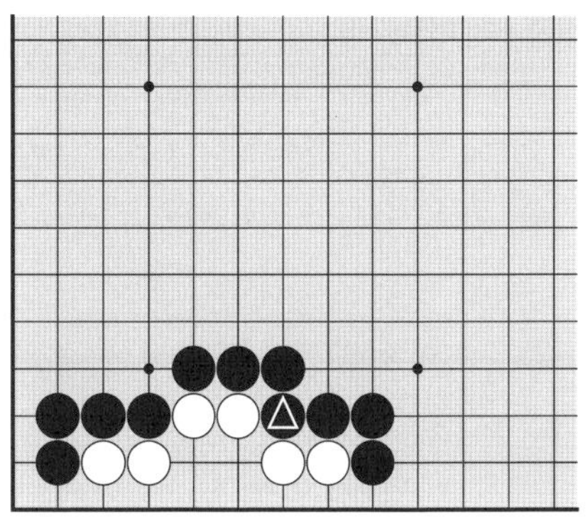

파생형 2

백 차례

기본형과 다른 것은 흑▲로 공배가 메워져 있다는 점이다.

이것이 백의 사활에 어떤 영향을 미칠지 알아보자. 결론부터 얘기하자면 이 상황에서 백이 사는 수는 없다.

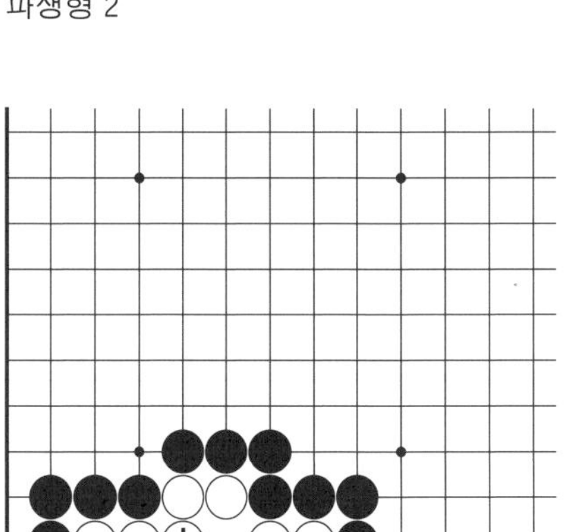

1도

1도(시도 1/ 백 죽음)

백1로 꽉 잇는 것은 약점을 없애며 살자는 뜻이지만 흑2의 치중이 필살의 급소여서 살길이 없다.

흑2로 a나 b는 백2로 살아 버리므로 주의! 또 백1로 c쪽을 이으면 흑d에 치중하는 것이 요령이다.

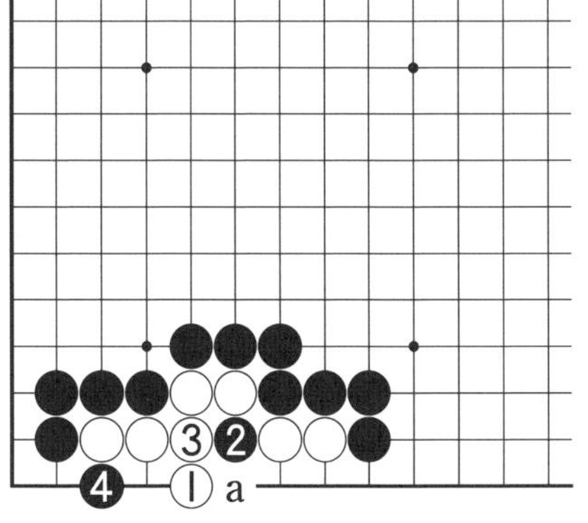

2도

2도(시도 2/ 백 죽음)

백1로 호구치는 수도 살 수 없다. 흑2, 백3으로 문답하는 것이 중요한 수순이다. 그다음 흑4에 젖혀서 백의 죽음이다.

백1로 a에 호구치면 흑은 3의 곳을 끊어서 마찬가지 결과가 된다.

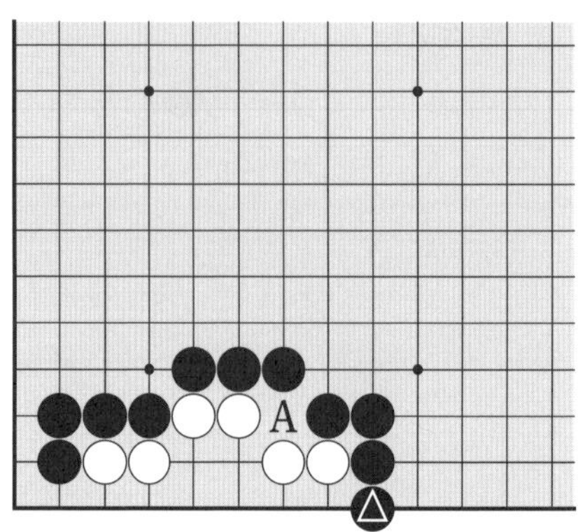

파생형 3

▨ 백 차례

A의 곳 공배가 메워져 있던 앞의 [파생형 2]와는 달리 이번에는 흑⬣의 1선 내려섬이 등장했다.

과연 이런 상황에서는 백이 사는 수가 있을까? 3수 안팎의 수읽기로 사활을 판별할 수 있다.

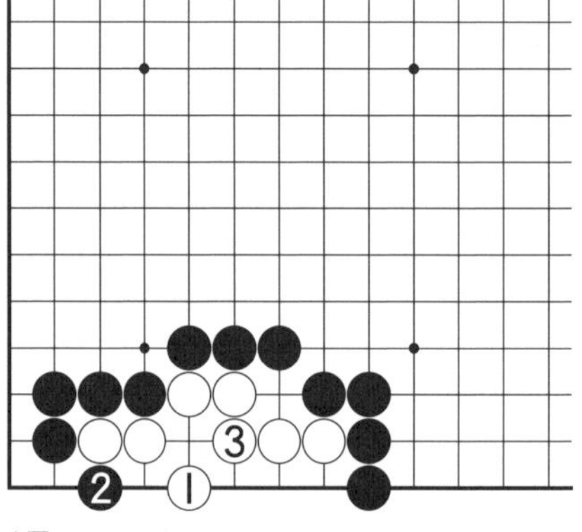

1도

1도(흑2, 성급한 행동)

백1로 호구치는 것은 가장 유력한 삶의 시도 가운데 하나이다.

이에 대해 흑2로 왼쪽을 파호하는 것은 성급한 행동이다. 백3이 급소여서 아슬아슬하지만 살아 버린다. 따라서 흑2로는~

2도(적의 급소로 백의 죽음)

흑1로 공략하는 것이 '적의 급소는 나의 급소'에 해당하는 정확한 수법이다.

백2에는 흑3, 5로 파호해 간단하게 백을 잡을 수 있다. 그런데 흑은 이 수순 말고도~

2도

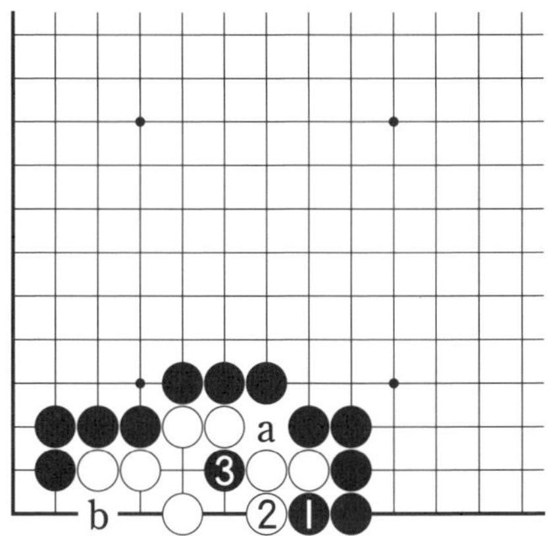

3도

3도(양단수를 보다)

흑1로 가만히 들어가도 백을 잡을 수 있다. 백2에는 흑3의 파호가 양단수를 보고 있는 통렬한 일격이다.

다음 백a로 그것을 방어하면 흑b로 젖혀서 그만이다. 그러므로 본래 이 백은 사는 수가 없었다.

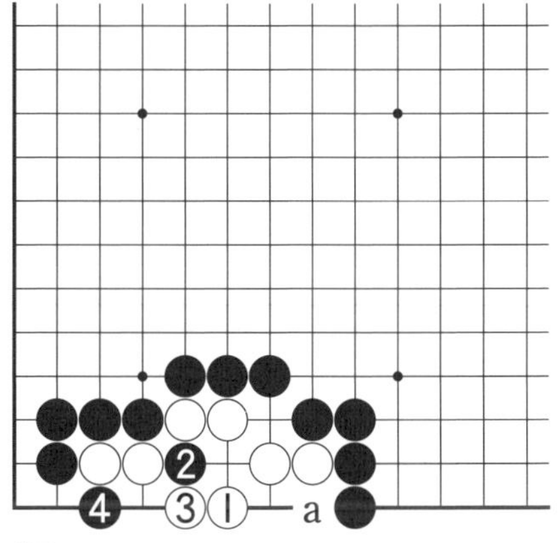

4도

4도(마늘모도 죽음)

백1로 마늘모하는 것으로도 살 수 없다. 흑2의 끊음이 좋은 공략이다. 백3을 기다려 흑4로 단수하면 백은 꼼짝 못하고 잡힌다.

그런데 흑2로 a에 들어가거나 4로 젖히면 백은 2에 이어서 살아 버린다.

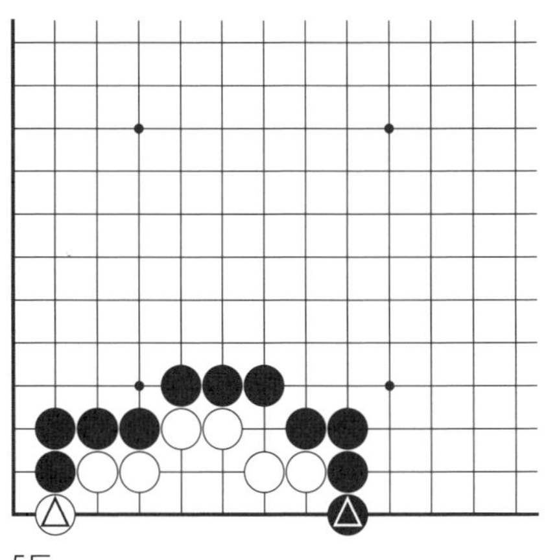

5도

5도(내려섬과 젖힘의 경우)

흑▲의 1선 내려섬도 있지만 백△의 1선 젖힘도 있다. 이런 상황이라면 백은 사는 수가 있을까?

결론부터 말하자면 이 백 역시 살길이 없다. 흑▲가 백의 삶을 저지하고 있는 것이다.

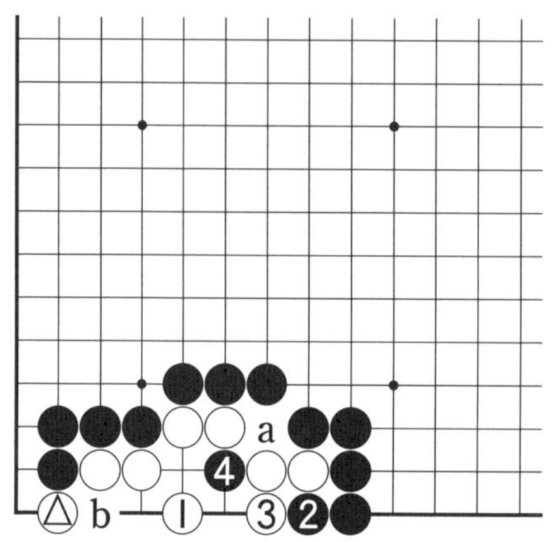

6도

6도(죽음의 증명 1)

백1로 호구를 치면 흑은 3도와 같은 수순으로 공략해서 백을 잡을 수 있다. 흑2, 4가 그것으로 다음 a와 b가 맞보기이다.

이렇게 되면 백△의 젖힘은 도움이 안 된다는 걸 알 수 있다.

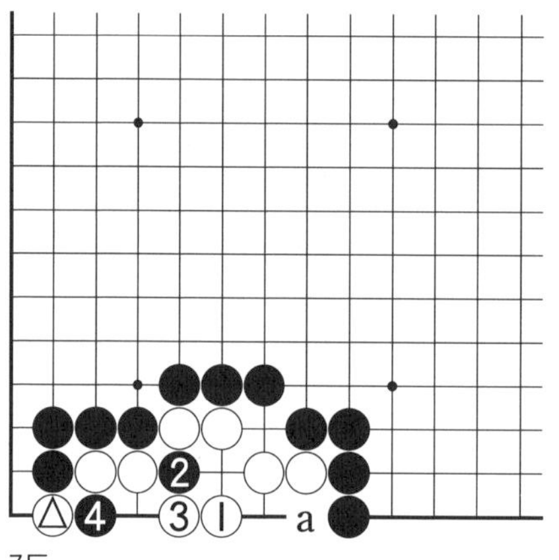

7도

7도(죽음의 증명 2)

백1로 마늘모하는 수도 흑2의 끊음이 급소여서 살길이 없다. 흑4의 먹여침에 백은 a로 손을 돌릴 틈이 없다. 이 공략의 수순도 4도와 같다.

이 경우도 백△의 젖힘은 전혀 도움이 안 된다.

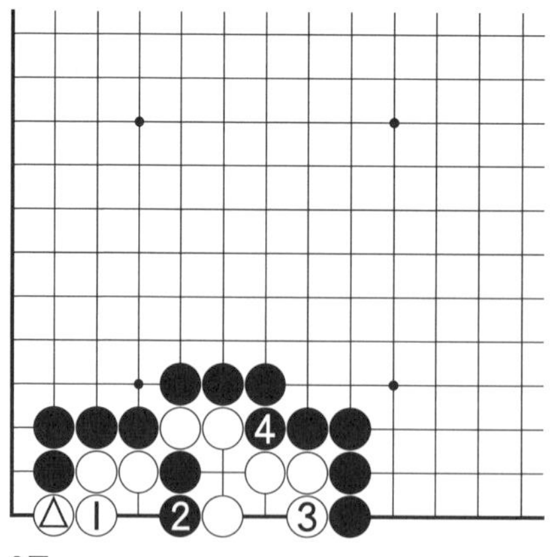

8도

8도(죽음의 증명 3)

앞 그림의 3으로 백1에 잇는 것은 꽤 유력한 수이지만 흑2로 파호하고 백3에 흑4로 단수하는 수가 성립해 백은 손을 들 수밖에 없다.

이때도 백△는 있으나마나한 존재로 전락하고 있다.

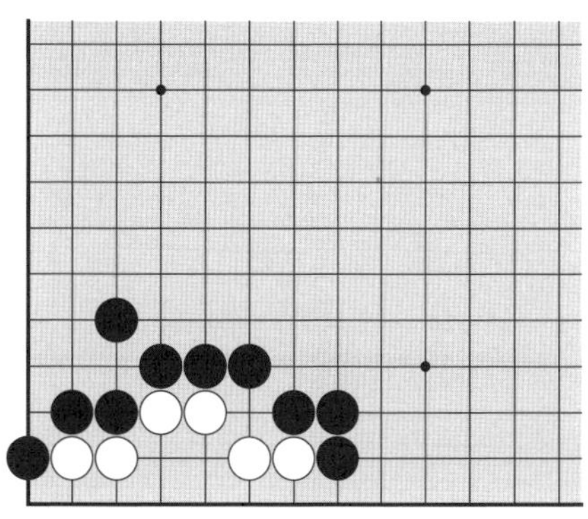

파생형 4

백 차례

백 여섯점의 위치가 왼쪽으로 한 줄씩 밀려 있다. 요컨대 귀쪽에 접근된 형국이다.

이렇게 되면 백은 귀의 특수성이라는 조건이 더해진다. 이러면 백이 사는 수는 몇 가지나 될까?

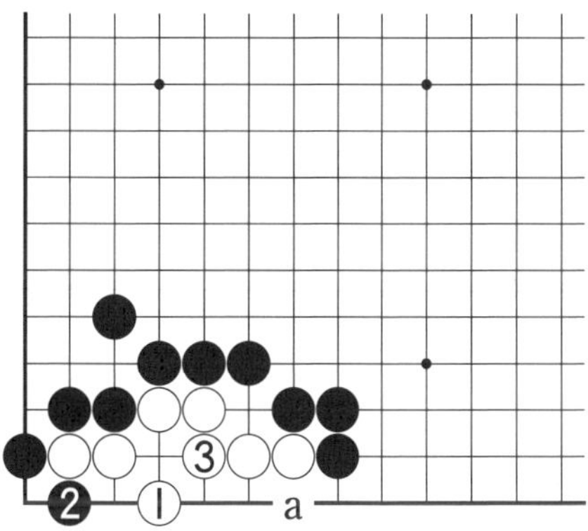

1도

1도(사는 수 1)

가장 상식적인 급소는 백1로 호구치는 수일 것이다. 흑2에는 백3으로 사는 것이 가장 무난한 삶의 방법이다.

실전이라면 백3은 a로 꼬부려서 사는 편이 집도 이득이고 더 효과적이다.

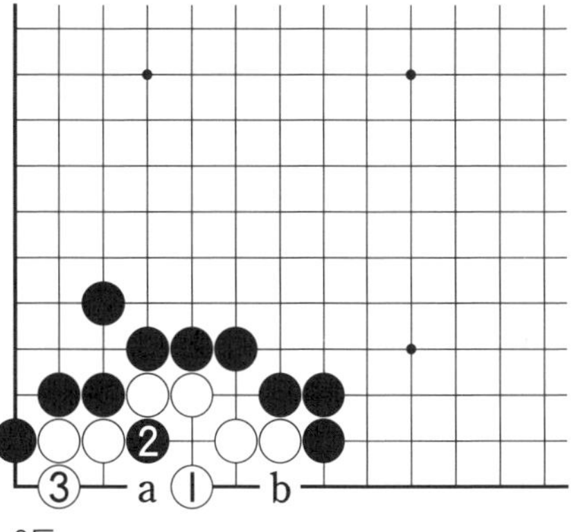

2도

2도(사는 수 2)

백1의 마늘모로도 살 수 있다. 흑2에는 백3으로 꼬부린 다음 a와 b가 맞보기이다. 요컨대 백은 귀의 특수성 덕분에 삶을 얻고 있다.

결론적으로 이 형은 [파생형 1]과 똑같은 결과를 낳는다.

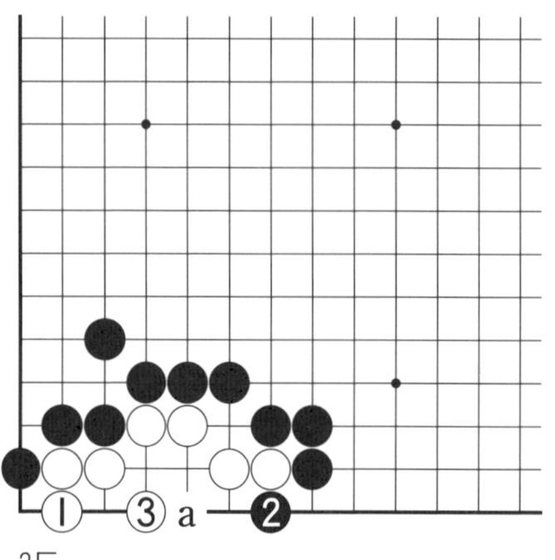

3도

3도(사는 수 3)

백1로 꼬부려도 살 수 있다. 흑은 2로 젖히는 수를 선수하는 정도로 백을 살려줄 수밖에 없다. 백3까지 완벽한 삶. 백3은 a여도 삶이다.

흑이 2 대신 3에 치중하면 백a로 받아서 무사하다.

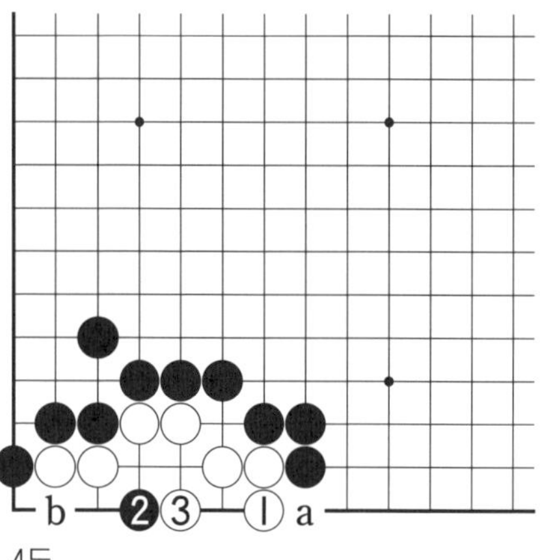

4도

4도(사는 수 4)

백1쪽을 꼬부려도 사는 데는 지장이 없으며, 오히려 이 수가 가장 좋은 선택일 수도 있다. 흑2면 백3에 받아서 거뜬하게 산다.

흑2로 a에 막으면 백b로 크게 살 수 있는 것이 자랑이다.

5도(기본형과 똑같다)

흑△의 1선 이음이 있는 경우에는 백a로 호구치는 수 말고는 사는 수가 없다.

귀쪽으로 한 줄씩 밀려있는 이 형태는 기본형과 같은 맥락의 그림이며 동일한 결과가 된다.

5도

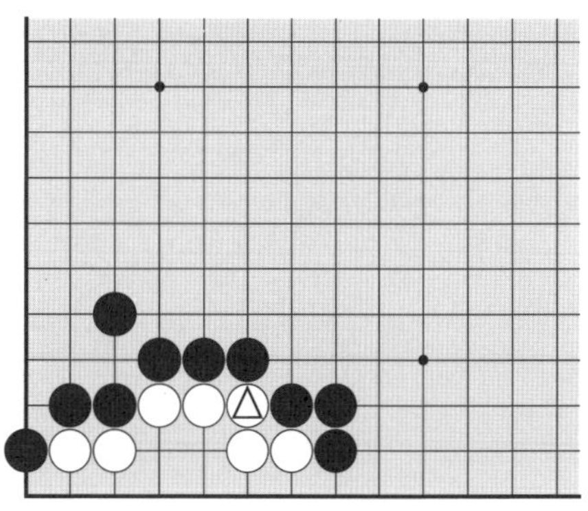

파생형 5

백 차례

앞의 [파생형 4]에 백△가 덧붙여져 공배가 꽉 차 있다. 이런 상황이라면 사활도 다소 달라질 것인데, 사는 수는 두 가지이다.

앞의 파생형보다는 바깥 공배가 메워지는 바람에 삶의 선택이 줄어들었다.

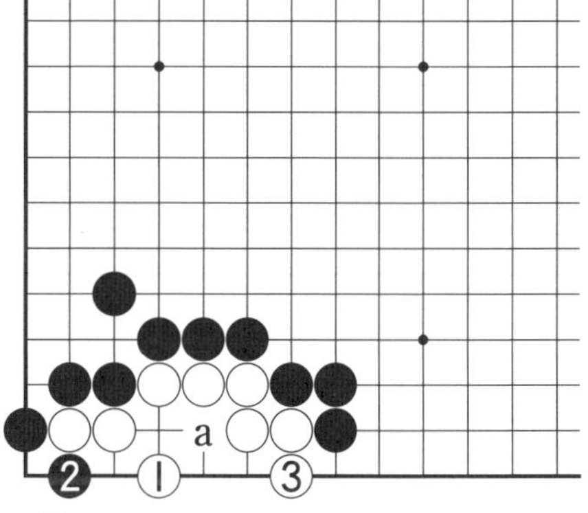

1도

1도(사는 수 1)

백1로 호구치는 것은 계속 그랬듯이 이 상황에서도 사는 수로 합격이며 가장 상식적이기도 하다.

흑2에는 백3으로 사는 것이 a로 두는 것보다 효과적인 응수이다.

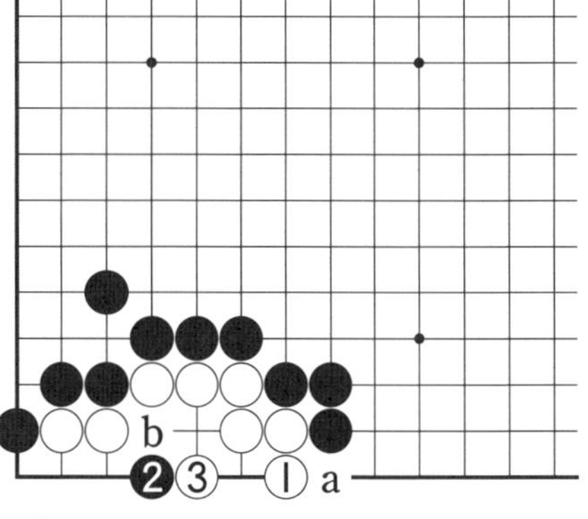

2도

2도(사는 수 2)

백1로 꼬부려도 살 수 있다. 흑2의 치중에는 백3으로 응수해서 아무 탈이 없다.

나중에 흑이 a쪽을 막는 것은 선수. 백은 b로 받아야 한다. 안두면 흑b로 끊겨 양자충의 죽음!

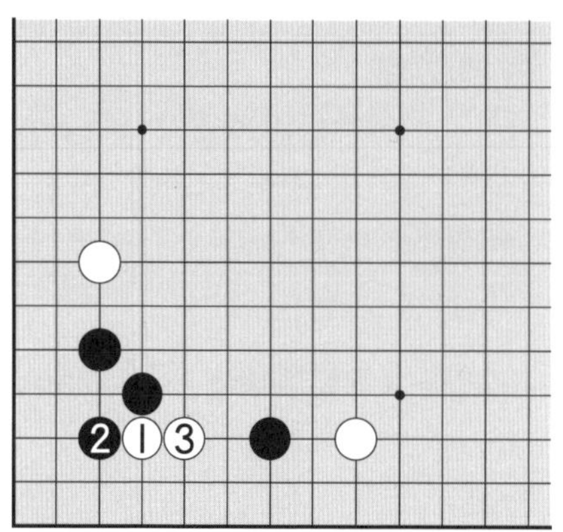

장면도

▦ 파생형이 나오기까지의 과정

흑의 눈목자굳힘에서 마늘모가 추가된 이 형태는 귀를 지키는 전형적인 수법이다.

백1의 붙임은 상용 수법. 흑2에 백3으로 나가 흑의 응수를 살핀다.

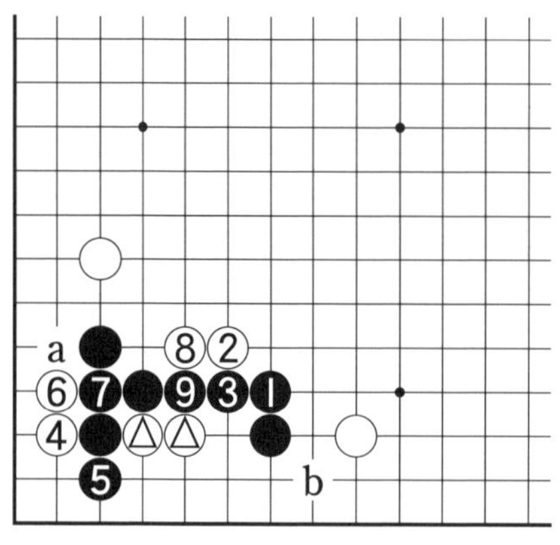

참고도 1

참고도 1(호되게 활용 당한다)

다음 흑1이 최강수. 백2가 얄궂은 맥점으로 백△ 두점을 잡으려면 흑3의 빈삼각은 어쩔 수 없다. 백4의 붙임도 교묘한 맥점.

백은 양쪽을 활용했고 a와 b도 남겼다. 흑은 호되게 당한 꼴이다.

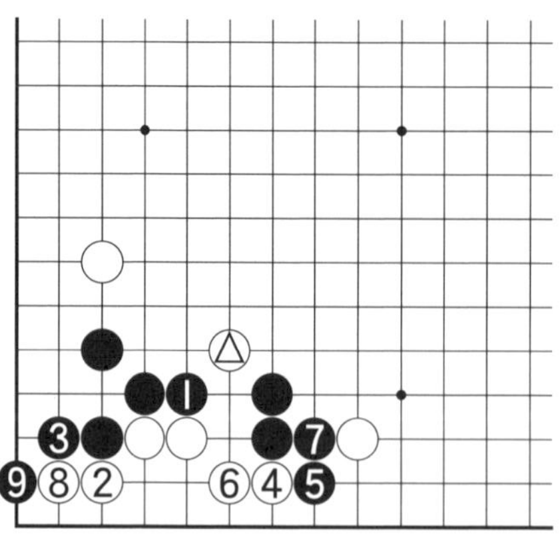

참고도 2

참고도 2(백4, 교묘한 맥점)

따라서 백△에 대해 흑1로 받으면 앞의 활용은 피할 수 있지만, 백2에서 4의 붙임이 교묘한 맥점이다.

흑9까지 어디서 많이 본 형태일 것이다. 그렇다, 바로 [파생형 4]와 동일하다.

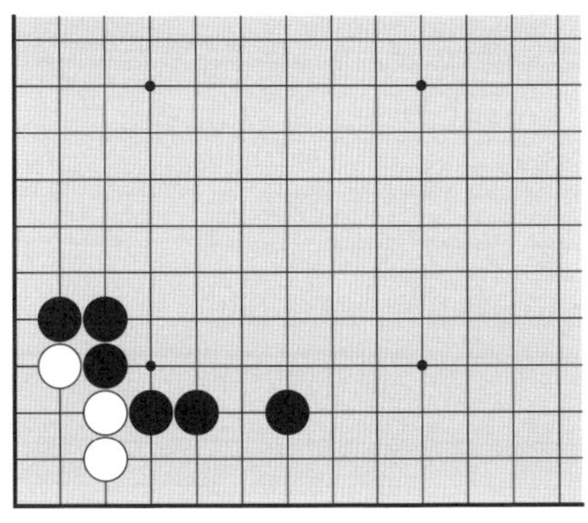

기본형

▧ 백 차례

흑의 날일자굳힘에 백이 응수를 타진한 데서부터 생긴 형태라는 것을 얼른 알 수 있을 것이다. 백을 살리는 방법은 단 하나뿐이다.

　최선의 코스보다는 실패의 변화가 더 재미있다.

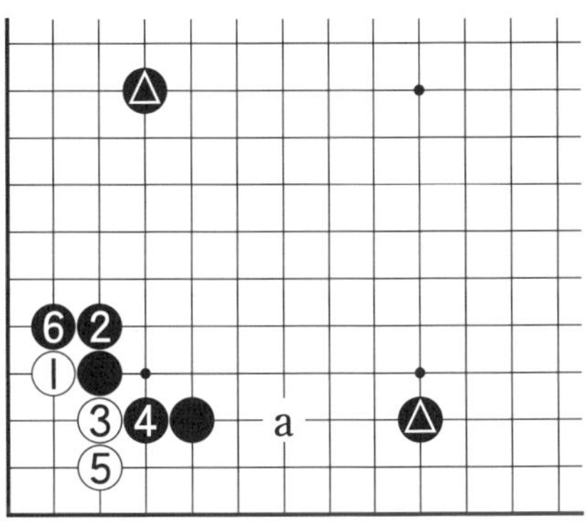

1도

1도(과정)

날일자굳힘에서 양날개를 편 상황에서 백1의 응수타진은 삭감의 테크닉이다. 흑2로 바깥쪽을 중시하면 백이 귀에서 사는 맛이 생긴다.

　흑6 다음 ▲ 두점을 뜯어내고 a에 흑돌을 심은 것이 기본형이다.

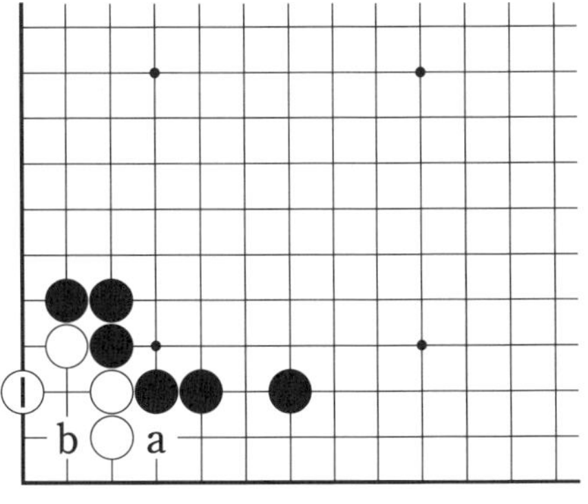

2도

2도(최선/ 호구가 이 한수)

백1로 호구치는 것이 유일한 삶의 급소이자 상식적인 한 수이다.

　다음 흑a로 막고 백b로 사는 것은 아마추어의 실전에서 흔히 나오는 진행이지만 미흡하다. 흑은 살려주더라도 최선을 다해야 한다.

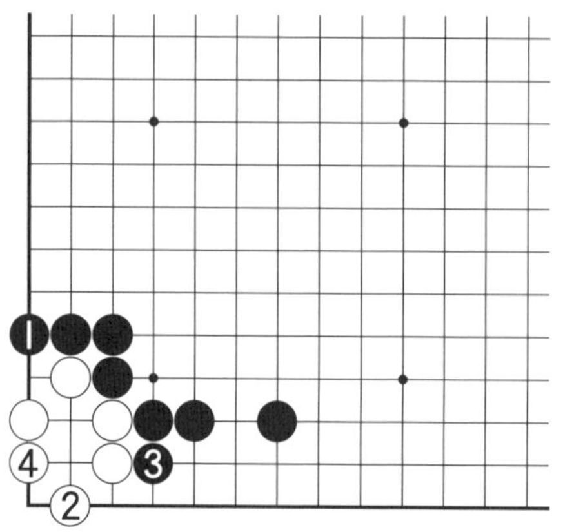

3도

3도(쌍방 최선의 결과)

이 장면에서 흑1로 가만히 내려서는 것이 맥점이다. 백을 최소한으로 살려주려는 의도이다. 백2는 정확한 대응이며 흑3에 백4까지 살면 이것은 2집이다.

두 눈의 삶이지만 겨우 산 데 불과하다.

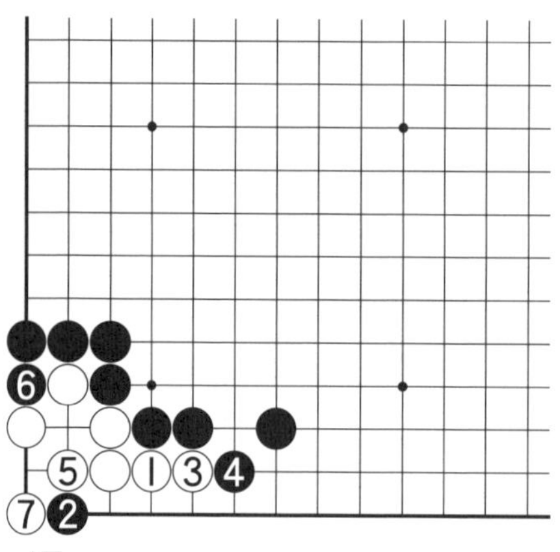

4도

4도(위험한 행동)

앞 그림의 2로 무심코 백1에 하나 기어나가는 것은 위험한 행동이다.

흑2의 치중이 매서운 공략이다. 백3을 선수하고 5에 손을 돌릴 때 흑6으로 단수하면 백7에 들어갈 수밖에 없다. 이러면 패가 난다.

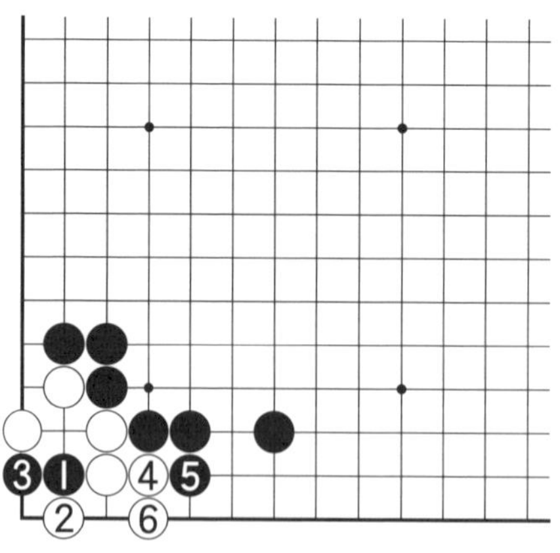

5도

5도(초보자의 수)

2도에 이어, 초보자 시절에는 앞뒤 안 가리고 흑1로 두는 이가 적지 않았다. 백2의 젖힘이 있어 보태주기만 할 뿐이다.

한사코 흑3에 두어 봤자 백은 4, 6으로 아주 크게 살아 버린다.

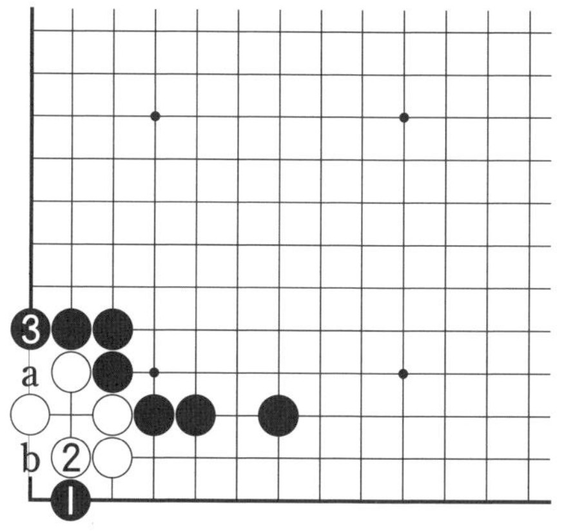

6도

6도(현혹하는 수단)

흑1의 치중은 무서운 수로 유력한 급소이다.

백2로 받을 때 흑3의 내려섬이 또 백을 현혹시키는 수법이다. 여기서 백a면 흑b로 패를 만들겠다는 뜻이다. 그렇게 된다면 흑의 성공!

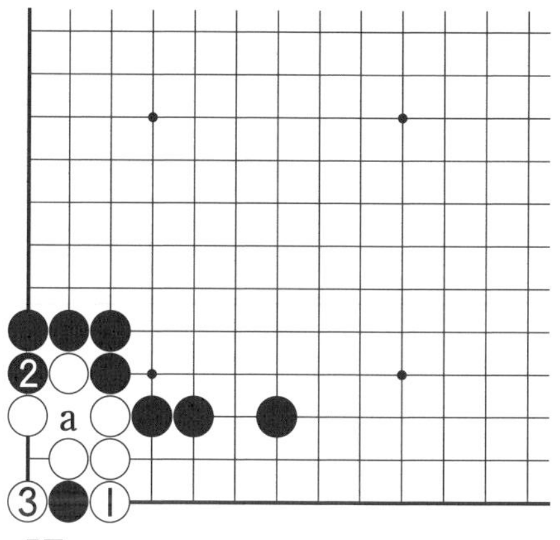

7도

7도(백1, 겁먹은 대응)

앞 그림에 이어, 겁을 먹은 나머지 백1로 단수하면 그 순간 패를 피할 수가 없다.

흑2의 파호 때 백3으로 따낼 수밖에 없으므로 a의 곳 패를 다투어 사활이 결정되는 것이다.

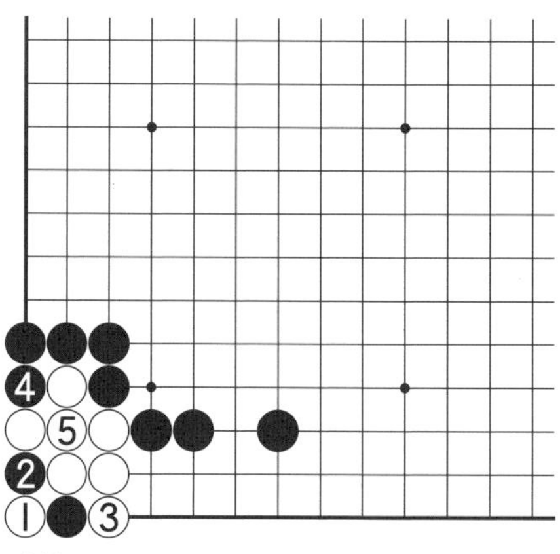

8도

8도(착수금지 이용)

앞 그림의 1로는 백1에 집어넣는 수가 냉정한 대응이다.

흑2에 백3으로 뒤쪽에서 단수하면 흑은 이을 수가 없다. 흑4의 단수에는 백5로 이어서 그만이다. 착수금지를 이용한 삶이었다.

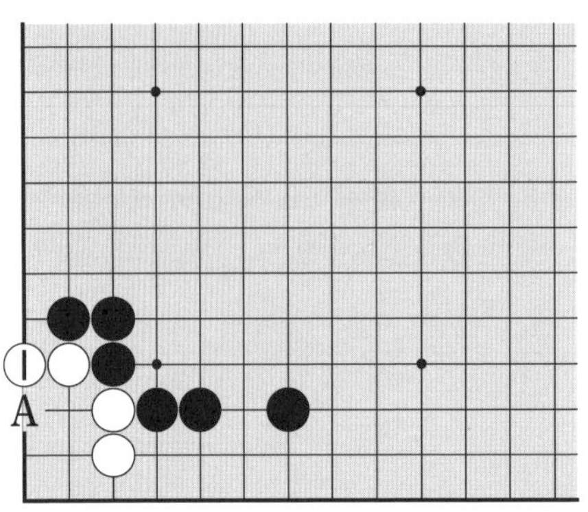

파생형 1

흑 차례

백은 A에 호구치는 것이 유일한 삶의 급소인데, 크게 살려는 의도를 품고 1로 내려섰다. 이것으로 살 수 없음은 말할 것도 없다.

그럼 이 백을 잡는 급소는 어디일까? 단번에 풀었으면 한다.

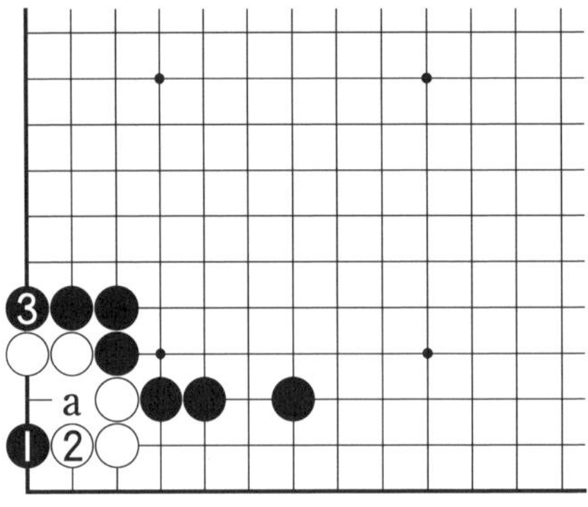

1도

1도(최선/ 2의 一)

귀의 양대 급소는 '2의 一과 2의 二'라고 했다. 90퍼센트는 둘 중 하나이다.

흑1로 급소를 찔러가는 것이 필살의 한 수이다. 백2가 최강의 응수이지만 a의 환격을 보면서 흑3에 막아 쉽게 잡는다.

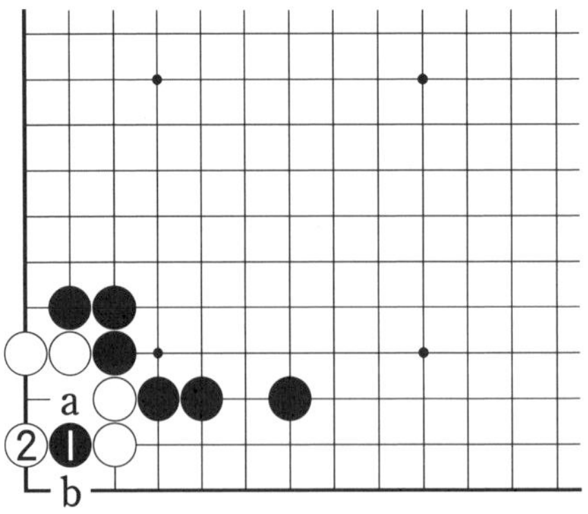

2도

2도(백2, 적의 급소)

흑1도 급소 가운데 하나이지만 번지수가 틀렸다. 백2가 적의 급소는 나의 급소에 해당하는 좋은 수여서 살아 버린다.

다음 흑a면 백b, 흑b면 백a로 삶이다. 요컨대 a와 b가 맞보기이다.

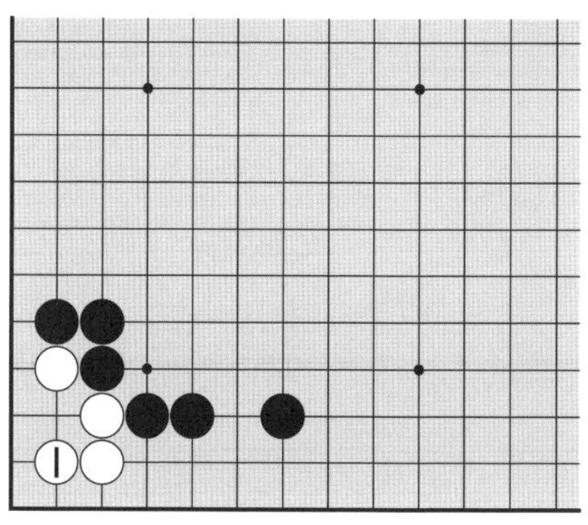

파생형 2

▨ 흑 차례

백1로 입을 벌리듯 호구치는 것은 이상한 수이다. 이 상황에서 흑은 어떻게 공략하는 것이 올바를까?

　패를 만드는 것은 간단해 보이지만, 그것이 쌍방 최선인지가 초점이다.

1도(패가 최선)

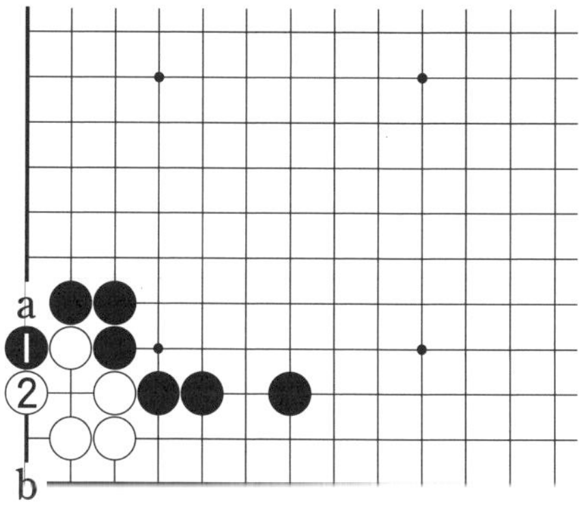

1도

단순하게 흑1로 단수하는 것이 최강이자 최선의 한수였다.

　백은 이을 수는 없으므로 2의 패로 버텨야 한다. 흑은 a로 이을 여유도 있다. 그러면 백은 b로 두어서 패를 계속 해야 한다.

2도(희망사항)

패를 피해서 그냥 잡을 수만 있다면 그 이상 더 좋은 일은 없다. 하지만 그것은 희망사항에 불과하다.

　백2는 당연하며 흑3도 절대이다. 여기서 백a면 흑b로 백의 죽음인데 …. 계속해서~

2도

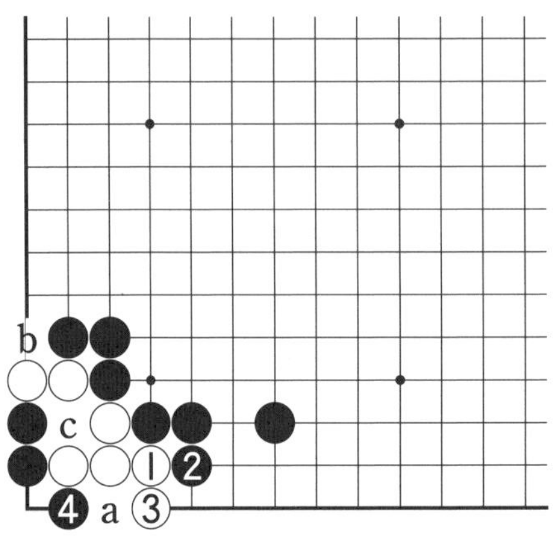

3도

3도(궁도를 넓히면)

백1로 나가고 3에 꼬부려서 궁도를 넓히는 것이 유력해 보이지만 흑4의 젖힘이 냉정한 공략이어서 응수가 없다.

　자충 때문에 백a면 흑b로 단수당해서 죽음이다. 다음 백c에 잇지 못함을 확인하자.

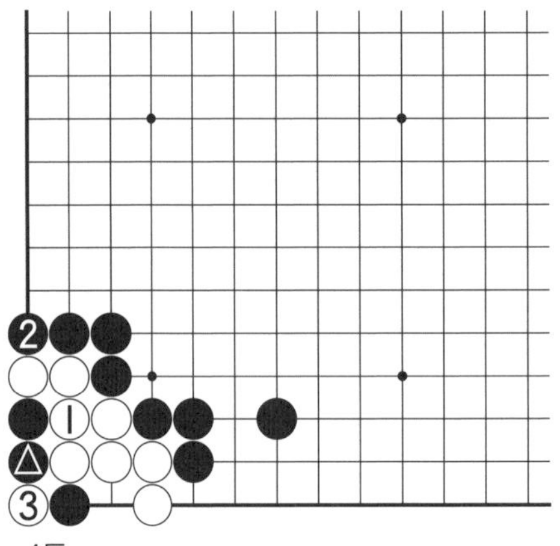

4도

4도(귀곡사의 죽음)

앞 그림에 이어, 백1로 단수하는 것이 좋을 것 같지만 흑2로 뒤쪽에서 가만히 막아 두는 것이 침착한 수여서 방법이 없다.

　백3에 따내도 흑이 ▲의 곳에 두어 되따내면 귀곡사의 죽음이다.

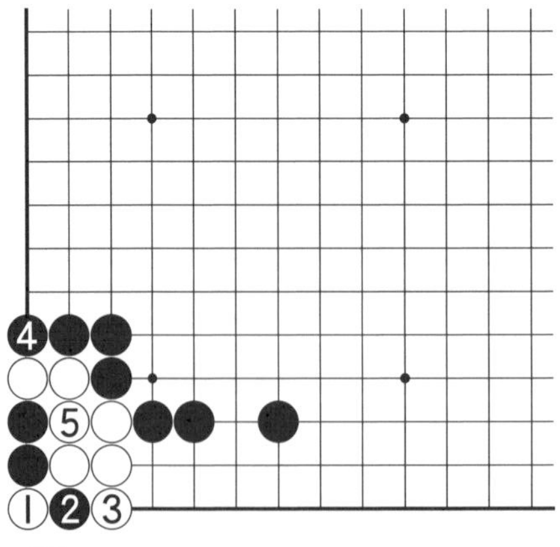

5도

5도(절묘한 수순)

2도의 상황을 옮긴 그림이다. 여기서 백1로 집어넣고 흑2로 따낼 때 백3으로 단수하는 것이 절묘한 수순이다.

　이러면 백은 살길이 열린다. 흑4에는 백5로 이으면서 단수해서 살 수 있다.

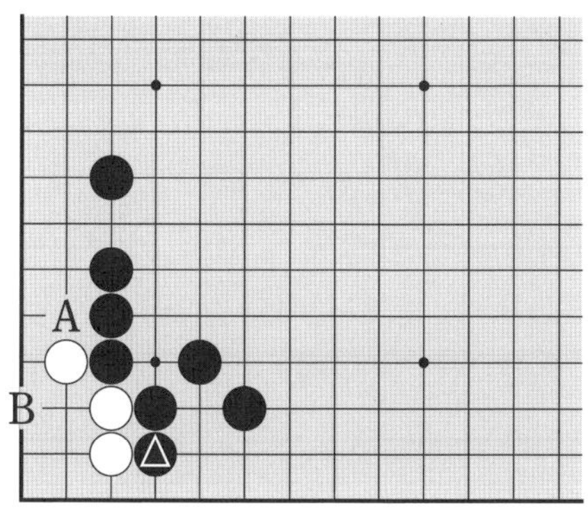

파생형 3

▨ 백 차례

돌의 배치가 조금 달라졌다. 앞서 흑돌이 A에 있을 때는 백B에 호구 치는 것이 삶의 급소였다.

그런데 이번에는 두점 쪽에서 흑❷로 막은 상황이다. 그러면 과연 백의 사활은 어떻게 될까?

1도

1도(사는 수 1)

사는 수는 모두 두 가지이다. 그 하나가 백1로 꼬부리며 호구치는 수이다. 이곳은 2의 二의 급소이기도 하다.

흑2에는 백3으로 내려서서 삶인데 a로 두어도 무방하다. 흑2로 a에 치중해도 백b면 안심이다.

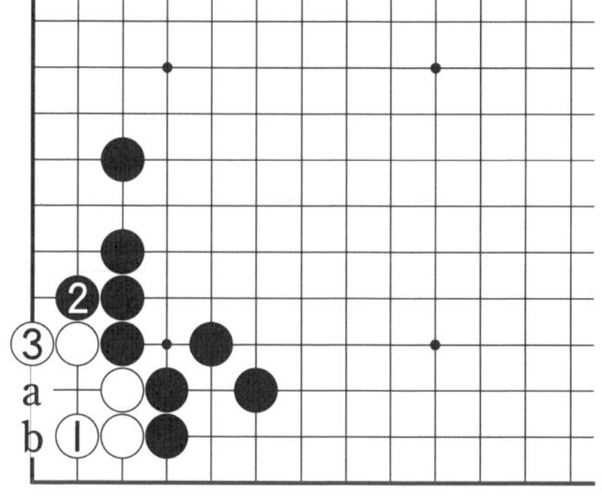

2도

2도(사는 수 2)

또 하나는 백1로 한칸을 뛰는 수로 이렇게 두어도 살 수 있다.

이곳이 '2의 一'의 급소임에 주목하기 바란다. 흑2에는 백3으로 내려서서 여유 있는 공간을 확보하고 있다.

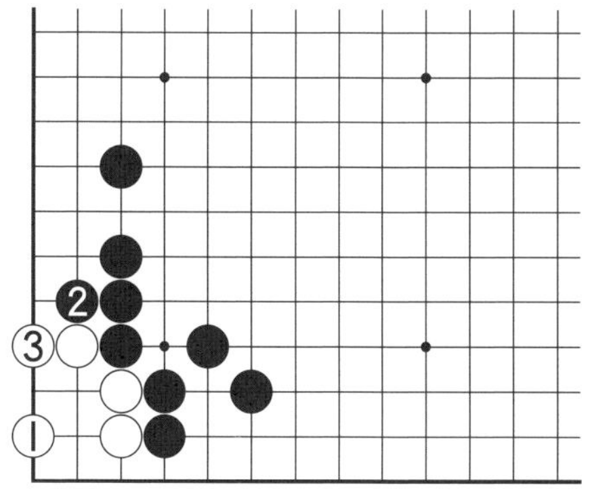

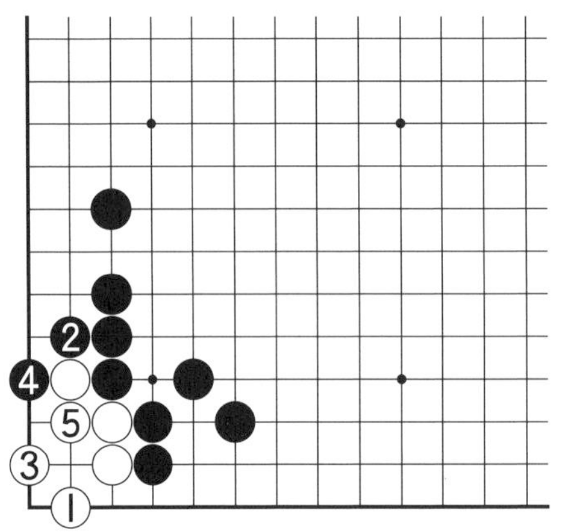

3도

3도 (이것도 삶?)

백1도 2의 一의 급소인데 이것으로도 살 수 있을까?

흑2로 막으면 백3으로 또 하나의 2의 一의 급소를 두어서 5까지 보듯이 두 눈의 삶이다. 그러나 이것은 최선이 아니다. 흑2가 경솔했다.

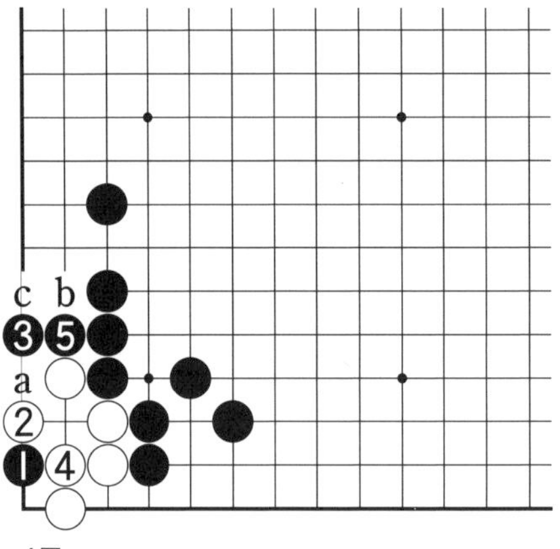

4도

4도 (흑, 정확한 공략)

흑1로 2의 一의 곳을 치중하는 수가 정확한 공략이다. 백2에는 흑3, 백4에는 흑5로 대응하면 백은 a의 곳을 둘 수 없어 잡힌다.

백4를 두기 전에 5에 나가 흑b와 교환해도 흑c로 이어서 그만이다.

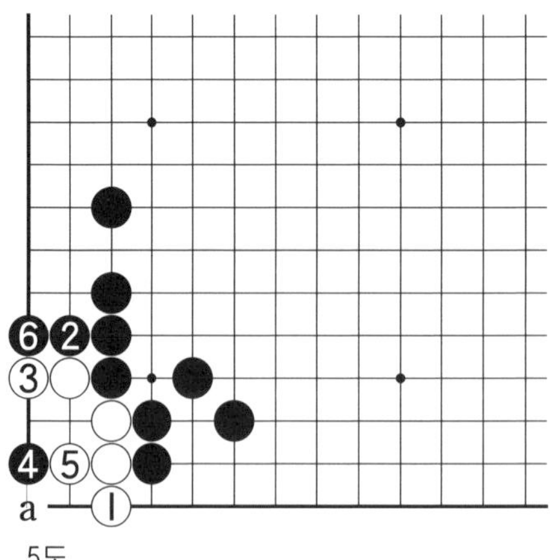

5도

5도 (패는 실패)

백1로 내려서는 것은 궁도를 넓혀서 크게 살려는 뜻이지만 욕심이다. 흑2에서 4로 공략하면 백3, 5로 버텨야 하는데 흑6이 환격을 본 호수이다.

백은 a로 패를 하지 않을 수 없다. 이러면 백의 실패!

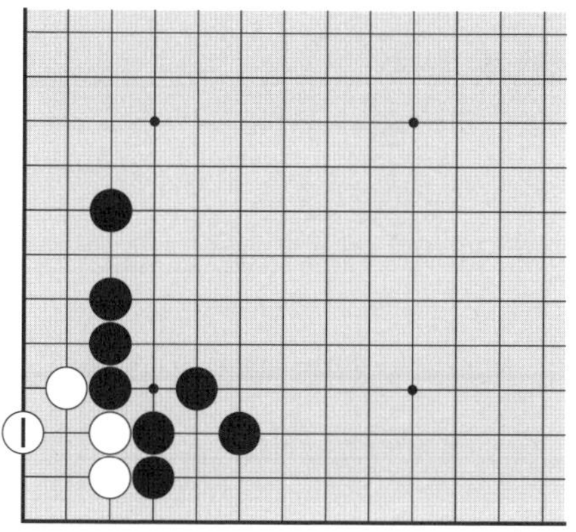

장면도

▦ 호구치는 경우 (흑 차례)

앞의 [파생형 3]에서 백1로 호구치는 것은 어떨까? 얼핏 이 수로도 살 수 있을 것 같다.

그러나 흑은 기발한 공략이 있다. 하긴 기발한 그 수도 삶과 죽음의 급소라는 범주를 벗어나지 못한다는 데 묘미가 있다.

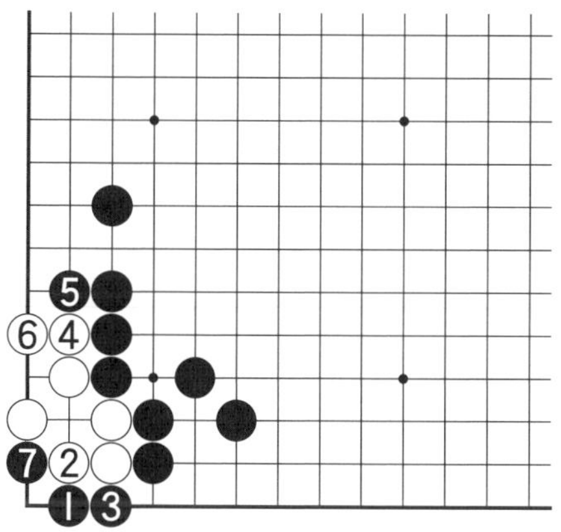

참고도 1

참고도 1(정해/ 2의 ㅡ로 패)

흑1로 2의 ㅡ의 곳을 치중하는 것이 절묘한 공략이다.

백은 2로 물러설 수밖에 없으며 흑3으로 건너서 백을 궁지에 몰아넣는다. 백4, 6 다음 흑7로 들어가서 패가 되는 것이 정해이다.

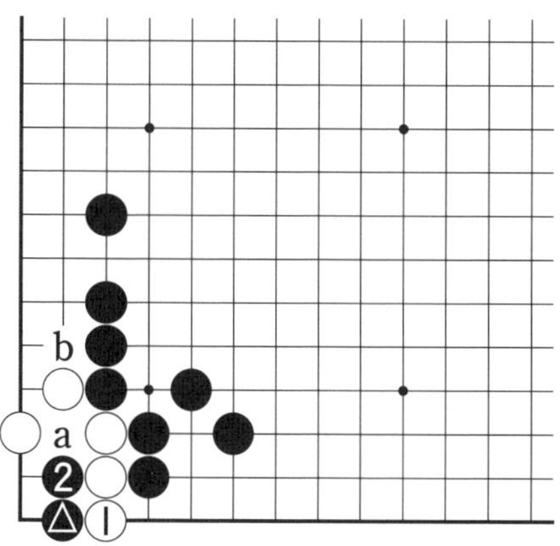

참고도 2

참고도 2(차단하면 죽음)

흑▲에 대해 백1로 차단하는 것은 무모한 행동이다. 흑2로 올라서서 파호하면 그 순간 백은 대책이 없다. a로 이으면 흑b로 간단하게 죽는다.

백은 앞 그림처럼 패를 기다릴 수밖에 없었다.

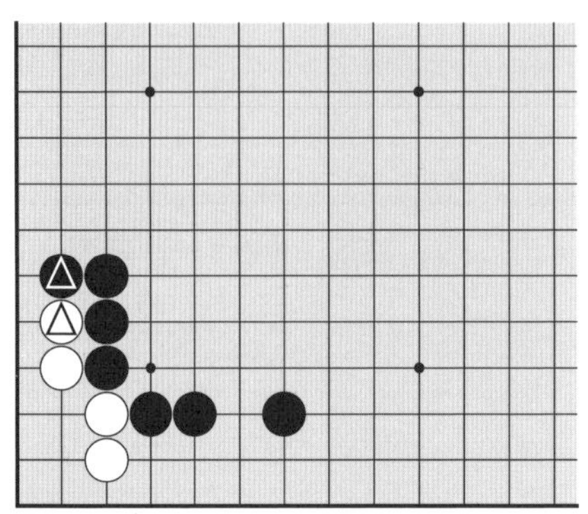

파생형 4

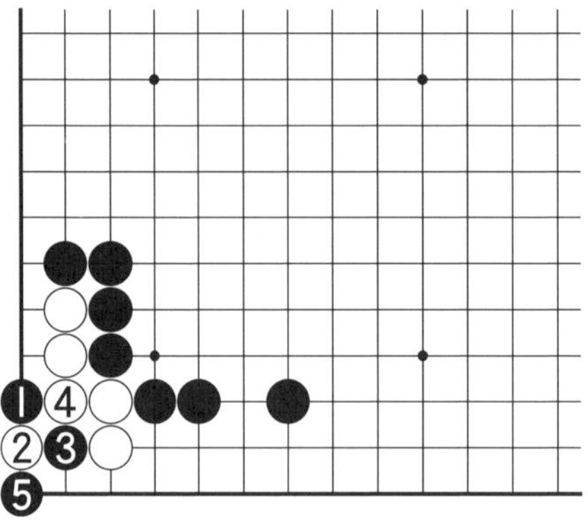

1도

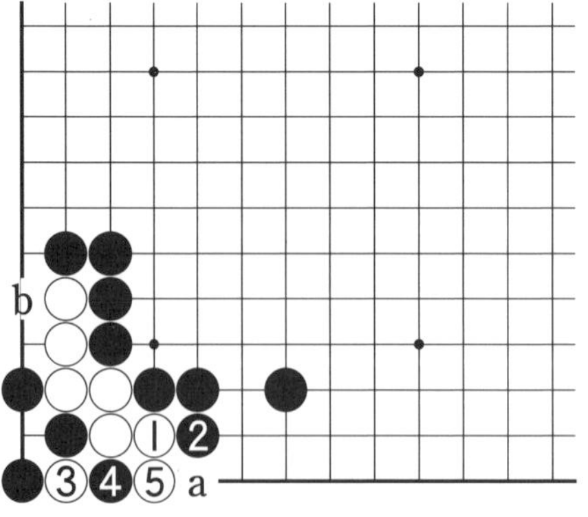

2도

▨ 흑 차례

백△와 흑▲가 교환되어 있는 형태인데 이것은 명백한 자충이다. 그냥 놔두었으면 자체로 살아 있는 돌을 괜히 건드려서 이상해졌다.

　자충이란 정말 무섭다. 흑은 어떻게 공략해야 할까?

1도(최선/ 1선 치중)

흑1의 일선 치중이 공략의 급소이다. 사실 이곳은 나중에 밝혀지지만 적의 급소는 나의 급소이기도 하다.

　백2의 붙임은 최선이며 흑3에 백4로 단수한 것도 절대수이다. 흑5로 따낸 다음~

2도(한 수 늦은 패)

백1로 하나 기어나가 흑2와 문답하고 백3으로 집어넣는 것이 좋은 수이다. 백5까지 패인데, 흑이 a나 b에 두어도 단패는 아닌 것이 백은 다행이다.

　하지만 한 수 늦은 패여도 부담은 크다.

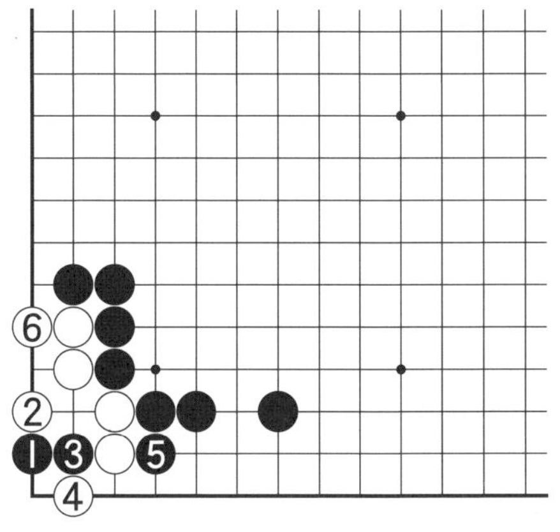

3도

3도(백2, 적의 급소)

흑1의 치중은 2의 一의 급소이지만 이 경우는 적절하지 못하다. 백2가 적의 급소여서 쉽게 살아 버리기 때문이다.

흑3으로 올라서도 백4 다음 양쪽이 맞보기이다. 흑5로 6에 젖히면 백5.

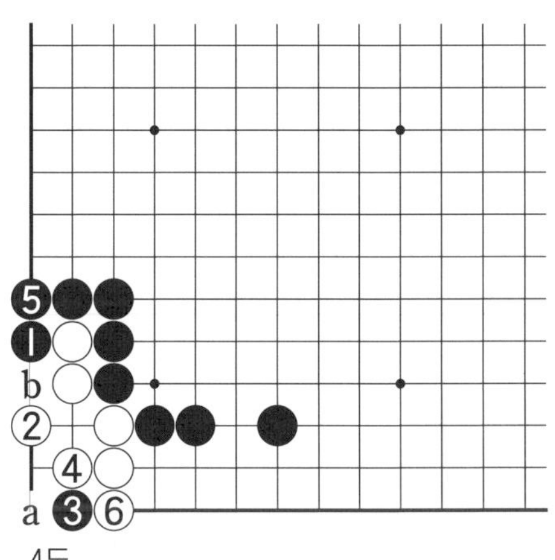

4도

4도(단순한 젖힘)

흑1의 젖힘은 안이하다기보다는 단순하다. 실전이라면 이렇게 둘 공산이 크다. 백은 2로 호구쳐서 간단하게 산다.

흑3은 급소이지만 백4에서 6이면 다음 a와 b가 맞보기이므로 안심이다.

5도(백2, 정확한 대응)

흑1로 막는 수도 공격할 의사가 전혀 없는 수이다. 선수를 위한 선수라고나 할까.

백은 2로 꼬부려 호구치는 것이 정확한 대응으로, 이제 이 백을 괴롭히는 수단은 전혀 없다.

5도

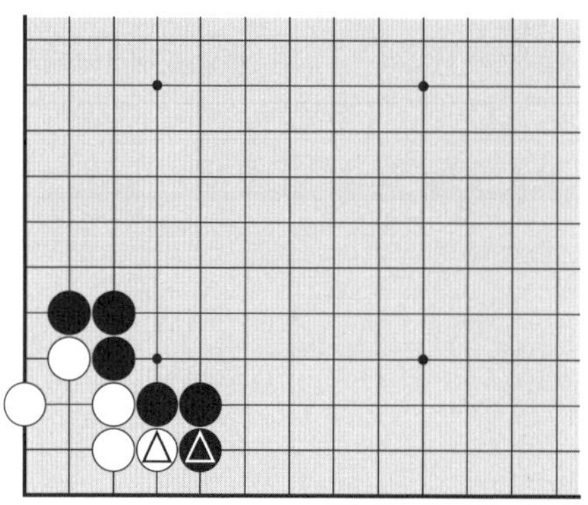

파생형 5

흑 차례

백△와 흑▲가 교환되어 있지 않다면 이 백은 대표적인 삶의 형태이다. 따라서 이 교환은 명백한 자충인데 실전에서는 이런 수를 아무렇지도 않게 두곤 한다.

그렇다면 흑은 귀에 어떤 공략법이 있을까?

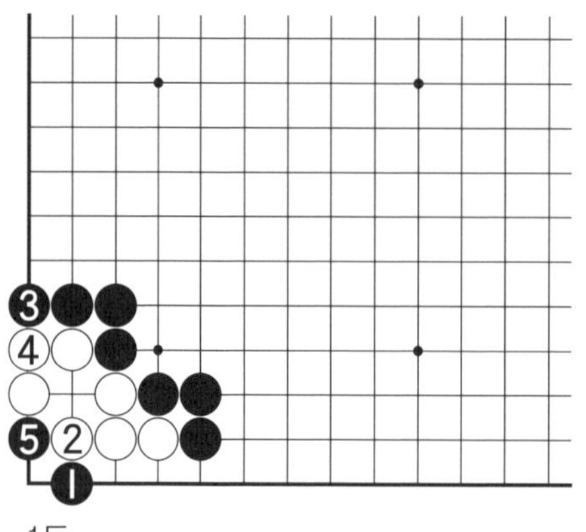

1도

1도(최선/ 2의 一의 치중으로 패)

흑1로 '2의 一'의 곳을 치중하는 것이 이 경우 유효한 급소 공략이다.

백2가 절대일 때 흑3으로 내려서는 것이 결정타이다. 백4는 최선이며 흑5로 패를 들어가는 것이 최선의 코스이다. 백4로~

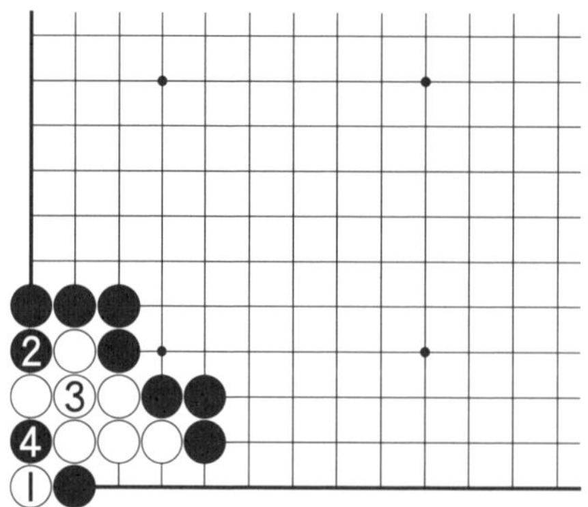

2도

2도(흑의 선패)

백1에 집어넣어 패를 서두르는 것은 경솔한 행동이다. 흑2의 단수에 백3으로 이어야 하므로 흑4까지 패인데, 이것은 흑이 먼저 따내는 패가 된 셈이다.

백이 따낼 차례의 패인 앞 그림과 비교해보라.

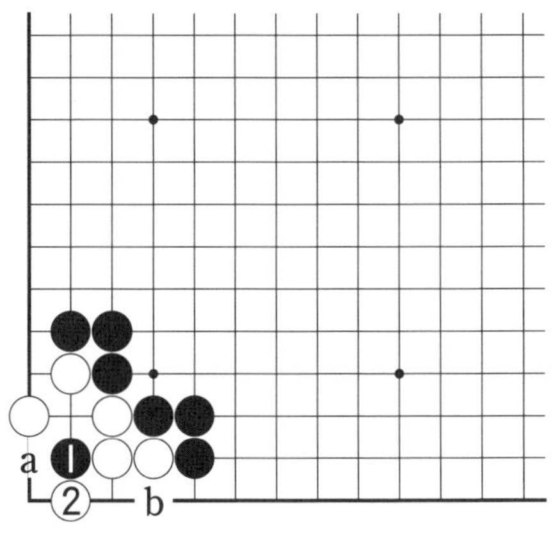

3도

3도(초급자의 실수)

흑1로 '2의 二'의 곳을 공략하는 것은 초급자가 흔히 범하는 실수이다. 백2가 적의 급소는 나의 급소여서 편하게 살려준다.

다음 a와 b가 맞보기임은 새삼 설명할 필요도 없을 것이다.

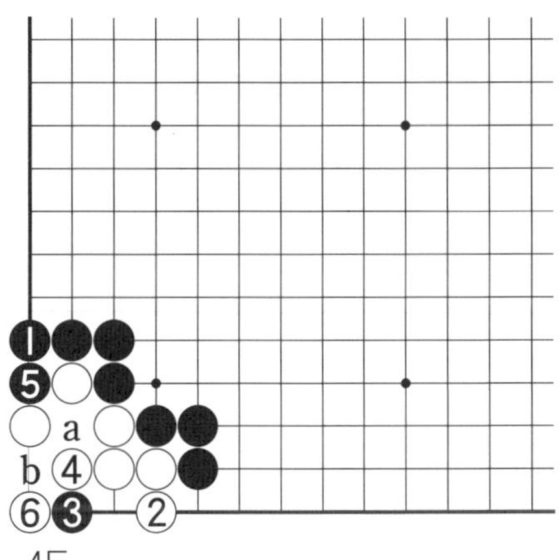

4도

4도(양패의 죽음)

흑1로 먼저 내려서는 것은 한가한 수이다. 그런데 백2가 욕심으로, 흑3의 치중이 통렬하다. 백4에 흑5의 단수도 좋은 수로 백의 삶이 없다.

다음 백6이면 패 같지만 a와 b, 두 군데의 패를 다 이길 수가 없다. 결국 양패의 죽음!

5도(두 개의 2의 一)

흑▲의 내려섬에 대해 백1로 2의 一의 급소를 지키는 것이 올바른 대응이다. 역시 이곳이 적의 급소인 것이다.

흑2에는 백3으로 또 하나의 2의 一의 곳을 두어서 삶을 얻는다.

5도

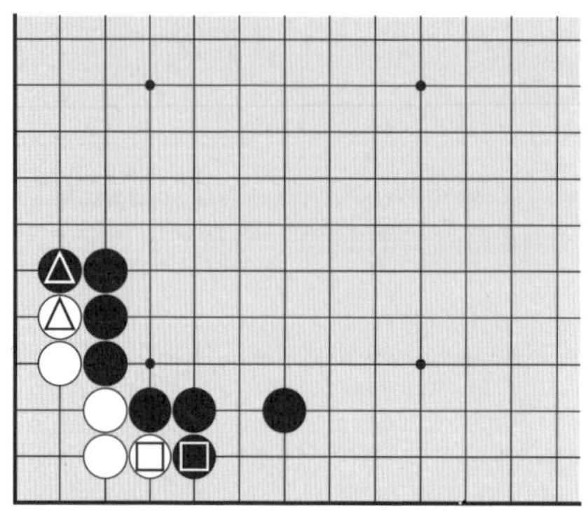

파생형 6

흑 차례

백△와 흑▲만 교환되어 있는 것이 아니라 백□와 흑■도 교환되어 있다. 그야말로 자충이란 자충은 다 두고 있다.

이 사활의 결과가 최종 관문이다. 과연 흑은 어떻게 백을 공략해야 할까?

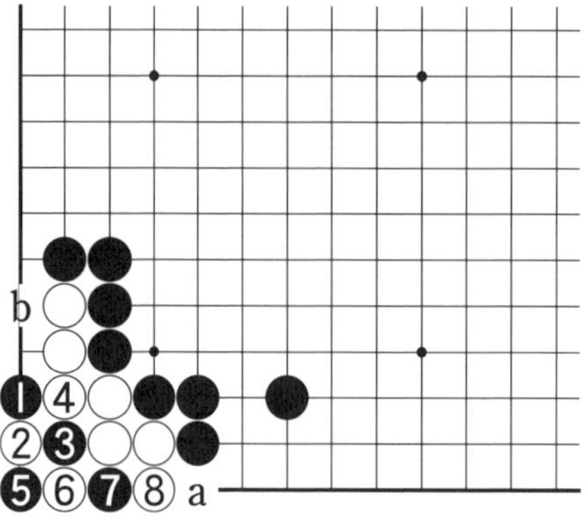

1도

1도(최선/ 한 수 늦은 패)

이 형은 [파생형 4]와 같은 결과이다. 흑1의 치중이 출발점. 백2의 붙임 이하 8까지의 수순은 외길이나 다름없다. 다음 흑a나 b로 두어서 한 수 늦은 패이다. 자충이란 이렇게 무섭다.

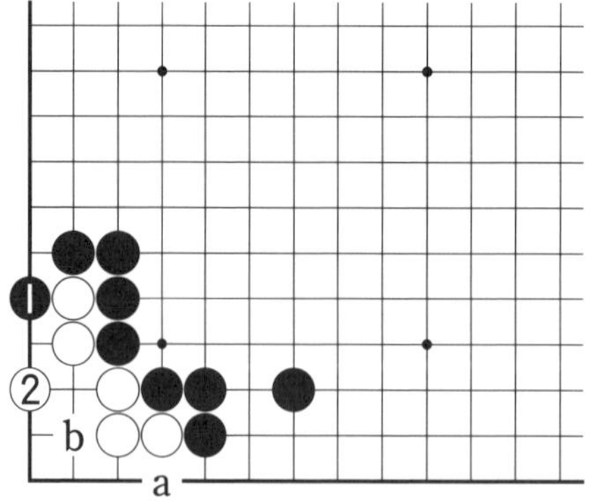

2도

2도(생각 없는 젖힘)

흑1로 젖히는 것은 생각 없는 수로, 이 백에 대해 수단의 여지가 없을 때나 둔다. 백은 2로 아주 간단하게 산다.

다음 흑은 a의 젖힘을 선수하는 데 만족할 것이다. 그러면 백은 b로 받는다.

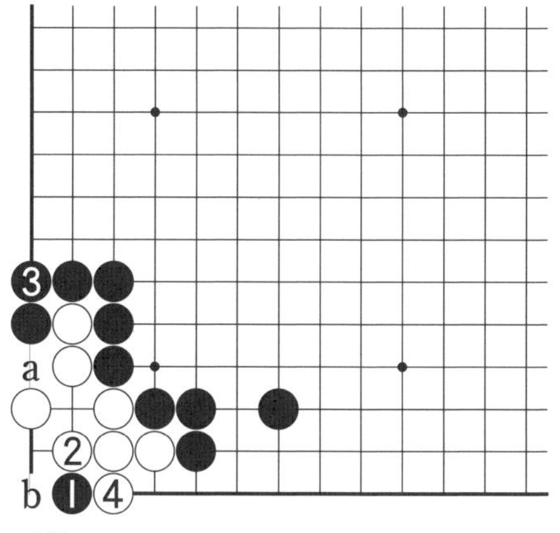

3도

3도(삶의 증명)

앞 그림의 백이 살아 있음을 증명한다.

흑1로 공략하는 것이 그나마 급소이지만 백2로 받아서 아무 것도 안 된다. 흑3에는 백4로 그만. 다음 흑a면 백b로 한점을 따내어서 두 눈의 삶이다.

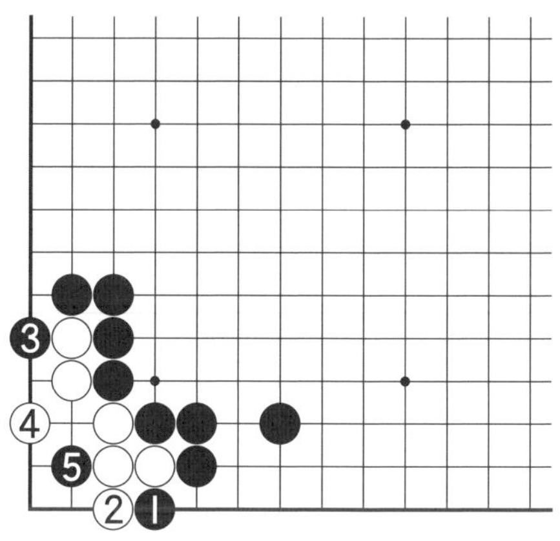

4도

4도(백2, 대실수)

흑1로 하변에서 젖히는 것도 상당히 유력한 급소 중 하나이다.

여기서 백2로 막는 것은 대실수로 흑3의 젖힘 일격으로 살길이 없다. 백4에는 흑5로 5궁도의 중앙에 치중해서 그만이다. 백2로~

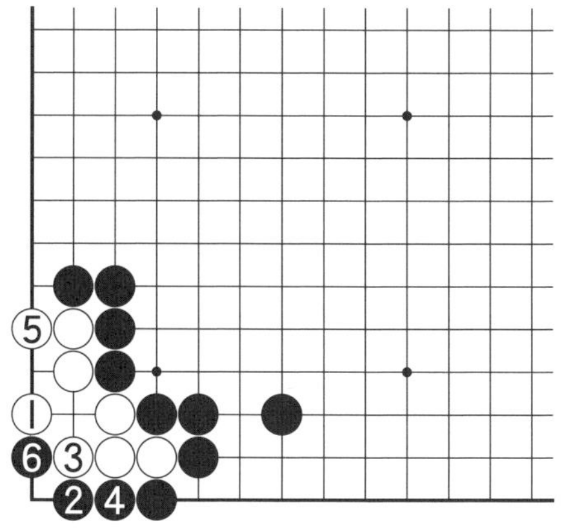

5도

5도(호구치면 패)

백1로 호구치는 것도 바람직하지 않다.

그러면 흑2의 치중이 통렬한 공략이다. 백3은 어쩔 수 없는 응수이며 흑4로 건너고 백5에 눈 하나를 만들 때 흑6에 들어가서 패로 몰고 가는 수가 있다.

115

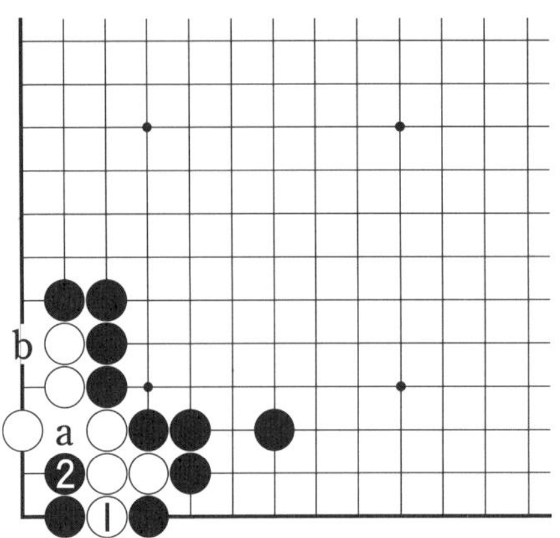

6도

6도(차단하면 죽음)

앞 그림의 3으로 백1에 차단하는 것은 무모하다.

흑2로 올라서면 응수할 방법이 없다. 백a에 이어 봐도 흑b로 젖혀서 백을 간단하게 잡아 버린다.

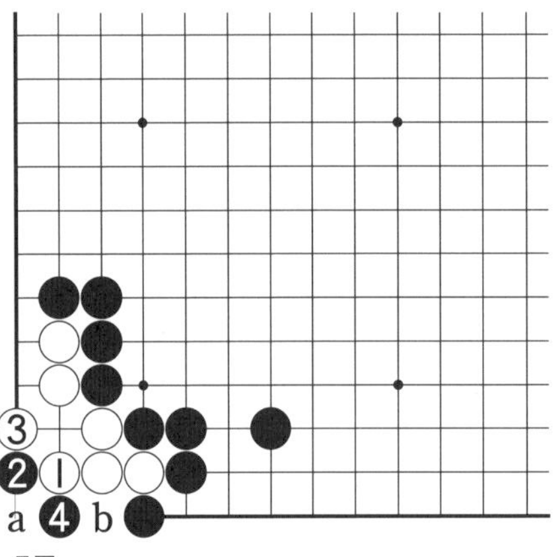

7도

7도(백, 여유 있는 패)

4도의 2로는 백1에 응수하는 것이 이 상황에서는 좋은 수이다. 그러면 흑2의 붙임이 멋진 급소이며 백3, 흑4로 패가 된다.

이것은 백도 약간 여유 있는 패이다. 흑은 a의 패를 버티다가 b에 단수해야 단패가 된다.

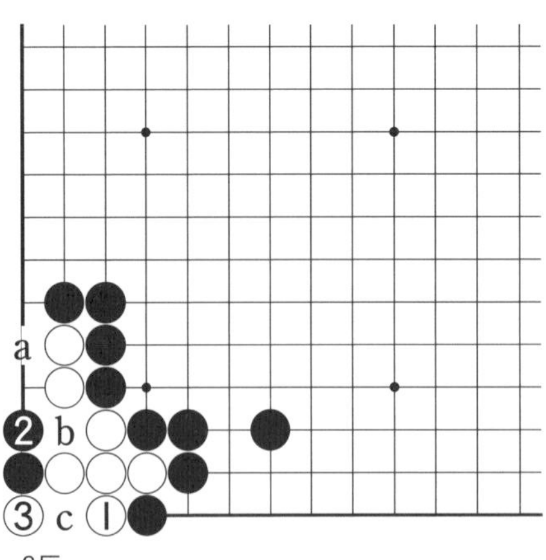

8도

8도(이번에는 단패)

앞 그림의 3으로 백1에 막으면 흑2로 파호하는 것이 긴요한 수이다.

다음 백은 3에 집어넣어 패를 하게 되는데, 이것은 단패이므로 앞 그림의 결과보다 못하다. 다음 흑a, 백b, 흑c로 진행된다.

3
사활 업그레이드
(중급 필수)

　사활은 초보에서 초급 수준으로 올라가기만 해도 갑자기 어지럼증이 생길지 모른다. 그만큼 모양의 폭이 넓어져 수읽기에 어려움을 느낄 것이기 때문이다. 초급에서 중급 수준으로 올라가면 어지럼증은 더 심각해진다. 핵심만 알면 실제로는 쉬운 문제인데도 난해한 모양처럼 보이기 때문이다.

　이번 사활 수준은 앞의 장에서 살짝 업그레이드된 정도이지만 모양 상 체감 이해도는 다를 수 있다. 그러나 사활의 대원칙을 지키면, 그리고 귀의 양대 급소인 ‘2의 一과 2의 二’만 떠올리면 90퍼센트는 눈으로 이해할 수 있는 것들이다.

　역시 이 장에서도 돌을 가감한다든가 공배를 메우거나 비워서 사활의 변화를 추적하는 방식을 택했다. 이처럼 꼬리에 꼬리를 무는 방식으로 사활을 공부하면 사활의 패턴에 익숙해지면서 실전 응용력이 배가될 것임은 물론이다.

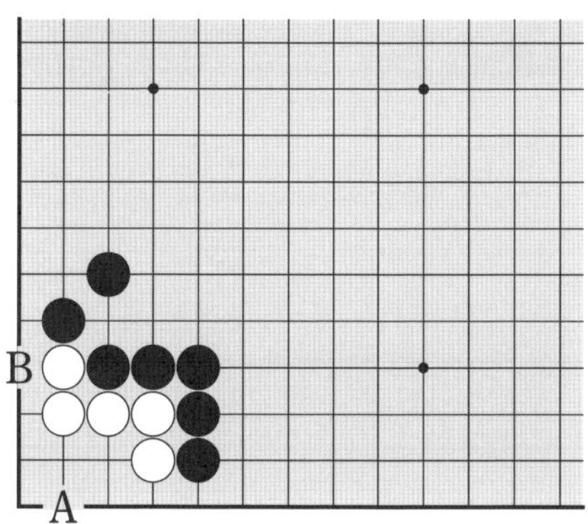

기본형

▨ 흑 차례

귀의 기본 사활 중 하나로 출발한다. 어디서 많이 본 듯한 형태일 것이다. 백이 둘 차례면 A의 급소 자리에 뛰거나 B로 궁도를 넓혀서 사는 것이 상식이다.

그럼 흑이 먼저 공략하면 이 백의 사활은 어떻게 될지 알아본다.

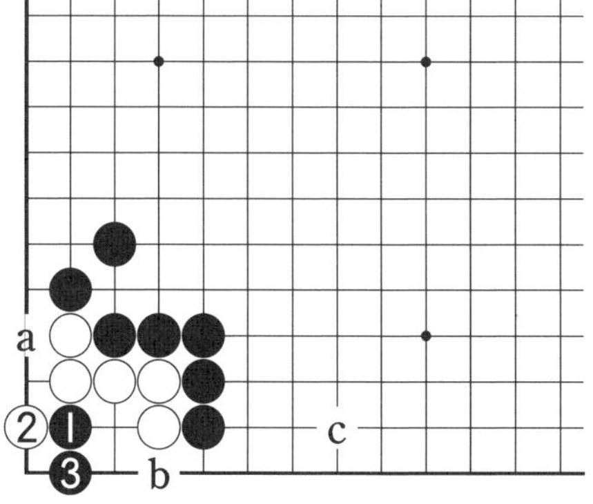

1도

1도(최선/ 잡는 수 1)

'죽음은 젖힘에 있다'는 격언이 있다. 이런 경우는 젖힘이 급소가 되면서 궁도를 좁히는 역할도 한다.

흑1로 젖히고 또 3에 젖힌 다음 5로 치중하는 것이 모범 답안이다.

2도(잡는 수 2)

흑1로 2의 二 자리를 공략해도 백을 잡을 수 있다. 백2의 젖힘에 흑3으로 내려선 다음 a와 b가 맞보기여서 잡을 수 있다.

그러나 c 근처에 백돌이 오면 사는 수가 생기므로 맛이 나쁘다.

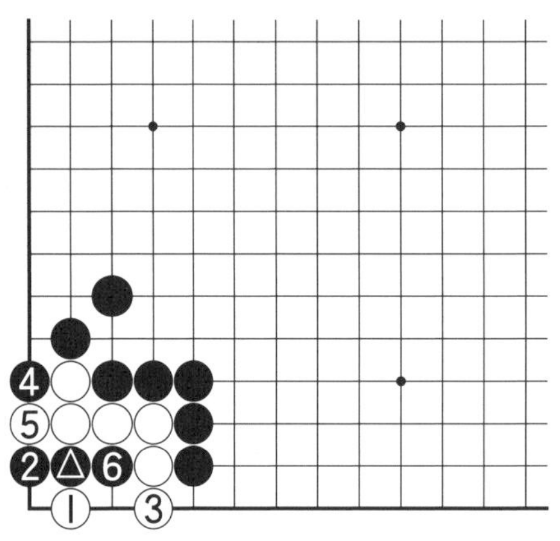

3도

3도(백의 현혹수단)

흑▲로 공략했을 때 백1의 붙임은 현혹수단이다.

이럴 때는 흑2로 파호하는 것이 정확한 응수이다. 백3에는 흑4, 백5를 문답하는 것이 중요하며 흑6이 결정타이다. 이 모양은 3궁도의 죽음이다.

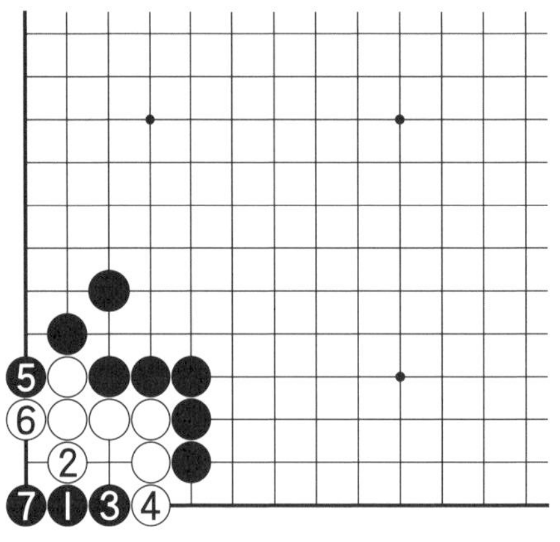

4도

4도(잡는 수 3)

흑1로 치중해도 잡을 수는 있다. 단 백2, 4의 저항을 받아 7까지 보듯이 백을 귀곡사의 죽음으로 몰아갈 수밖에 없다.

따라서 실전에서 바깥쪽 흑이 완생이 아니라면 위험천만이다.

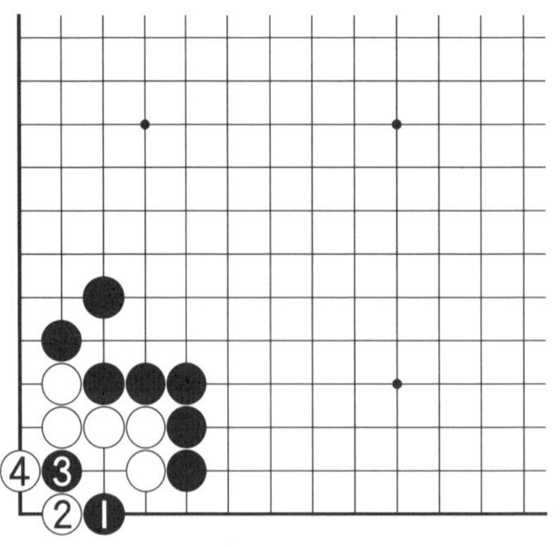

5도

5도(흑의 이상감각)

흑1의 치중은 이상감각이다. 백2가 좋은 응수여서 흑은 패를 피할 수가 없다. 흑3, 백4로 패가 되는 것이 이 코스의 결말이다.

흑은 1도를 따르는 것이 가장 좋다고 알아두도록 하자.

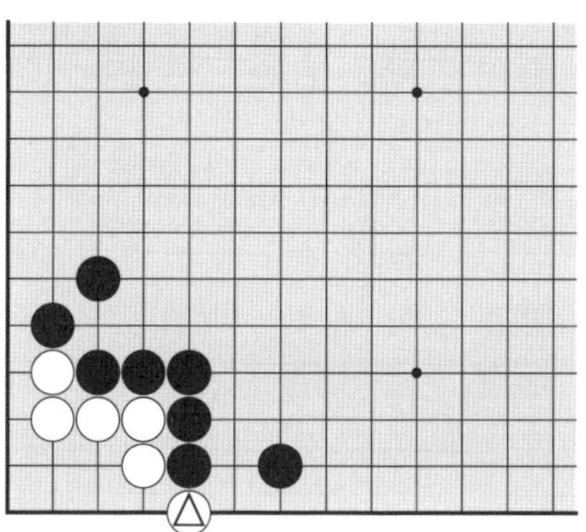

파생형 1

▨ 흑 차례

기본형과 다른 것은 백△의 1선 젖힘에 있다. 이 젖힘이 사활에 어떤 영향을 미칠지 알아보자.

흑이 귀의 백을 잡는 수는 몇 가지나 있을까?

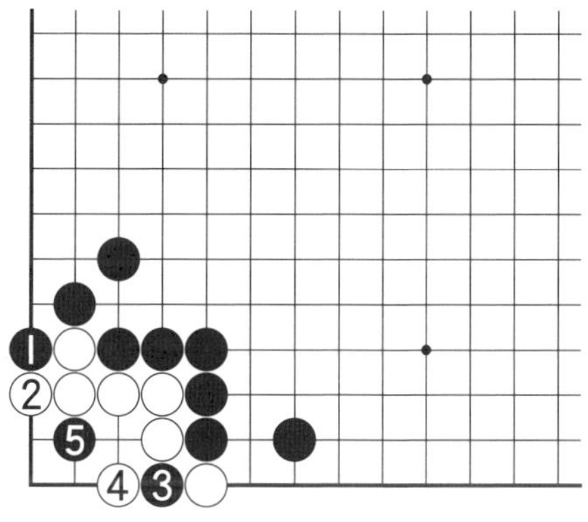

1도

1도(최선/ 죽음은 젖힘에 있다)

앞의 기본형에서와 같은 요령이다. 흑1의 젖힘이 출발점이다. 백2를 기다려 흑3으로 먹어친다.

어쨌든 궁도를 좁히려는 뜻이다. 백4에 흑5로 5궁도의 한가운데를 치중해서 끝이다. 백의 죽음!

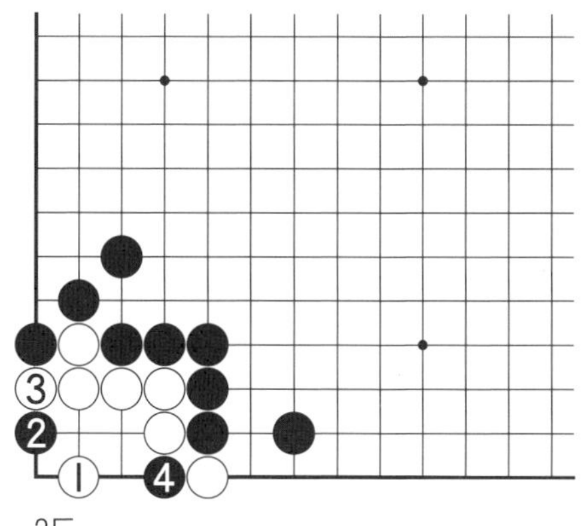

2도

2도(살 공간이 부족하다)

앞 그림의 2로 백1에 뛰어 삶을 모색하려고 해도 흑2의 치중이 좋은 수여서 백은 살 공간이 부족하다. 백3에 흑4로 먹어쳐서 그만이다.

이것 역시 궁도 좁히기와 급소 치중의 조합이었다.

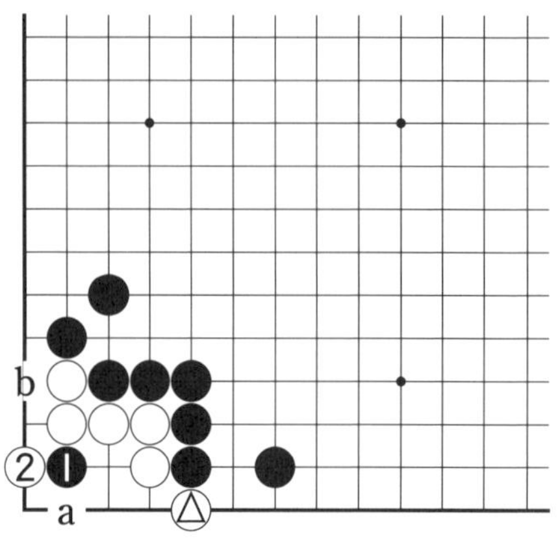

3도

3도(건넘을 방해하다)

흑1의 붙임은 이 경우 올바른 공략법이 아니다. 백2의 젖힘에 흑은 응수가 없다.

당장 흑a로 두지 않을 수 없는데 백b로 살아 버리는 것이다. 여기서 백△의 젖힘이 흑의 건넘을 방해하고 있다.

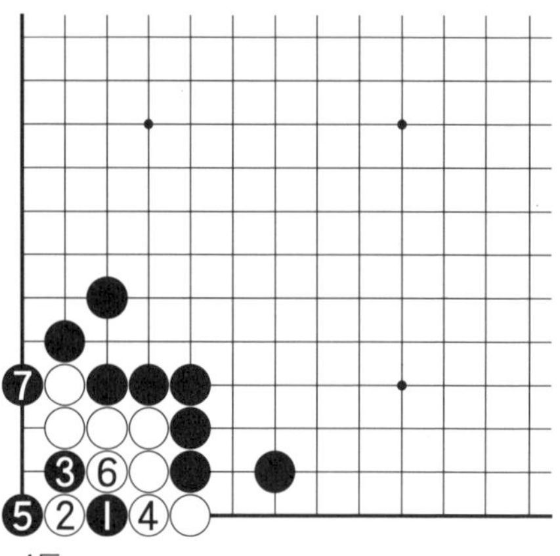

4도

4도(백의 저항으로 패)

흑1로 들여다보는 것도 잘못된 출발점이다. 백2로 붙여서 저항하면 패를 피할 방법이 없다.

흑3에 백4에서 6으로 단수하면 흑은 잇지 못하고 7에 젖혀야 하므로 결론은 패!

5도(빅으로 삶)

흑1의 치중으로도 좋은 결과를 얻지 못한다. 백2로 궁도를 넓힐 여유가 있는 것은 역시 백△ 덕분에 흑이 건너는 수가 없기 때문이다.

흑3에는 백4, 6으로 대응해서 이 모양은 빅의 삶이다.

5도

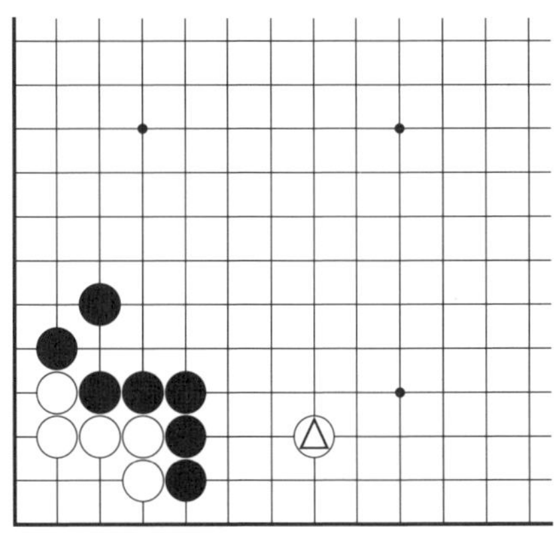

6도

6도(백의 사활은?)

뜬금없이 오른쪽에 백△가 있는 것이 다르다. 이 돌이 귀에서 백의 사활에 어떤 영향을 미친다는 것일까?

사활의 결론에서 보자면 이 형태는 [파생형 1]과 같다고 생각해도 된다.

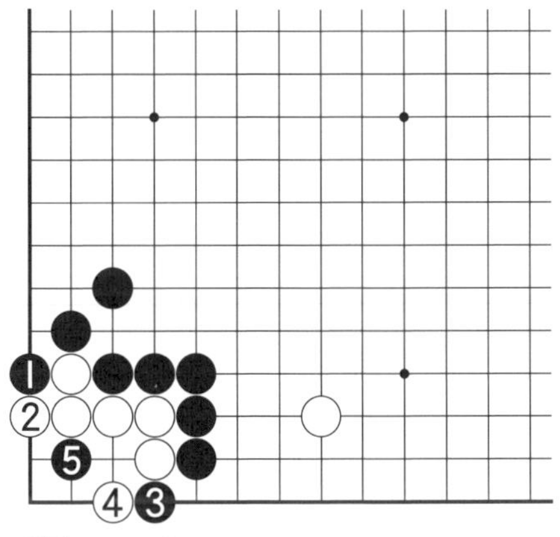

7도

7도(젖히고 치중해서 잡는다)

따라서 공략법도 앞에서와 마찬가지다. 흑1의 젖힘이 출발점이다. 이 수 말고는 그냥 잡는 방법이 없다.

백2를 기다려 흑3으로 또 젖히고 백4에 흑5로 5궁도의 한가운데를 치중하면 그것으로 끝이다.

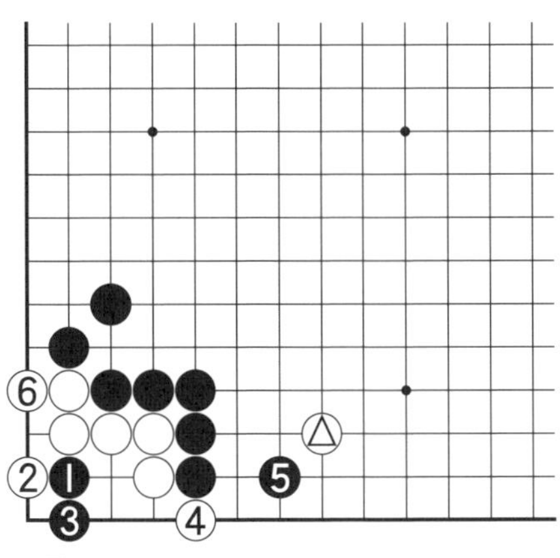

8도

8도(2의 二 공략은 실패)

2의 二 자리인 흑1로 공략하는 것은 잘못된 판단이다.

백2, 흑3 때 백4의 젖힘이 얄궂은 수이다. 흑5의 수비는 꼭 필요하다. 안두면 백이 △와 연결해 버릴 테니까. 이때 선수를 잡은 백은 6에 손을 돌려서 살아 버린다.

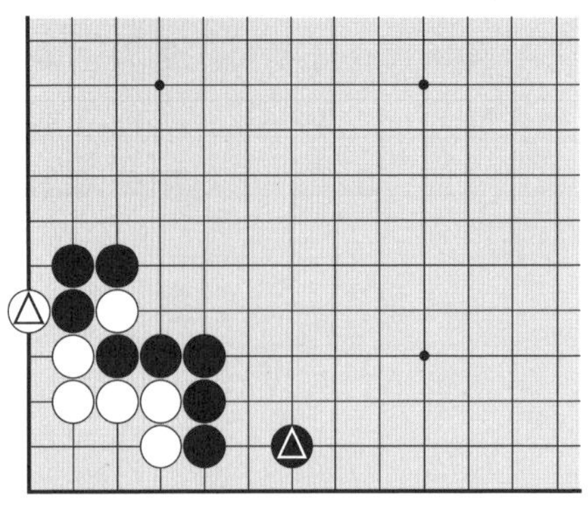

파생형 2

▨ 흑 차례

왼쪽을 보면 백△의 1선 젖힘이 있다. 이 수가 백의 사활에 어떤 영향을 미칠지 생각해보자. 그런데 오른쪽에 흑▲가 놓여 있는 것이 수상하다. 이 돌은 꼭 있어야 하는 것일까? 약간 미묘한 사항이지만 바깥돌이라도 사활에서는 하나 있고 없고의 차이가 중요한 역할을 한다.

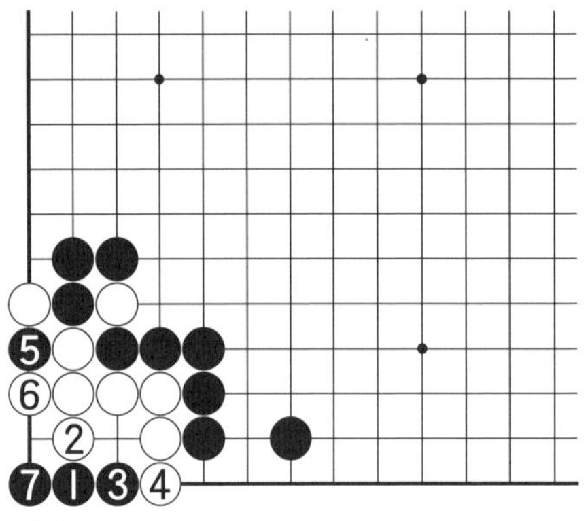

1도

1도(잡는 수 1)

흑1로 안쪽에 치중하는 것이 급소이다. 백2로 버틸 때 흑3, 백4를 교환한 다음 흑5에 먹여치는 것이 긴요하다.

7까지 귀곡사의 죽음으로 유도하는 것이 가장 무난한 코스이다.

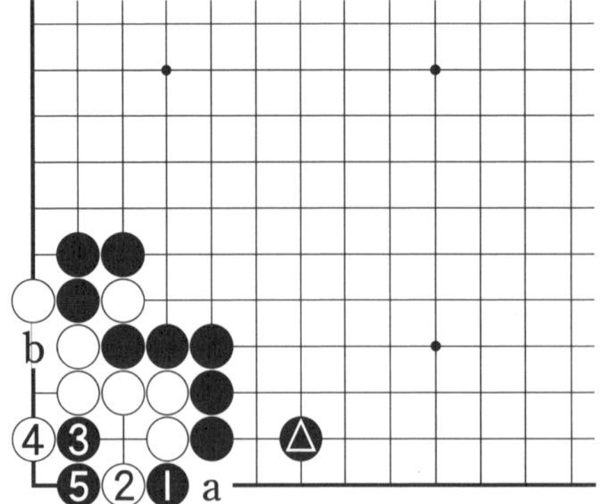

2도

2도(잡는 수 2)

'죽음은 젖힘에 있다'는 격언대로 흑1로 젖혀도 좋다. 백2를 기다려 흑3으로 치중한다. 백4, 흑5 다음 백a면 흑▲가 대기하고 있으니 b로 먹여쳐서 그만이다.

따라서 흑은 ▲가 없다면 앞 그림의 수순으로 잡아야 한다.

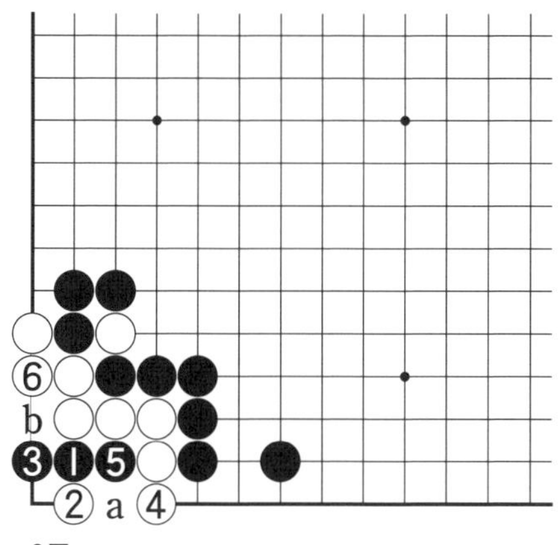

3도

3도(빅의 삶)

흑1로 붙여 공략하면 여기서는 안 된다. 백2의 껴붙임이 최강의 저항이다.

흑3으로 내려서 파호하면 백4로 궁도를 넓히는 것이 좋은 수이다. 흑5, 백6으로 되면 빅의 삶이다. 다음 흑a는 백b로 몰아서 그만이다.

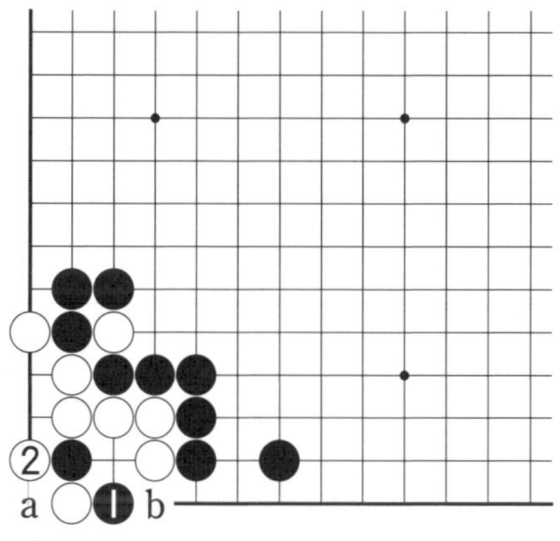

4도

4도(패가 된다)

따라서 앞 그림의 3은 흑1에 단수하는 것이 주어진 상황 아래서 최선이다. 그러면 백2로 두어서 간단하게 패가 되는 모양이다. 여기서 흑a면 백b로 막게 되는데 이후의 진행은 각자 확인하기 바란다.

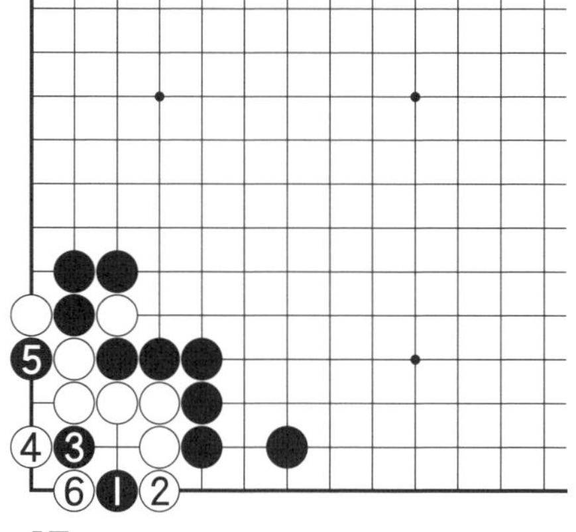

5도

5도(간단하게 패?)

흑1로 치중하는 것은 백2로 차단당해 신통치 못하다. 흑3에 백4는 절대이며 흑5로 먹여칠 때 백6으로 집어넣는 것이 절묘한 한수이다.

이것으로 간단히 패처럼 보이지만 그렇지가 않다.

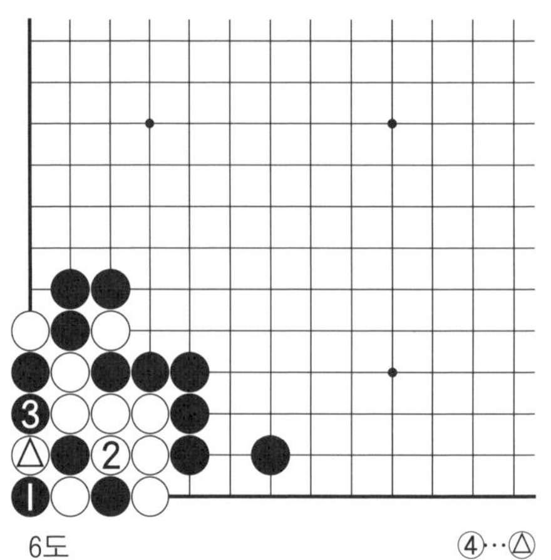

6도

④‥△

6도(뒤쪽에서 몬다)

앞 그림에 이어, 흑1로 따낼 때 백2로 뒤쪽에서 모는 수가 준비되어 있다.

흑은 3으로 따낼 수밖에 없으며 백은 4로 흑 두점을 되따내어 흑의 응수를 종용한다. 계속해서~

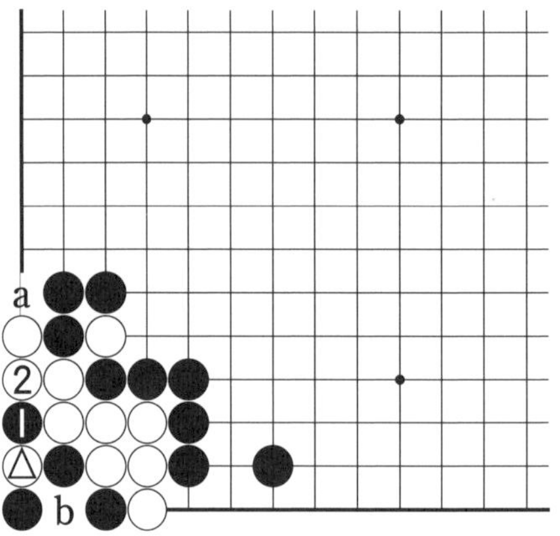

7도

7도(패가 아니라 양패의 삶)

흑1로 되따내고 백2로 두어서 결론이 나오기 직전이다. 다음 흑a로 막아서 단수하면 백은 b로 따내고, 다음 흑이 팻감을 쓰고 다시 따내면 이번에는 백이 △의 곳을 따낸다.

이렇게 되면 패가 아니라 양패의 삶이다.

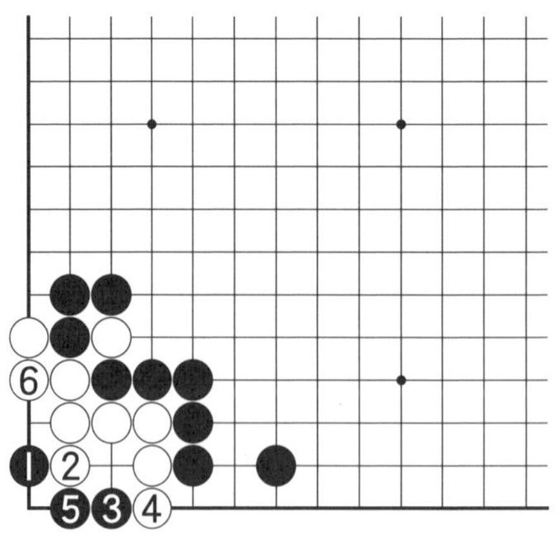

8도

8도(귀곡사가 아니라 빅)

흑1은 2의 一 자리여서 급소이기는 하지만 번지수가 틀렸다. 백2에 흑3으로 파호하고 5로 건너도 백6까지 되고 보면 이것은 궁도가 너무 넓다.

따라서 귀곡사가 아니라 빅의 모습이다.

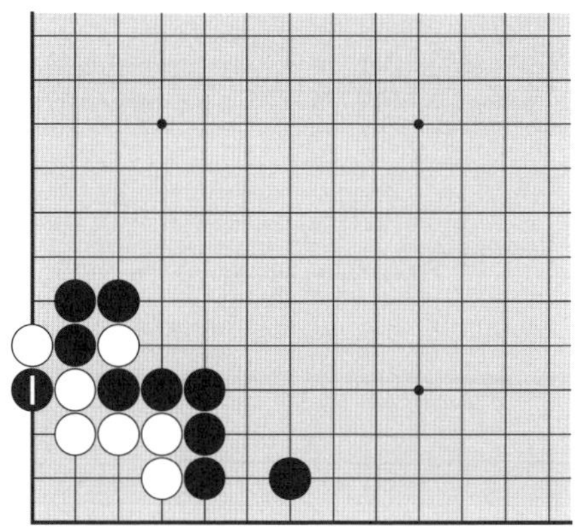

장면도

▦ 먹여침 이후 (백 차례)

앞의 [파생형 2]에서 흑이 1로 먹여친다면 어떻게 될지 생각해보자. 이제 공은 백한테 넘어왔다.

과연 흑 한점을 따내야 하는가, 그렇지 않으면 다른 어떤 수가 있을까?

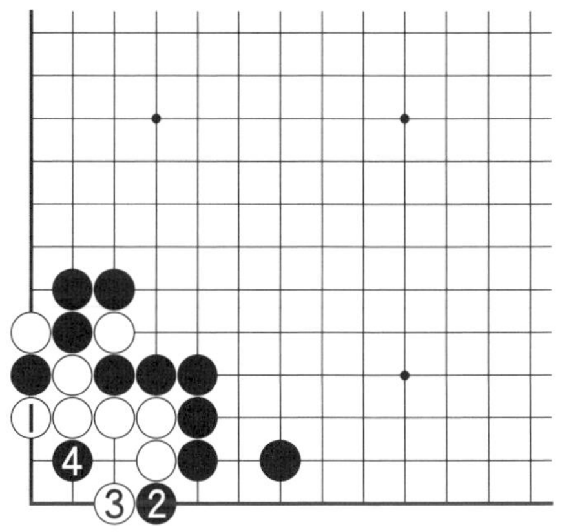

참고도 1

참고도 1(따내면 죽음)

백1로 그냥 따내는 것은 생각 없는 행동으로 좋은 기회를 차 버리는 결과가 된다.

흑2로 젖히고 백3에 받을 때 5궁도의 한가운데를 흑4로 치중해서 알기 쉽게 백을 잡는다.

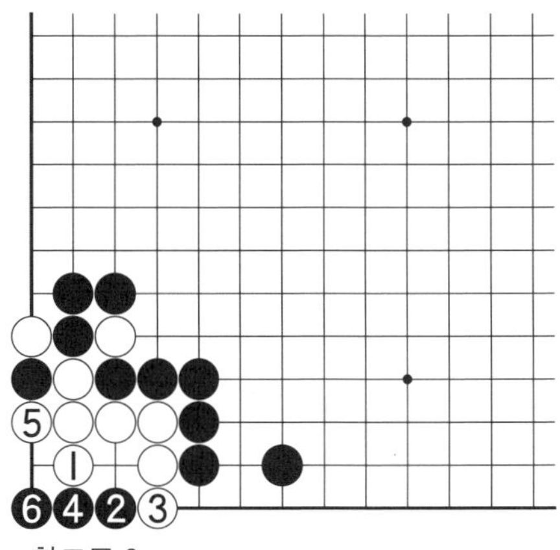

참고도 2

참고도 2(꼬부려도 죽음)

백1로 꼬부리는 것은 조금 궁리한 수이지만 흑2의 치중을 부르고 보면 역시 살길이 열리지 않는다.

백3에 흑4, 백5에 흑6으로 파호하면 이것은 다름 아닌 귀곡사의 죽음이다.

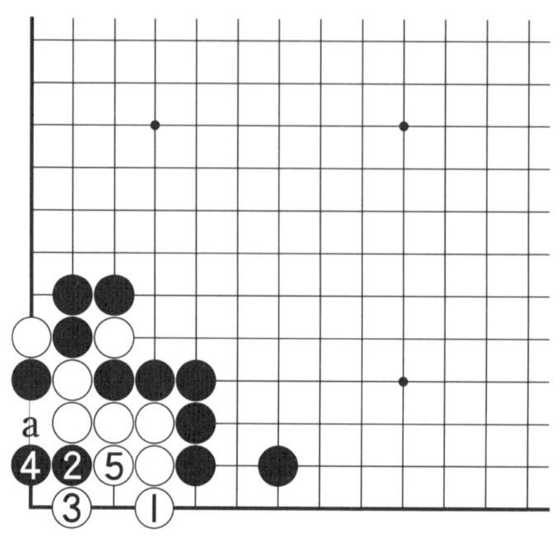

참고도 3

참고도 3(유력한 수법?)

백1로 궁도를 넓히는 것은 꽤 유력한 수법이다.

만약 흑이 2로 공략해 온다면 백3의 붙임이 안성맞춤이어서 살 수 있다. 흑4에는 백5가 성립한다. 흑은 a로 둘 수 없는 점이 아프다. 그러나 흑2로는~

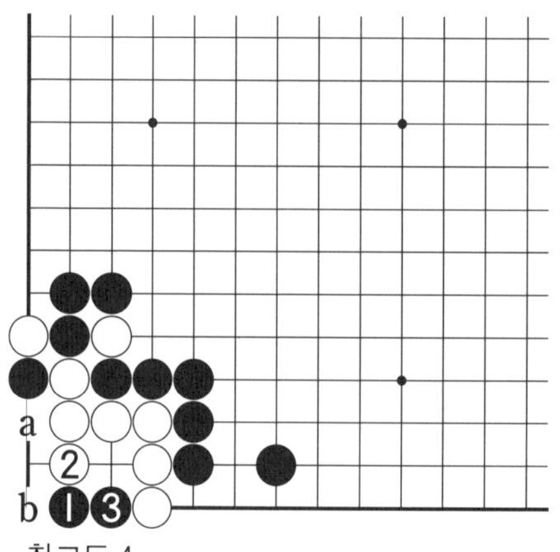

참고도 4

참고도 4(귀곡사의 죽음)

흑1로 치중하는 것이 정확한 급소 공략이다. 적의 급소는 나의 급소!

백2에는 흑3으로 파호해서 백을 잡을 수 있다. 다음 백a에 따내도 흑b면 귀곡사의 죽음을 면치 못하는 모습이다.

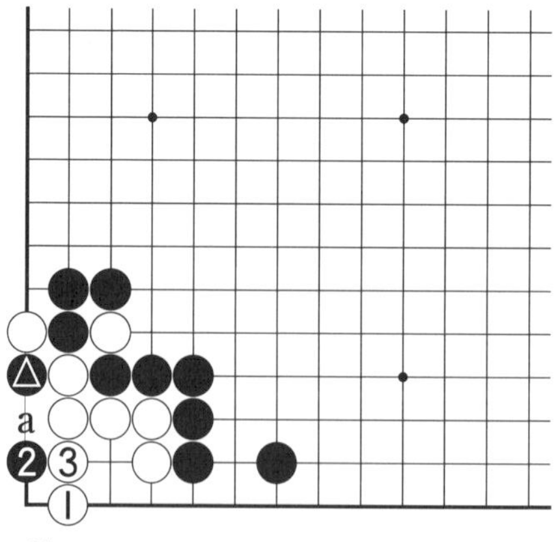

참고도 5

참고도 5(정해/ 2의 一)

백1로 뛰는 것이 삶의 급소였다. 흑2의 파호가 필사적인 수이지만 백3으로 침착하게 이어서 삶을 얻는다. 다음 흑은 a로 둘 수가 없다.

따라서 흑▲가 백을 공략하는 데 도움이 되지 않음을 알 수 있다.

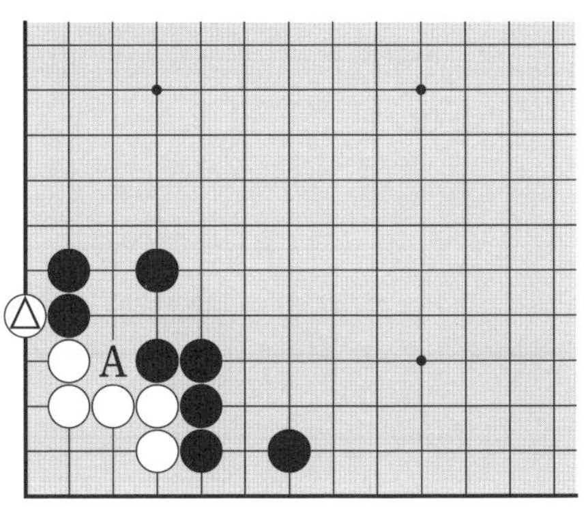

파생형 3

▨ 흑 차례

백△의 1선 젖힘이 있는 것은 앞서 [파생형 2]에서 봤지만, 이 형태는 덧붙여 A의 곳 공배가 하나 비어 있다.

이런 조건이 사활에 어떤 영향을 미칠까? 앞의 [파생형 2]와는 어떤 차이가 있을지도 생각해보자.

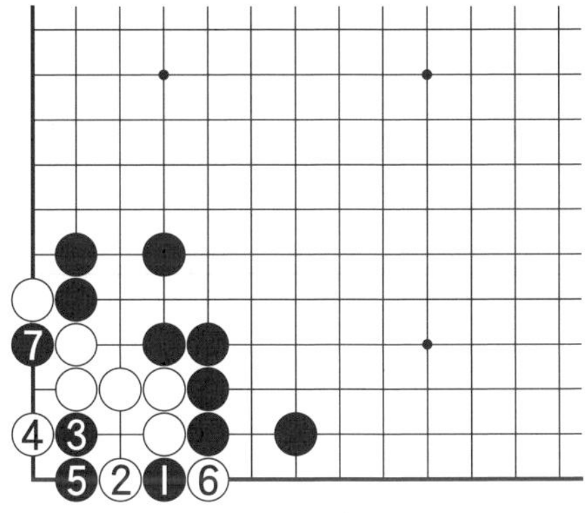

1도

1도(잡는 수 1)

흑1부터 공략하는 수는 '죽음은 젖힘에 있다'는 격언을 따른 것이다.

백2에 흑3의 치중이 필살의 한수이다. 백4로 젖혀도 흑5를 선수하고 7에 먹여치는 일련의 수순으로 백을 잡는다.

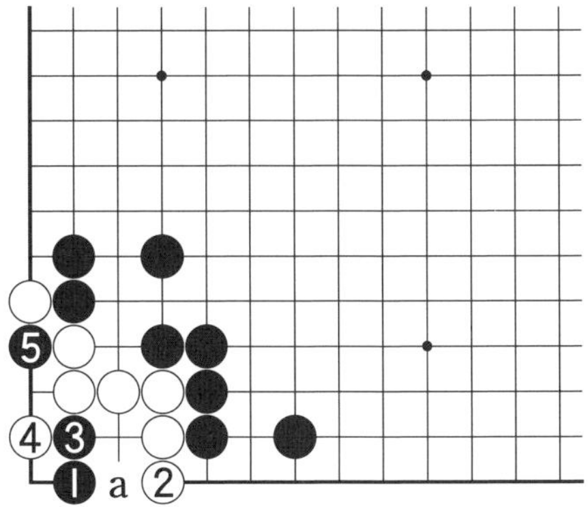

2도

2도(잡는 수 2)

흑1로 치중하는 것도 성립한다. 백2로 궁도를 넓혀도 흑3에서 5로 파호해서 백을 간단하게 잡을 수 있다. 도중 백2로 3이면 흑a, 백2를 교환하고 흑5의 곳에 먹여쳐서 귀곡사가 된다.

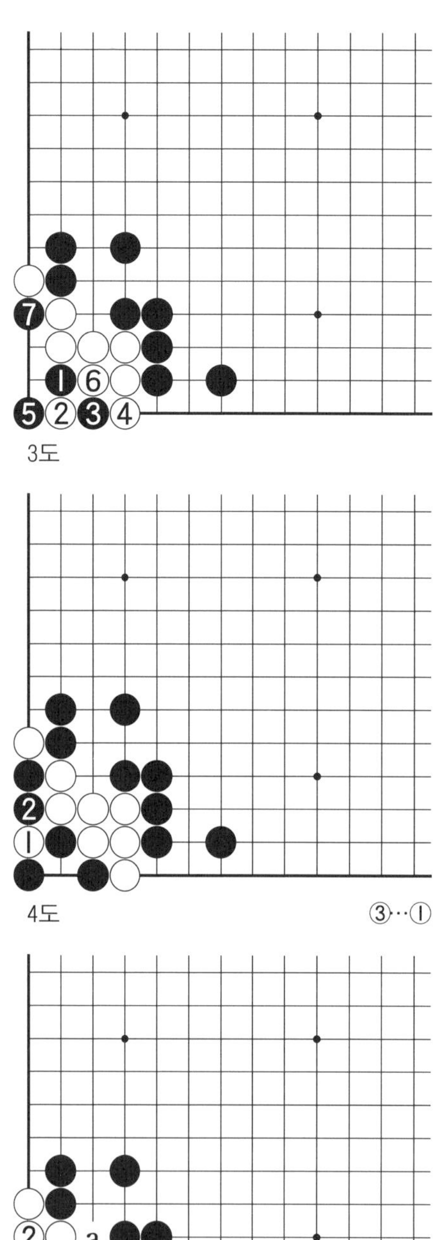

3도

4도   ③…①

5도

3도(패가 아니다)

흑1로 치중하는 것은 앞서와 마찬가지로 백2의 붙임이 호수여서 뜻대로 안 된다. 흑3에는 백4로 단수하고 6에 몰아서 패처럼 보인다.

　그러나 다음 진행을 보면 패가 아님을 곧 알 수 있다. 흑7에 먹여친 다음~

4도(착수금지에 착안한 묘수)

백은 1로 집어넣는 묘수가 있기 때문이다. 실전에서 이런 수를 당하면 흑은 아연실색할 것이다.

　착수금지에 착안한 착상으로, 흑은 백이 하자는 대로 2에 따낼 수밖에 없다. 그러면 백3 다음~

5도(여유 있는 양패)

흑1로 되따낼 때 백2로 두면 이것은 양패의 형태이다. 더구나 흑이 a의 곳을 두어도 대꾸할 필요가 없는 것이 백의 자랑이다.

　즉 a의 공배에 흑돌이 메워지고, 또 흑이 두어도 양패는 변함없다. 따라서 백은 한결 여유가 있다.

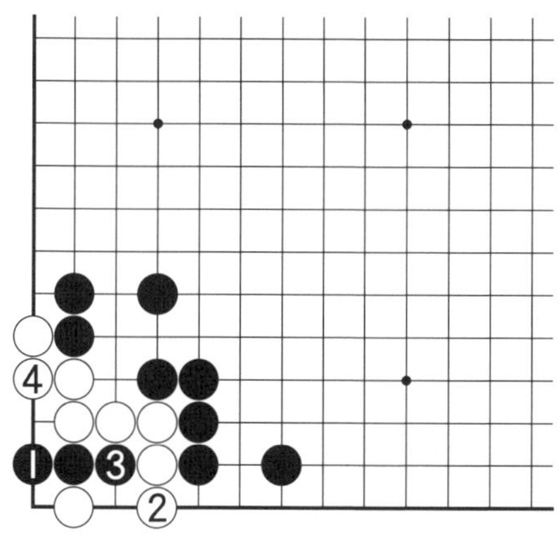

6도

6도(빅의 삶)

3도의 3으로 흑1에 내려서는 수로
도 백을 잡기가 불가능하다.

백2로 내려서서 궁도를 넓히는
것이 좋은 수이다. 흑3의 파호가 불
가피할 때 백4에 이으면 이것은 빅
의 삶이다.

7도

7도(같은 경로)

흑1로 공략하는 것도 여의치 않다.
백2는 당연하며 흑3에 백4, 흑5의
먹여침이면 3도~5도와 같은 경로
를 밟게 된다.

백6으로 집어넣고 흑a에 따내면
백b로 단수하고…. 즉 양패의 삶을
각자 확인하도록!

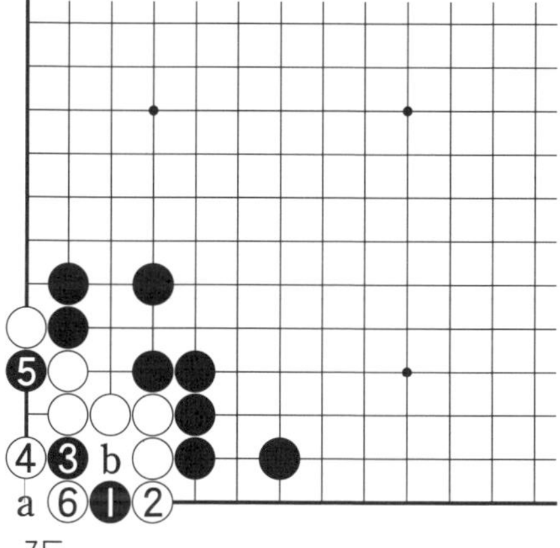

8도

8도(삶의 급소)

흑1로 먹여치는 수가 흔히 볼 수
있는 실수 중 하나이다. 그러면 백2
로 1선에 한칸을 뛰는 것이 삶의
급소!

흑3의 파호에는 백4가 성립해 보
기 좋게 살아 버린다. a에 흑돌이
있든 없든 같다.

131

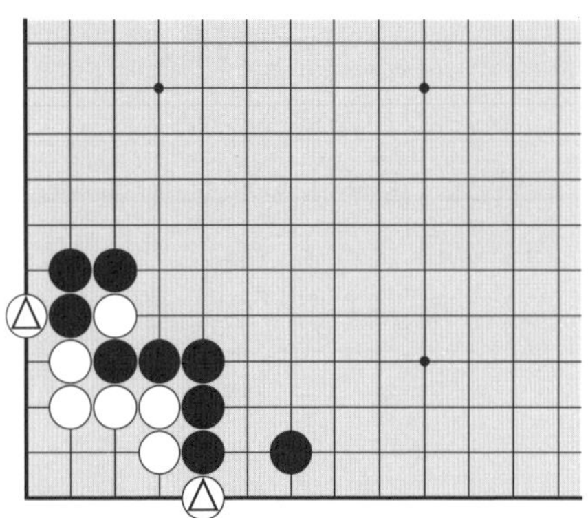

파생형 4

▨ 흑 차례

왼쪽에 백△의 1선 젖힘이 있는 것은 앞의 파생형과 같은데, 덧붙여 오른쪽에도 백△의 1선 젖힘이 있다. 이럴 때 귀에서 사활의 공방은 어떻게 될까?

요컨대 자체로 살아 있느냐 아니냐가 초점이다.

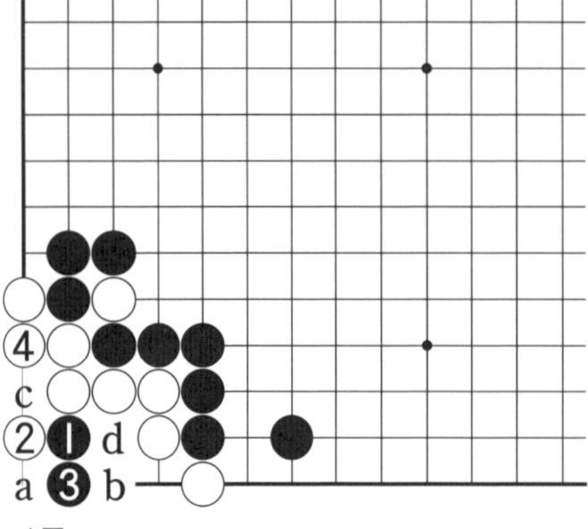

1도

1도(시도 1/ 백 삶)

흑1로 2의 二 자리를 공략하는 것은 백2의 젖힘이 빠하다. 이곳도 급소 중 하나인 2의 一.

이 젖힘으로 백은 간단하게 산다. 흑3에는 백4로 이어 여기에 한 눈을 마련한다. 다음 흑a는 백b, 흑c, 백d의 눌러잡기가 있어 안 된다.

2도(시도 2/ 백 죽음?)

흑1로 치중하는 것은 어떨까? 백2로 대응한다면 흑3으로 파호하는 수가 준비되어 있다. 백4를 기다려 흑5의 먹여침이 결정타!

다음 백a에 따내도 흑b면 백은 귀곡사의 죽음이다. 그러나 백2로는~

2도

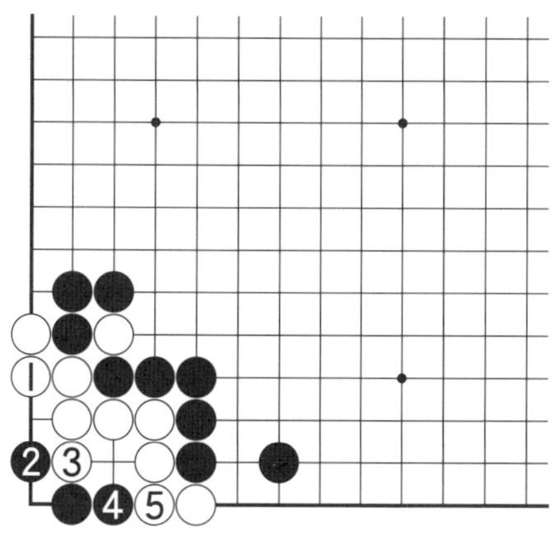

3도

3도(빅의 삶)

백1쪽을 잠자코 이어서 궁도를 최대한 넓히는 것이 유일한 삶의 급소이다.

흑2에 비로소 백3으로 대응하는 것이 좋은 수순이다. 이제는 흑4에 파호해도 백5로 받아서 빅의 삶인 것이다.

4도

4도(시도 3/ 빅의 삶)

흑1쪽 치중은 2의 一 자리로 유력한 급소 중 하나이지만, 백2의 대응이 당연하면서도 좋은 수이다. 흑3, 5로 공략해도 백6에 이르러 빅의 삶이다.

그러고 보니 앞의 그림과 같은 결과가 된다.

5도

5도(시도 4/ 양패의 삶)

흑1로 치중해도 안된다. 백2로 이으면 앞의 [파생형 3] 3도~5도, 7도와 다를 것이 없다.

흑3에 백4의 젖힘, 흑5의 먹여침에서 백6도 신물이 나도록 본 수순 아닌가. 다음 흑a에 백b로 몰면 된다. 결국 양패의 삶을 확인하도록!

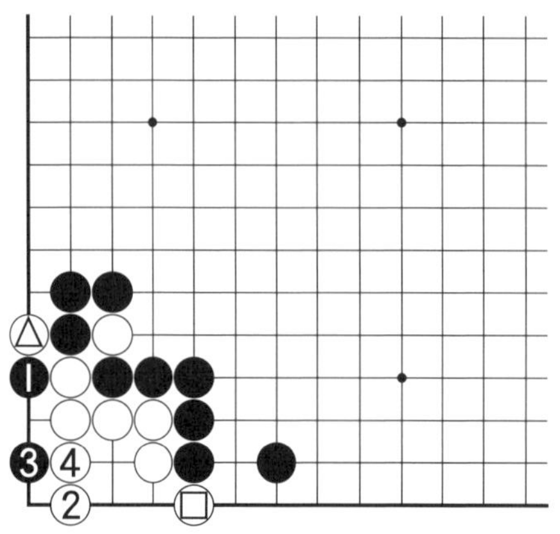

6도

6도(시도 5/ 여유 있는 삶)

흑1로 먹여치는 것은 앞서도 나온 공략법이다. 그러면 백은 2로 2의 一 급소에 뛰어 쉽게 살 수 있다.

흑3에는 백4로 받아 △가 작용하고 있다. 이 경우는 백☐가 없어도 마찬가지 결과이다.

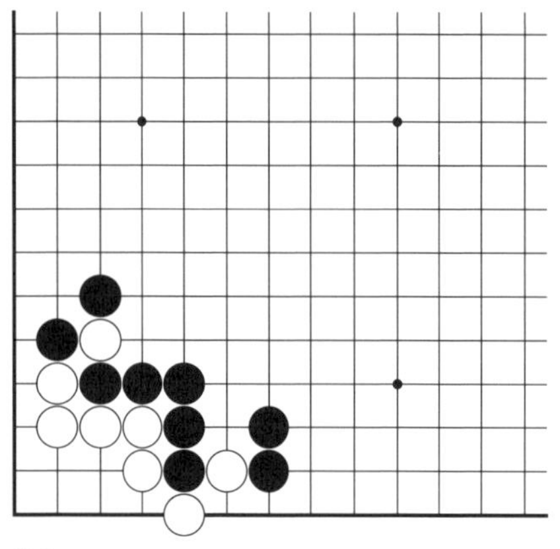

7도

7도(백은 어떻게 처리해야 할까?)

귀의 백은 이대로 놔둬도 살아 있는 것일까?

이 형태에서 백은 손을 빼도 좋은지 판단하는 문제이다. 앞서 봐온 여러 형 속에 해답이 숨어 있음은 물론이다.

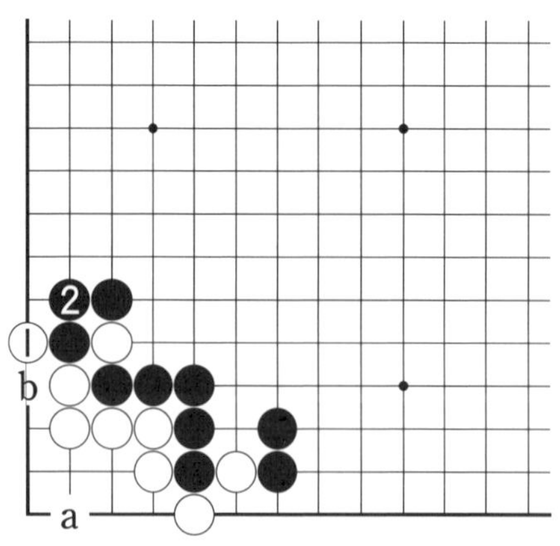

8도

8도(단수를 활용하면 선수 삶)

백1로 하나 단수해 흑2와 문답하는 자체로 백의 삶은 확보된다. 앞서 봤듯이 백은 1선 양젖힘이 두 개였을 때 삶이었다.

이것을 모르면 후수로 백a나 b로 살아야 할 테니 안타까운 일이다.

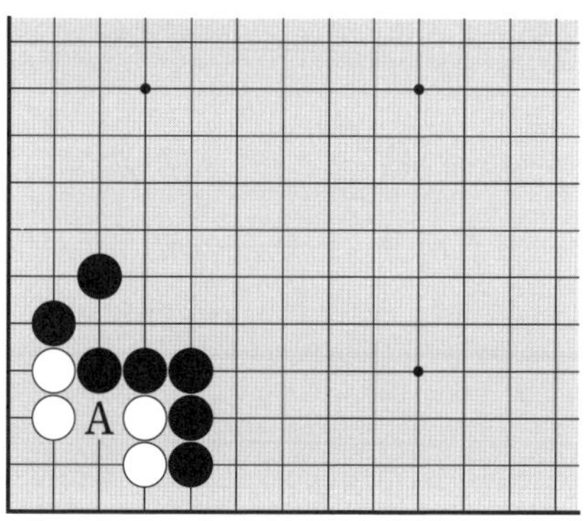

파생형 5

백 차례

이런 귀의 사활은 어떻게 될까? A의 곳에 백돌이 놓여 있다면 기본형인 [1형]으로 돌아간다.

그런 뜻에서 이 형태는 기본형의 원형이라고도 생각할 수 있다.

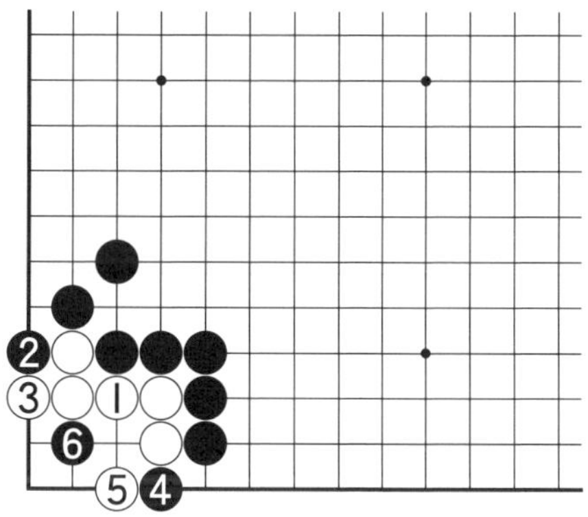

1도

1도(기본형으로 환원)

백1로 이어서 궁도를 넓힌 것이 기본형이다.

그러면 '죽음은 젖힘에 있다'는 격언대로 흑2로 젖히고 또 4에 젖힌 다음 5궁도의 한가운데를 6으로 치중해서 그만이다.

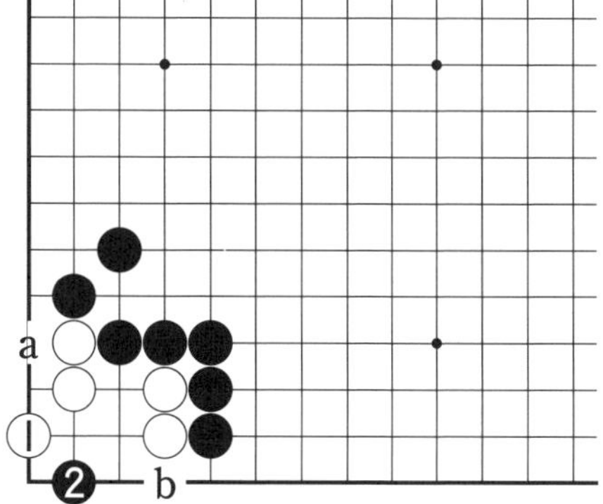

2도

2도(흑2, 매서운 공략)

백1로 2의 一 자리를 두어서 삶을 꾀하는 것은 유력한 수법이지만, 또 하나의 2의 一 자리를 공략하는 흑2가 매서워 살 수가 없다.

다음 백a면 흑b로 알기 쉽게 백의 죽음이다. 본래 이 백은 사는 수가 없었다.

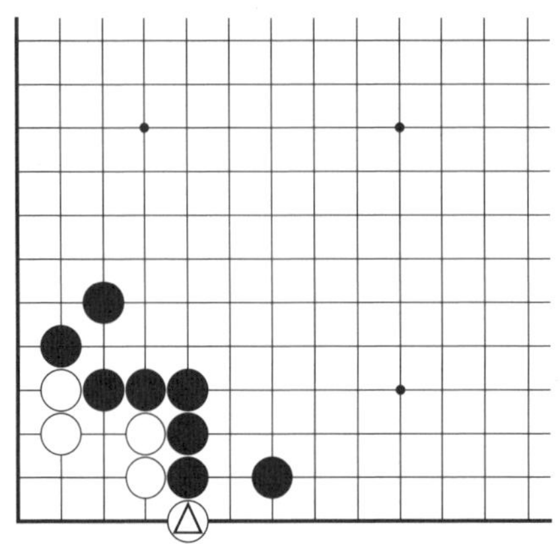

3도

3도(오른쪽 1선 젖힘)

이번에는 오른쪽에 백△의 1선 젖힘이 덧붙여졌다. 이 젖힘이 백의 사활에 어떤 영향을 미칠 것인가?

요컨대 백이 둘 차례로 사는 수가 있느냐 없느냐를 판단해야 한다.

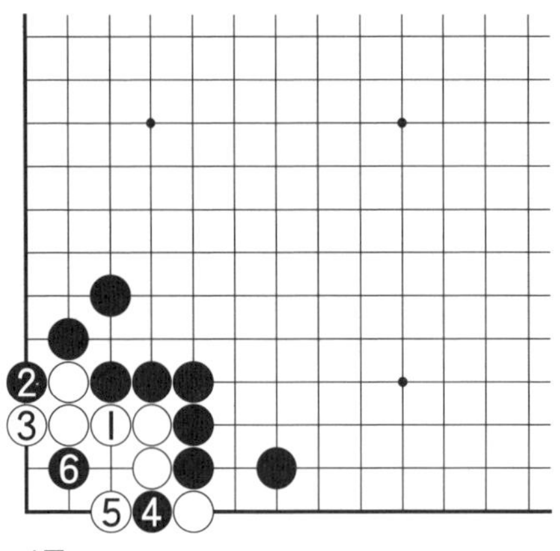

4도

4도(역시 삶이 없다)

결론부터 말하자면 이 백 역시 삶이 없다. 백1로 이어서 궁도를 넓혀도 흑2의 젖힘이 앞서와 마찬가지로 급소이다.

백3을 기다려 흑4로 먹여치고 6에 치중하면 죽음을 면치 못한다.

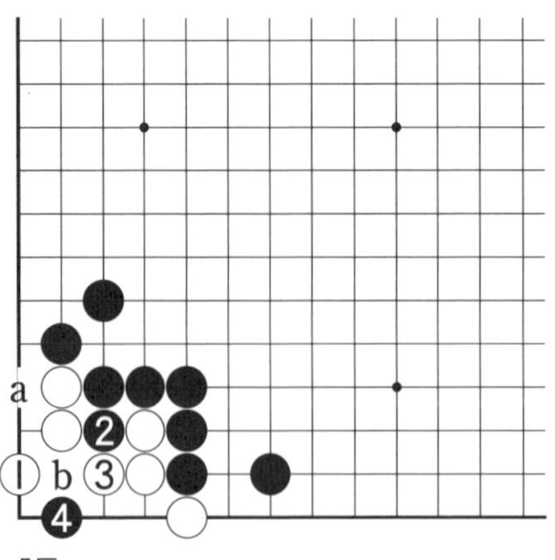

5도

5도(나간 후 치중)

백1로 마늘모하는 것이 그럴듯한 시도이지만, 흑2로 하나 나가고 백3에 흑4로 치중하면 간단하게 잡힌다. 다음 백a는 흑b의 끊음으로, 또 백b에 이으면 흑a로 살길이 없는 것이다.

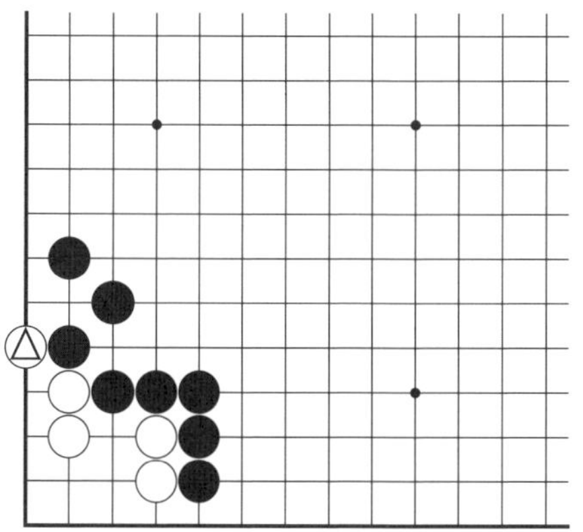

6도

6도(왼쪽 1선 젖힘)

이번에는 왼쪽에 백△의 1선 젖힘이 있다. 이 젖힘이 사활에 어떤 영향을 미칠지 궁금하다.

과연 백은 사는 수가 있을까?

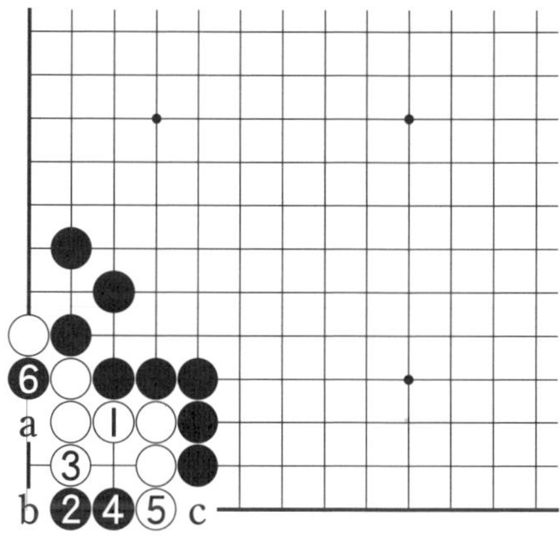

7도

7도(귀곡사의 죽음)

궁도를 넓히는 백1은 일단 유력하지만 흑2의 치중이 정확한 급소 공략이다. 이하 흑6 다음 백a로 따내면 흑b로 귀곡사의 죽음이다.

단, c의 젖힘이 선수가 된다면 백은 살 수 있다. 앞에서도 보았듯이 1선에 양젖힘이 있으면 사는 것이기 때문이다.

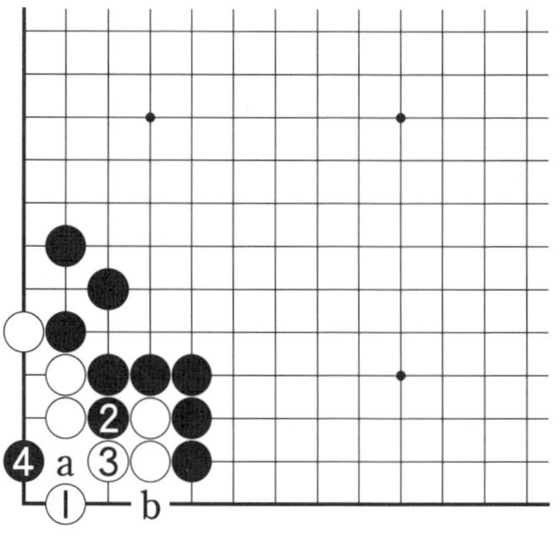

8도

8도(본래 사는 수가 없었다)

백1로 뛰는 것은 2의 一 급소인 만큼 시도할 만한 수이지만 아쉽게도 살 수가 없다. 흑2로 하나 찔러 백3에 받을 때 흑4의 치중이 결정타!

다음 백a에 이어 봤자 흑b의 젖힘으로 잡힌다. 이 형태도 본래 사는 수가 없었다.

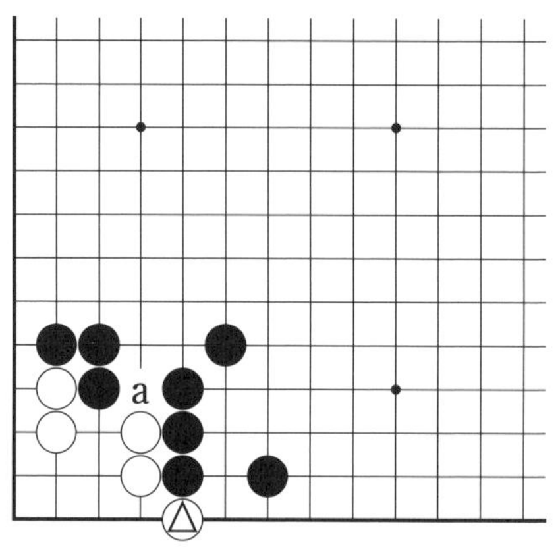

9도

9도(1선 젖힘과 공배 하나)

이번에는 오른쪽에 백△의 1선 젖힘이 있고 또한 a의 곳 공배가 하나 비어 있다는 점에 주목해야 한다. 과연 백은 사는 수가 있을까?

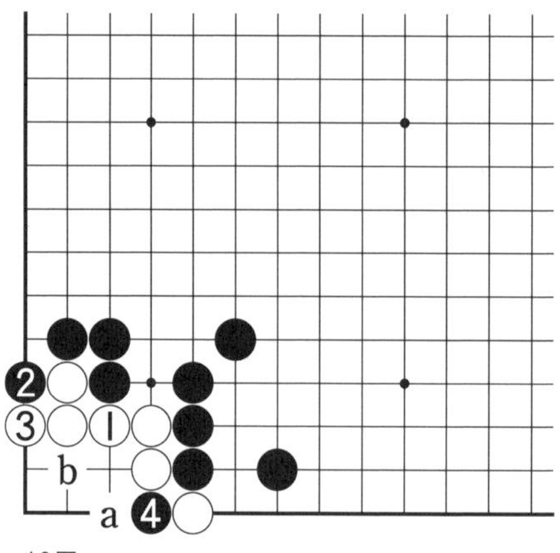

10도

10도(이 경우에도 실패)

백1로 꽉 이어서 궁도를 넓히는 것은 이 경우에도 실패한다. 죽음은 젖힘에 있다는 격언대로 흑2로 젖혀 백3에 받게 하고 흑4에 먹여쳐서 백의 죽음이다.

다음 백a에 따내도 흑b의 치중이면 그만이다.

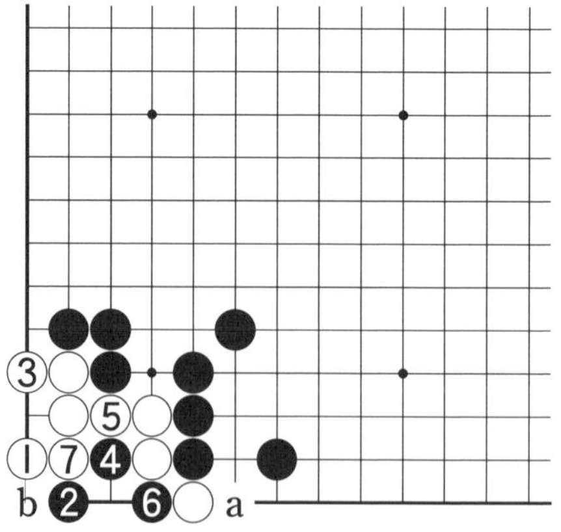

11도

11도(삶의 자세)

이번에는 백1로 마늘모하는 것이 기사회생의 급소이다. 흑2의 치중에 외면하고 백3으로 한 눈을 만드는 수가 성립한다.

흑4, 6이면 패 같지만 백7로 단수해서 삶의 자세가 나온다. 다음 흑a에 백b로 뒤에서 몬다.

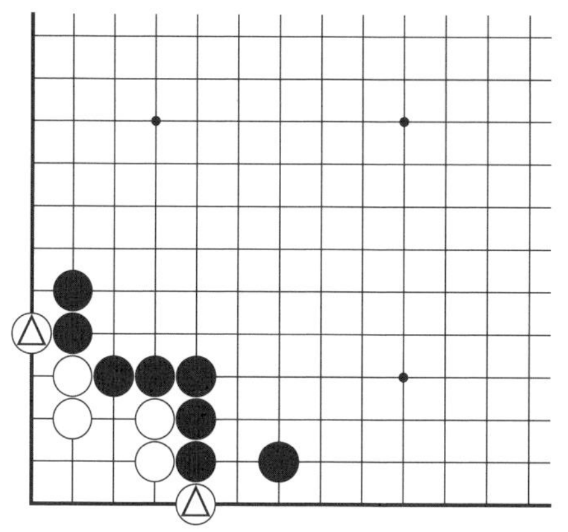

12도

12도(마지막 관문)

마지막 관문은 오른쪽과 왼쪽에 백 △의 1선 젖힘이 모두 있는 형태이다. 대신 위쪽에 공배는 메워져 있다. 그러면 백 차례로 귀의 사활은 어떻게 될까?

앞서 나왔던 내용 안에 그 해답이 있음은 말할 것도 없다.

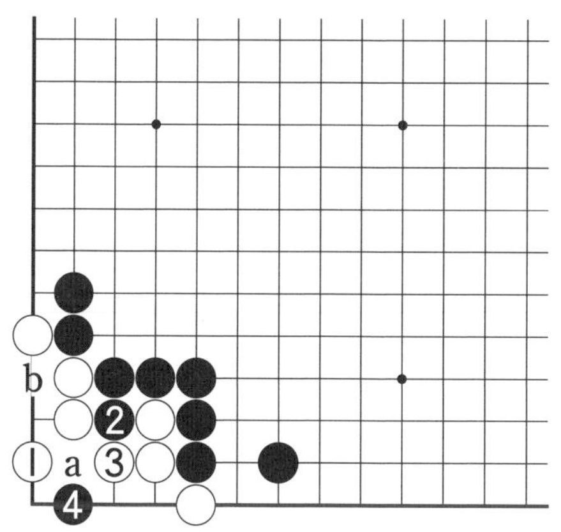

13도

13도(마늘모는 실패)

바로 앞(11도)처럼 백1로 마늘모하는 것은 이 경우 합당치 못하다.

왜냐하면 흑2로 나오고 백3에 받을 때 흑4의 치중이 통렬하기 때문이다. 다음 a와 b가 맞보기여서 백은 살길이 없는 것이다.

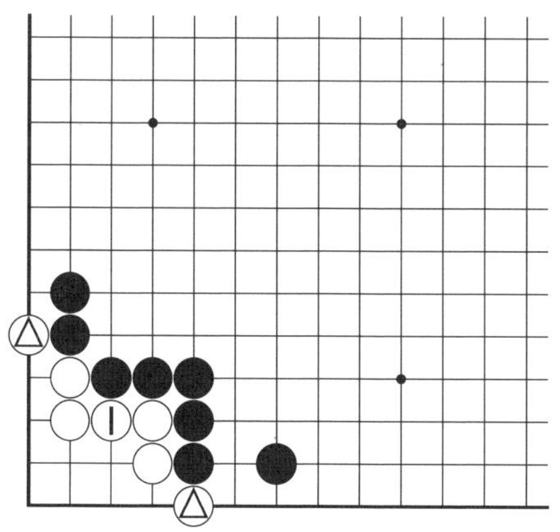

14도

14도(양젖힘의 삶)

백1로 꽉 이어서 궁도를 최대한 넓히는 수 말고는 살길을 찾을 수 없다. 양쪽에 백△의 1선 젖힘이 있다는 것이 든든한 배경이다.

[파생형 4]의 8도와 똑같은 형태임을 확인하기 바란다.

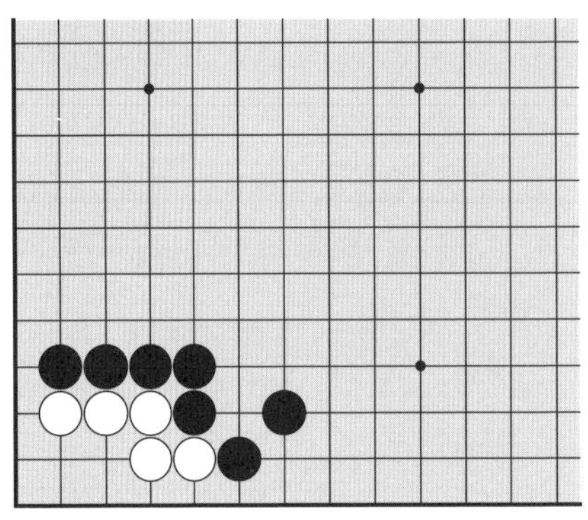

기본형

백 차례

실전형의 사활이다. 귀의 백 다섯점이 이대로는 위험한 자세이다. 어떻게 살릴지 그 방법을 묻는다.

사는 수가 여러 가지 있는데 그 가운데서 가장 좋은 코스도 함께 알아보자.

1도

1도(사는 수 1/ 한칸뜀이 급소)

백1로 일선에 한칸을 뛰는 것이 가장 상식적인 수법이다.

'2의 一'의 급소를 차지하고 있어 보기에도 균형이 잡힌 한수이다. 이러면 백은 완벽하게 살아 있다.

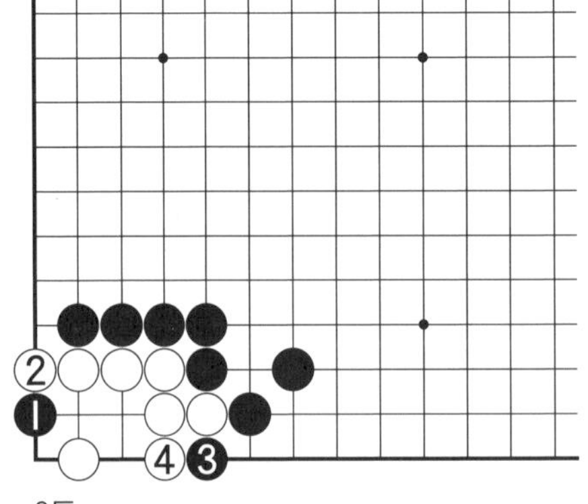

2도

2도(삶의 증명)

앞 그림의 결과 백은 살아 있는지 확인해 본다.

흑1의 2의 一 급소 공략이 유력하지만 백2로 막으면 그뿐이다. 흑3으로 젖혀 봐도 백4로 받아서 확실히 살아 있지 않는가.

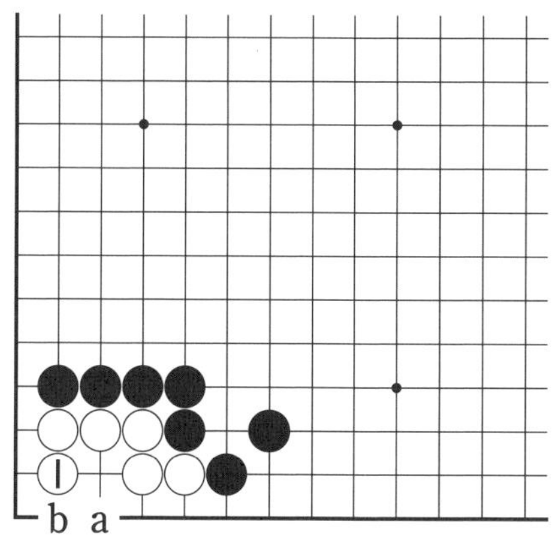

3도

3도(사는 수 2/ 꼬부림도 성립)

백1로 '2의 二'의 급소에 꼬부리는 것도 1도의 1과 더불어 널리 쓰이는 삶의 방법이다.

오히려 이쪽이 더 많이 쓰인다고 볼 수도 있겠다. 흑a의 치중에는 백b로 막아서 무사하다.

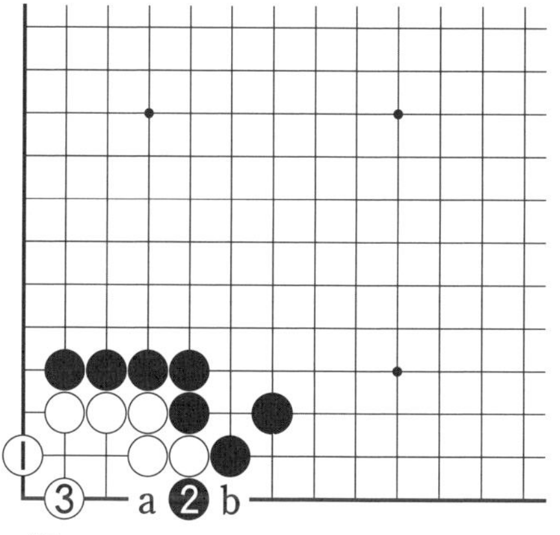

4도

4도(사는 수 3/ 집으로 손해)

백1로 마늘모해도 살 수는 있다. 2의 一의 급소이므로 삶을 얻는 것도 이상하지 않다.

단, 흑2에 백3으로 물러서야 하므로 손해이다. 백a, 흑b로 될 곳이니 백은 4집의 삶에 불과하다.

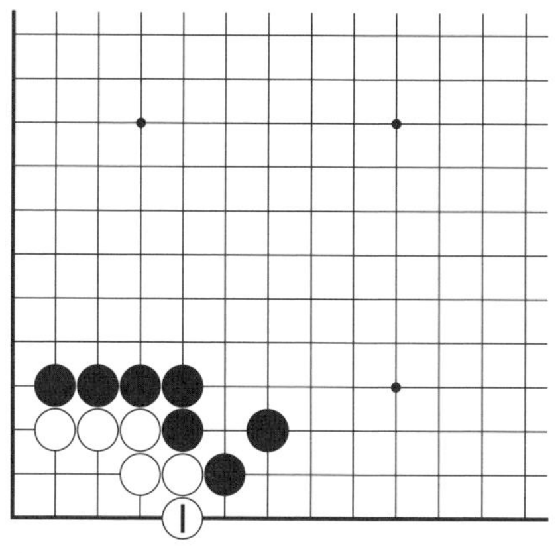

5도

5도(지나친 욕심)

백1의 일선 꼬부림으로 살 수 있다면 제법 큰 집을 얻을 수 있지만 아무래도 욕심이 지나친 것 같다.

그렇다면 그냥은 살 수 없을 것 같은데, 흑은 어떻게 응징해야 할까?

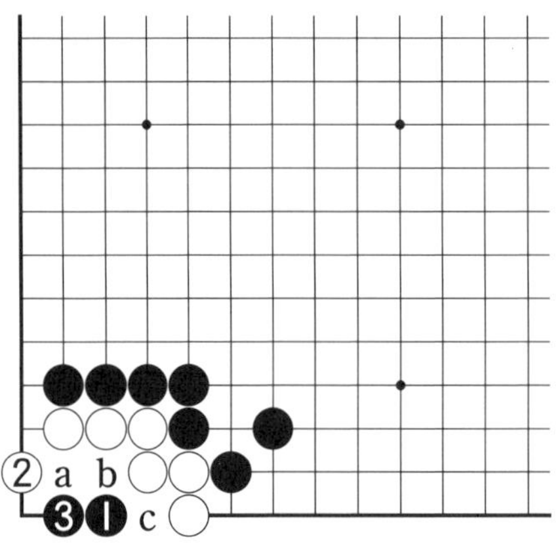

6도

6도(백, 오궁도화의 죽음)

흑1로 치중하는 것이 통렬한 급소이다. 백2의 마늘모(이 수는 최선이 아니다)에 흑3으로 늘어서는 것이 결정타!

a∼c에 흑돌이 있다고 생각하면(둘 필요는 없다) 오궁도화의 죽음이지 않는가.

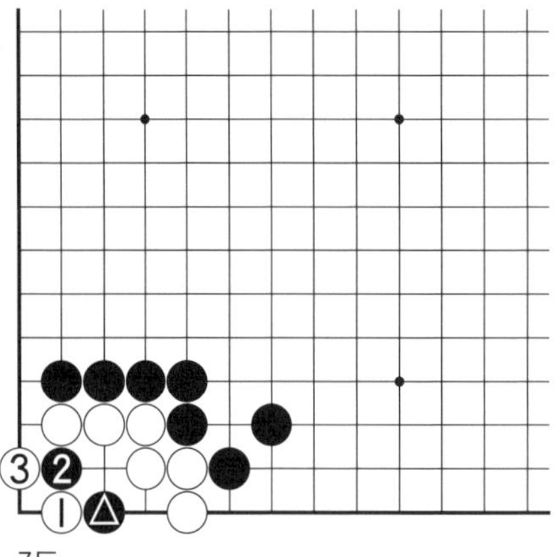

7도

7도(최강수로 패)

앞 그림의 2로는 백1에 붙이는 것이 이 상황에서의 최강수이다. 흑은 2로 단수하고 백3으로 버텨서 패가 된다.

처음부터 흑이 2의 곳에 붙이고 백3 때 흑▲, 백1로 두어도 같은 결과이다.

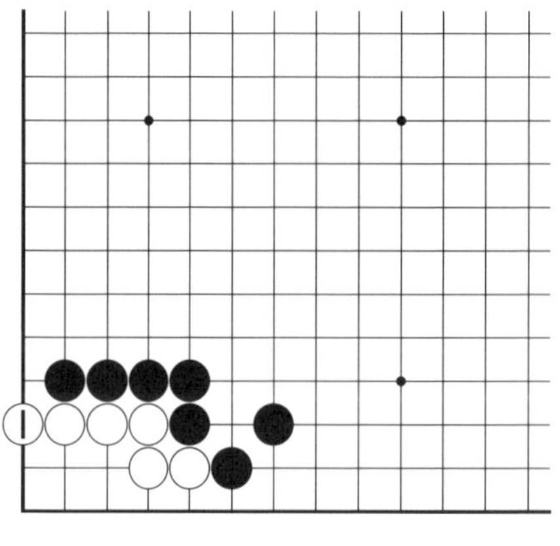

8도

8도(크게 살자는 뜻)

백1쪽을 내려서는 것도 크게 살아보려는 뜻이다. 그 마음은 잘 알겠지만 욕심 많은 무리수이다.

그럼 흑은 상대의 욕심 사나운 행동을 어떻게 꾸짖을까?

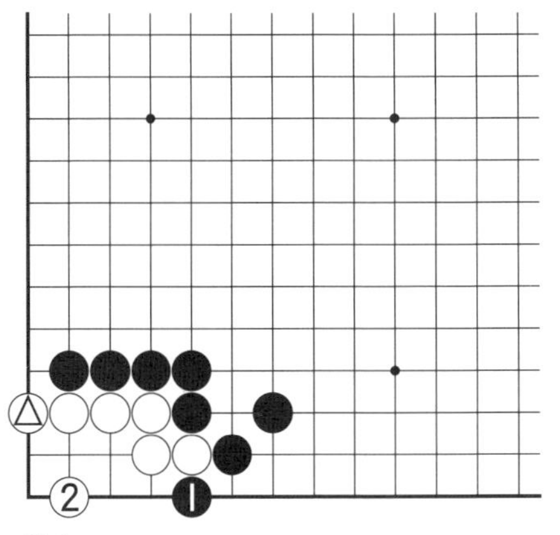

9도

9도(백의 이상적 생각)

백은 아마도 다음과 같이 생각했을 지도 모른다. 흑1로 젖혀 온다면 백 2로 뛰어서 백△도 안성맞춤이므로 멋지다! 라고.

그러나 이런 백의 달콤한 환상은 다음 그림에서 깨질 수밖에 없다.

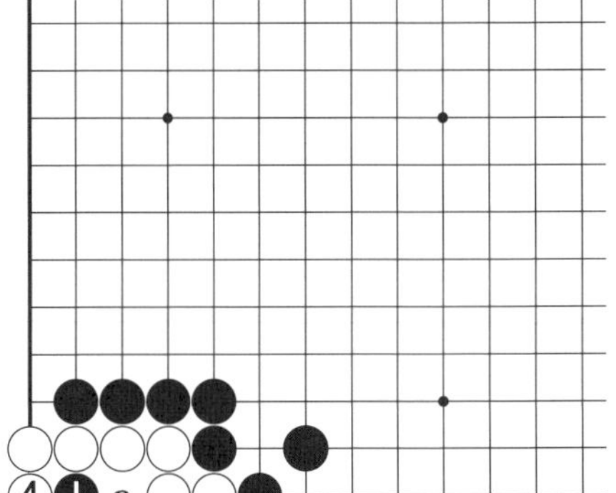

10도

10도(강력한 한방)

흑1로 2의 二 자리를 공략하는 것이 백의 환상을 깨뜨리는 강력한 한방이다.

백2로 궁도를 넓혀도 흑3의 마늘모가 필살의 한수여서 5까지 오궁도화(흑a와 b가 있다고 보면 쉽다)의 죽음이다.

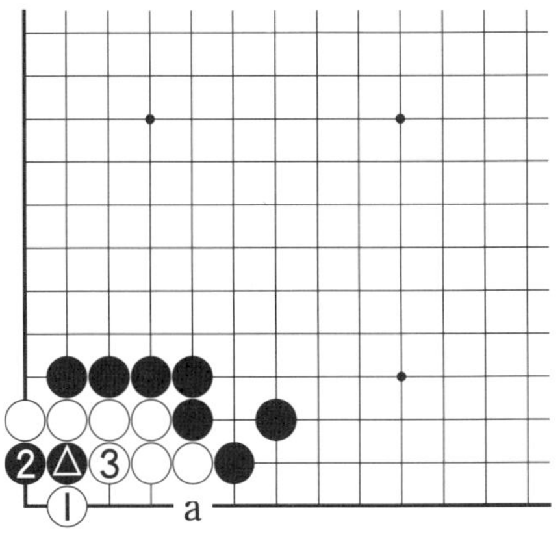

11도

11도(상대의 실수로 백은 산다)

흑△의 공략에 대해서는 백1로 붙여서 대응하는 것이 그나마 최선이다. 이때 흑2는 대실수로, 백3으로 가볍게 살아 버린다.

물론 백3은 a에 꼬부려 사는 것이 집으로 더 나을 것이다. 따라서 흑2로는~

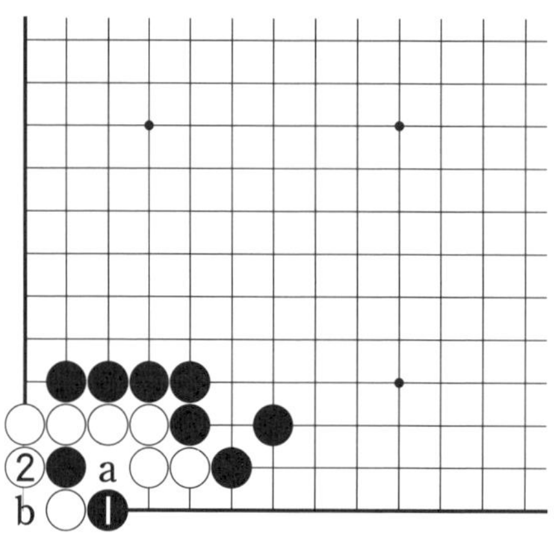

12도

12도(흑1이 올바른 응수로 패)

흑1로 단수하는 것이 올바르다. 백도 2의 패로 버틸 수밖에 없다. 백은 크게 살려다가 패가 났으니 망한 셈이다.

백2로 a에 단수하는 것은 흑이 b로 따내어 버려 횡사한다.

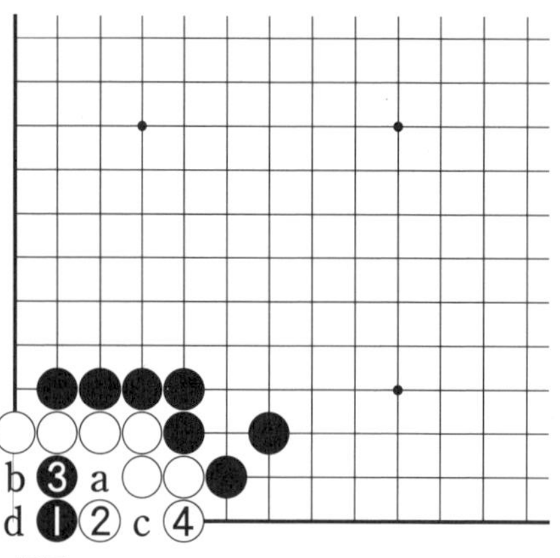

13도

13도(잘못된 치중)

흑1로 치중하는 것은 번지수가 틀렸다. 백2의 마늘모붙임이 호수여서 살길이 마련된다.

흑3으로 파호해도 백4가 준비되어 있다. 다음 흑a에는 백b, 흑c, 백d의 눌러잡기로 삶임을 확인하기 바란다.

14도(흑1의 치중이면 만년패)

흑1의 치중은 적의 급소는 나의 급소에 해당하는 유력한 수법이지만 백2의 저항에 부딪힌다. 흑3에는 백4가 또 호수!

다음 흑a에 백b로 꼬부려 내려서서 만년패가 된다.

14도

파생형 1 1선 내려섬의 영향

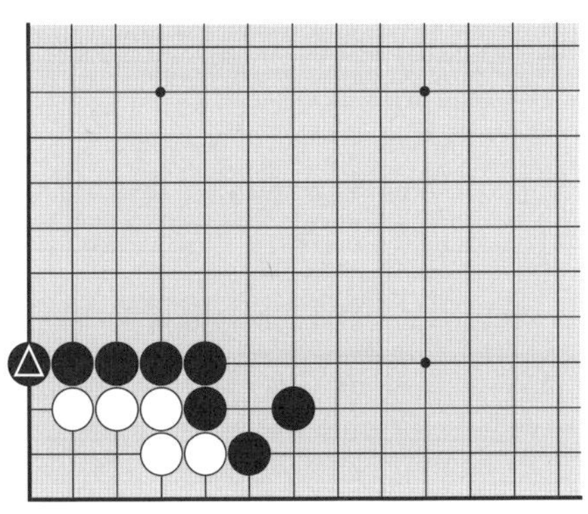

파생형 1

▨ 백 차례

기본형과 달라진 것은 흑▲의 1선 내려섬이 있다는 점이다. 그러면 귀의 백이 사는 데 어떤 영향을 미칠까?

사는 수가 몇 가지 있는지 알아보는 것도 흥미롭다.

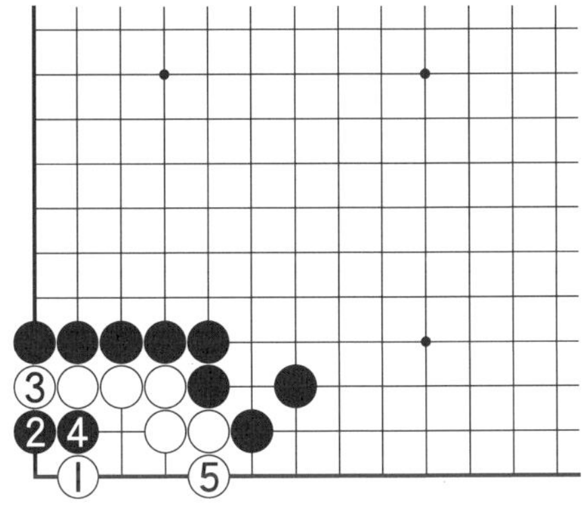

1도

1도(사는 수 1/ 한칸뜀이 급소)

백1로 일선을 향해 한칸을 뛰는 것이 삶을 얻는 방법 가운데 하나이다. 이곳이 2의 一의 급소라는 것도 의미심장하다.

흑2, 4에 백5가 좋은 응수여서 살아 있음을 확인할 수 있다.

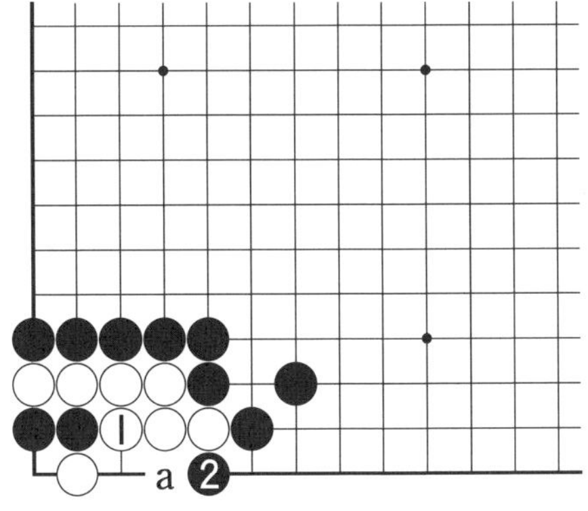

2도

2도(비극을 초래한다)

앞 그림의 5로 무심코 백1로 받다가는 비극을 초래한다. 흑2의 젖힘이 기다리고 있다.

백은 자충이 되어 a의 곳에 둘 수 없음이 너무도 뼈아프다. 이 자충을 피한 것이 1도 백5였다.

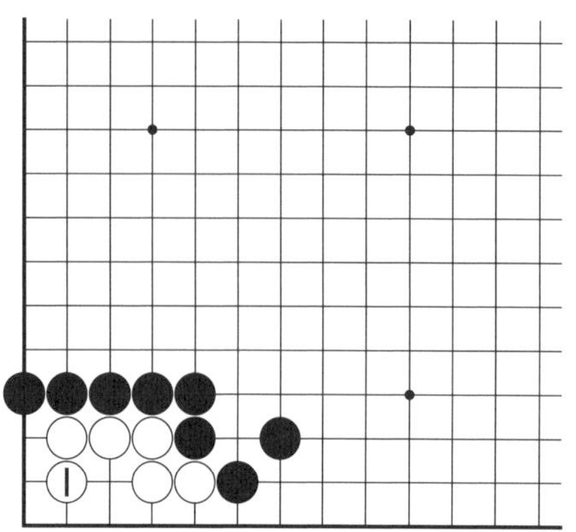

3도

3도(사는 수 2/ 추천의 꼬부림)

백1로 2의 二의 급소에 꼬부리는 것도 훌륭한 한수이다. 그러면 이 백은 설명할 필요도 없이 완벽하게 살아 있다.

주변의 상황에 가장 영향을 받지 않는 삶의 수법으로 추천한다.

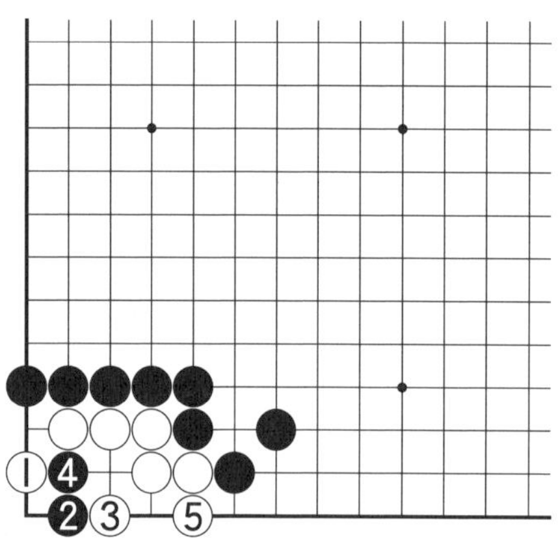

4도

4도(사는 수 3/ 마늘모도 급소)

백1로 마늘모해도 살 수는 있지만 1도나 3도에 비해 집으로 다소 손해를 본다. 흑2에는 백3, 5로 산다.

실전이라면 흑2로는 5에 젖히고 백은 2로 움츠려 살게 된다. 그럴 경우 4집의 삶이다.

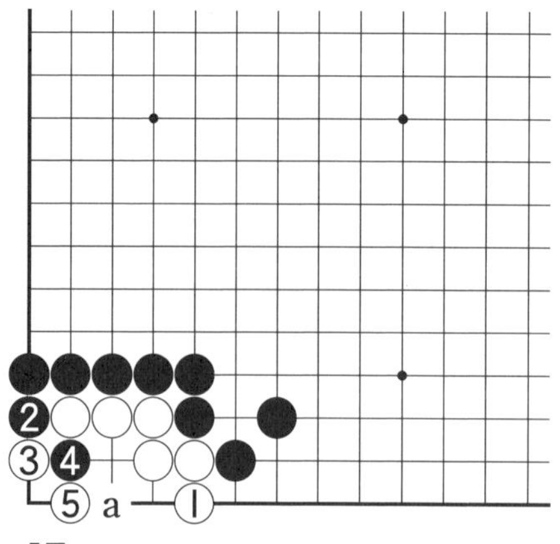

5도

5도(꼬부리면 패가 불가피하다)

백1로 꼬부리는 것은 욕심이 지나치다. 앞의 기본형에서 그랬듯이 이번에도 패가 불가피하다. 흑2, 4는 알기 쉬운 공략법이며 백5까지 패가 된다.

흑2로 a에 치중해도 백5, 흑4, 백3이면 역시 패이다.

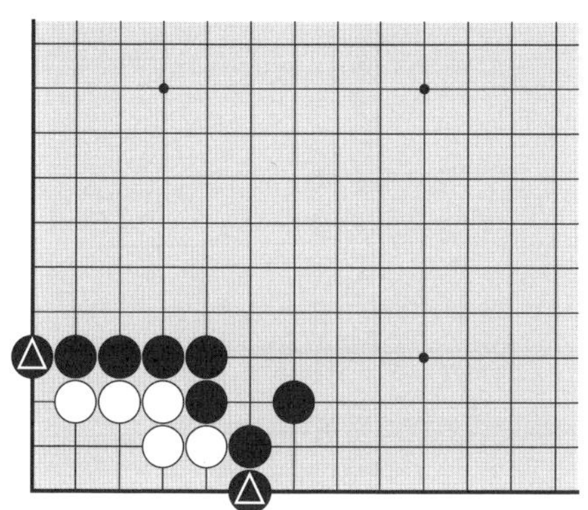

파생형 2

백 차례

이번에는 기본형이나 앞의 파생형과도 달라져 있다.

왼쪽과 더불어 오른쪽에도 흑의 1선 내려섬이 있다. 두 개의 1선 내려섬(△)이 귀의 사활에 어떤 영향을 미칠까?

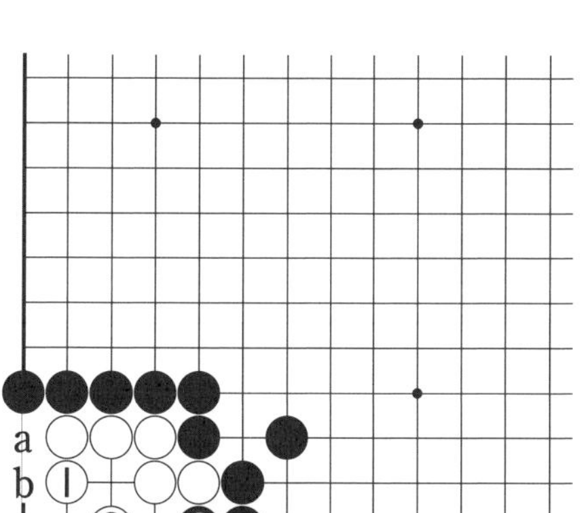

1도

1도(최선/ 꼬부림이 유일한 급소)

백1의 꼬부림이 유일한 삶의 급소이다. 주의사항은 흑2로 기어 들어갈 때 백3에 물러서야 한다는 점이다. 다음 흑a, 백b로 될 곳이며 백은 3집의 삶을 얻는 것이 최선이다.

여기서 백3에 후퇴한 이유는 다음 그림에서 확인한다.

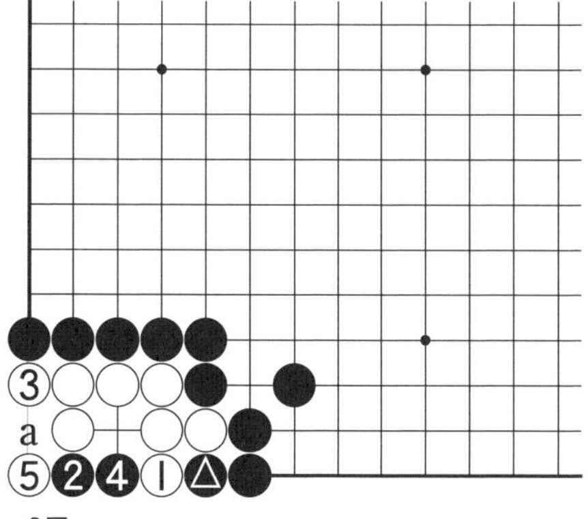

2도

2도(자충으로 패가 난다)

그러니까 흑△에 대해 백1로 덥석 받았다가는 자충이 되어 큰일이 난다. 흑2가 통렬한 급소! 백3에 흑4로 파호하면 백5의 패가 필연이다.

이때 백3으로 4에 받으면 흑a를 불러 횡사한다.

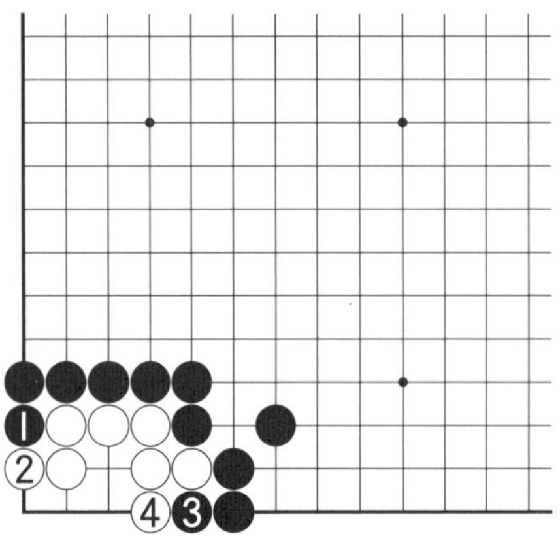

3도

3도(흑, 수순착오)

1도의 2를 먼저 둔 것은 긴요한 수순이다. 흑1로 먼저 기어드는 것은 수순착오이다. 백2로 받은 다음 흑3에 두면 이번에는 백4로 막는 수가 성립한다.

그러면 백은 4집의 삶으로 1도에 비해 1집 이득이다.

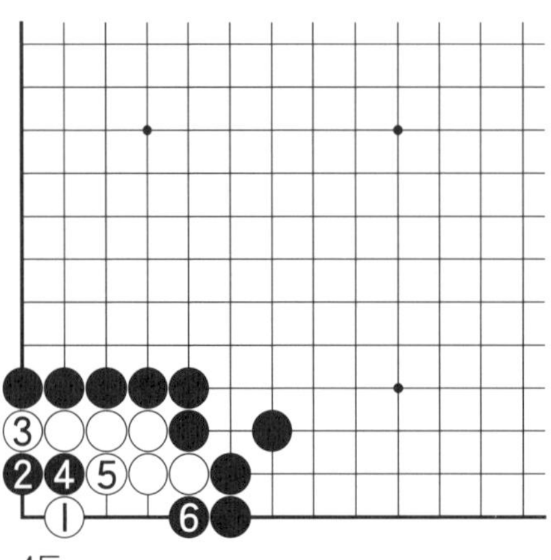

4도

4도(한칸뜀은 살 수 없다)

백1의 한칸뜀으로는 살 수 없다. 흑은 일단 2로 급소를 짚은 다음 4로 올라서서 백을 자충으로 유도한다.

백5는 어쩔 수 없으며 흑6으로 가만히 들어가면 백은 잡힐 수밖에 없다.

5도

5도(마늘모도 살 수 없다)

백1로 마늘모하는 수도 살 수 없다. 흑2가 통렬한 급소 일격!

백3에는 흑4로 파호해서 백을 잡을 수 있다. 백5는 절대이지만 흑6으로 끊어서 그만이다. 백은 a의 곳을 둘 수가 없지 않는가.

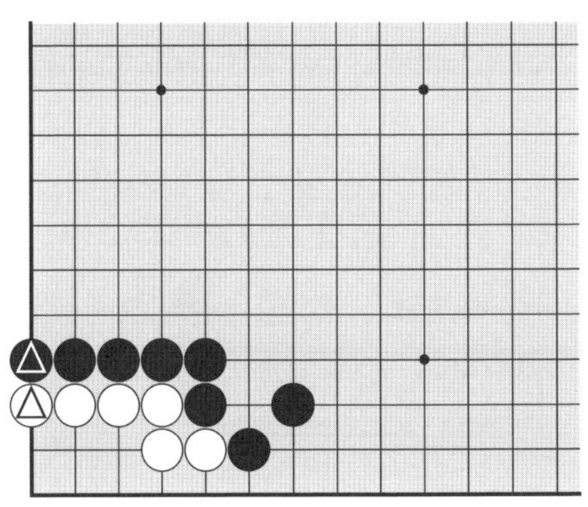

파생형 3

흑 차례

흑▲의 1선 내려섬이 있는 것은 [파생형 1]과 똑같다. 그러나 이번에는 흑의 내려섬에 대해 백도 △의 곳을 따라 막았다.

입장이 바뀌어 흑이 귀를 공략하면 사활은 어떻게 될까?

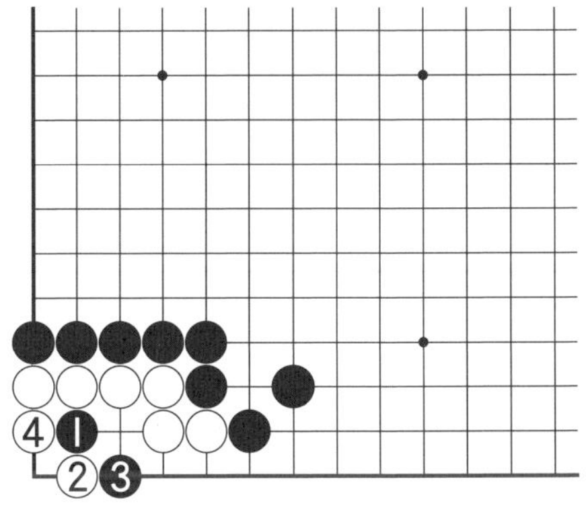

1도

1도(패가 쌍방 최선)

흑1로 2의 二의 곳을 치중하는 것이 정확한 급소 공략이다. 백2의 붙임은 최강의 저항이며 흑도 3으로 단수하는 것이 정수이다.

결국 백4까지 패가 되는 것이 쌍방 최선의 결과이다.

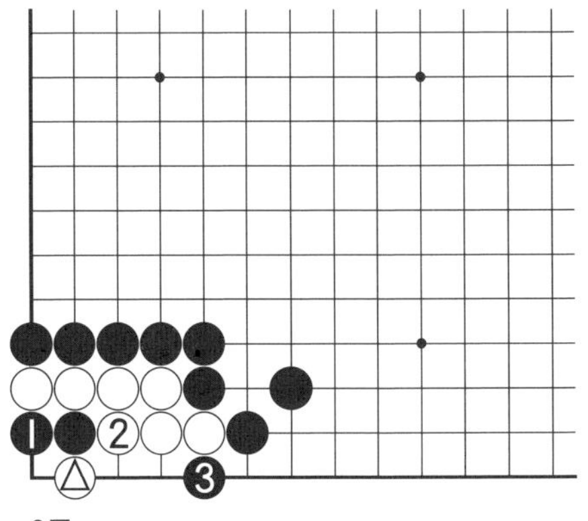

2도

2도(흑, 독단적 수읽기)

백△의 붙임에 대해 흑1로 패를 피하는 것은 잘못된 공략이다.

백2면 자충을 활용해 3으로 젖혀서 귀를 잡겠다는 것이 흑의 생각이겠지만 이건 독단적 수읽기이다. 백2로는~

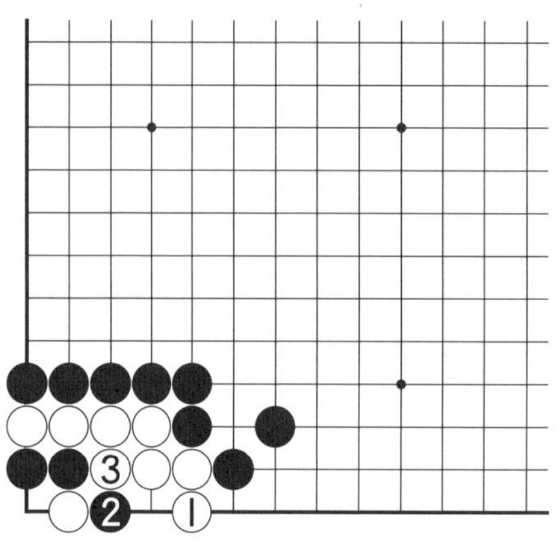

3도

3도(흑의 환상이 산산조각)

백1로 꼬부려 내려서면서 궁도를 넓히는 호수가 준비되어 있는 것이다. 앞서 [파생형 1]의 1도에서도 봤듯이 이 한수로 흑의 환상은 산산조각 난다. 흑2에는 백3으로 받아서 살아 있다.

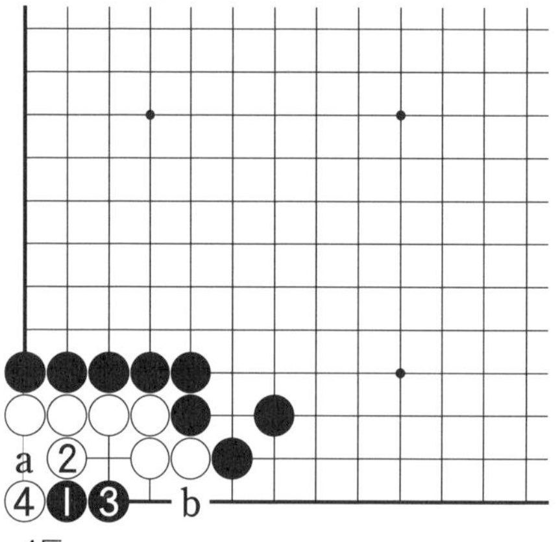

4도

4도(2의 一 공략은 잘못)

흑1로 2의 一의 급소를 치중하는 것은 올바른 공략이 아니다.

　백2가 적의 급소는 나의 급소에 해당하는 좋은 응수이다. 흑3에 백4로 집어넣는 것도 호수이다. 다음 흑a면 백b로 만년패인데~

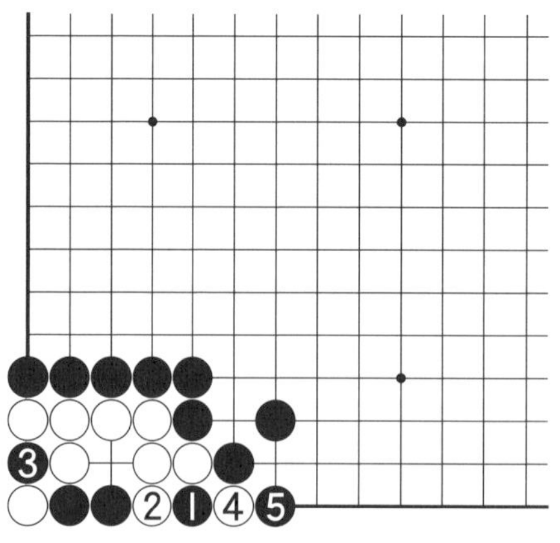

5도

5도(만년패는 피할 수 있다)

앞 그림 다음, 흑1에 젖히고 3으로 패를 따내면 만년패는 피할 수 있지만 좀 복잡해진다.

　백은 패를 당장 하지 않고 일단 4로 하나 따내어 흑5와 교환하고 나서 손을 뺄 수도 있다.

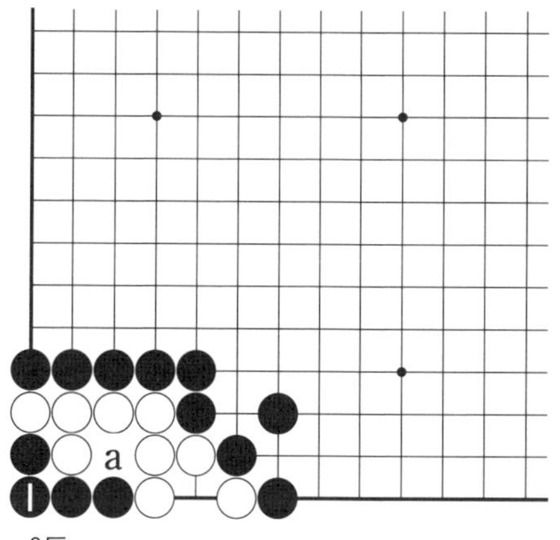

6도

6도(당장 문제가 해결되지 않는다)

백이 손을 뺐다고 해도 흑은 당장 문제를 해결할 수가 없는 점이 괴롭다.

요컨대 흑1로 잇더라도 끝난 것이 아니다. 백은 즉각 a로 따내지 않는다. 기회를 봐서 따낼 것이다. 따낸 다음이면~

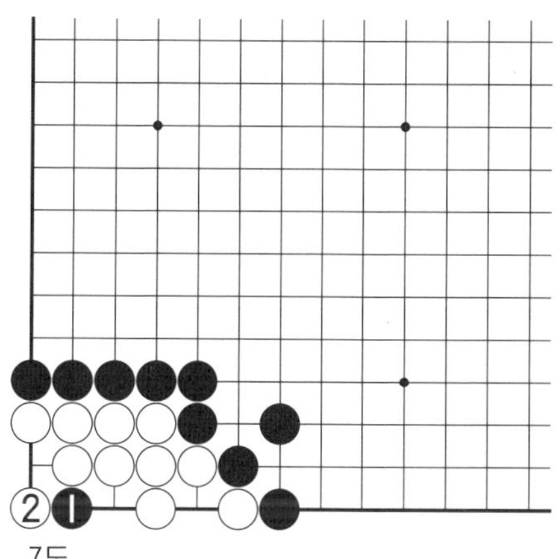

7도

7도(성가신 일들)

흑1로 파호할 때 백2로 패를 시작한다. 이 패를 이겨야만 흑은 비로소 백을 잡을 수 있는 것이다.

이상 살펴봤듯이 4도 흑1로 공략하는 것은 여러 가지로 성가신 일들이 생긴다.

8도(빗나간 급소)

흑1쪽을 공략하는 것도 빗나간 급소이다. 역시나 백2가 좋은 응수여서 흑3, 백4로 진행되면 앞서의 4도와 같아진다.

또한 백은 4로 a의 곳에 꼬부려 빅이나 만년패를 유도할 수도 있지 않는가.

8도

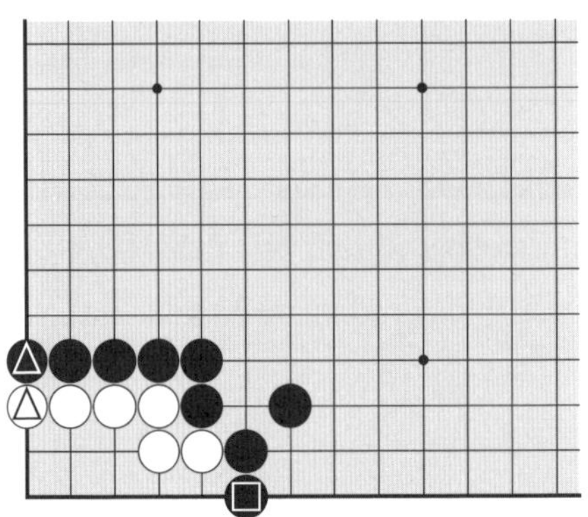

파생형 4

▨ 흑 차례

귀의 형태는 바로 앞의 파생형과 차이점이 없어 보일지도 모르지만 엄연한 차이가 있다.

흑▲와 백△의 1선 내려섬에 덧붙여 흑■의 1선 내려섬이 추가되어 있는 것이다. 그러면 귀의 사활은 어떻게 될까?

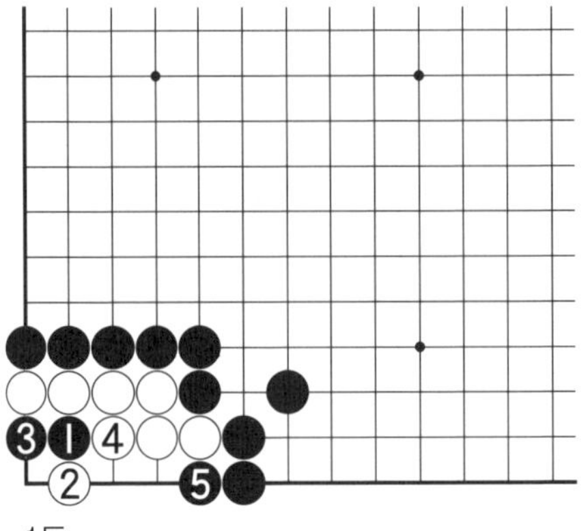

1도

1도(최선/ 백의 죽음)

이번에는 백을 무조건 잡는 수가 성립한다. 흑1의 2의 二 치중이 통렬한 급소 공략이다.

백2에 흑3으로 패를 피한 수가 결정타! 백4에는 흑5로 자충을 추궁해서 백을 잡을 수 있다.

2도(패는 실패)

흑1로 치중하는 것은 백2의 붙임이 좋은 대응이어서 흑은 백을 그냥 잡을 수가 없다.

흑3에 백4로 버틴 것은 당연하며 이렇게 패가 되어서는 흑의 실패임이 명백하다.

2도

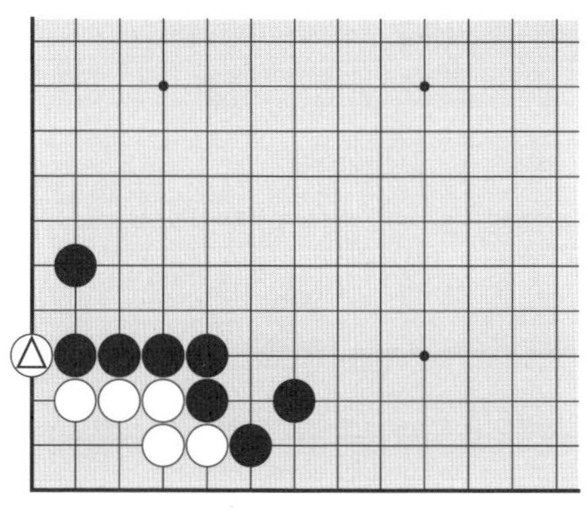

파생형 5

흑 차례

기본형과 달라진 것은 1선에 백△의 젖힘이 있다는 점이다. 과연 이 조건이 귀의 사활에 어떤 영향을 미치고 있을까.

흑은 이럴 때 어떤 식으로 귀를 공략하는 것이 좋을까?

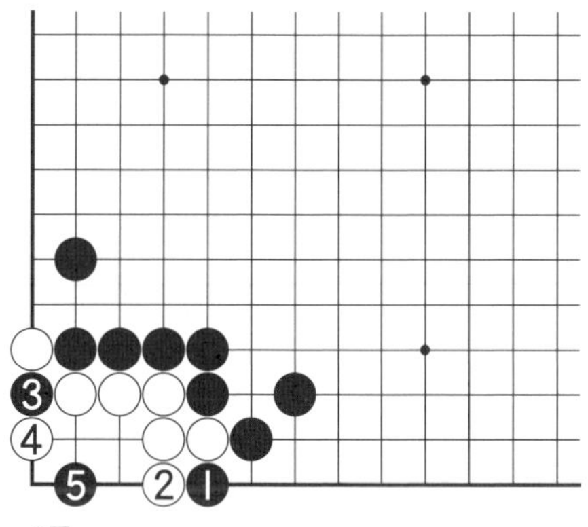

1도

1도(정해 1/ 죽음은 젖힘에 있다)

죽음은 젖힘에 있다는 격언대로 흑1의 젖힘이 출발점이다.

백2를 기다려 흑3으로 먹여쳐서 궁도를 차근차근 좁히고 나서 흑5로 치중하는 것이 결정타! 이러면 백은 살길이 없다.

2도

2도(정해 2/ 자충에 착안)

흑1로 2의 二의 급소를 짚어 가는 수도 성립한다.

백2의 붙임은 최강의 저항이지만 흑3의 내려섬이 패를 분쇄하고 있다. 백4에는 흑5로 단수하고 7로 젖혀서 백에게 사형선고를 내린다.

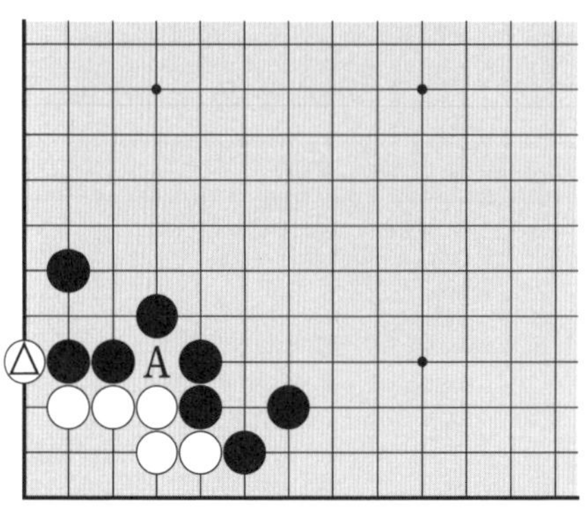

파생형 6

▨ 흑 차례

앞의 파생형과의 차이점을 얼른 알아볼 수 있는가?

　백△의 젖힘은 마찬가지이며, A의 곳 공배가 하나 비어 있는 점이 눈길을 끈다. 그러면 이번에는 어떤 결과가 나올 것인지 알아본다.

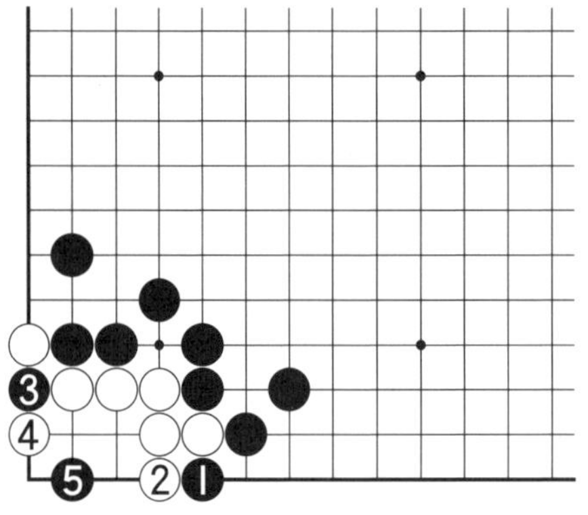

1도

1도(정해 1/ 궁도 좁힌 후 치중)

앞의 파생형의 1도와 똑같은 수순이 여기서도 적용된다.

　흑1로 젖히고 3에 먹여쳐서 백의 궁도를 좁히고 나서 5로 급소에 일격을 가해서 백을 잡는 것이 가장 알기 쉬우면서도 상식적이다.

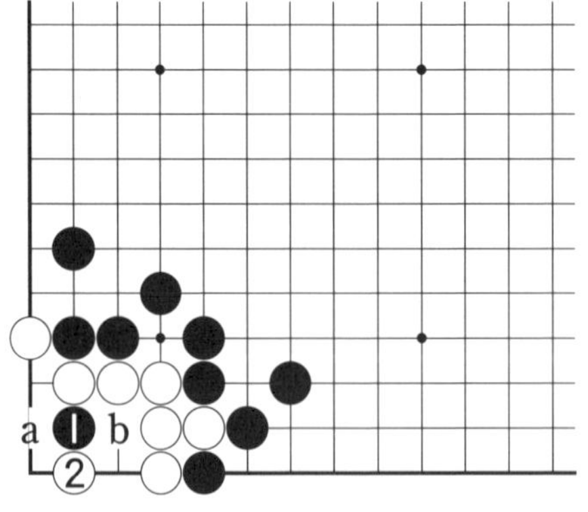

2도

2도(2의 二 공략은 실패)

앞 그림의 3으로 2의 二 자리인 흑1에 두어 공략하는 것은 한치 앞을 못 본 수이다.

　백2의 붙임이 안성맞춤의 응수여서 쉽게 살아가 버린다. 다음 a와 b가 맞보기임을 확인하기 바란다.

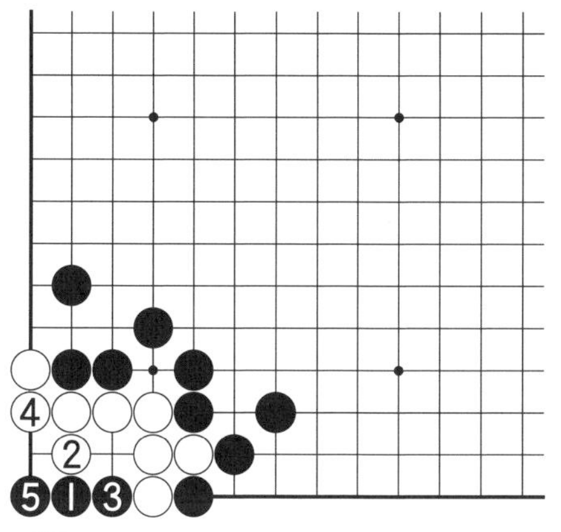

3도

3도(정해 2/ 귀곡사의 죽음)

1도의 3으로 즉각 흑1에 치중해도 백을 잡을 수 있다. 백2에는 흑3, 백4에는 흑5로 공략해서 귀곡사의 죽음으로 이끈다.

단, 실전이라면 골치 아플 수도 있으니 1도의 코스를 추천한다.

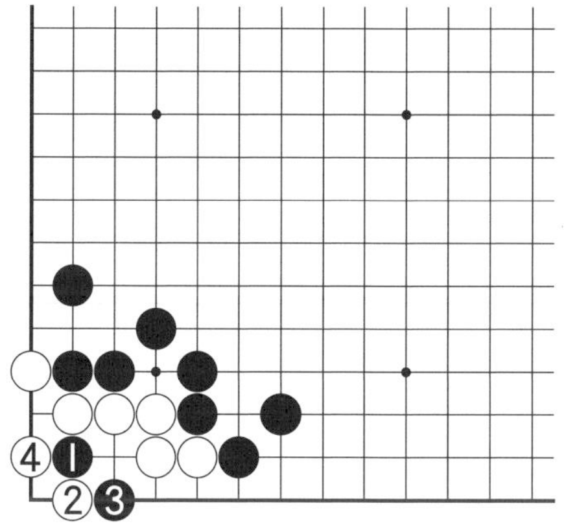

4도

4도(성급한 행동)

흑1로 2의 二 자리를 공략하는 것은 성급한 행동이다. 백2의 붙임이 좋은 대응이어서 그냥 잡는 수는 사라진다.

흑3의 단수는 이제 와서는 어쩔 수 없으며 결국 백4로 패가 된다. 흑3으로~

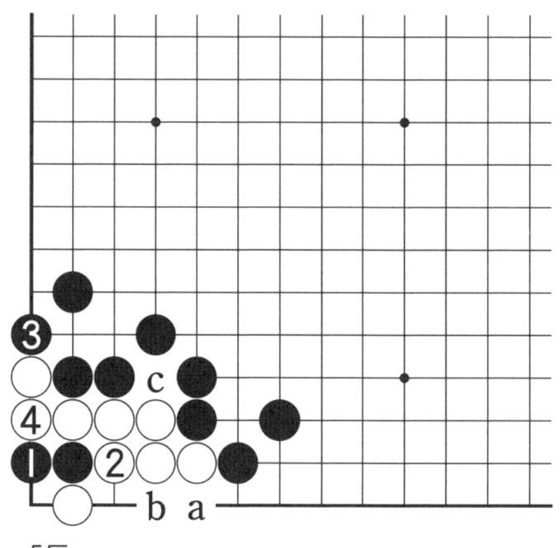

5도

5도(공배의 역할)

흑1에 내려서서 패를 피하는 것은 더 나쁘다. 백2가 성립해 패는커녕 살아 버린다. 흑3으로 단수해도 백4로 이어서 그만이다.

흑a에 백b가 가능한 것은 c의 곳 공배가 비어 있는 덕분이다.

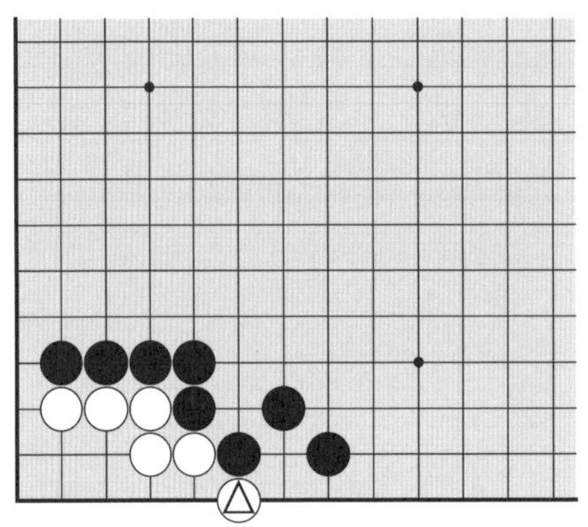

파생형 7

▧ 흑 차례

이번에는 기본형과 달라진 점을 쉽게 찾을 수 있을 것이다. 오른쪽에 백△의 1선 젖힘이 차이점이다.

이 조건에서 흑은 귀를 어떻게 공략해야 할까?

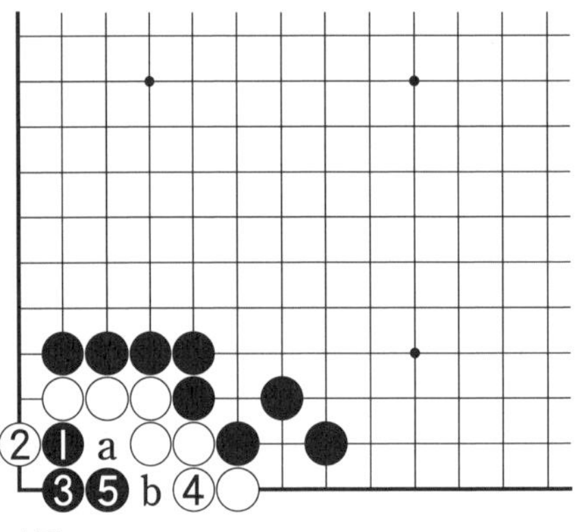

1도

1도(최선/ 오궁도화의 죽음)

흑1로 2의 二 자리에 붙이는 것이 출발점이다. 백2에는 흑3으로 내려서고 백4에는 흑5로 파호해 그만이다. a와 b에 흑돌이 있다고 가정하면(실제로 둘 필요는 없지만) 귀는 오궁도화의 죽음이다.

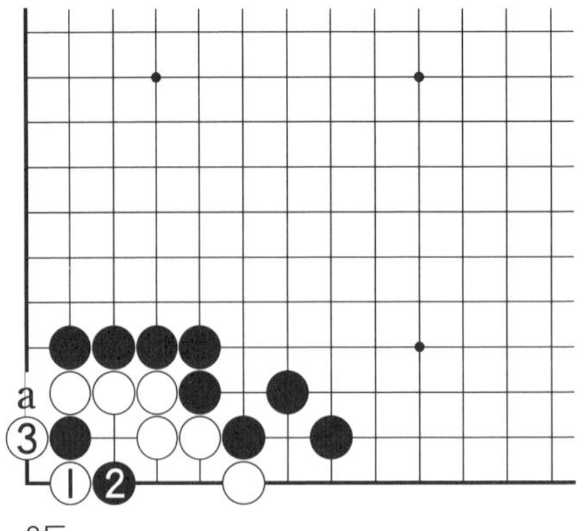

2도

2도(백의 주문으로 패)

단, 앞 그림의 2로 백1에 붙여올 때는 각별히 주의해야 한다. 덥석 흑2로 받다가는 백3의 패를 불러 이건 백의 주문이다.

흑2로 a에 건너는 것도 백이 3의 곳에 집어넣어 역시 패가 된다.

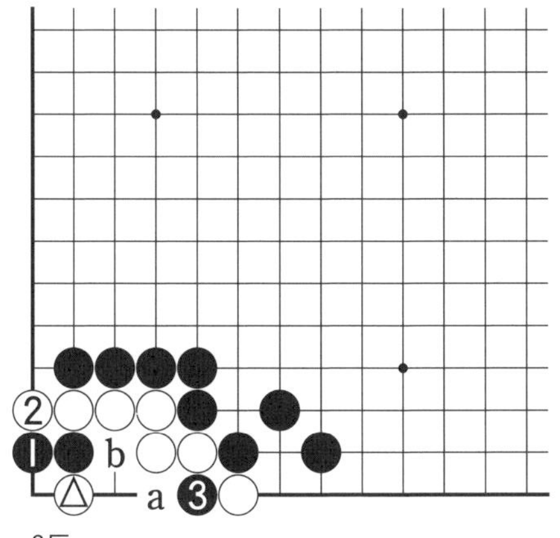

3도

3도(3궁도 죽음)

백△ 때 흑은 잠자코 1에 내려서는 것이 침착한 대응이다. 백2는 당연하며 흑3으로 먹여치는 수가 결정타이다. 다음 백a에는 흑b로 3궁도 죽음이다.

만일 흑3으로 b면 백3에 잇는 수가 있으므로 주의해야 한다.

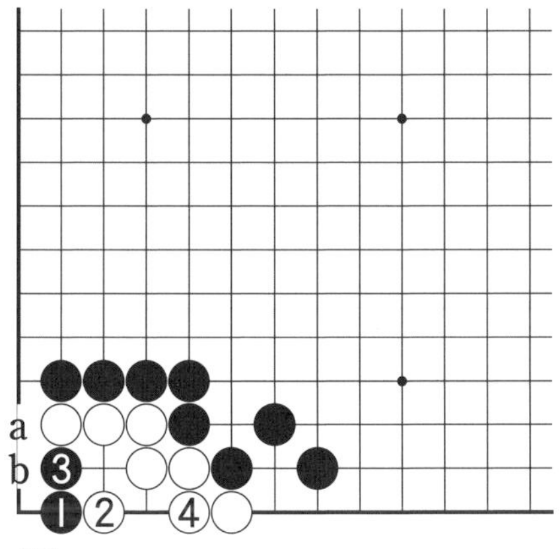

4도

4도(2의 一은 실패)

흑1은 2의 一의 급소로 유력한 공략이지만 백2가 좋은 응수여서 실패로 돌아간다. 흑3에는 백4로 이어서 간단하게 산다.

다음 흑a는 백b의 먹여침이 있어 성립하지 않는다. 도중 백2로~

5도(백의 욕심)

백1쪽을 이어서 궁도를 최대한 넓혀서 살려고 하는 것은 욕심이 사납다.

흑2가 적의 급소는 나의 급소여서 졸지에 살길이 없다. 백3으로 또 넓혀도 흑4로 그만이다. 백a는 두어도 소용이 없다. 5궁도의 죽음을 확인하기 바란다.

5도

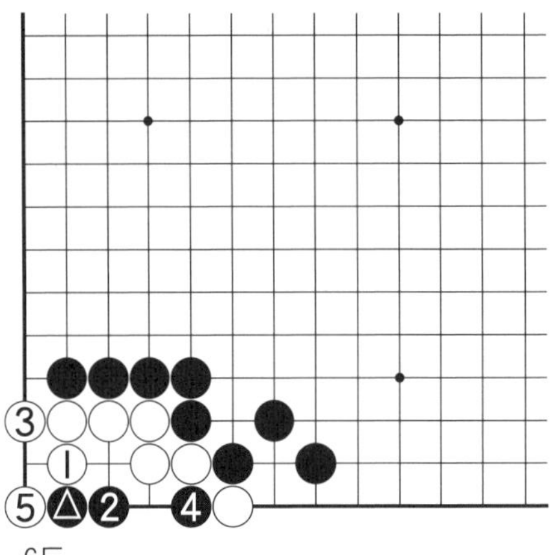

6도

6도(패가 고작)

흑△에 대해 백1로 대응하는 것은 최선이 아니다. 흑2의 파호에 백3으로 궁도를 넓힐 수밖에 없는데 그러면 흑4의 먹여침이 통렬하다.

결국 이 상황에서는 백5의 패가 고작이다.

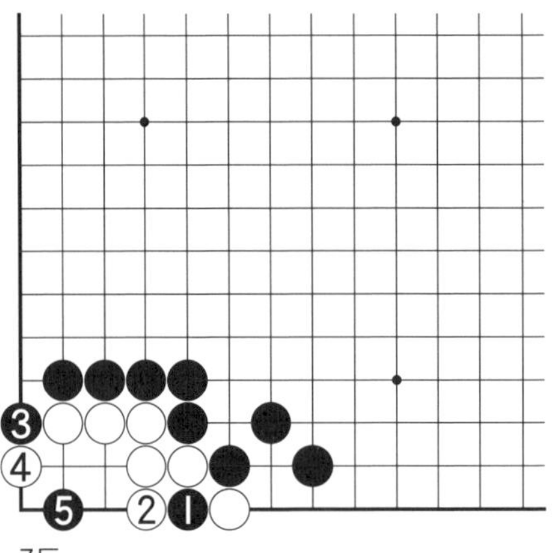

7도

7도(정해의 수순?)

그런데 처음에 흑1쪽을 먼저 먹여치고 백2로 따낼 때 흑3으로 젖히는 것은 어떨까?

백4를 기다려 흑5로 치중하면 정해인 1도와 같아지는 것 아닌가. 미안하지만 이 수순은 흑의 착각이다.

8도(교묘한 꼬부림)

흑△로 먹여친 순간 백은 따내지 않는다. 외면하고 1로 2의 二 자리를 꼬부리는 것이 교묘하다.

흑2에는 백3으로 받아서 보기 좋게 살아 버린다. 흑은 백△ 때문에 a로 이을 수가 없다.

8도

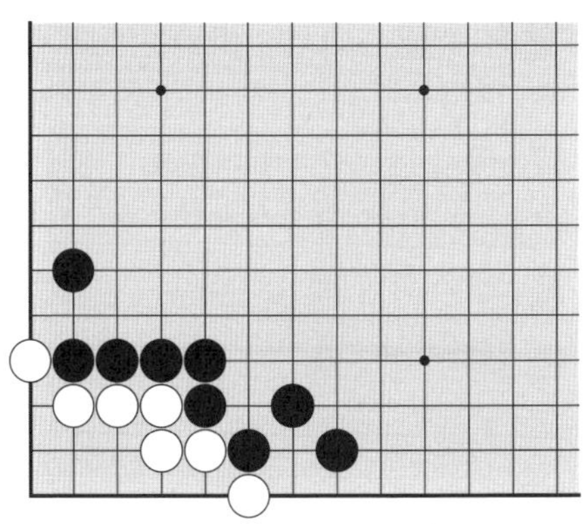

파생형 8

▓ 흑 차례

이번에도 기본형과 다른 점은 얼른 알 수 있을 것이다.

왼쪽 1선과 오른쪽 1선에 모두 젖힘이 있다. 그러면 과연 귀의 사활은 어떻게 될까?

1도(패가 최선)

바로 앞의 파생형에서 출발점이었던 흑1이 여기서도 주효한다. 이렇게 2의 二 자리를 붙이는 것이 최선의 공략이다.

백2의 껴붙임도 최강의 저항이며 그러면 흑3, 백4로 패가 되는 것이 쌍방 최선이다.

1도

2도(먹여침은 역시 잘못)

이번에도 흑1의 먹여침은 잘못된 공략이라는 비판을 면치 못한다. 백2의 꼬부림이 앞서 배웠던 좋은 수법이다.

다음 흑a에는 백b로 받아서 무사하다는 것은 설명할 필요도 없을 것이다.

2도

밥 먹듯이 나오는 형태

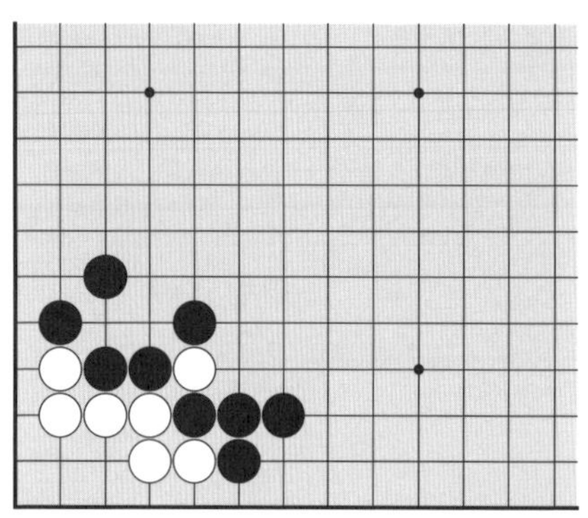

기본형

흑 차례

어디선가 많이 본 형태일 것이다. 실전에서 밥 먹듯이 나오는 형태인 만큼 본 적이 없는 이는 드물 것이다. 과연 귀의 백을 잡는 수가 있을지 알아보자.

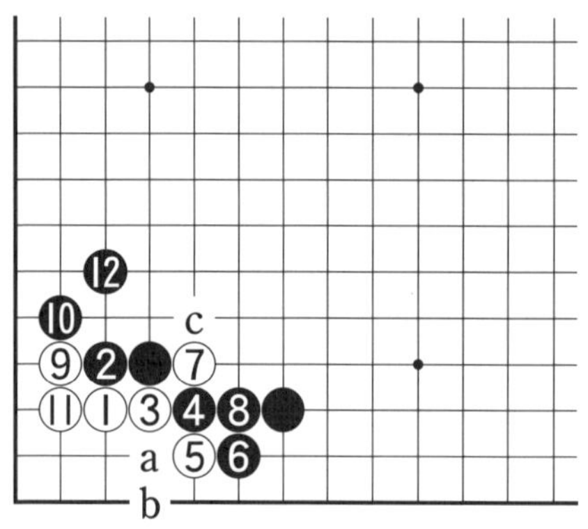

1도

1도(과정)

먼저 기본형이 나오기까지의 수순을 추적해 본다.

화점 눈목자굳힘에 백1로 3三에 뛰어든 것이 출발점이다. 흑2에 백3 이하 흑12까지는 외길이며, 다음 백은 a나 b에 잇고 흑은 c의 단수가 틀이다.

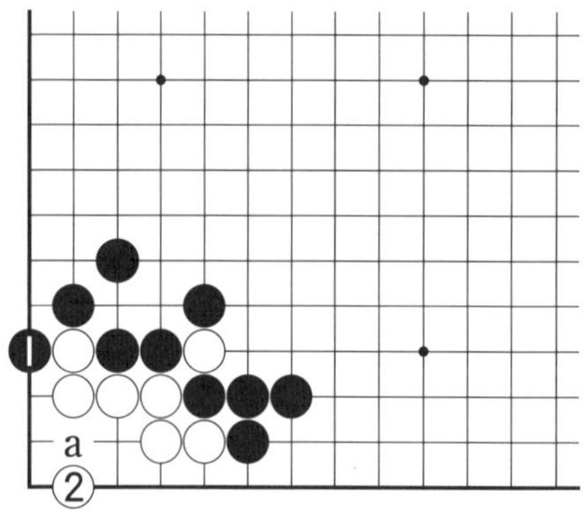

2도

2도(시도 1/ 백 삶)

죽음은 젖힘에 있다는 격언대로 흑1로 젖혀 보자. 그러면 백은 2로 2의 一 자리에 한칸을 뛰기만 해도 틀이 잡힌다.

이로써 백은 완생의 모습! 백2로는 a에 꼬부려 받아도 역시 삶이다.

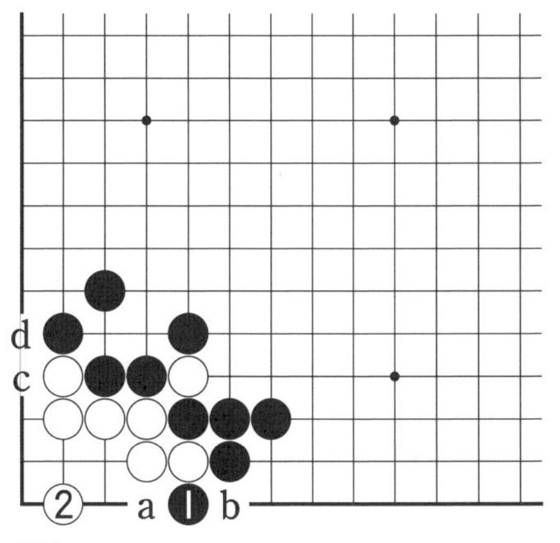

3도

3도(시도 2/ 백 삶)

흑1쪽 젖힘도 앞 그림의 1과 비슷한 뜻인데, 역시 백2가 좋은 응수여서 흑은 후속수단이 끊긴다.

이후 백a, 흑b는 백의 선수 권리이며 백c, 흑d로 된다고 봐서 귀는 6집으로 간주된다.

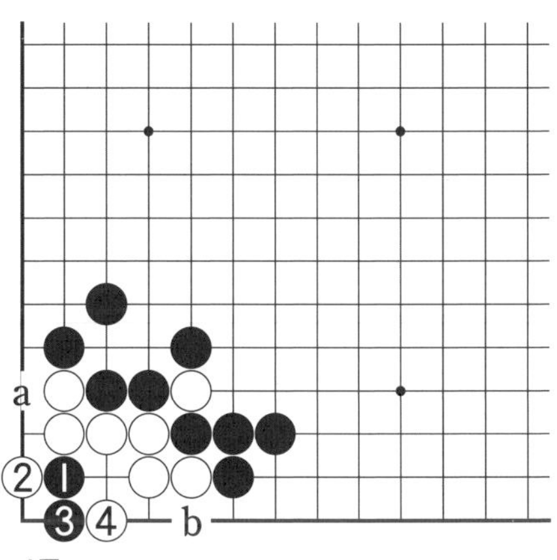

4도

4도(시도 3/ 백 삶)

초급자 시절에는 흑1로 2의 二 자리를 붙이곤 한다. 그러면 백2의 젖힘으로 간단히 살아 있음을 알 수 있다. 흑3에는 백4 다음 a와 b가 맞보기여서 삶이다.

본래 흑은 귀의 백을 잡는 수가 없었다.

5도(시도 4/ 백 삶)

흑1로 치중하는 수에 대해서는 약간의 주의가 필요하다. 백2가 가장 알기 쉬운 응수법이다. 흑3에는 백4로 간단하게 삶의 모습을 갖춘다.

그런데 백2로 4에 붙이는 것은 흑a를 불러 이상해진다.

5도

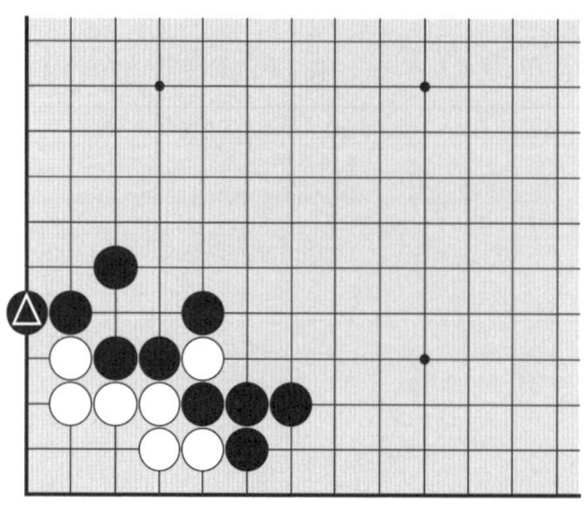

파생형 1

흑 차례

기본형과 다른 점은 흑▲의 1선 내려섬이 덧붙여져 있다는 사실이다. 이 수가 백의 사활에 어떤 영향을 미칠까?

완생이었던 기본형과 달리 귀의 백을 공략하는 수단이 있을지 알아보자.

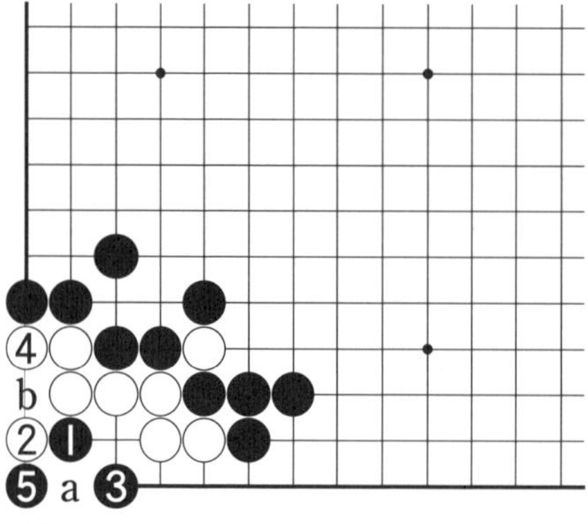

1도

1도(최선/ 유일한 급소)

흑1로 2의 二 자리를 공략하는 것이 유일한 급소이다. 백2 때 흑3의 마늘모가 또 급소이며 백4에 흑5로 들어가서 패가 된다.

단, 흑은 a의 곳 패를 이긴 다음 b의 패를 또 이겨야 한다.

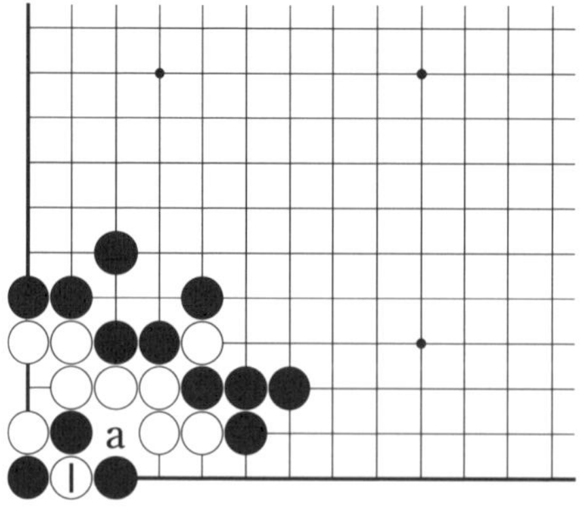

2도

2도(백의 경우는 간단)

백의 경우는 비교적(?) 간단하다. 1로 패를 따낸 다음 흑이 어딘가 팻감을 썼을 때 받지 않고 a로 따내버리면 삶을 얻을 수 있으니까.

하지만 흑이 패를 이겼을 때는 복잡해진다.

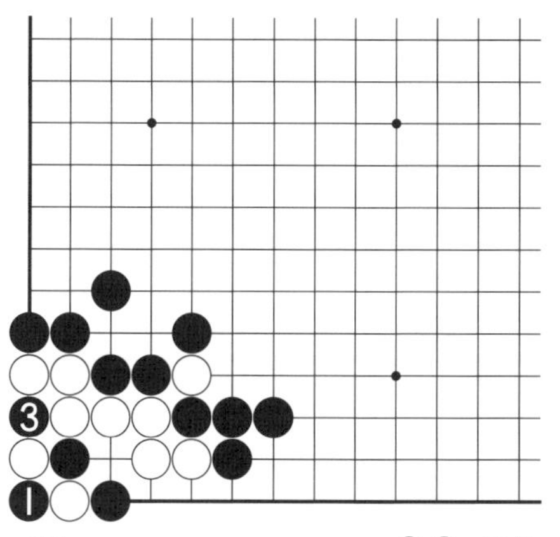

3도　　　　　　　　　②④…패씀

3도(백의 팻감을 받지 않을 경우)

앞 그림에서 흑이 쓴 팻감을 백이 받아줬다고 치면 흑1로 따낼 차례가 된다.

　그리고 백2로 팻감을 어딘가에 썼을 때 받지 않고 흑3에 따냈다고 가정하자. 또 백4로 팻감을 썼을 때 받지 않고~

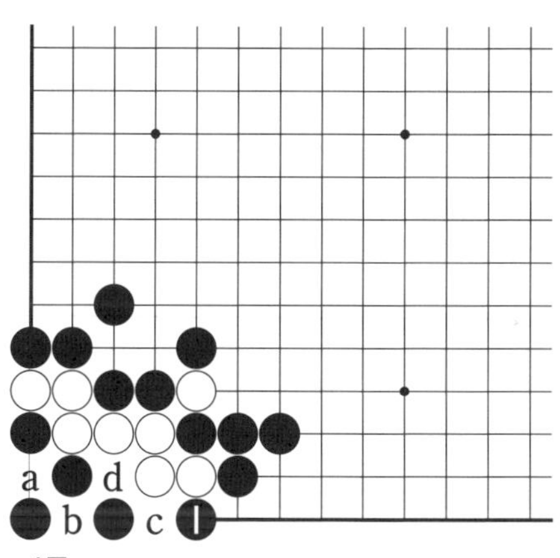

4도

4도(골치 아픈 패)

흑1로 젖혀야 패다운 패가 된다. 다음 백a에 흑b로 잇는 것은 백c로 단수당해 곤란하므로, 흑은 이 상태로 그냥 패싸움 하는 것이 옳다.

　한편 백도 b와 d로 거푸 두어야 살 수 있으니 골치 아프다.

5도

5도(빅의 삶)

흑1로 치중하는 것은 백2가 적의 급소는 나의 급소에 부합되는 좋은 응수여서 후속수단이 끊긴다.

　흑3에 두어 봤자 백4로 궁도를 넓히는 수가 준비되어 있어 흑5까지 후수 빅에 불과하다.

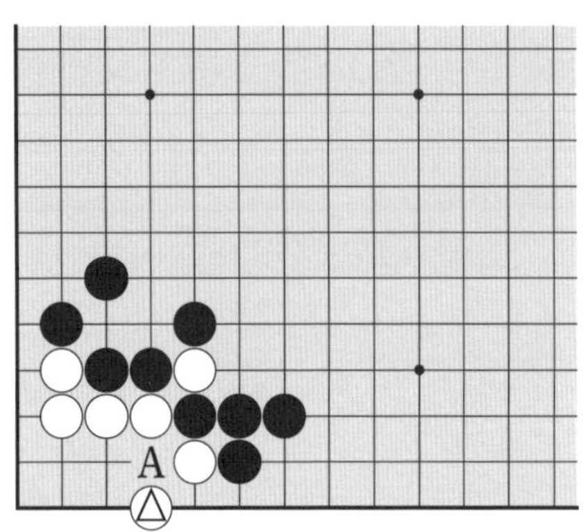

파생형 2

흑 차례

처음으로 돌아가서, 백이 A에 이은 것이 기본형인데 이번에는 백△로 호구쳤다.

과연 이번에도 귀의 백은 살아 있는 것일까?

1도(시도 1/ 백 삶)

흑1은 죽음은 젖힘에 있다는 격언을 따른 수이다. 하지만 백2로 뛰어서 틀을 갖추고 보면 이 백은 완벽하게 살아 있는 모습임을 알 수 있다. 결론부터 먼저 말하자면 귀의 백은 완생이다.

1도

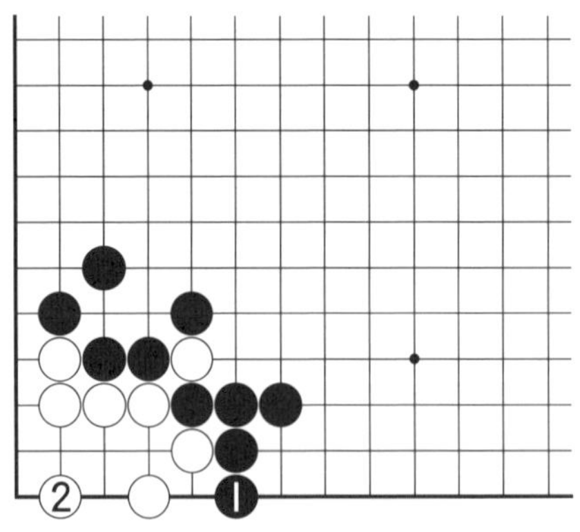

2도

2도(시도 2/ 선수 행사)

흑1로 내려서는 것은 선수를 행사하기 위한 행동일 뿐이다. 백은 여기서도 2로 한칸을 뛰어서 지키는 것이 요령으로 확실하게 살아 있다.

흑1이 선수라는 것은 다음 파생형의 숙제로 넘긴다.

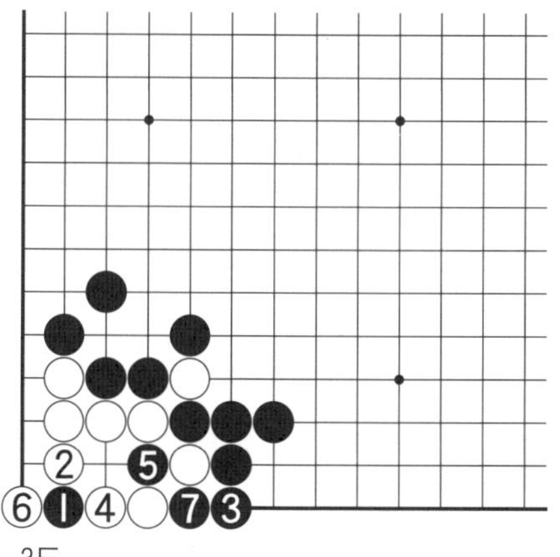

3도

3도(시도 3/ 끝내기 수법)

끝내기 단계에 들어갔을 경우, 흑1
의 치중이 재미있는 수법이다.

백2는 정수이며 그때 흑3으로 내
려선다. 백4 때 흑5로 먹어치는 것
이 맥점이며 7로 한점을 따내 후수
이지만 득을 봤다.

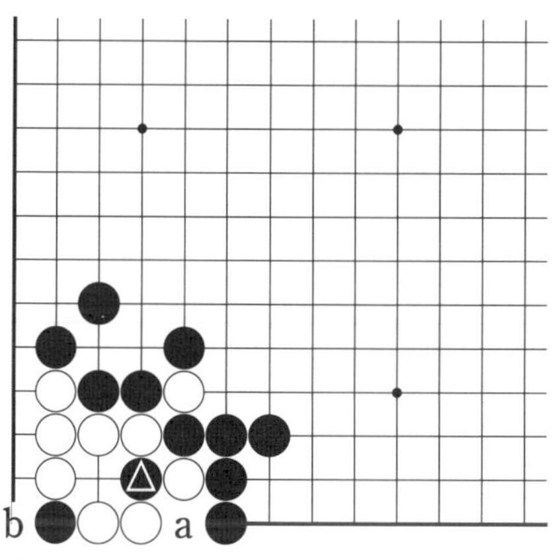

4도

4도(손을 빼도 된다)

앞 그림의 수순에 다음 의문을 품
은 독자도 있을 것 같다. 흑▲ 때
백이 꼭 응수해야 할까?

백은 손을 빼도 된다. 흑이 a로
따내면 그때 백b로 따내도 문제가
전혀 없다.

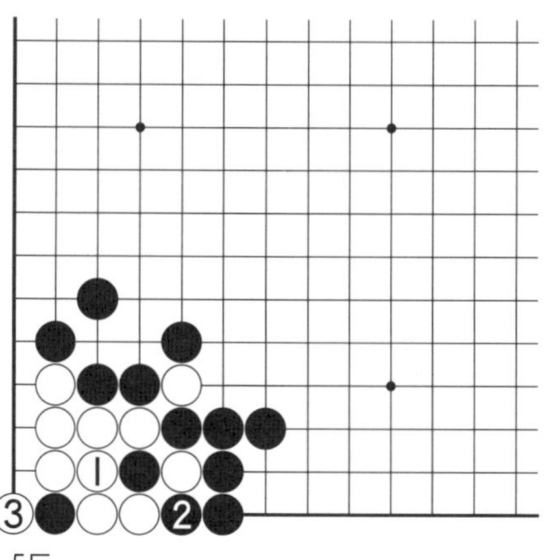

5도

5도(따낼 수도 있지만 후수)

만일 큰 끝내기가 없다면 백1로 따
낼 수도 있다. 흑2로 파호할 때 백3
으로 흑 한점을 따내면 된다.

다만 백은 후수를 잡기 때문에
신중을 기해야 한다.

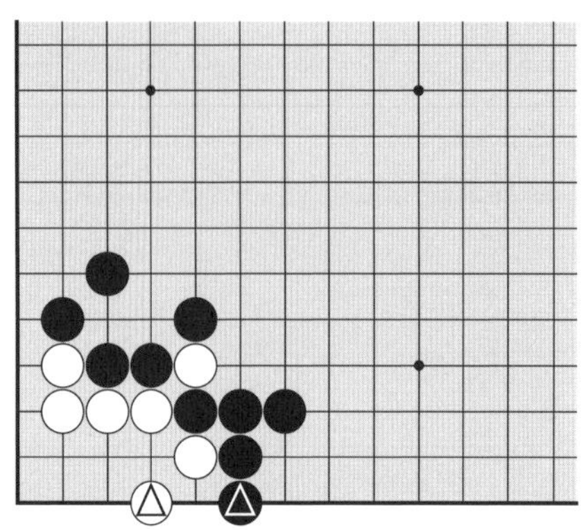

파생형 3

흑 차례

백△로 호구쳤을 때 흑▲로 1선에 내려서면 백은 가일수를 해서 살아야 한다. 그런데 막상 백이 손을 뺀다면 어떻게 될까?

흑의 올바른 공략법을 묻는다. 실전에서 잘못 두는 예를 흔히 목격한다.

1도

1도(최선/ 먹여치고 치중)

흑1로 먹여치는 것이 백을 잡을 수 있는 유일한 급소이다. 백은 2로 따낼 수밖에 없다.

그때 비로소 흑3으로 치중하는 것이 멋진 수순이다. 백4에는 흑5로 마늘모해서 그만이다.

2도

2도(귀곡사)

앞 그림에 이어, 백이 계속 둔다면 1인데 흑2로 파호하면 이것은 귀곡사의 형태이니 죽음을 면할 수 없다. 그렇다고 백1로 2의 곳에 두면 흑a의 단수가 통렬해 살길이 없다.

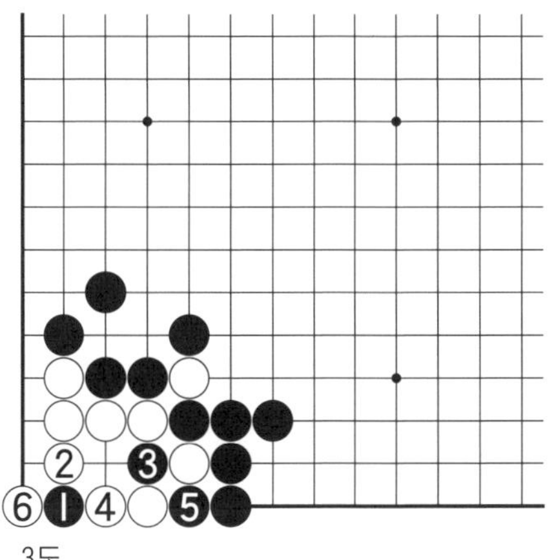

3도

3도(2의 一 치중은 성급)

처음부터 흑1로 2의 一 자리를 치중하는 것은 성급하다.

그러면 백2가 좋은 응수여서 도저히 잡을 수 없게 된다. 흑3에는 백4로 비키는 것이 현명하다. 흑5에 백6으로 대응해서 살 수 있다.

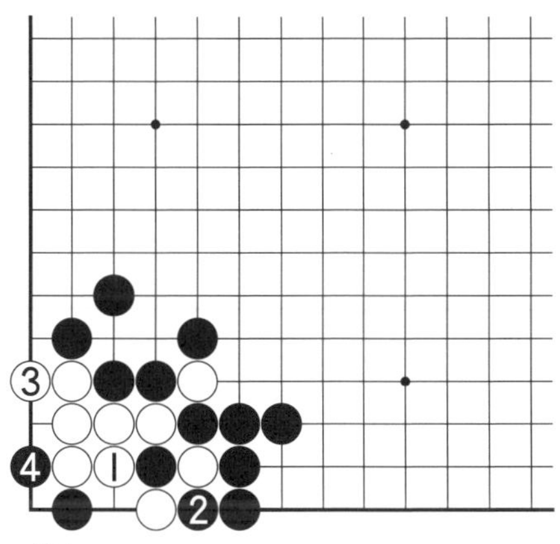

4도

4도(귀곡사의 죽음)

앞 그림의 4로 백1에 두어 흑이 먹여친 돌을 덥석 따냈다가는 큰일이 난다.

그러면 흑2를 불러 허무하게 잡혀 버리는 것이다. 백3으로 궁도를 넓혀 봐도 흑4로 파호당해 귀곡사의 죽음이다.

5도(사는 모습)

애초 흑1로 단수하는 것은 백2로 잇게 해 골치가 아파진다. 흑3의 젖힘에는 백4로 일단 자세를 잡는 것이 호수이다. 흑5, 7로 파호하면 백8로 따낸다.

다음 흑이 a로 지키는 정도이니 백b면 사는 모습이다.

5도

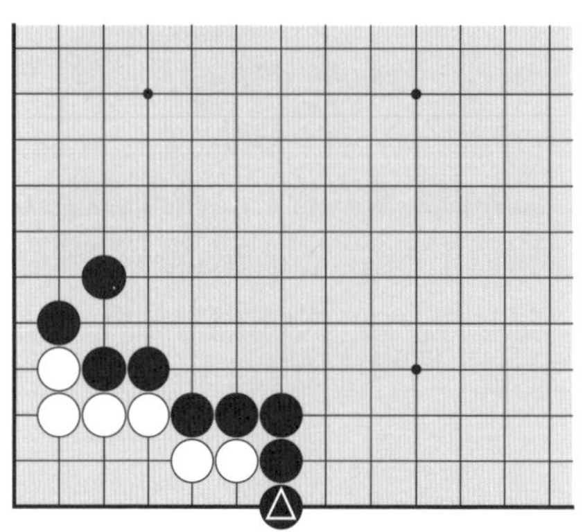

파생형 4

흑 차례

기본형과 조금 달라졌다. 백돌이 2선에 하나 더 있고 흑▲의 내려섬이 놓여져 있다.

이 1선에 내려선 흑돌이 중요한 의미를 갖는다. 과연 백의 사활은 어떻게 되는 것일까?

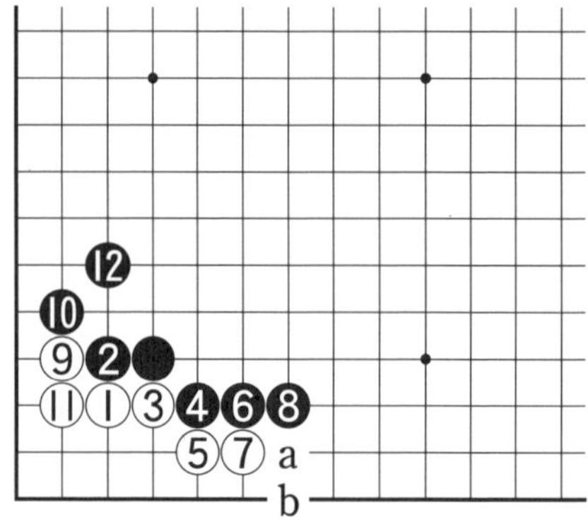

1도

1도(과정)

흑의 화점에 백1의 3三침입이 출발점이었다. 흑2로 막고 백3 이하 흑12까지는 누구나 알고 있는 기본정석이다.

이후 흑a로 막은 것은 큰 수이며, 거기서 흑b로 내려서서 이 형태가 생겼다.

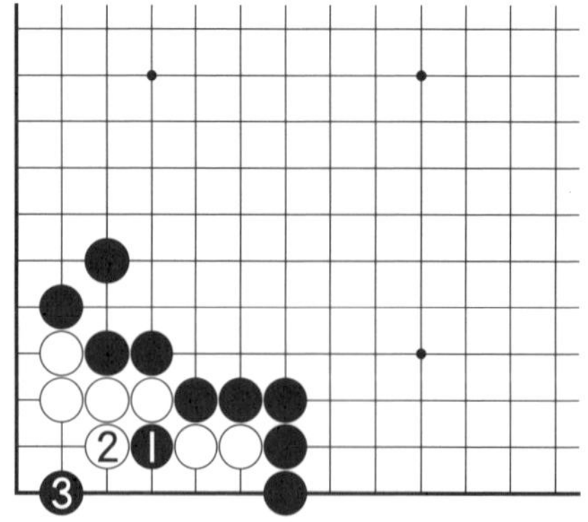

2도

2도(최선/ 끊어 놓고 치중)

흑1로 하나 끊어서 백2와 교환해 놓고 흑3으로 치중하는 것이 멋진 연타이다.

이 간단한 수순으로 백의 살길이 막혀 버린다니 정말 놀랍지 않은가. 계속해서~

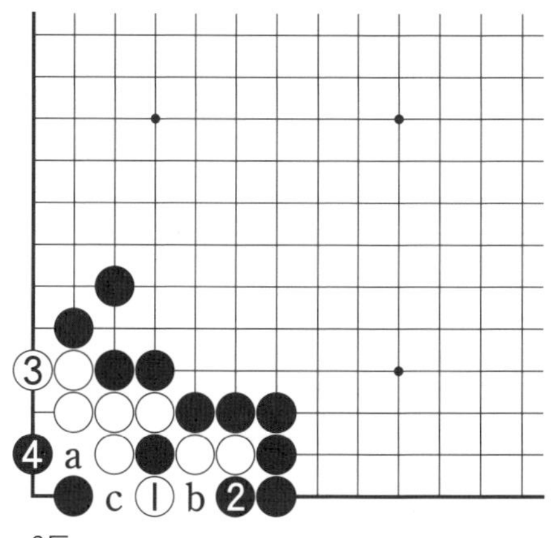

3도

3도(귀곡사)

백1로 따낼 때 흑2로 살그머니 들어가는 수가 결정타이다. 백3으로 궁도를 넓혀도 흑4에 파호해서 그만이다.

다음 백a는 흑b로 귀곡사의 죽음이며, 백b는 흑c로 단수해서 아웃이다.

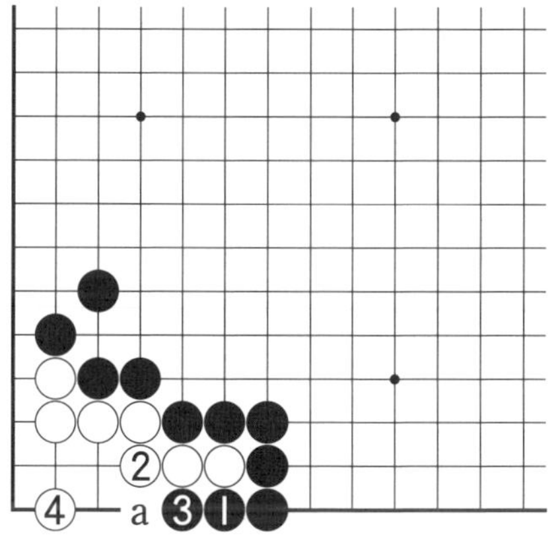

4도

4도(백, 이음이 호수)

흑1로 기어드는 것으로는 백을 잡을 수 없다. 백2로 가만히 잇는 것이 좋은 수이다. 흑3에는 백4로 거뜬히 사는 모습이다.

도중 백2로 a에 호구치면 흑이 2의 곳에 먹여쳐서 탈이 난다. 물론 죽음이다.

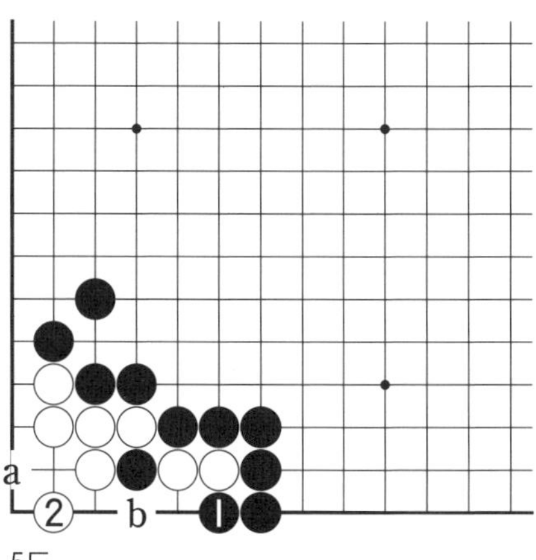

5도

5도(흑1, 성급)

이 상황에서 바로 흑1로 단수하는 것은 성급한 행동이다. 그러면 백은 따내지 않고 2로 비켜 버리는 것이 좋다.

백은 이다음 a와 b의 곳이 맞보기여서 완벽하게 살아 있다.

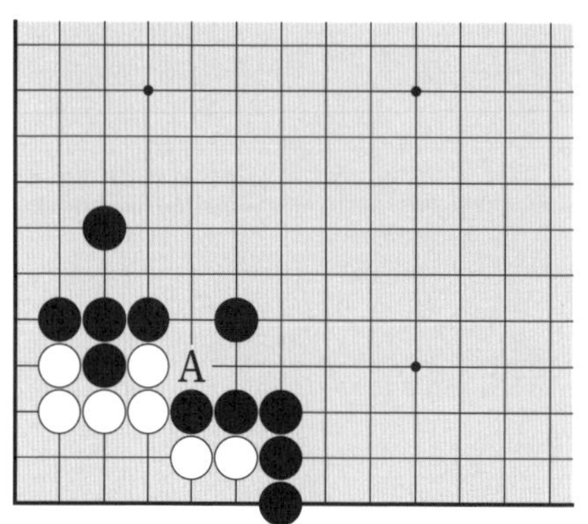

파생형 5

흑 차례

앞의 파생형과 다른 것은 A의 곳 공배가 비어 있다는 점이다.

이 조건이 백의 사활에 어떤 영향을 미칠지 알아보자. 과연 아무런 상관이 없을까?

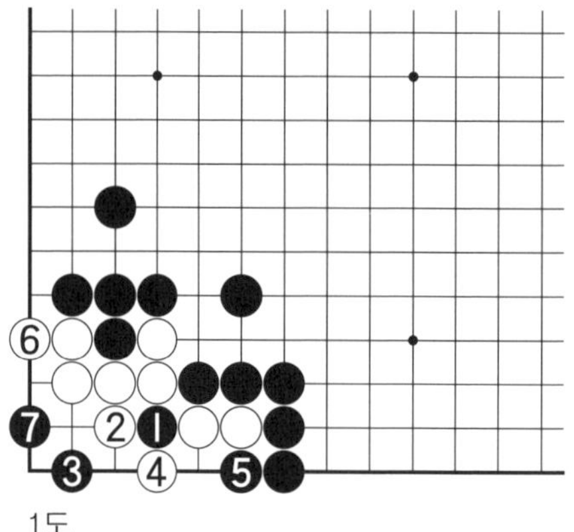

1도

1도(최선/ 귀곡사의 죽음)

역시 앞의 파생형과 똑같은 수순으로 공략하는 것이 최선의 코스이다.

흑1의 끊음에서 3의 치중이 자연스런 수순이다. 백4에는 흑5, 백6에는 흑7로 백은 잘해 봐야 귀곡사의 죽음이다.

2도(그냥 잡힌다)

앞 그림에 이어, 공배가 비어 있다고 백1로 버티는 것은 흑2로 단수당해 그냥 잡힌다. 백3은 헛수고. 흑이 손을 빼도 백은 잡혀 있다.

백a에 흑b로 막으면 백은 c로 단수할 수가 없기 때문이다.

2도

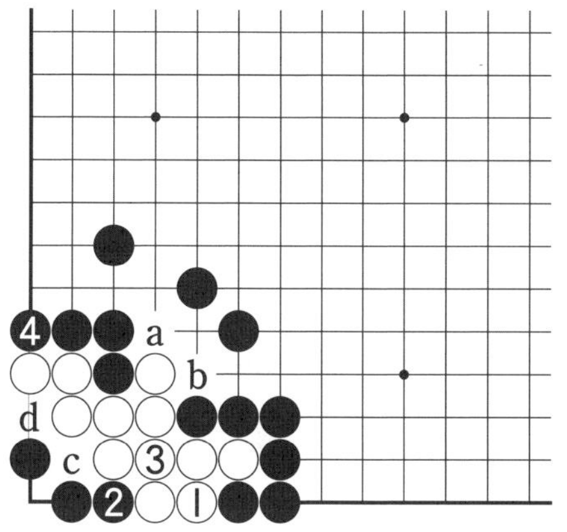

3도

3도(공배가 2개 있어도 잡힌다)

그렇다면 a와 b로 공배가 두 개 비어 있으면 사활이 달라질까?

백1이면 흑2로 단수당해 역시 잡힌다. 백3에는 흑4로 막아 버린다. 다음 백c 때 흑이 a나 b면 백은 d에 둘 수가 없다.

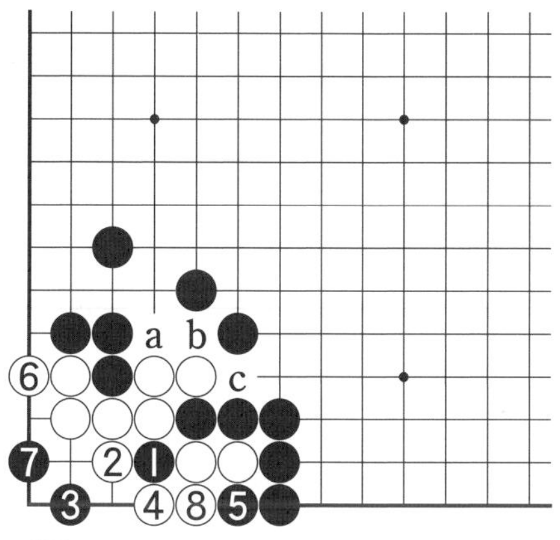

4도

4도(공배가 3개 비어 있으면?)

이번에는 a, b, c로 세 군데의 공배가 비어 있는 형태이다. 이렇게 공배가 많이 비어 있으면 백의 사활도 달라질까?

흑1~7은 앞서와 같은 요령인데, 문제는 백8의 수가 성립하느냐이다.

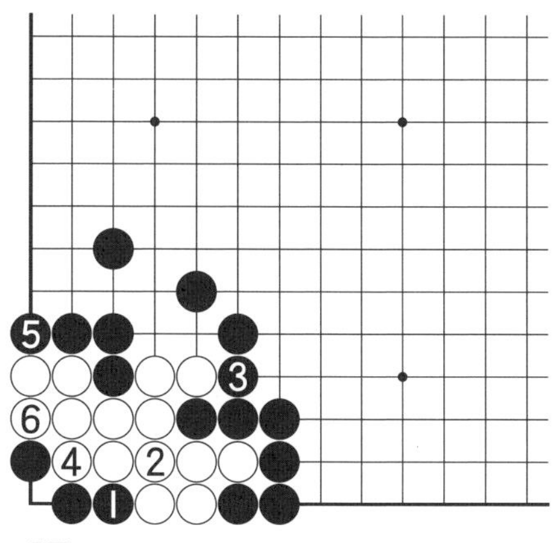

5도

5도(이번에는 살아 있다)

계속해서 흑1의 단수에 백2로 잇고 흑3에 백4, 그리고 흑5에 백6으로 단수해서 착수금지를 활용할 수가 있다.

따라서 공배가 3개 이상 비어 있으면 귀의 백은 살아 있음을 알 수 있다.

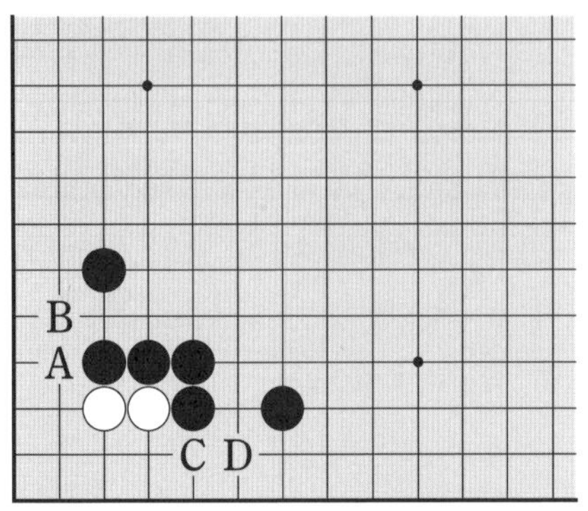

기본형

백 차례

귀에 자리한 백 두점의 사활은 과연 어떻게 될까? 실전에서 흔히 나오는 형태인데, 약해 보이지만 생명력이 끈질긴 돌이다.

　백A, 흑B 또는 백C, 흑D를 교환하거나 양쪽을 다 교환하는 상태에서 일이 시작된다.

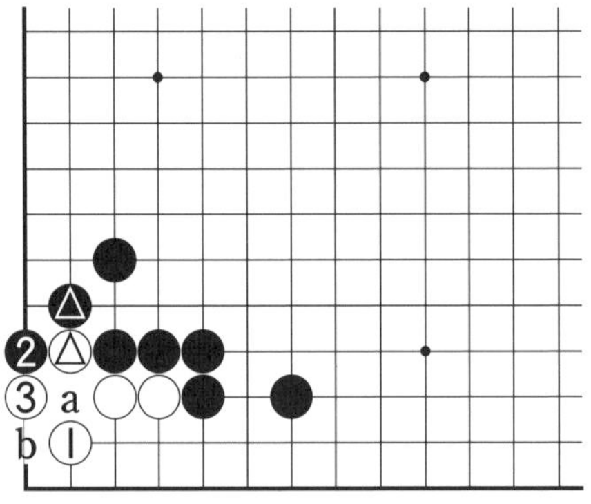

1도

1도(최선/ 상식의 패)

백△와 흑●가 교환되었을 때는 백1로 호구치는 것이 상식이다. 그리고 흑2의 단수에 백3의 패로 버티는 것이 단순하면서도 최선의 코스이다.

　흑은 a와 b로 연타하면 귀를 깨끗이 잡을 수 있다.

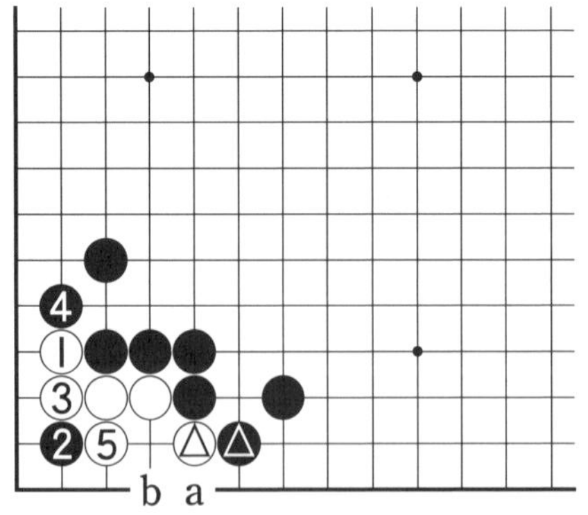

2도

2도(역시 패)

오른쪽에 백△와 흑●가 교환된 상황이라면, 백1로 젖혔을 때 흑은 바로 막지 않고 2에 치중할지도 모른다. 그러면 백3에 잇고 흑4로 막을 때 백5로 둔 다음 흑a에 백b의 패로 버틴다.

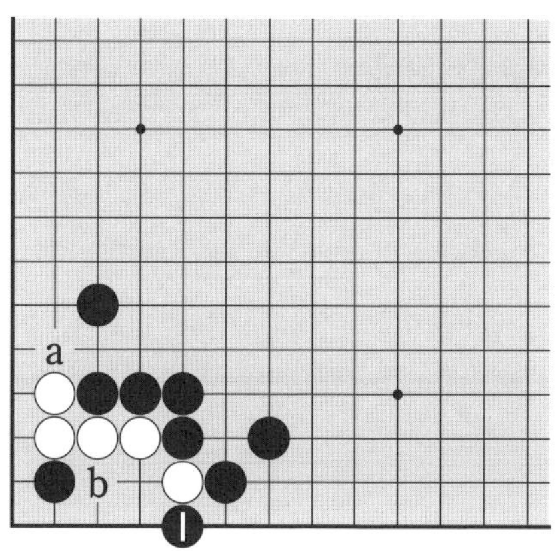

장면도

▥ 1선의 단수 (백 차례)

이 상황에서 흑1로 일선에서 단수하는 얄궂은 수가 있다. 주변의 상황에 따라서는 유력할 수도 있다.

흑a면 백b로 두려고 했던 백은 곤혹스럽다. 그럼 어떻게 대응해야 할까?

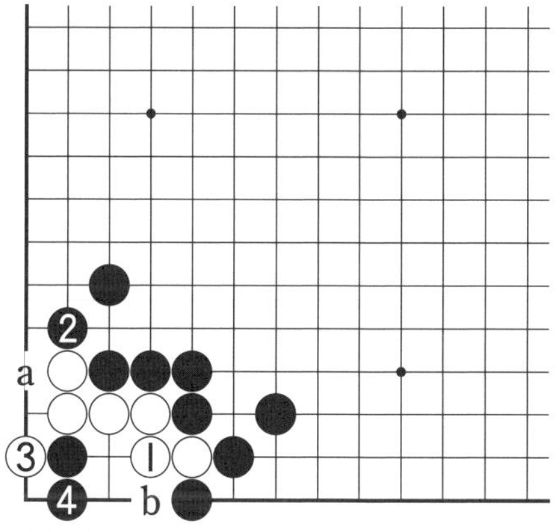

참고도 1

참고도 1(백, 횡사)

당황한 나머지 덥석 백1로 잇다가는 참변을 면치 못한다.

그 순간 흑은 2로 호구쳐서 막아 버린다. 백3에는 흑4 다음 a와 b가 맞보기여서 간단하게 잡힌다.

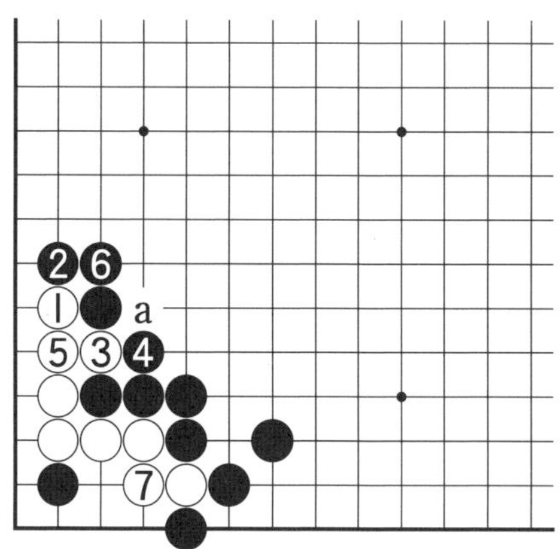

참고도 2

참고도 2(백1, 최강의 저항)

백1로 붙이는 것이 최강의 저항이다. 흑2에 백3, 5로 끼워잇고 7의 이음으로 손을 돌리면 궁도가 넓어 살아 있는 모습이다.

다만 흑4로는 a에 느는 수도 있어 백도 조금 골치가 아프다. 그래서 [4형]의 1도가 가장 깔끔한 진행이었다.

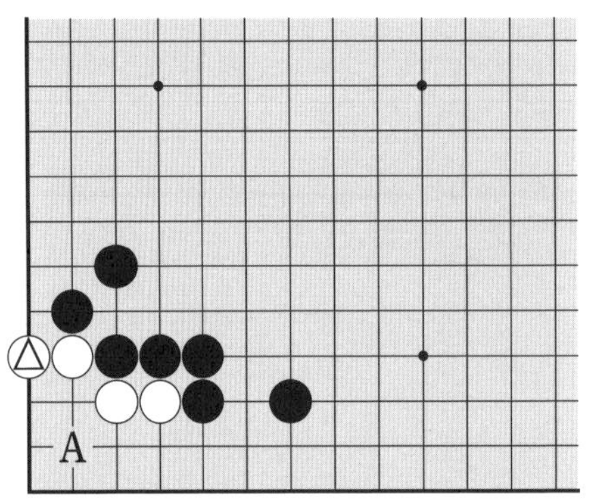

파생형 1

흑 차례

백A로 호구치면 패가 되는 길이 너무도 뻔해서일까, 백은 그 길을 마다하고 △로 1선에 내려섰다.

어떻게든 흑을 현혹시키려는 술책인데, 그렇다면 어떻게 귀의 백을 공략하는 것이 좋을까?

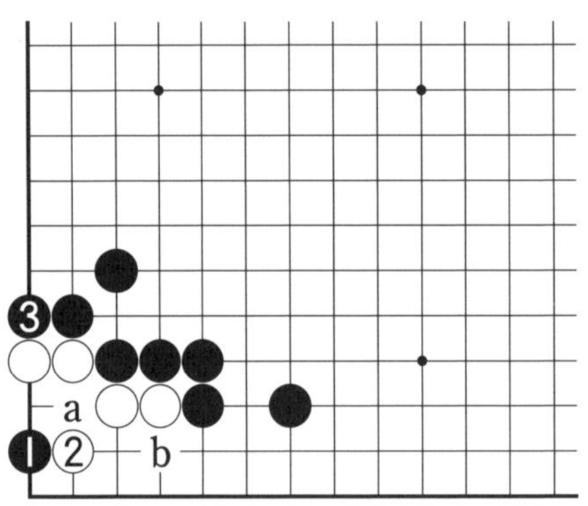

1도

1도(잡는 수 1)

흑1로 2의 ― 자리에 치중하는 것이 백의 욕심(?)을 응징하는 매서운 공략이다.

백2로 받을 때 흑3으로 뒤쪽에서 막아 a의 환격을 보는 것이 호수여서 백을 간단히 잡는다. 다음 백a면 흑b로 그만이다.

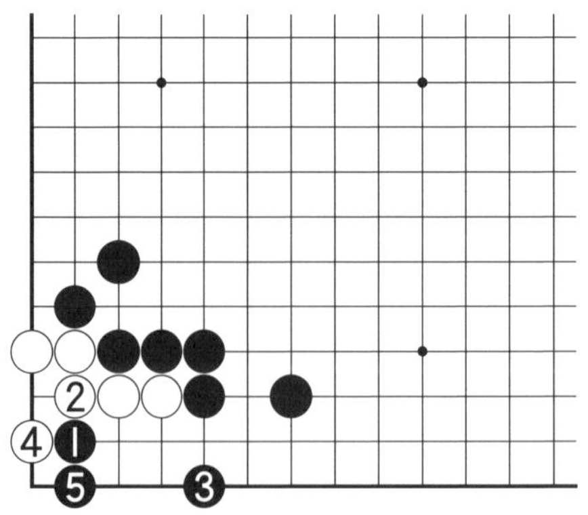

2도

2도(잡는 수 2)

흑1로 들여다보는 수도 성립한다. 단, 백2로 이은 다음 흑3으로 1선에 뛰는 수를 발견하느냐 못하느냐가 관건이다.

백4의 젖힘에는 흑5로 오른쪽과 연락하므로 자동적으로 백의 죽음이다.

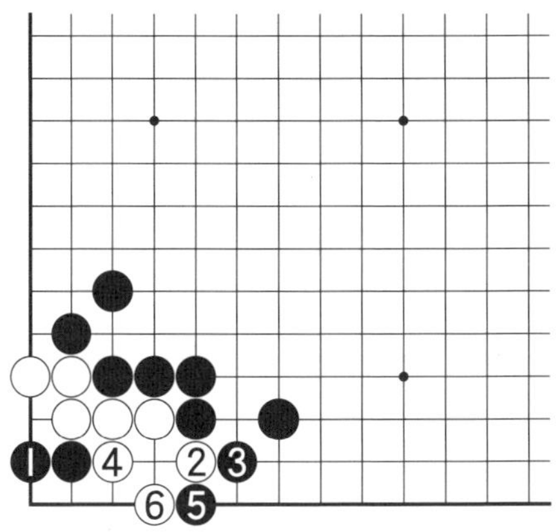

3도

3도(백의 저항)

1선 뜀의 급소를 모르면 흑1에 내려서게 될 것이다. 그러면 백2, 4의 저항을 받아 무조건 잡는 수는 사라진다.

흑5의 단수에 백6의 패로 받을 것이 빤하기 때문이다.

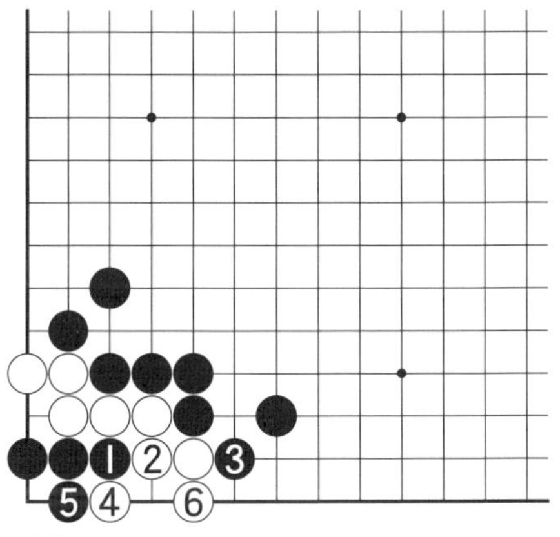

4도

4도(역시 패가 불가피)

앞 그림의 3으로 흑1에 나가 백2와 교환하고 흑3으로 호구쳐 막는 것도 여의치 않다.

그러면 백4의 젖힘이 좋은 맥점이다. 흑5로 받을 때 백6으로 꼬부리면 패가 불가피하다. 도중 흑5로 6은 백5로 빅이다.

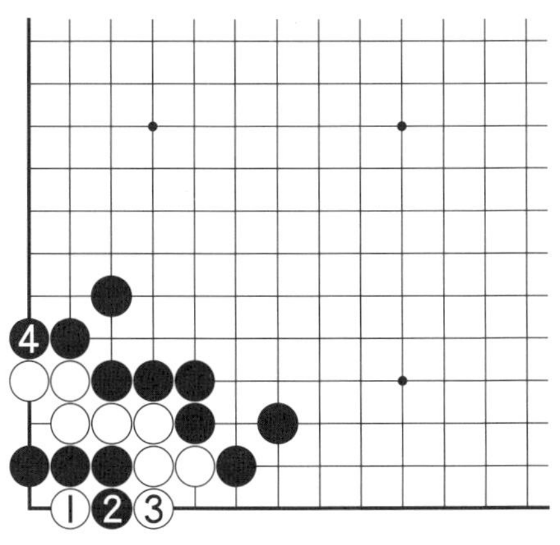

5도

5도(유가무가의 죽음)

앞 그림의 4가 호착인 이유는, 만약 백1로 급소를 두어서 빅을 만들려고 욕심을 부렸다가는 참변을 당하기 때문이다.

흑2가 적의 급소는 나의 급소이다. 백3에는 흑4로 막혀 유가무가의 죽음이다.

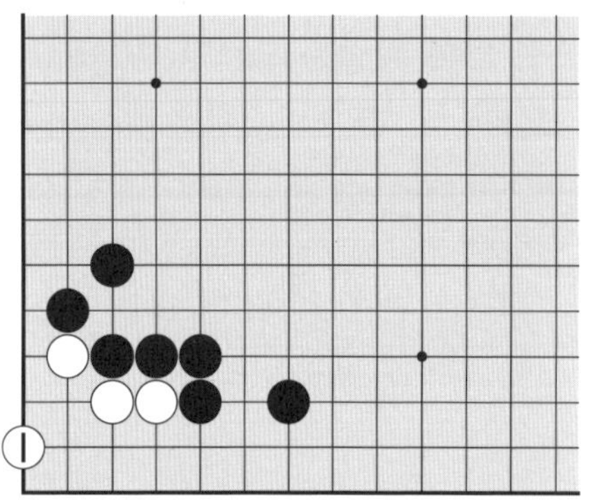

파생형 2

흑 차례

이번에는 묘하게 백1로 2의 一 급소 자리에 날일자해서 버텨 왔다.

이것 역시 흑을 헷갈리게 하려는 속셈인데, 흑이 정확하게 공략하면 백은 혼비백산할 수밖에 없다.

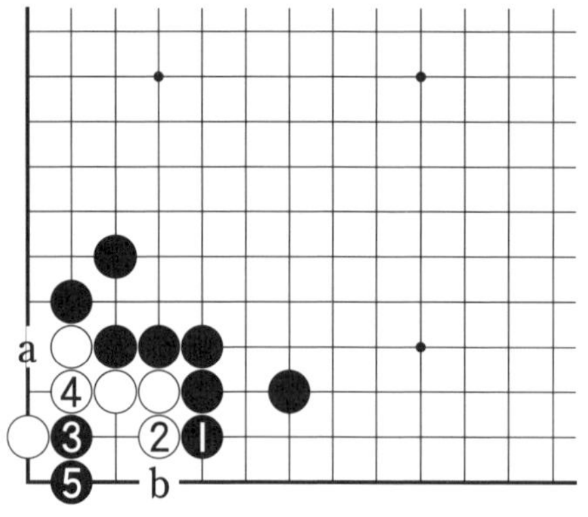

1도

1도(최선/ 출발점이자 결정타)

흑1로 내려서는 한수가 백을 죽음으로 몰아가는 출발점이자 결정타이다.

백2로 막으면 흑3으로 치중하는 것이 필살의 일격이다. 백4, 흑5 다음 a와 b가 맞보기여서 백은 살길이 없다.

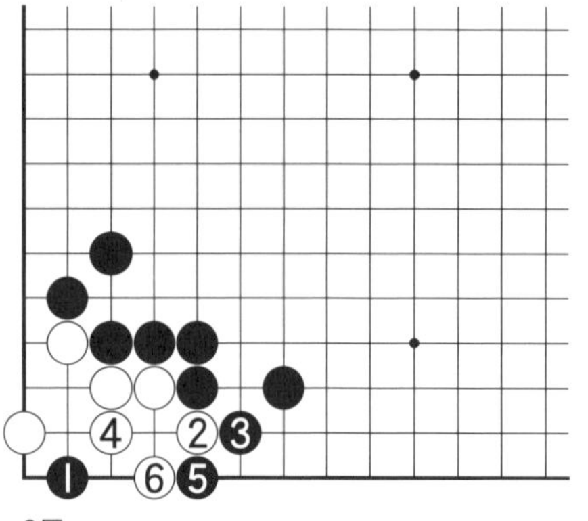

2도

2도(백의 저항)

흑1로 2의 一 자리를 치중하는 것도 유력한 공략이지만 저항을 받는다. 백2, 4가 바로 그것이다.

여기서 흑5로 모는 것은 잘못으로 백6의 패로 버텨오면 단패가 된다. 따라서 흑5로는~

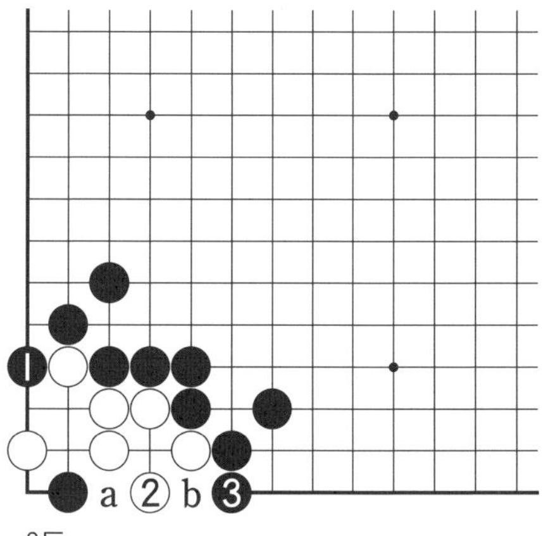

3도

3도(올바른 공략법)

흑1쪽에서 단수하는 것이 그나마 올바른 공략법이다. 이때 백2로 급하게 눈을 만드는 것은 실수이다.

흑3의 내려섬이 침착한 한수여서 백은 살길이 없다. 다음 a와 b가 맞보기임을 확인하자.

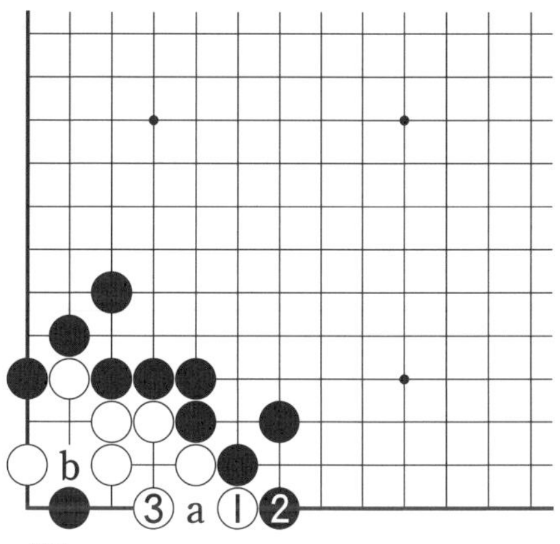

4도

4도(백, 독하게 버텨서 패)

앞 그림의 2로는 백1에 젖히고 흑2 때 백3으로 눈을 만들어서 패로 버티는 독한 수법이 있다.

다만 백은 다음 a의 패를 이겨도 b에 두어야 비로소 단패가 된다. 요컨대 이단패인 것이다.

5도(주력부대가 잡힌다)

그런데 앞 그림의 2로 흑1에 치중하면 어떻게 될까?

백2, 흑3은 한방 선수당하지만 다음에 백4로 이을 때 흑5로 두면 백은 6으로 달아나도 흑a에 끊겨 주력부대는 잡히므로 패도 안 된다.

다만 하변 상황에 따라 백에게 기회를 줄 여지가 있을지 모른다.

5도

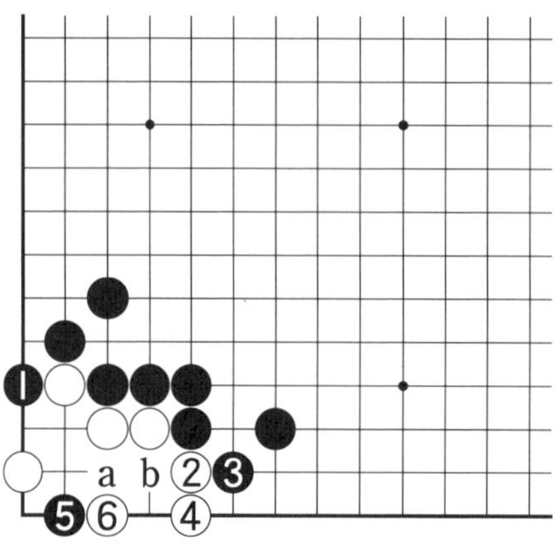

6도

6도(1선 단수면 패가 필연)

흑1의 일선 단수를 서두르는 것은 백2에서 4로 궁도를 넓히는 대응이 좋아 그냥은 잡을 수 없다.

흑5의 치중에는 백6의 붙임이 호수이다. 다음 흑a에 백b로 버텨서 패가 되는 것이 필연이다.

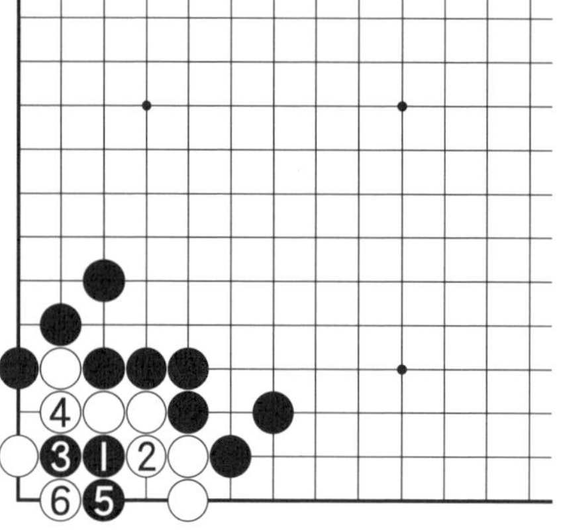

7도

7도(역시 패가 불가피)

흑1로 붙이는 것도 날카로운 급소이지만 이 경우도 패를 피할 수 없다. 백2는 절대의 한수이며 흑3, 5가 최선의 진행이다.

백6으로 패를 만드는 수까지가 외길의 수순이다.

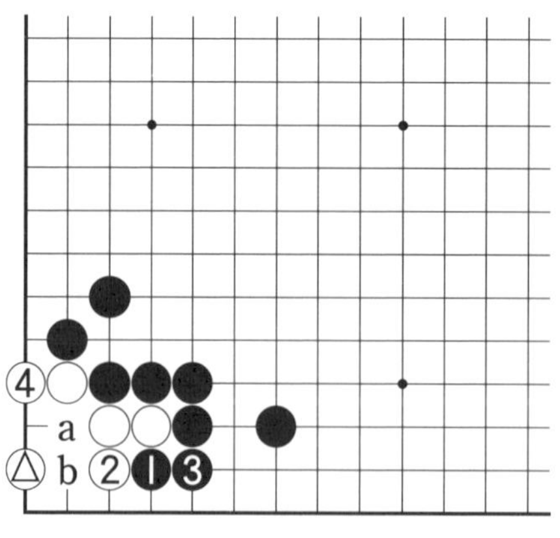

8도

8도(백의 주문)

흑1, 3의 젖혀이음은 안이한 수법이다. 그러면 백은 4에 내려서서 간단하게 살아 버린다.

흑1로 a에 끊는 것도 백b, 흑4, 백3으로 삶을 얻을 수 있다. 모두 백△의 주문이었다.

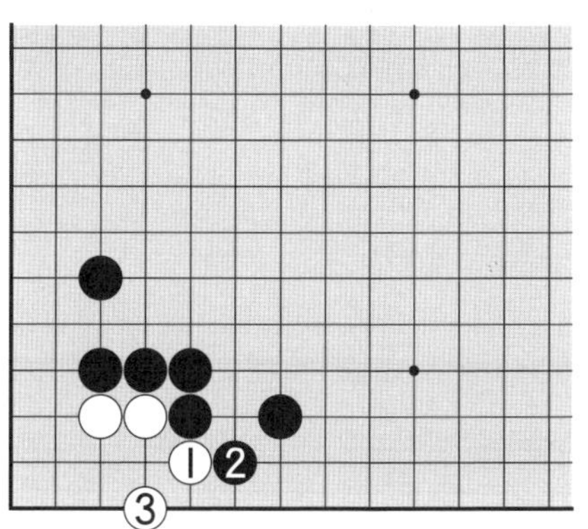

파생형 3

흑 차례

기본형에서 백1, 흑2를 교환하고 백3으로 호구치는 수도 생각할 수 있다. 이 사활은 어떻게 될까?

결론부터 말하자면 흑이 백을 잡으러 가는 수만 여러 가지로, 살려주기가 더 힘들 정도이다.

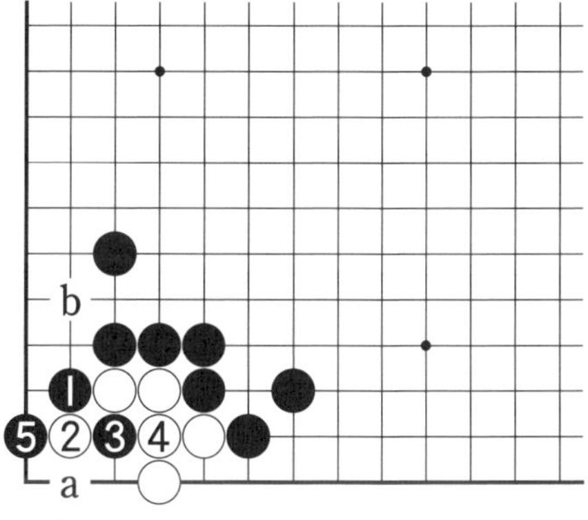

1도

1도(잡는 수 1)

흑1로 젖히는 것이 가장 상식적이고 간단한 방법이다. 백2로 받을 때 흑3에 끊어 놓는 것이 중요한 수순이다.

백4를 강요하고 흑5로 몰면 백은 살 방법이 없다. 다음 백a에는 흑b로 그만이다.

2도

2도(잡는 수 2)

흑1로 치중하는 수도 성립한다. 따지고 보면 여기는 앞 그림 3의 곳임을 알 수 있다. 백2에는 흑3으로 끊어서 쉽게 백을 잡을 수 있다.

백2로 a면 흑2로 단수해서 앞 그림과 같아진다.

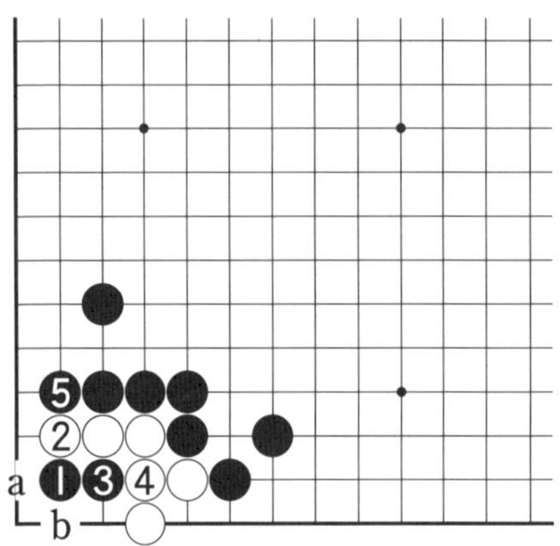

3도

3도(잡는 수 3)

흑1로 치중하는 수로도 백을 잡을 수 있다. 백2에는 흑3을 선수하고 5에 따라 막는다. 다음 백a에는 흑b로 잡는다.

단, 실전이라면 백의 수수가 많으므로 바깥쪽 흑이 미생일 경우는 불안하다.

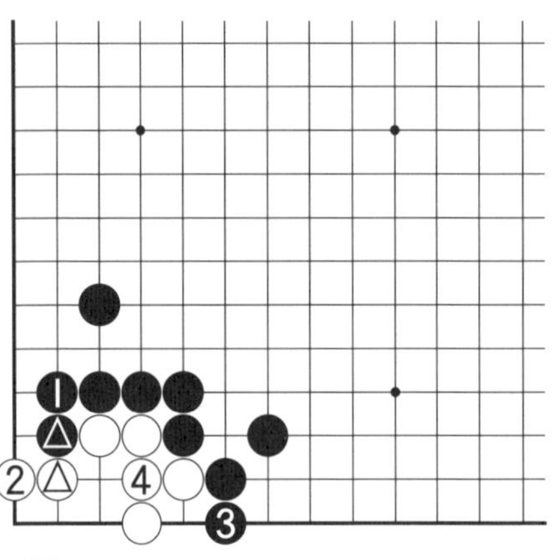

4도

4도(삶의 공간)

흑▲로 젖히고 백이 △로 받은 상황에서 흑1로 잇는 것은 너무도 아깝다.

그러면 백은 2로 내려서서 충분히 살 수 있는 공간을 확보한다. 흑3에는 백4로 받아서 여유 있게 살아 있다.

5도(침착한 수이지만 패)

흑1로 내려서는 것은 침착한 행동이지만 백2의 저항에 부딪혀 그냥은 못 잡는다.

흑3의 붙임은 상식이며 백4, 흑5의 문답 다음 백a, 흑b, 백c의 패가 필연이다.

5도

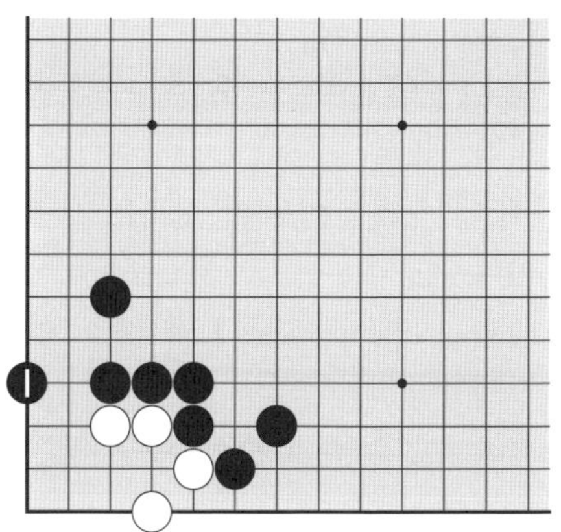

장면도

▦ 저항 수단 (백 차례)

[파생형 3]에서 흑이 일선에 1로 뛰었다. 이 수도 유력한 급소 가운데 하나임에는 틀림없지만 어딘지 어설프다.

여기서 백은 어떤 저항 수단이 있을까?

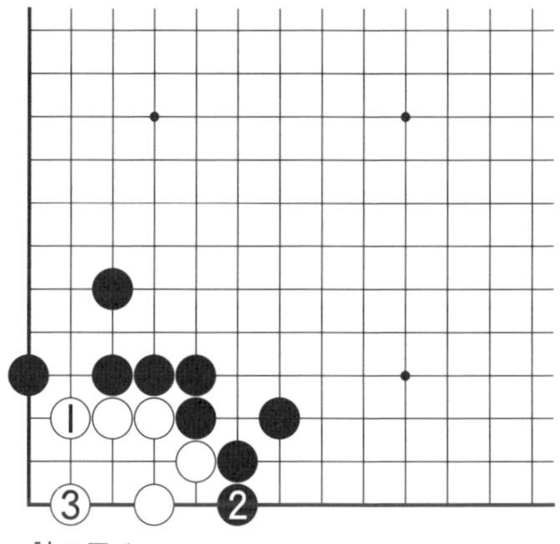

참고도 1

참고도 1(백1, 최선)

일단 백은 1로 내려서는 것이 최선이다. 여기서 흑의 공략법이 중요한데, 2로 뒤쪽에서 1선에 내려서는 것은 너무 침착(?)하다.

백은 고마워하며 3으로 급소에 뛰어 살아 버릴 것이다.

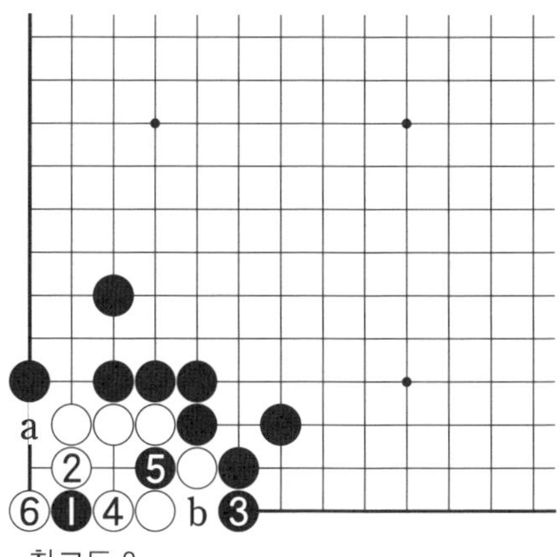

참고도 2

참고도 2(치중 이후 성급)

앞 그림의 2로는 흑1로 치중하는 것이 적의 급소는 나의 급소에 해당하는 좋은 공략이다.

단, 백2 때 흑3으로 내려서는 것은 백4를 불러 성급하다. 백6 다음 a와 b가 맞보기여서 백이 살아 간다.

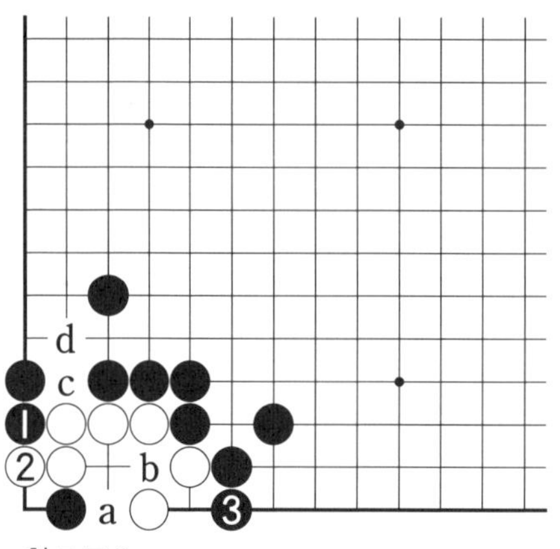

참고도 3

참고도 3 (교묘한 수순)

앞 그림의 3으로는 흑1에 하나 들어가 백2와 교환하고 나서 비로소 흑3에 내려서는 것이 교묘한 수순이다.

다음 백a에는 흑b의 먹여침이 안성맞춤의 파호이며, 백c는 흑d로 받아 옥집 형태로 백의 죽음이다.

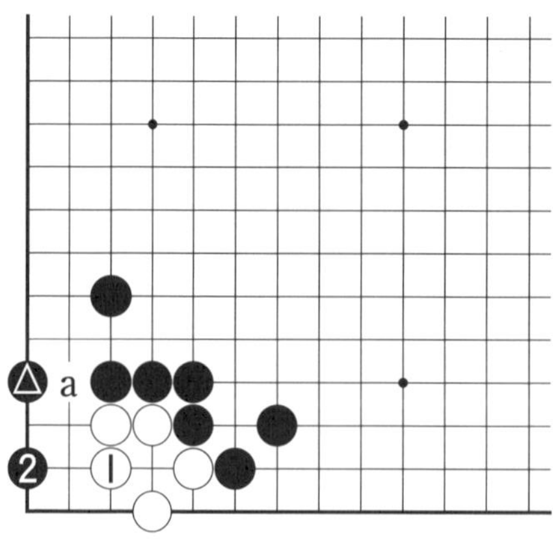

참고도 4

참고도 4 (이단패가 최선)

그러나 앞 그림의 백2가 경솔했다. 흑△로 기어든 순간, 백1로 하나 젖혀 흑2로 받게 하고 백3에 막는 것이 최선이다.

다만 백은 a의 패를 이기고 나서 b에 두어야만 단패로 만들 수 있다. 즉 이단패의 모습이다.

참고도 5 (한칸뜀의 효력)

처음으로 돌아가서, 백1로 눈을 만드는 것이 유력해 보이지만 실은 흑2를 불러 그냥 잡힌다. 이렇게 되면 흑△로 한칸을 뛴 수가 효력을 발휘하고 있다.

따라서 흑△가 a인 경우에 백1이 최선임을 기억하도록([파생형 3] 5도 참조)!

참고도 5

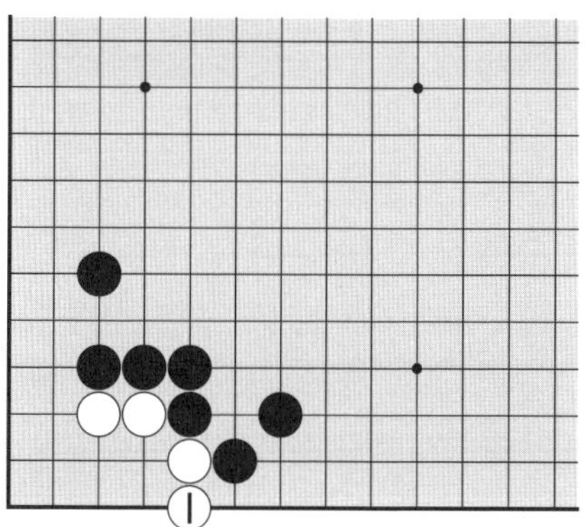

파생형 4

흑 차례

호구치지 않고 백1로 일선에 내려
서는 수도 있으며 흑을 현혹하려는
의도를 품고 있음은 앞서와 다름이
없다.

　그럼 이 백을 어떻게 공략하는
것이 좋을까? 첫수가 관건이다.

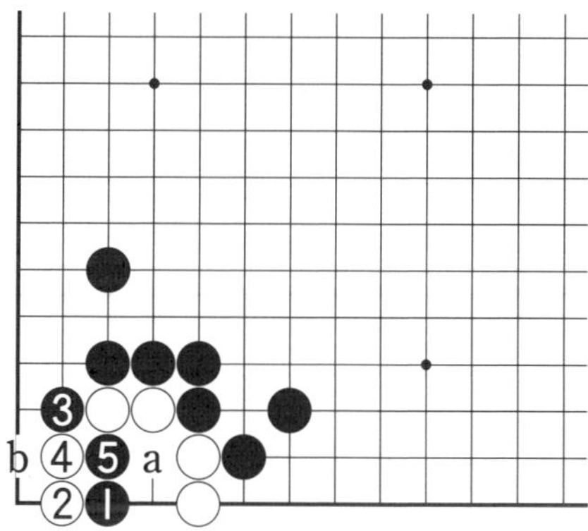

1도

1도(최선/ 1선 치중이 급소)

뜻밖일지도 모르지만 흑1의 일선
치중이 통렬한 급소 공략이다. 백의
단점을 엿보고 있는 만큼 못 떠올
릴 착상은 아니다.

　백2가 최강이지만 흑3, 5로 몰아
붙여서 백을 잡는다. 다음 백a면 흑
b로 그만이다.

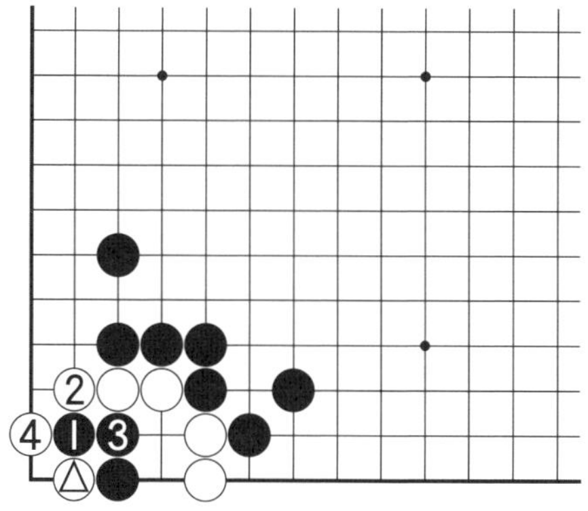

2도

2도(패가 필연)

백△의 붙임에 대해 흑1로 직접 대
응하는 것은 백의 의도에 휘말린
수이다.

　백2가 적의 급소는 나의 급소여
서 그냥은 못 잡는다. 흑3에 백4로
버티면 패가 필연이다. 수순 중 흑3
으로~

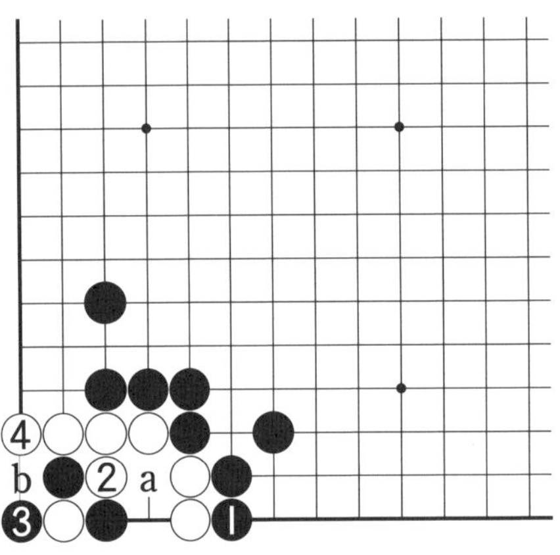

3도

3도(패가 아니라 삶)

흑1로 뒤쪽에서 막아도 패가 아니냐고 생각할지 모르지만 그것은 오산이다.

백2로 단수하고 4로 내려서는 좋은 수순이 있어 그냥 살아 버린다. 다음 흑a로 백 두점을 잡으면 백b로 몰아서 두점을 잡고 삶이다.

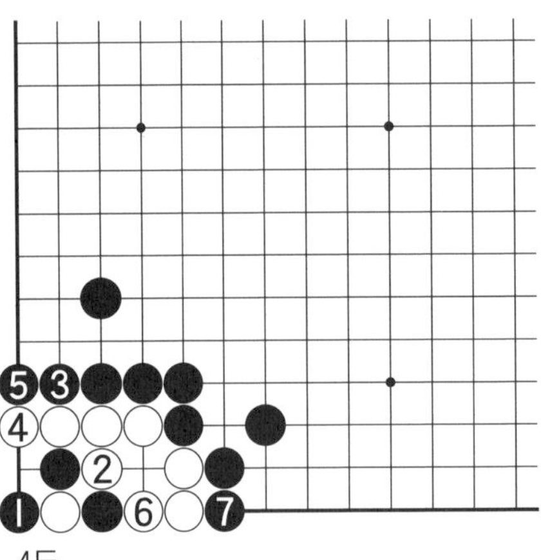

4도

4도(이 코스도 패)

2도의 3으로 흑1에 두어 백 한점을 따내는 변화이다.

그러면 백2로 대응하는 것이 좋은 수이며 흑은 3에서 5로 따라 막는다. 백6에 흑7로 단수해서 역시 패가 될 수밖에 없다.

5도(치받는 변화)

거슬러 올라가 흑△의 치중에 대해 백1로 치받으면 흑2로 끌어내는 수가 준비되어 있다.

다음 백3에는 흑4로 막아서 백의 죽음임을 확인하기 바란다. 흑△를 당한 이상 백은 죽음뿐이다.

5도

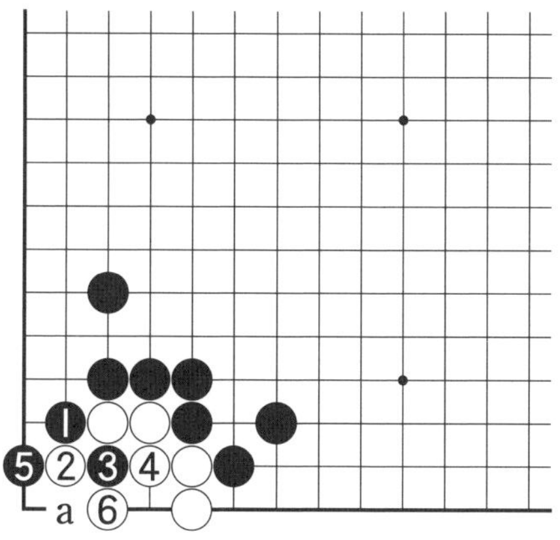

6도

6도(그냥 젖히면 패)

흑1쪽을 그냥 젖혀 백2로 받게 하면 잡는 수는 사라지고 만다. 흑3에 끊고 5로 단수할 때 백6의 따냄이 정확한 응수여서 다음 흑a로 패를 할 수밖에 없다.

백6으로 a면 흑6을 불러 횡사하므로 주의!

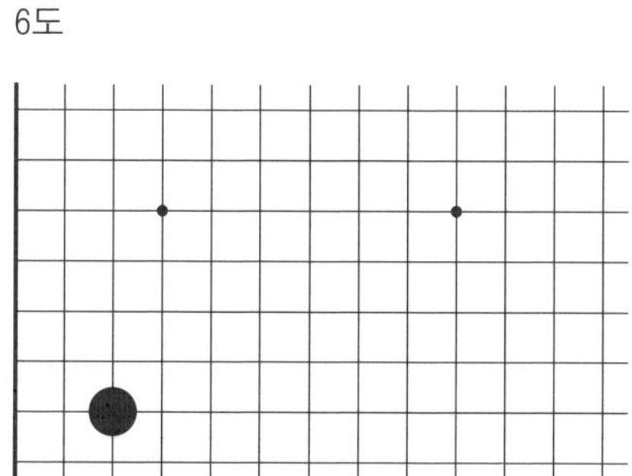

7도

7도(흑3, 때늦은 급소)

흑1로 바깥쪽을 막는 것은 좋은 수가 될 공산이 작다. 이때는 백2의 꼬부림이 좋은 수이다. 흑3의 붙임은 때늦은 급소이다.

다음 백4에 흑5로 끊어 봤자 백6, 8의 수순이 좋아서 살아간다.

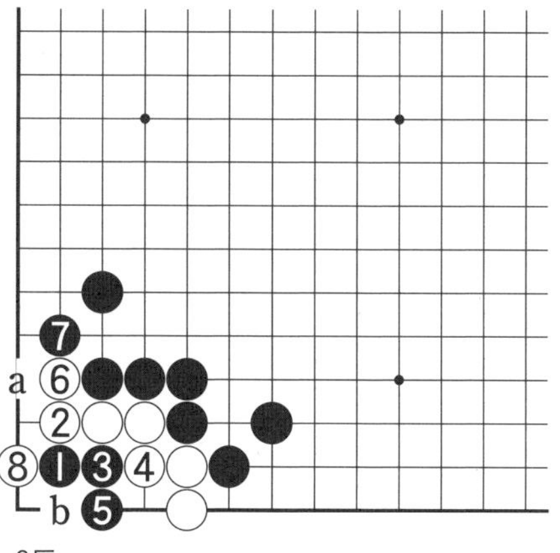

8도

8도(패가 불가피)

흑1로 2의 二 자리를 치중하는 수도 있지만 백을 그냥 잡기는 어렵다. 흑3, 백4를 교환하고 흑5에 꼬부려도 백6, 8이면 패가 불가피하다. 다음 흑a, 백b가 예상된다.

185

파생형 5 묘하게 2선 호구치다

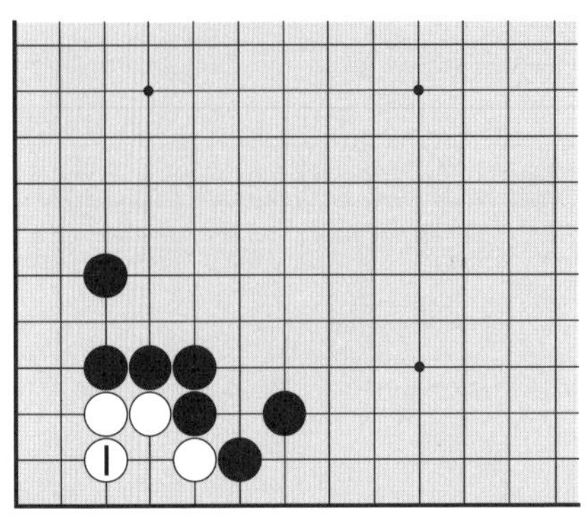

파생형 5

▨ 흑 차례

백은 1선의 호구도 아니고 내려서지도 않고, 2선에서 1로 묘하게 호구치는 것은 어떨까?

얼른 봐도 좋은 수는 아닐 것 같다. 그렇다면 흑은 어떻게 공략하는 것이 좋을까?

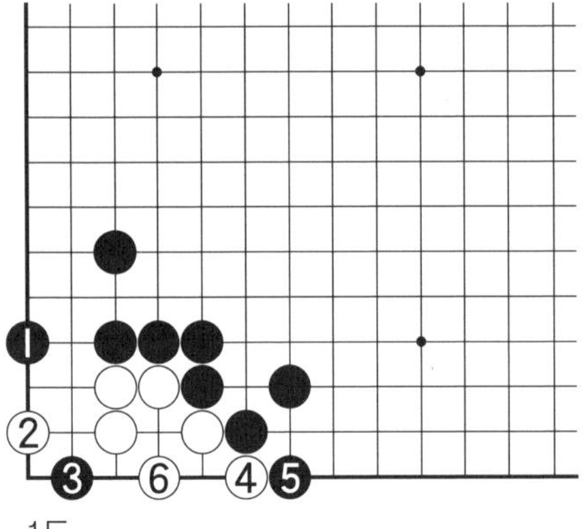

1도

1도(최선/ 이단패)

흑1로 일선에 한칸을 뛰는 것이 급소이다. 백2로 같이 1선에 뛴 것은 절대이며 흑3의 치중은 필살의 한 수이다.

백은 4로 하나 젖히고 6으로 버텨서 불리하나마 이단패를 만드는 것이 최선이다.

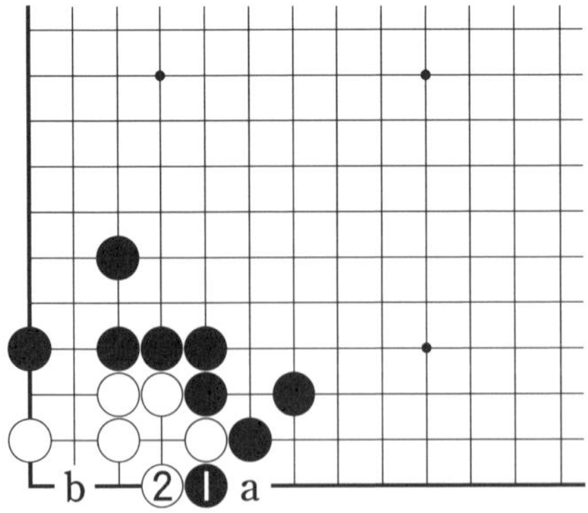

2도

2도(흑1, 경솔)

앞 그림의 3으로 흑1로 단수하는 것은 경솔한 행동이다. 백2의 패로 버텨올 것이 너무도 빤하기 때문이다. 흑a로 이을 여유는 있지만 백b로 두게 해 단패가 되므로 정해보다 미흡하다.

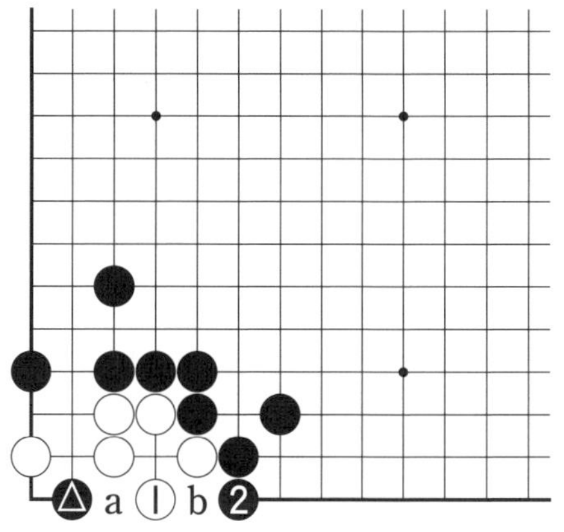

3도

3도(백1, 저항력 부족)

흑▲의 치중에 대해 백1로 눈을 만드는 것은 저항력이 부족하다. 흑2의 1선 내려섬이 통렬한 급소여서 패는커녕 그냥 잡히고 만다.

다음 a와 b가 맞보기여서 살 수 없음을 확인하도록!

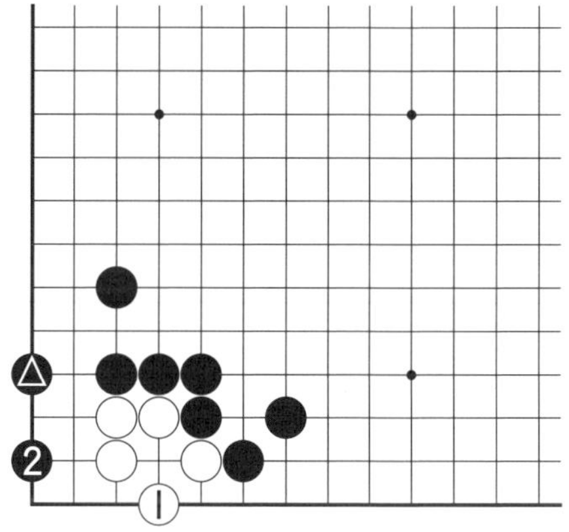

4도

4도(흑2가 사활의 급소)

처음으로 돌아가서, 흑▲ 때 백1로 눈을 만드는 것은 흑의 다음 한수를 예측하지 못한 데서 온 안이한 행동이다.

흑2의 한칸뜀이 사활의 급소! 이것으로 백은 힘도 못쓰고 잡혀 버린다.

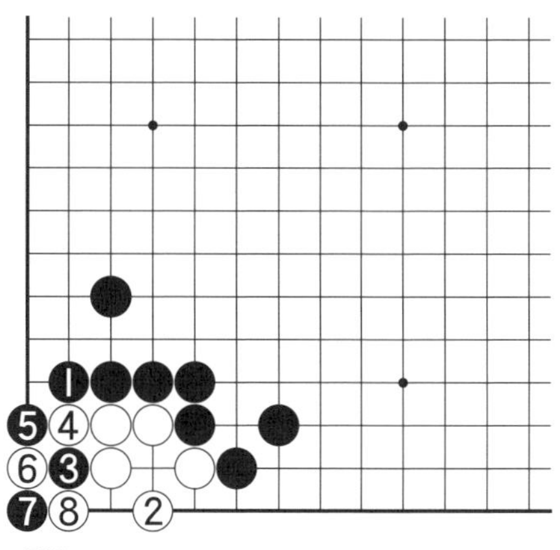

5도

5도(흑1, 잘못된 공략)

흑1로 내려서는 것은 실전에서 흔히 범하는 잘못된 공략법이다.

이럴 때는 백2로 눈을 만드는 것이 좋은 응수이다. 흑3은 급소이지만 백4로 나가고 6에 먹여치고 8로 들어가서 패가 된다.

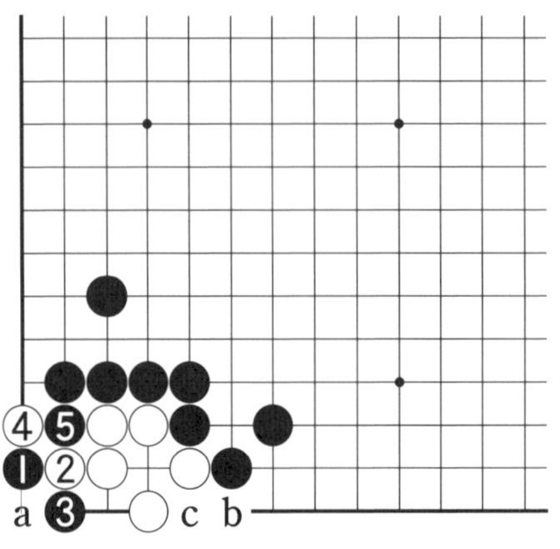

6도

6도(역시 흑의 선패)

앞 그림의 3으로는 흑1에 날일자하
는 수도 성립한다. 백2, 4가 있어
흑5 다음 백a로 패를 따내어 앞서
와 달리 백의 선패인 것 같지만 흑
b, 백c가 선수여서 실상 흑이 따낼
차례의 패가 된다.

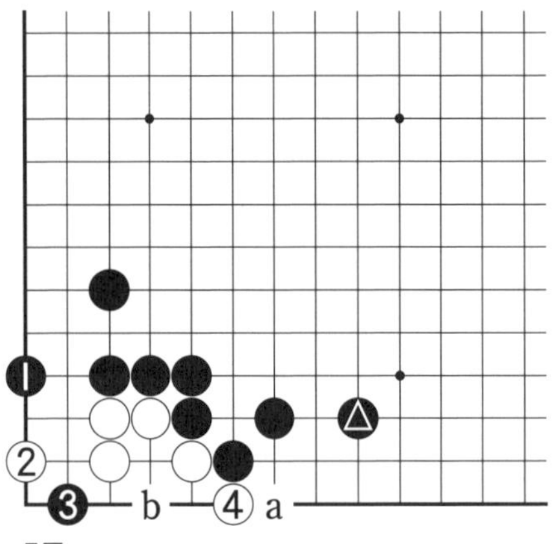

7도

7도(오른쪽이 튼튼할 경우)

오른쪽에 흑▲ 한점이 덧붙여져 있
다. 그만큼 흑의 오른쪽이 튼튼하다
는 뜻이다.

　이럴 때는 흑1로 뛰어서 백을 그
냥 잡을 수 있다. 백4의 젖힘에 흑
이 a로 받는다면 백b로 패가 되지
만….

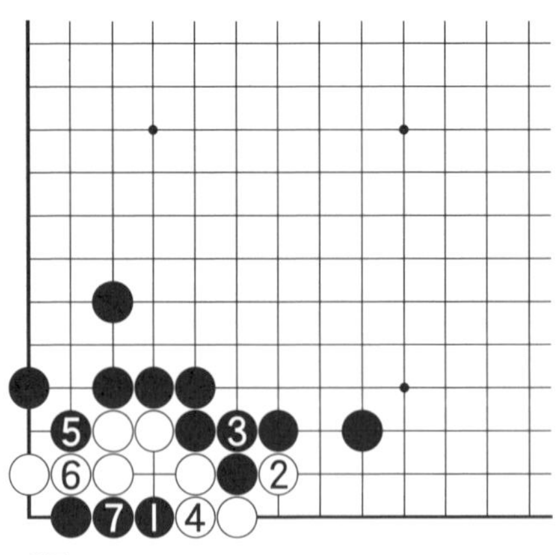

8도

8도(3궁도 죽음)

흑은 막지 않고 1로 치중하는 무시
무시한 강수가 성립한다. 백2에는
흑3으로 이어서 아무 문제가 없다.

　다음 백4로 이을 때 알기 쉽게
흑5, 백6을 교환하고 흑7에 이으면
백은 3궁도 죽음이다.

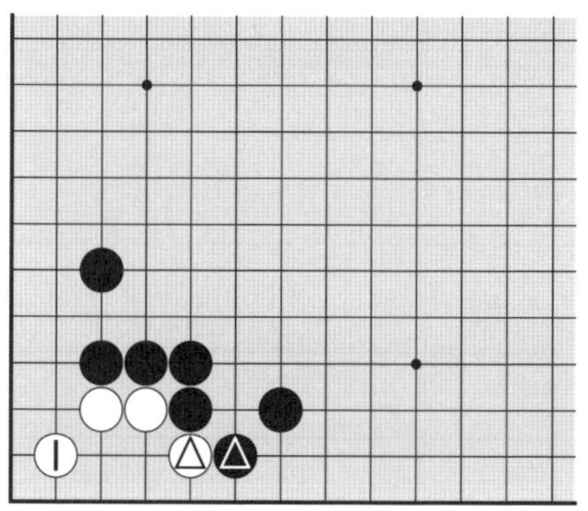

파생형 6

▥ 흑 차례

기본형에서 백△와 흑▲가 문답되어 있는 것은 똑같은데, 이번에는 백1로 삐딱하게 틀어서 마늘모한 수가 생각보다 까다롭다.

흑의 올바른 공략법을 알아보자. 과연 백을 잡는 수가 있을까?

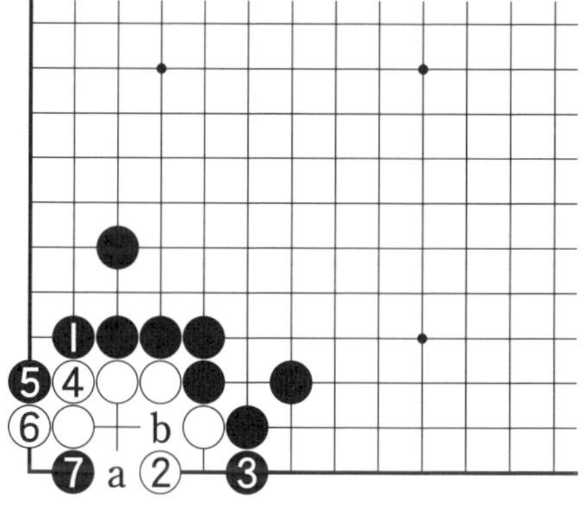

1도

1도(최선/ 내려섬 두 방)

출발점은 흑1의 내려섬이다. 이곳을 두지 않고서는 아무 일도 할 수 없다.

백2로 호구칠 때 흑3의 내려섬이 냉정한 급소이다. 백4에 흑5로 젖히고 7에 치중하는 것이 결정타! 다음 백a면 흑b로 백의 죽음이다.

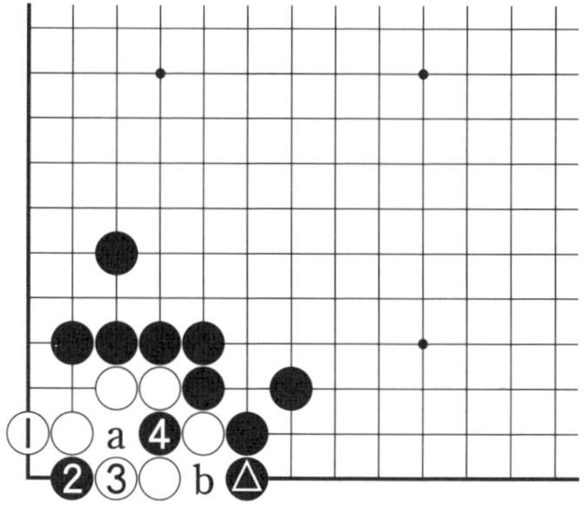

2도

2도(역시 치중이 급소)

흑▲ 때 백1로 2의 一 급소에 늘어서서 궁도를 넓히는 수도 생각할 수 있다. 하지만 역시 흑2가 급소여서 4까지 보듯이 백의 죽음이다.

흑2로 4에 먹여치면 백a, 흑b, 백2로 버텨 패가 됨에 주의!

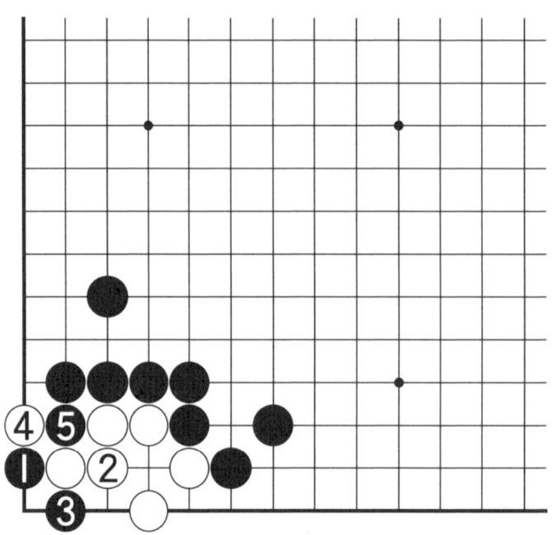

3도

3도(흑1, 급소가 아니라 실착)

1도의 3으로 흑1에 붙이는 것이 급소처럼 보이지만, 실은 백에게 삶의 희망을 열어 주는 실착이다.

백2로 웅크리는 것이 좋은 수여서 흑5까지 보듯이 패가 될 수밖에 없다. 2와 4는 수순을 바꿔도 좋다.

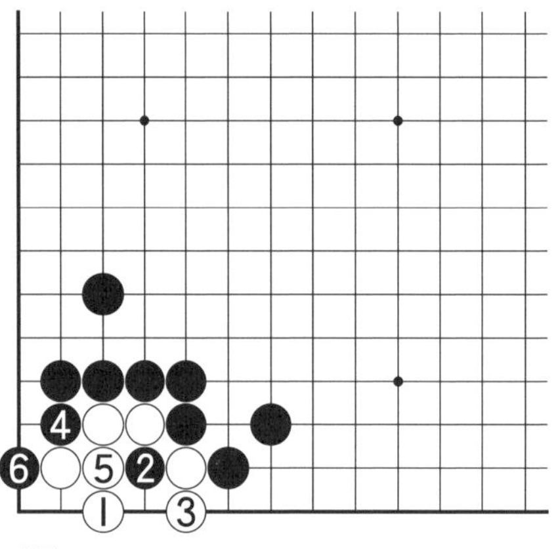

4도

4도(정확한 공략)

1도의 2로 백1에 마늘모하는 것은 흑2로 끊는 것이 정확한 공략이어서 쉽게 잡힌다.

백3이 절대일 때 흑4로 단수하고 6에 젖히는 간단한 수순 앞에 백은 손을 들게 된다.

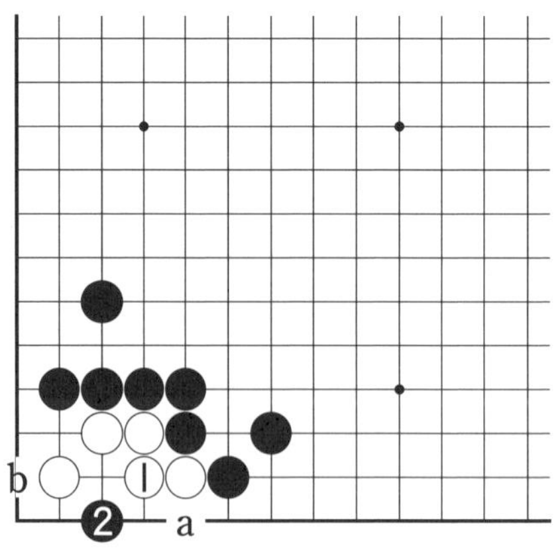

5도

5도(치중 한방)

백1로 잇는 것도 쉬운 코스로 잡힌다. 흑2의 치중 한방이면 백은 숨을 쉴 수가 없게 된다.

흑2로 a는 백2로 삶이며, 흑2로 b는 역시 백2를 불러 패를 피할 수 없음을 확인하기 바란다.

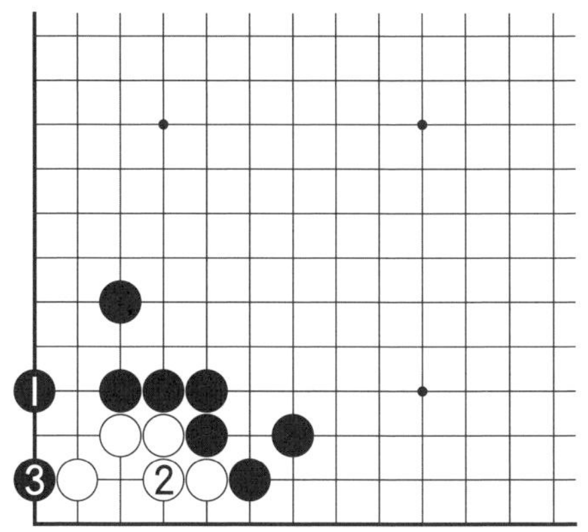

6도

6도(1선 한칸뜀으로도 잡나?)

앞의 파생형에서 배운 흑1의 일선 한칸뜀으로도 백을 잡을 수 있을까?

가령 백2로 잇는다면 흑3의 붙임이 안성맞춤의 급소 공략이다. 그러나 이건 흑의 일방적인 수읽기였다.

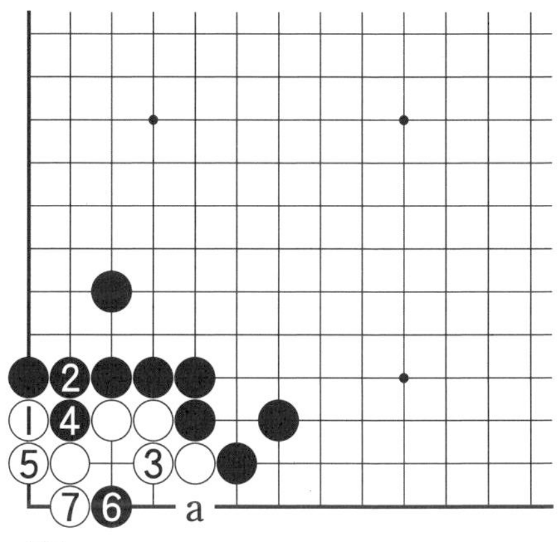

7도

7도(마늘모 붙여서 삶)

앞 그림의 2로는 백1에 마늘모 붙이는 수가 있다. 이것으로 백은 완벽하게 삶을 확보할 수 있다.

흑2가 절대일 때 백3으로 이어서 살 수 있다. 흑6으로 a에 젖히면 백6으로 받아서 좋다.

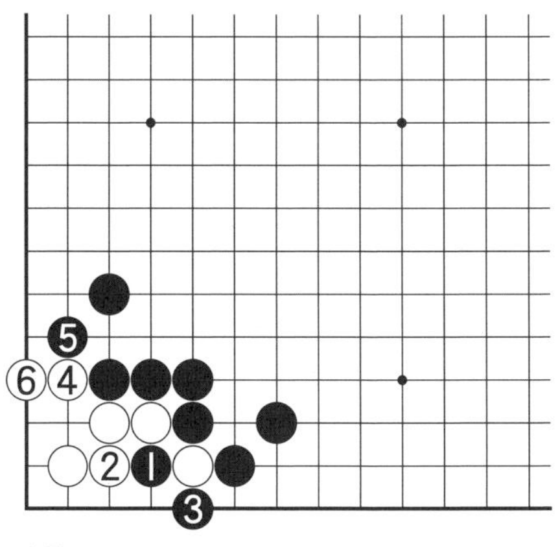

8도

8도(사활 수읽기가 약하다)

사활 수읽기가 약하다면 흑1, 3으로 백 한점을 끊어잡는 것으로 만족할지도 모른다.

그러면 백은 4에 젖히고 6으로 내려서서 사는 것이 요령이다.

191

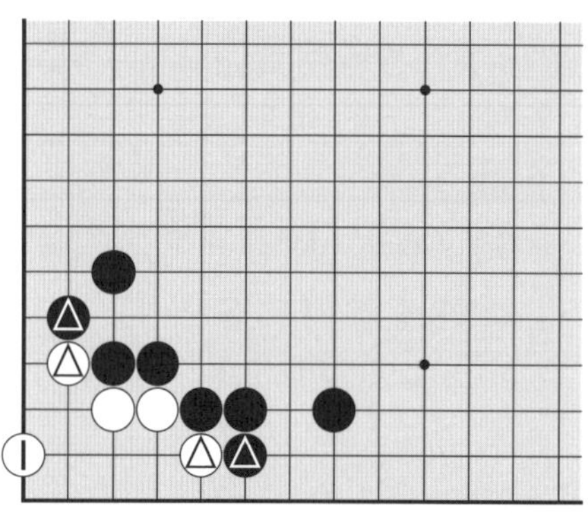

파생형 7

흑 차례

기본형에서 왼쪽과 오른쪽을 모두 백△로 젖혀서 흑△와 문답해 둔 상황에서 백1로 2의 ㅡ 급소를 둔 것이 가장 복잡하고도 까다로운 변화를 품고 있다.

　이 사활의 최선의 결과는 과연 어떻게 될까?

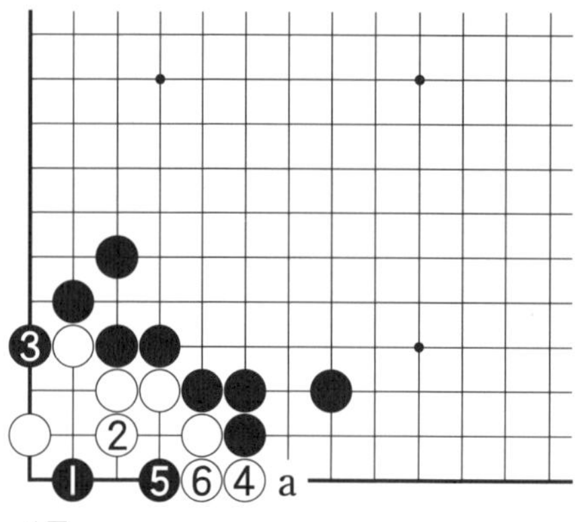

1도

1도(최선/ 2의 ㅡ 치중)

흑1로 하나 남은 2의 ㅡ 자리에 치중하는 것이 정확한 공략이다. 백2에는 흑3의 1선 단수가 또 급소이다. 백4는 패를 노린 수이지만 흑5의 치중이 필살의 일격!

　흑5로 a에 받으면 백5의 패가 빤하다. 백6 다음~

2도

2도(3궁도 죽음)

흑1로 따내어 백2와 교환하고 나서 흑3으로 단수하는 것이 알기 쉬운 수순이다. 백4를 기다려 흑5로 이으면 이것은 3궁도 죽음이다.

　흑△의 치중을 당한 순간 백은 살길이 사라졌던 것이다.

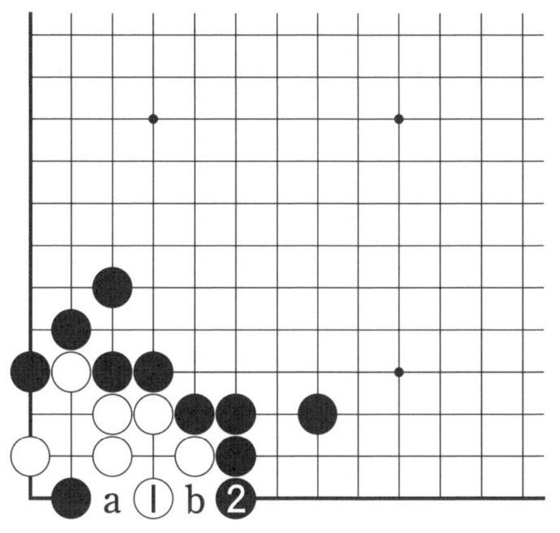

3도

3도(맞보기의 죽음)

1도의 4로 백1에 두어 눈을 만드는 것은 저항력이 부족하다. 흑2로 점잖게 내려서는 것이 좋은 수여서 백은 쉽게 잡힌다.

다음 a와 b가 맞보기여서 백의 죽음임을 확인하기 바란다.

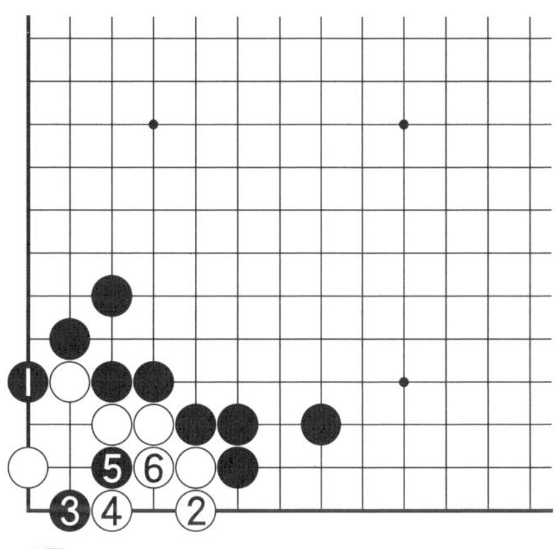

4도

4도(뒤늦은 치중이면 패)

처음부터 흑1로 일선에서 단수하는 것은 잘못된 출발점이다. 백2의 내려섬으로 궁도를 넓히는 것이 좋은 수이다.

뒤늦게 흑3에 치중해도 백4의 저항에 부딪혀 6까지 보듯이 패가 필연이다.

5도(대동소이한 결과)

앞 그림의 3으로 흑1쪽에 치중하는 것도 급소의 하나이지만 백2가 역시 급소여서 그냥은 잡을 수 없다.

흑3에 백4의 패로 버티는 수가 성립한다. 앞 그림과 대동소이한 결과이다.

5도

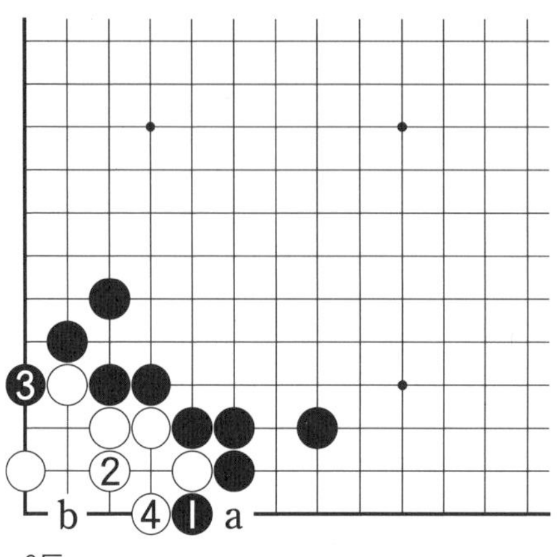

6도

6도(궁리한 수이지만 패)

흑1쪽에서 단수하는 것은 꽤 궁리한 수이지만 백2가 좋은 응수여서 난관에 부딪힌다.

다음 흑3으로 단수한 것은 어쩔 수 없으며 백4면 패가 된다. 흑a로 이을 여유가 있지만 백b로 패가 계속된다.

7도(한 수 늦은 패)

흑1로 붙이는 것은 기발한 착상이지만 신통치 않다. 백2는 절대이며 흑3에서 5도 필연적인 수순이다.

백6 다음 흑a, 백b, 흑c로 한 수 늦은 패이다. 흑d에 또 돌이 와야 비로소 단패가 된다.

7도

8도(단패)

흑1쪽의 붙임도 날카로워 보이지만 실은 실착이다. 백2에 흑3은 절대의 한수이다.

그러면 백4가 좋은 수여서 흑5로 단수하지 않을 수 없는데 백6을 불러 단패가 되므로 앞 그림보다는 좀 나은 정도이다.

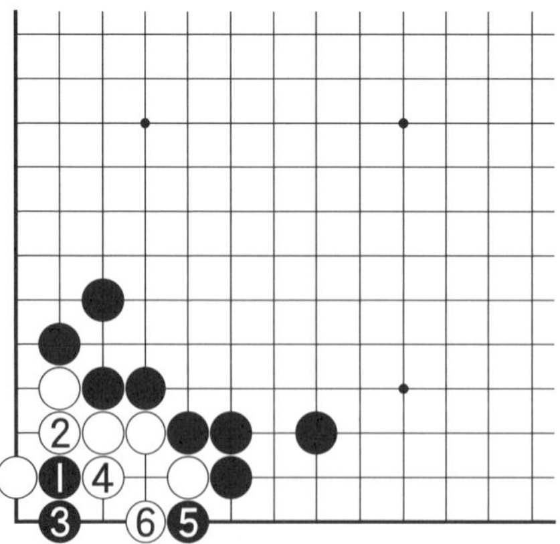

8도

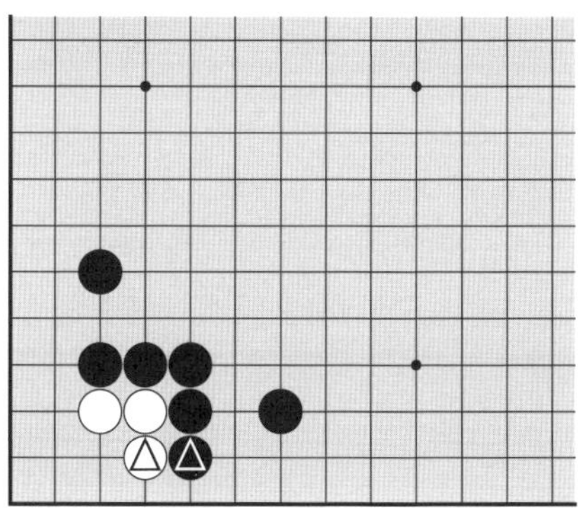

기본형

백 차례

앞의 [4형]의 연장전 성격이 짙다. 다만, 복잡한 코스가 아니라 간단하고 짧은 길이 기다리고 있다.

백△와 흑▲가 교환되어 있어 범위가 좁아졌다. 귀의 사활에서 백은 어떤 수단이 있을지 알아본다.

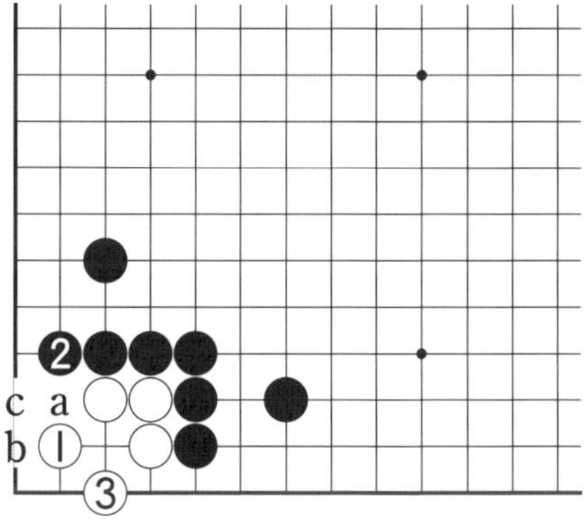

1도

1도(최선/ 삶의 급소)

백1로 마늘모하는 것이 유일한 삶의 급소이다. 흑2의 내려섬은 정수이며 백은 3으로 눈을 만들어서 간단하게 살 수 있다.

이다음 실전이라면 흑a, 백b(또는 c)로 될 곳이다.

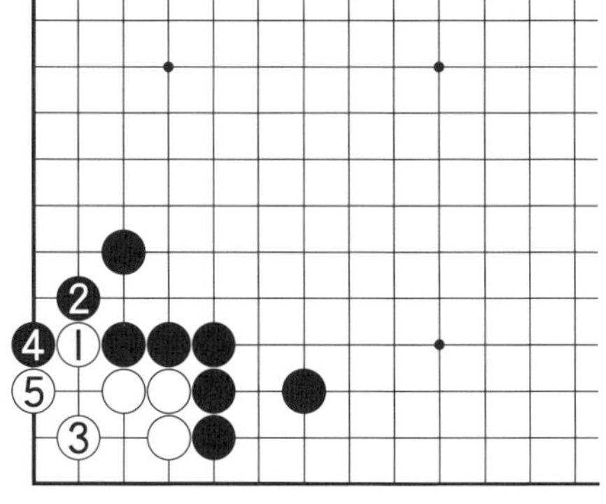

2도

2도(패는 미흡한 발상)

백1로 젖히고 흑2로 받을 때 백3에 호구치는 것은 바람직하지 못하다.

흑4로 단수할 때 백5의 패로 버티자는 의도인데, 그냥 사는 수가 있었으니 여간 미흡한 결과가 아니다. 뿐만 아니라~

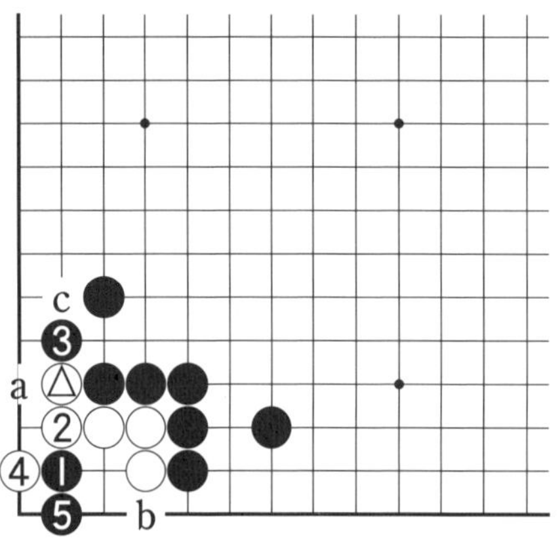

3도

3도(무서운 치중수)

백△로 젖힌 순간 흑1로 치중하는 무서운 수도 있다. 백2에 흑3, 5 다음 a와 b를 맞봐 백을 잡는다.

단, 실전이라면 배석에 따라 백2로 3의 곳에 하나 나가거나 c에 붙이는 수가 있음에 주의!

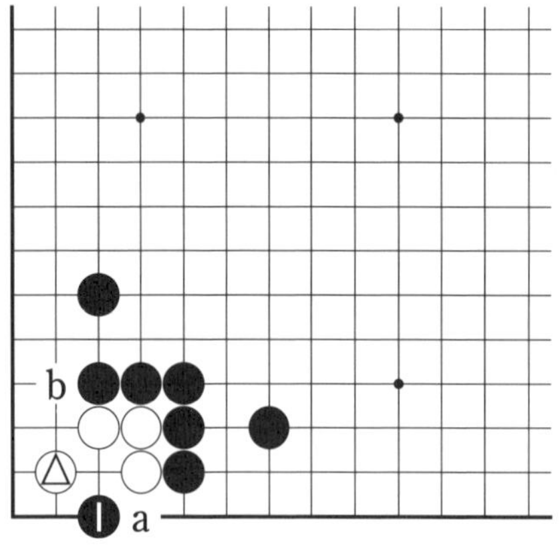

4도

4도(치중의 대응책은?)

백이 △로 마늘모했을 때 흑1로 치중하는 수가 있다. 백을 흔들어 놓겠다는 뜻인데, 어떻게 대응하는 것이 올바를까?

이때 백a에 덥석 차단하다가는 흑b의 내려섬이 통렬해 백은 횡사하고 만다.

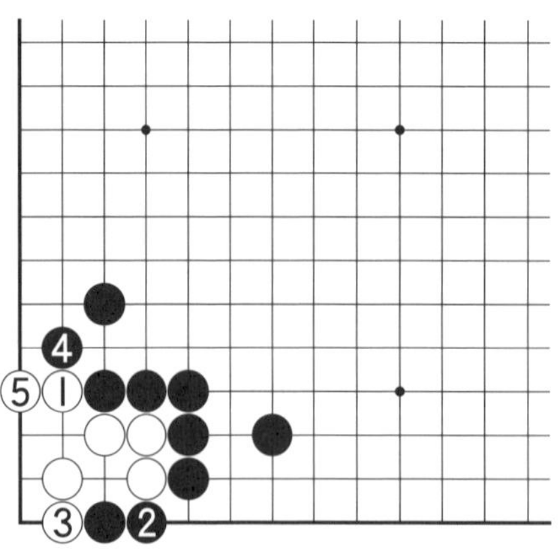

5도

5도(유유히 살다)

앞 그림에 이어, 치중해 온 흑 한점을 거들떠보지 않고 백1로 젖히는 것이 침착한 응수이다.

흑2에 건널 때 비로소 백3에 받아서 좋다. 흑4에는 백5로 내려서서 유유히 살아 있다.

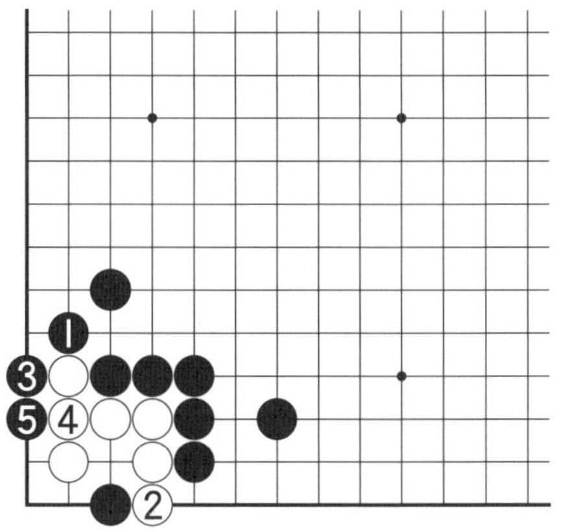

6도

6도(백2, 경솔한 행동)

앞 그림의 2로 흑1에 막아 온다면 어떻게 대응해야 할까?

백2로 차단하는 것은 경솔한 행동이다. 흑3의 단수를 불러 곤란하다. 백4에 잇다가는 흑5로 공략당해 쉽게 잡혀 버린다. 따라서~

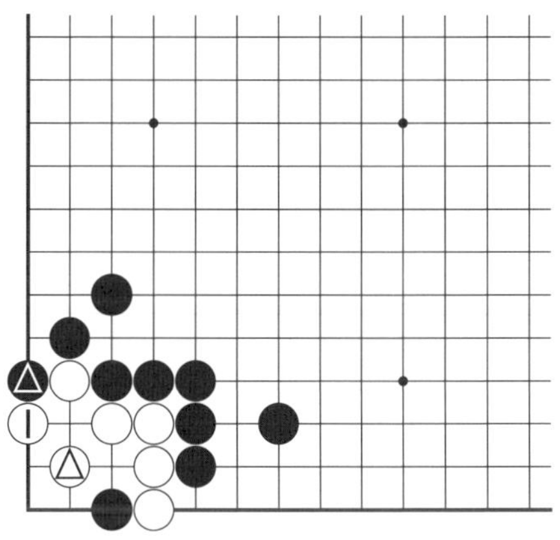

7도

7도(패라니, 얘기가 안된다)

앞 그림의 3, 그러니까 흑▲로 단수했을 때 백은 잇지 말고 1의 패로 버티지 않으면 안 된다.

하지만 이렇게 되면 백이 애초에 둔 △가 운다. 삶의 급소를 차지하고도 패라니 얘기가 안 된다.

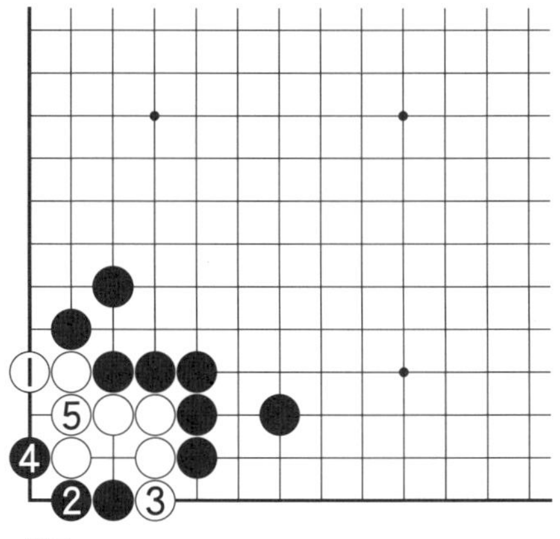

8도

8도(빅의 삶)

거슬러 올라가 6도의 2로는 백1에 내려서는 것이 올바른 대응이다. 흑2로 기어들 때 백3에 차단하고 흑4에는 백5로 잇는다.

이 결과는 빅의 삶이다. 수순 중 흑2로 3에 건너면 백2로 두어 5도와 같아진다.

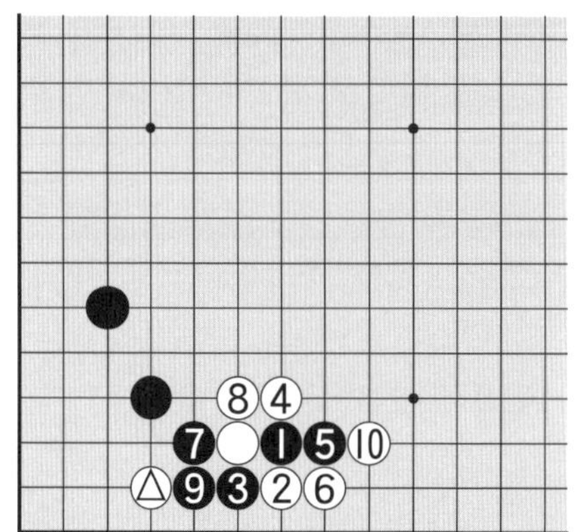

장면도

기본형의 활용

실전이라면 다음 과정에서 기본형이 활용될 것이다. 백△의 날일자달림에 흑1의 붙임이 출발점인데 백2에 흑3의 맞끊음이면 백4, 6 이하 10까지가 정석이다.

그런데 귀의 백△ 한점에는 맛이 남아 있다.

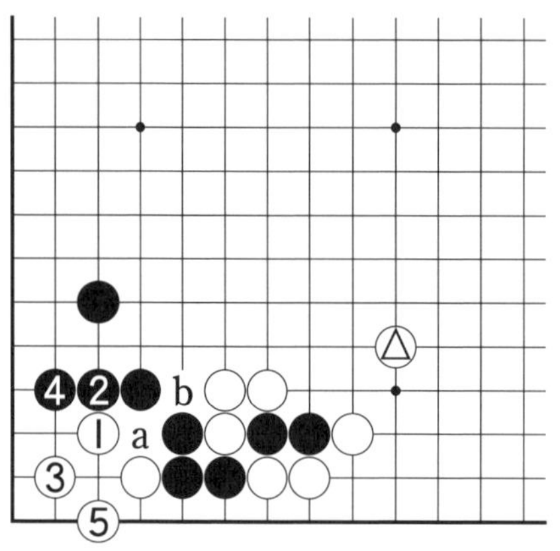

참고도 1

참고도 1(두 개의 마늘모로 산다)

백△로 보강했다고 가정한다. 첫수는 백1의 마늘모이다. 흑2에 다시 백3의 마늘모가 삶의 급소이다. 흑4를 기다려 백5면 거뜬하게 산다.

백a와 흑b가 교환되어 있다고 보면 [5형]의 1도와 같다.

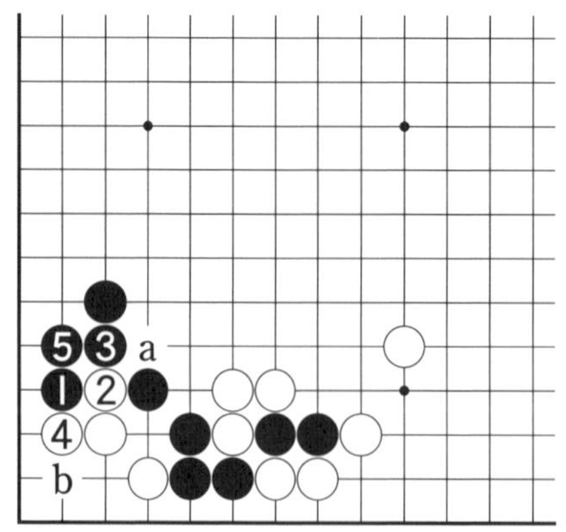

참고도 2

참고도 2(흑, 무리)

앞 그림의 2로 흑1로 뛰어서 강력한 태도를 보이는 것은 무리한 생각이다.

백2, 4에 흑5로 이은 다음 a의 끊음을 보면서 백b로 살자고 하면 흑은 더 이상 잡으러 올 수가 없다.

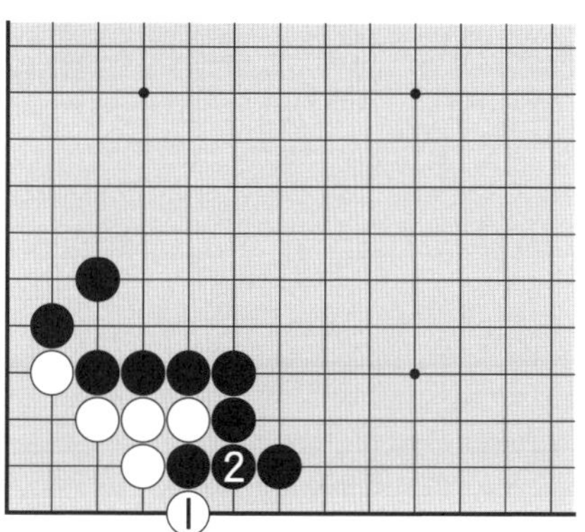

파생형 1

▨ 백 차례

기본형에서 약간 변형된 형태이다. 지금 백이 1로 단수해서 흑이 2로 이은 장면이다.

여기서 백은 어떤 수가 있을지 생각해보자. 보통 이런 데서 패가 많이 나오는데, 과연 이 사활의 결과도 패일까?

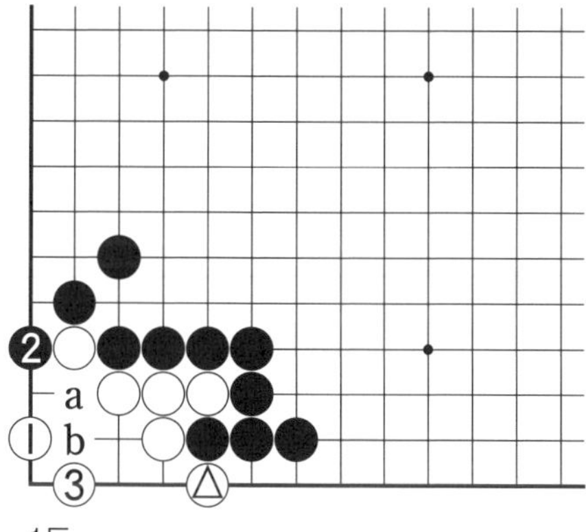

1도

1도(최선/ 무조건 산다)

결론부터 말하면 백은 무조건 사는 수가 있다. 백1로 2의 一 자리를 점령하는 것이 유일한 삶의 급소이다. 흑2에는 백3이 또 호수여서 삶을 얻는다.

다음 흑a에는 백b로 받아 백△가 큰 구실을 하고 있다.

2도(내려섬이 호수)

앞 그림의 2 대신 2의 一 급소인 흑1에 치중하는 것이 날카로운 수 같지만 좋은 결과는 얻지 못한다. 백2의 내려섬이 호수여서 4까지 보듯이 안전하다.

귀의 백은 △가 놓인 순간 살아 있던 것이다.

2도

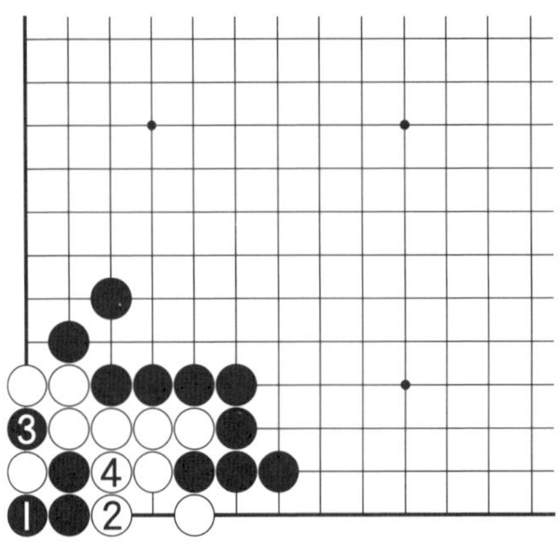

3도

3도(삶의 증명)

앞 그림의 결과가 백의 삶임을 증명해 본다.

　귀를 공략한다면 흑1의 단수가 그나마 시도해 볼 만한 수이다. 그러나 백2에서 4로 단수하면 그만이다. 착수금지를 이용한 눌러잡기의 삶이다.

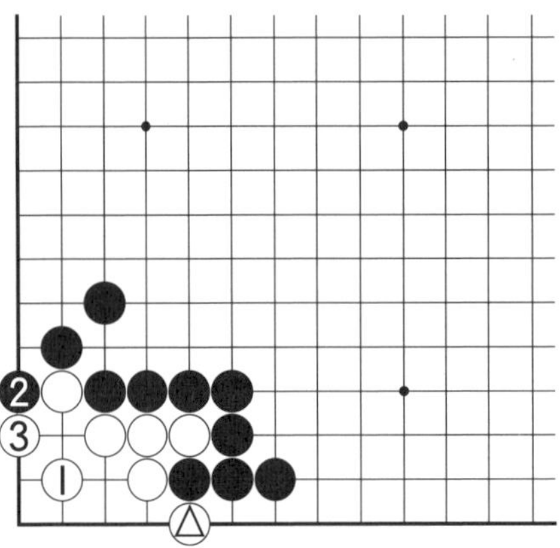

4도

4도(안타깝게도 패)

아무 생각도 없이 백1로 호구친다면 참으로 안타까운 일이 아닐 수 없다.

　이제는 흑2, 백3의 패밖에 없다. 무조건 살 수 있는 수를 놓쳐서는 백△의 체면이 서지 않는다.

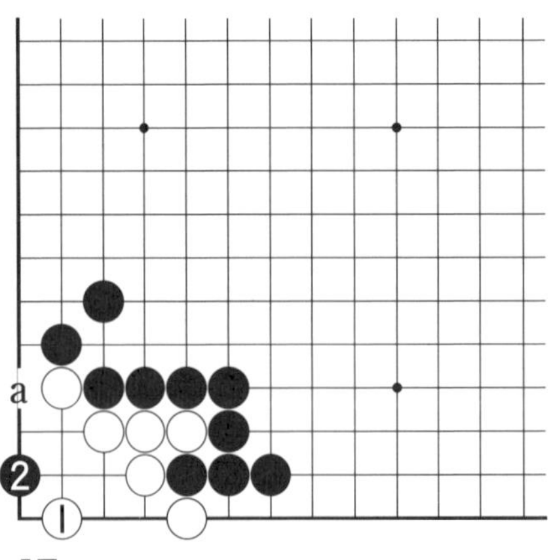

5도

5도(급소이지만 방향착오)

백1도 2의 一 급소이지만 명백한 방향착오이다. 흑2가 적의 급소는 나의 급소에 해당하는 통렬한 공략이어서 백은 꼼짝 못하고 잡힌다.

　흑2로 a면 백2로 살아 버리므로 주의하기 바란다.

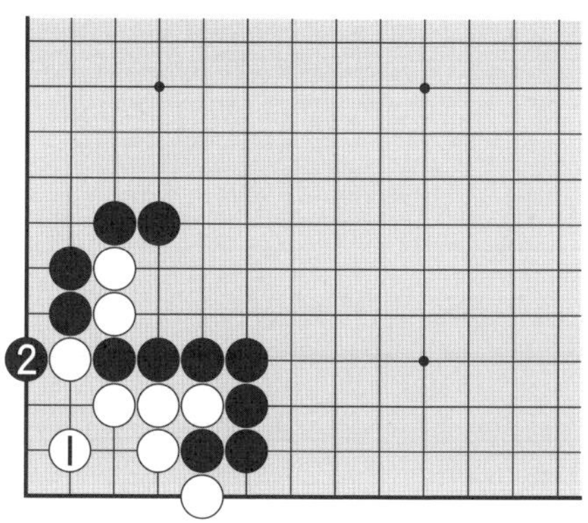

파생형 2

▨ 백 차례

앞의 파생형의 응용형이다. 백1로 호구를 친 데 대해 흑2로 단수한 것은 당연하다.

여기서 백은 어떻게 처리하는 것이 좋을까?

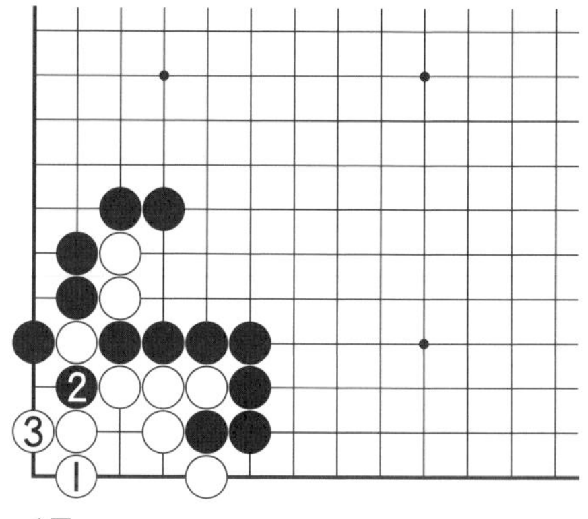

1도

1도(최선/ 2의 一 급소)

약간 어색하지만 백1로 이쪽 2의 一 급소를 차지하는 것이 삶으로 가는 유일한 코스이다.

흑2로 따내는 정도이니 백3으로 귀쪽에서 한 눈을 더 만들어서 아슬아슬하지만 살 수 있다.

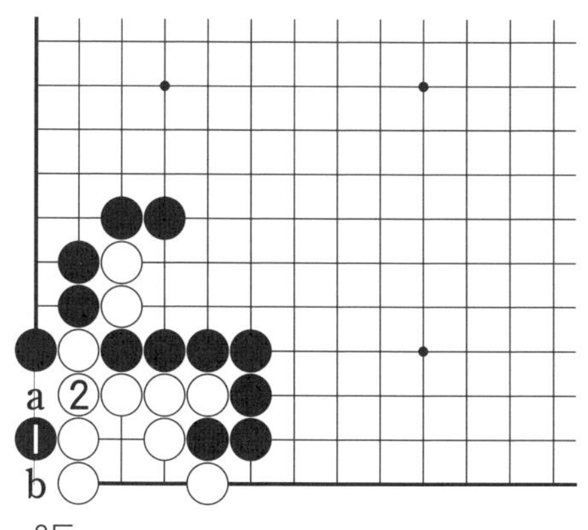

2도

2도(변화/ 잇는 수가 성립)

앞 그림의 변화이다. 이 상황에서 백 한점을 따내지 않고 흑1로 파호하는 수는 성공하지 못한다.

그러면 백2로 잇는 수가 성립한다. 다음 흑a는 백b에 단수당해 살아갈 수 없음을 확인하기 바란다.

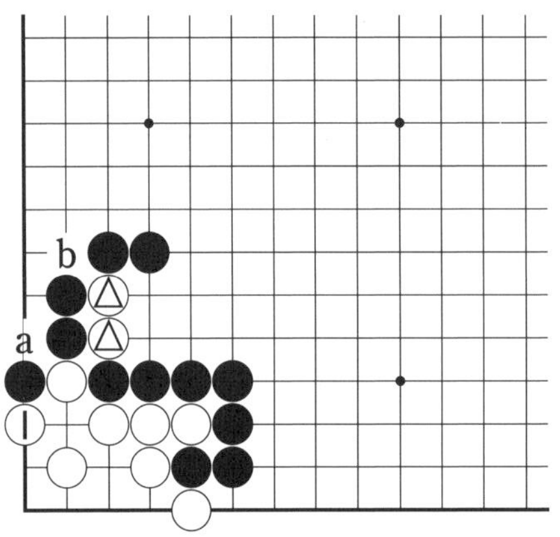

3도

3도 (최강은 패로 버티는 것)

백의 최강수는 1의 패이다. 사활문
제로는 1도가 최선의 결과이지만
실전이라면 애기가 다르다.

흑도 이 패를 지는 날이면 백a
다음 b로 끊겨 백△ 두점이 살아가
므로 부담이 여간 큰 게 아니다.

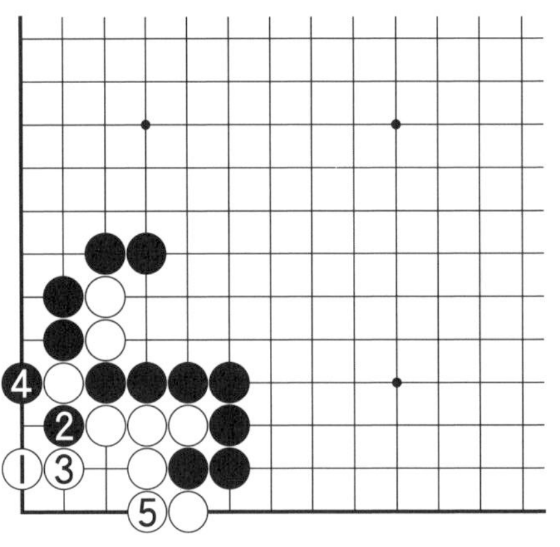

4도

4도 (호구치지 말고 사는 수)

애초 이 상황에서 호구치지 말고
백1로 2의 一 급소를 두어서 사는
수는 있었다. 그러면 앞의 파생형 1
도와 똑같은 수순으로 간다. 흑2에
백3을 선수하고 5에 이어 사는 것
이 그것이다.

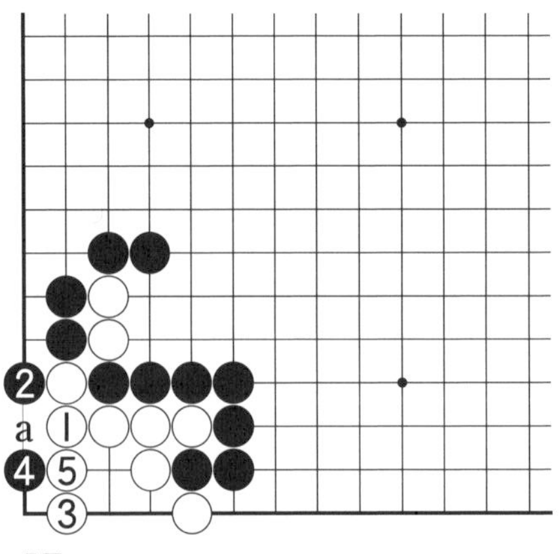

5도

5도 (가장 좋은 방법은 잇는 수)

가장 좋은 방법은 잠자코 백1로 잇
는 것이었다. 흑2의 젖힘에는 백3
으로 2의 一 급소에 뛰어 두는 것이
준비해 둔 수이다. 흑4에는 백5로
이어서 산다. 흑a가 성립하지 않음
에 주목한다.

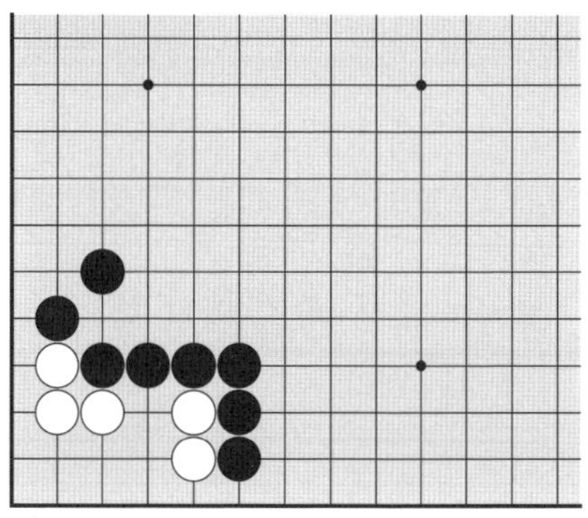

기본형

■ 흑 차례

실전에서 보지 못한 이는 없다고 단정해도 좋을 정도로 자주 나오는 형태이다. 귀의 사활은 어떻게 될지가 초점인데, 본래 이 백은 가일수를 해야만 살 수 있다.

손을 뺀 백을 응징하는 정확한 공략은 무엇인지 알아본다.

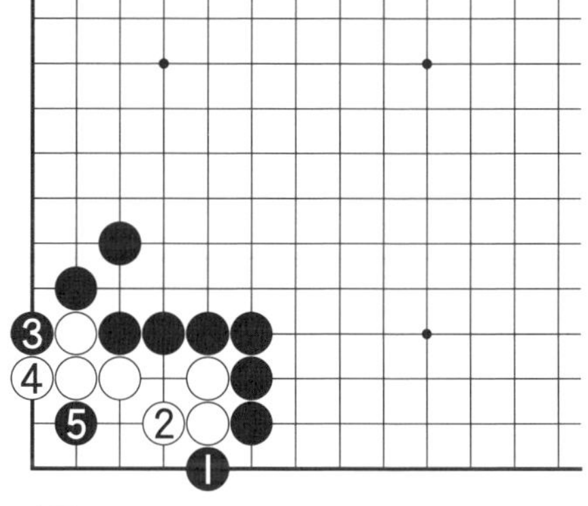

1도

1도(최선/ 죽음은 젖힘에 있다)

우선 '죽음은 젖힘에 있다'는 격언대로 차근차근 궁도를 좁혀 가는 것이 좋다.

흑1과 3의 젖힘이 그것이다. 흑은 4까지를 강요하고 나서 5라는 결정타를 날려서 백을 쉽게 잡을 수 있다.

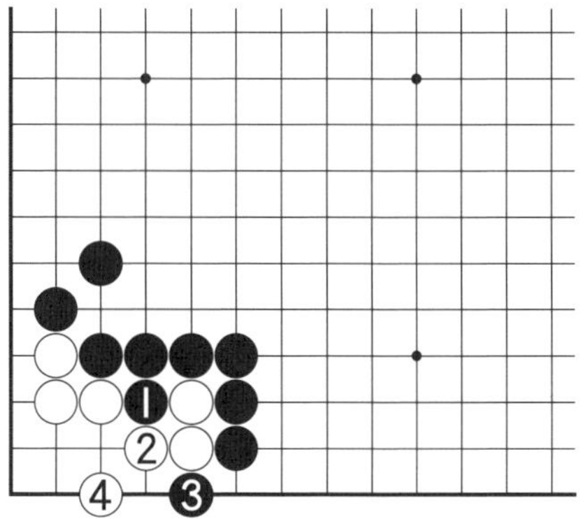

2도

2도(흑1, 악수)

흑1로 나가 백2와 문답하는 것은 악수로, 특히 초중급자들이 흔히 범하는 잘못이다. 흑3도 백4로 살므로 좋지 않다.

이제라도 흑3은 4에 치중해 한 수 늦은 패를 만드는 것이 최선이다. 각자 연구해 보도록!

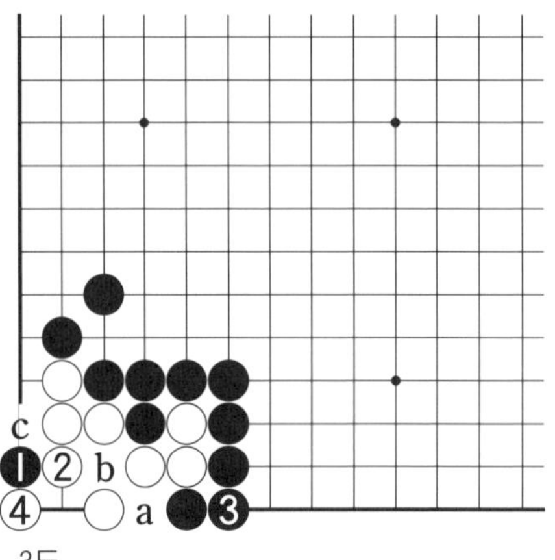

3도

3도(백은 살아 있다)

앞 그림에 이어, 흑1로 치중하는 것이 급소이지만 아쉽게도 백을 잡을 수가 없다. 백2는 당연하며 흑3 때 백4로 집어넣는 수가 호수!

다음 흑a면 백b로 잇지 않고 c로 따내서 그만이다.

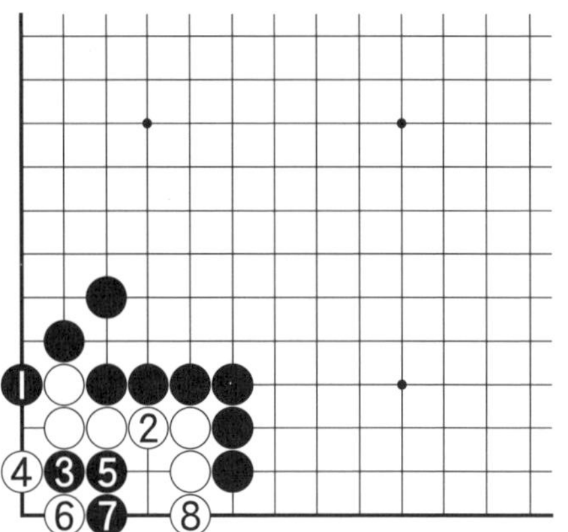

4도

4도(수순착오로 만년패)

흑1쪽을 먼저 젖히는 것은 수순착오이다. 백은 막지 않고 2쪽을 이어 버린다.

그러면 흑은 3에 붙여서 공략하는 수밖에 없다. 백4 이하 8까지는 외길의 수순이며 만년패가 된다.

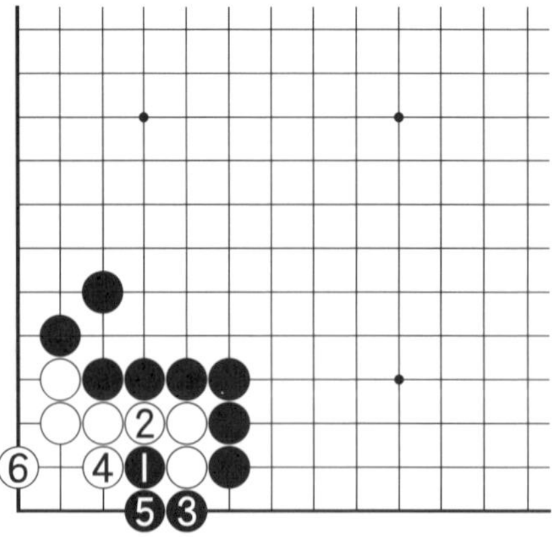

5도

5도(초중급자의 속수)

흑1의 붙임은 초중급자가 범하곤 하는 대표적인 속수의 하나이다.

백2로 이은 다음에는 흑이 귀를 잡는 수는 사라진다. 흑3에 건널 때 백4, 6으로 거뜬하게 살 수 있음을 확인하기 바란다.

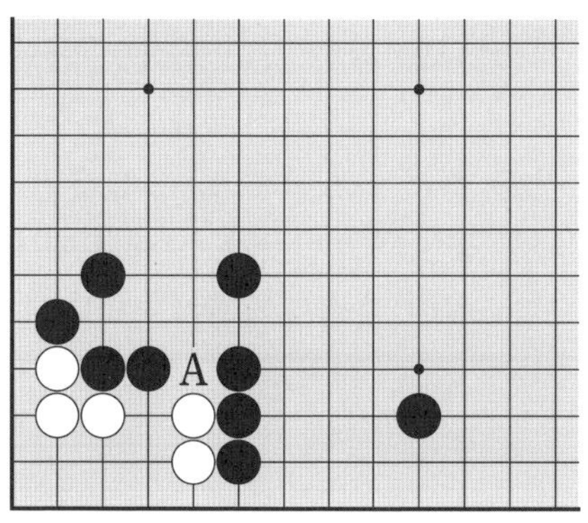

파생형 1

▨ 흑 차례

기본형과 다른 점은 A의 곳 공배가 하나 비어 있다는 것인데, 과연 사활에 어떤 영향을 미칠까?

척 보고 최선의 결과를 알 수 있다면 유단자의 솜씨이다.

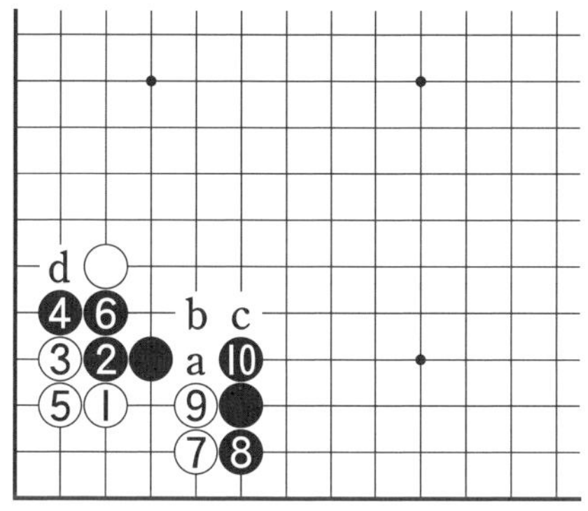

1도

1도(과정)

화점 날일자걸침에 흑의 날일자응수 때, 백1로 3三에 뛰어든 것이 출발점이다. 흑2로 차단하고 백3에 흑4쪽을 막고 이하 10까지 진행되었다.

백이 더 둔다면 a, 흑b, 백c로 끊거나 혹은 d로 넘자고 하면서 우선 동태를 살필 것이다.

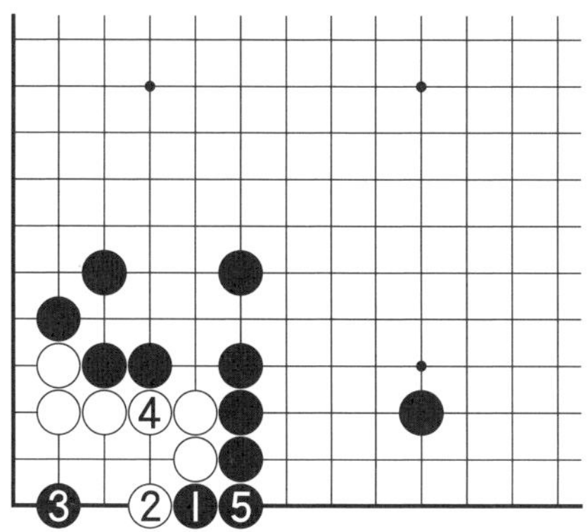

2도

2도(최선/ 유일무이한 공략)

앞 그림에 돌을 첨삭해서 파생형이 생겼다.

이 형태는 흑1로 젖히고 백2에 흑3으로 치중하는 것이 유일무이한 공략 수순이다. 백4도 최선이며 흑5로 잇는 것도 절대의 한수이다. 계속해서~

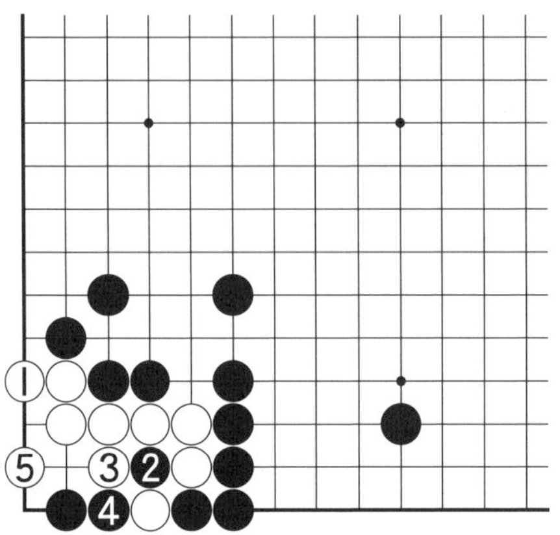

3도

3도(패가 최선)

백1로 꼬부리는 것이 중요한 한수이다. 흑2로 먹여치고 4로 단수한 것은 준비한 상용수법이며 백5도 배워 둘만한 수법이다. 이렇게 패를 하는 것이 모범답안이라고 알아두자. 그런데 백1로는~

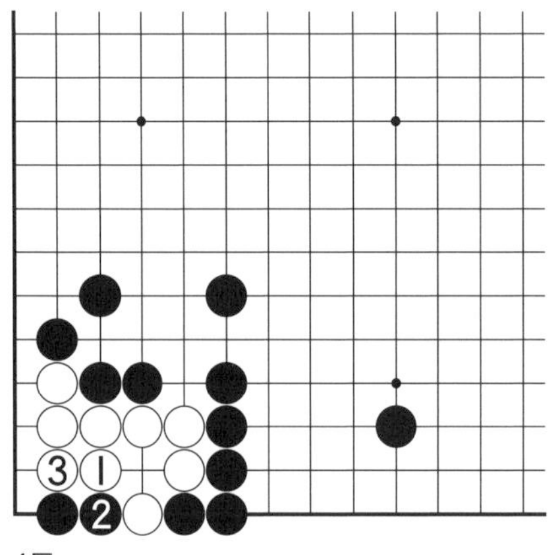

4도

4도(패는 패이지만 잘못)

실전에서 백1로 눈을 만들고 흑2에 단수해 올 때 백3으로 같이 단수해서 패를 하는 광경을 흔히 목격하는데 실은 잘못된 수순이다.

그 이유는 '원포인트 레슨'에서 밝히기로 한다.

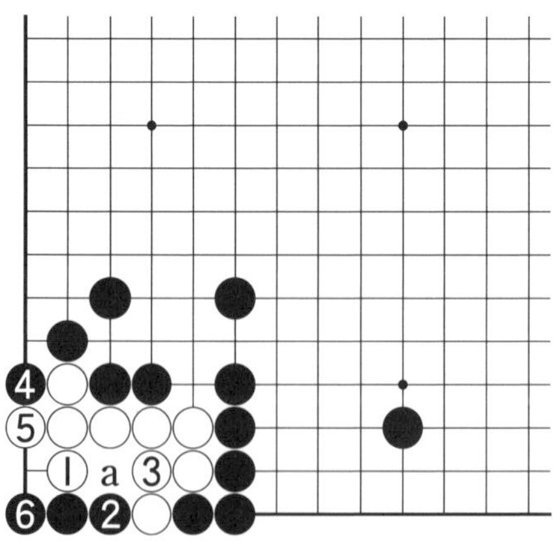

5도

5도(귀곡사의 죽음)

3도의 1로 백1에 치받고 흑2의 단수 때 백3으로 잇는 것은 자살행위이다. 흑4, 6을 불러 귀곡사의 죽음인 것이다.

물론 백3으로 a에 단수해서 패를 하면 앞 그림과 같은 결과가 된다.

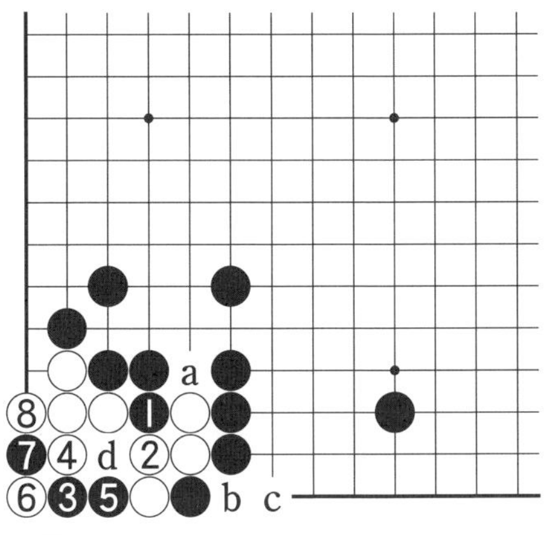

6도

6도(나가고 치중은 잘못)

2도의 3으로 흑1에 나가고 백2에 흑3으로 치중하는 것은 잘못이다. 백4, 흑5 다음 백6으로 집어넣는 것이 묘수여서 8까지 삶이다.

다음 흑a에는 백b로 따내고 흑c에 백d로 몰아서 산다.

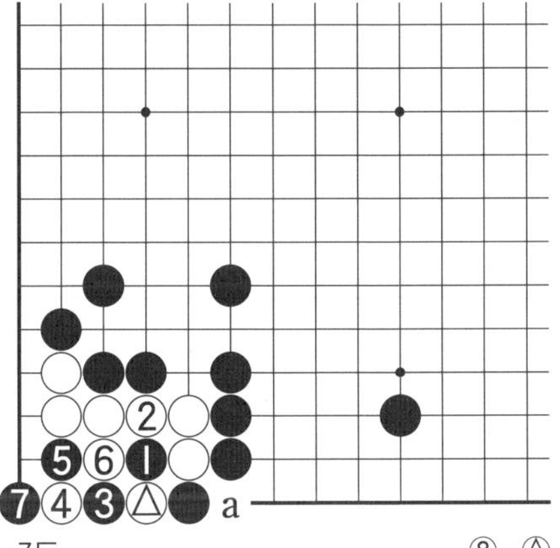

7도   ⑧…△

7도(질 경우 흑의 피해가 크다)

백△로 막은 시점에서 흑1로 끊고 3에 따내는 것은 백4를 불러 그냥은 못 잡는다.

흑5에 백6에서 8로 따내어 패가 시작되는데, 이 패는 백이 a로 해소해서 살면 흑의 피해가 크다.

8도(무조건 삶)

처음부터 흑1로 젖히는 수는 이번에도 좋은 결과를 이끌어낼 수 없다. 여기서는 기본형처럼 만년패가 아니라 백2로 뛰어서 무조건 산다. 흑3, 5로 도전해도 백6 다음 흑a에 백b, 흑c, 백d가 있다.

8도

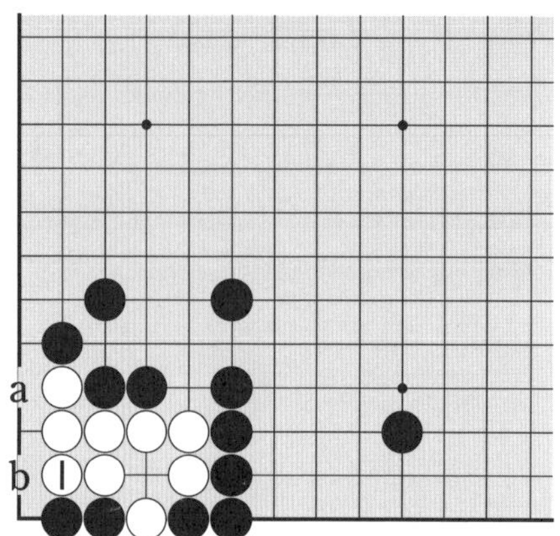

장면도

▦ 숙제

[파생형 1] 4도에서의 숙제.

백1로 단수해도 패는 된다. 그러나 이 결과는 감점이다. 대신 백a에 꼬부린 후 b로 마늘모하는 것이 정수인 까닭은 어디에 있을까? 그것을 밝혀본다.

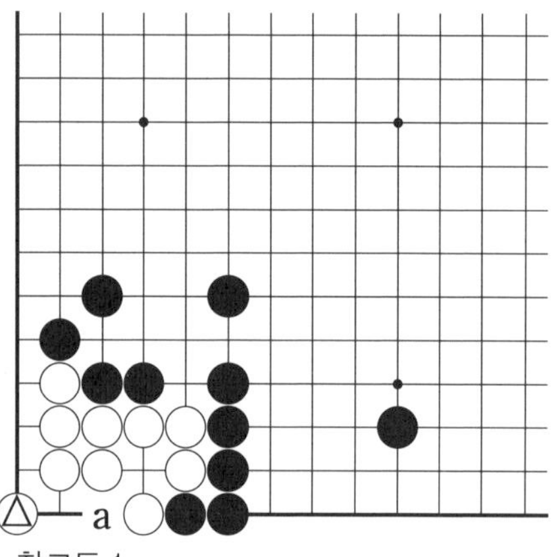

참고도 1

참고도 1(팻감 하나가 남는다)

백이 패를 이겼을 경우 백△로 따내게 된다. 그런데 이 형태는 어딘가에서 패가 생겼을 때 흑a라는 팻감 하나가 남는다. 이것이 감점의 요인이다.

그렇다면 마늘모했을 경우는 어떨까?

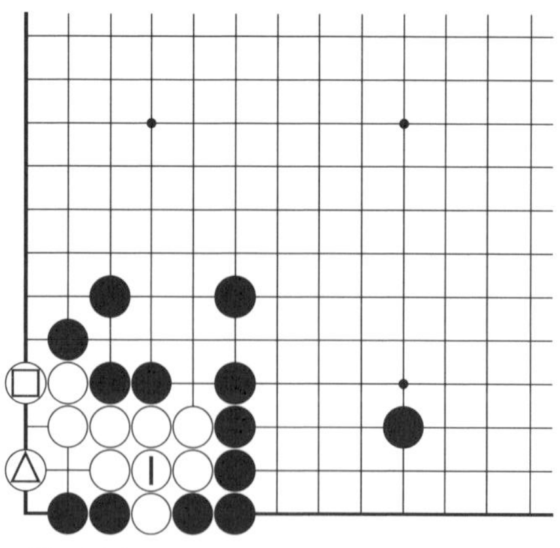

참고도 2

참고도 2(팻감이 전혀 없다)

백△로 마늘모한 경우에는 백은 1로 이어서 패를 해소하고 살게 된다. 이 형태는 백⬜의 이득도 있지만 어딘가에서 패가 나도 흑의 팻감이 전혀 없음을 알 수 있다.

이 그림이 정해인 까닭이 여기에 있다.

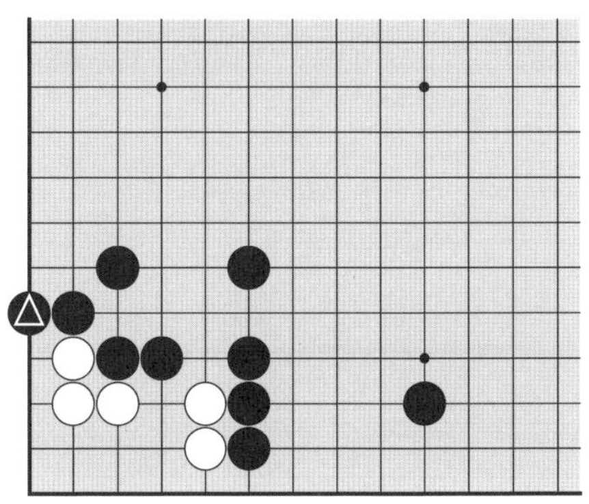

파생형 2

흑 차례

얼른 봐서는 앞의 파생형과 대동소이한 형태인 것 같은데 다른 점이 무엇일까?

그렇다! 1선에 내려서 있는 흑▲의 존재이다. 그렇다면 이것이 사활에 어떤 영향을 미칠지 알아보자.

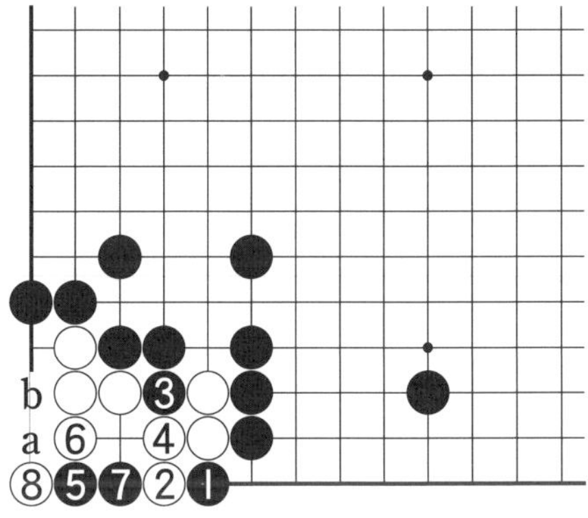

1도

1도(최선/ 젖힘이 출발점)

죽음은 젖힘에 있다는 격언대로 흑1이 출발점이다. 백2에 흑3, 백4를 교환하고 흑5로 치중하는 것이 정확한 수순이다.

백6, 8 때가 하이라이트인데, 다음 흑a로 따내 백b로 패가 되면 곤란하다.

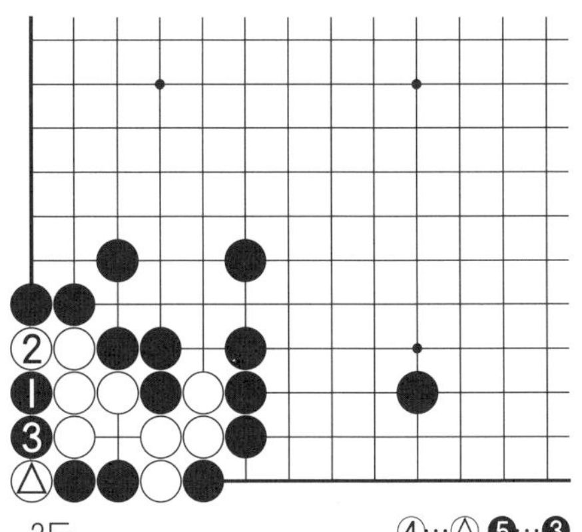

2도　　　　　④…△ ❺…❸

2도(교묘한 치중)

백이 △로 희생타를 던져 놓은 순간, 흑은 따내지 않고 1로 치중하는 것이 교묘하다.

백은 2로 받을 수밖에 없으므로 그때 흑3에 따내면서 단수! 다음 백이 따낼 때 흑이 되따내면~

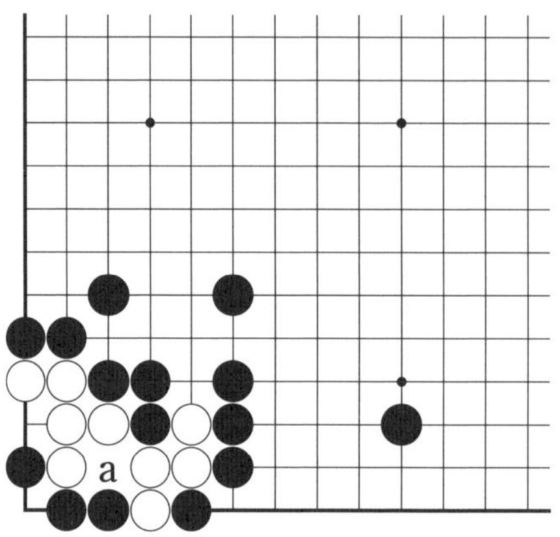

3도

3도(귀곡사의 죽음)

이런 형태가 된다. 이다음 백은 a에 두어도 소용이 없다. 흑이 손을 빼더라도 자체로 잡혀 있기 때문이다.

백은 아무리 발버둥 쳐봐야 귀곡사의 죽음인 것이다.

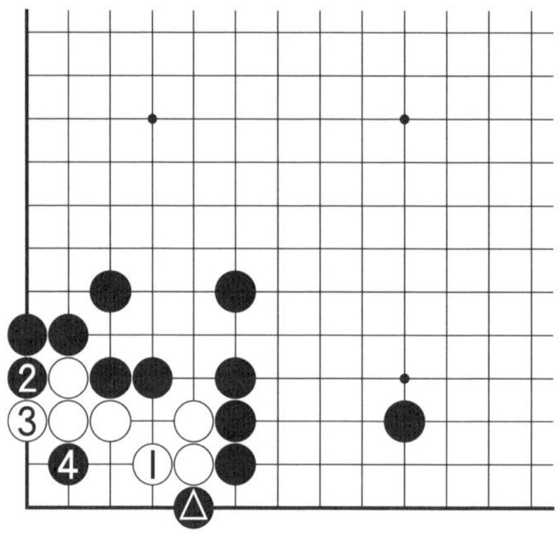

4도

4도(살길이 없다)

흑▲의 젖힘에 대해 백1로 받는다면 가만히 흑2로 기어드는 것이 알기 쉽다. 백3으로 받을 때 흑4로 치중하는 것이 결정타가 된다.

이것으로 백의 살길이 없음은 명백하다.

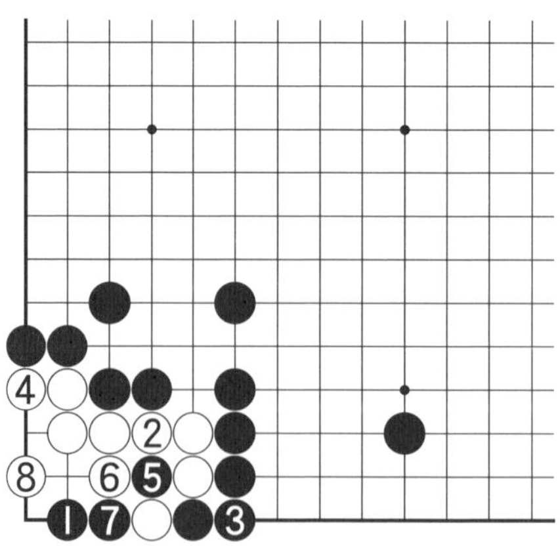

5도

5도(패는 미흡한 결과)

앞의 파생형에서 배운 대로 흑1로 먼저 치중하는 것은 미흡한 결과를 낳는다. 백2, 4로 버틸 때 흑5, 7로 공략해서 패가 되는 것이 고작이다.

백을 잡는 수가 있었던 만큼 이 그림은 실패이다.

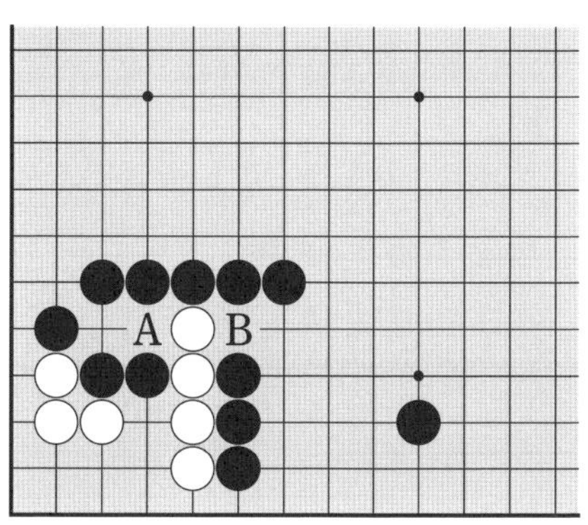

파생형 3

▨ 흑 차례

[파생형 1]과 다른 점은 금방 알아챌 수 있을 것이다. 위쪽 공배가 하나 비어 있었던 것이 이번에는 A와 B로 두 군데가 비어 있다.

이렇게 되면 사활은 어떻게 달라질까?

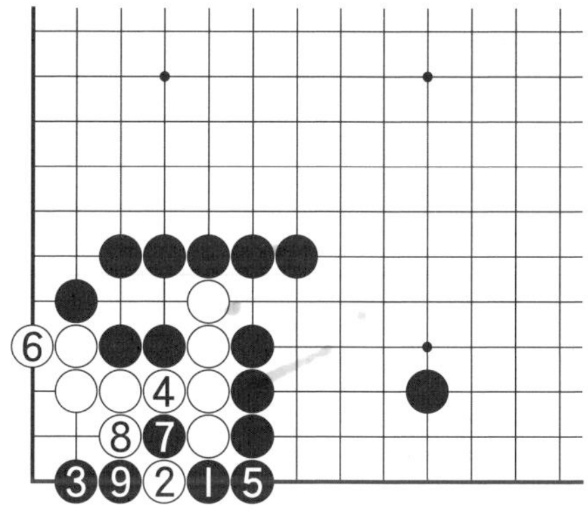

1도

1도(시도 1/ 패인가?)

일단 흑1의 젖힘은 유력한 공략이다. 백2는 절대이며 그때 흑3으로 치중한다.

다음 백4에 흑5로 잇고 백6으로 궁도를 넓힐 때 흑7, 9로 공략해서 패가 된다고 생각할지도 모른다. 그러나~

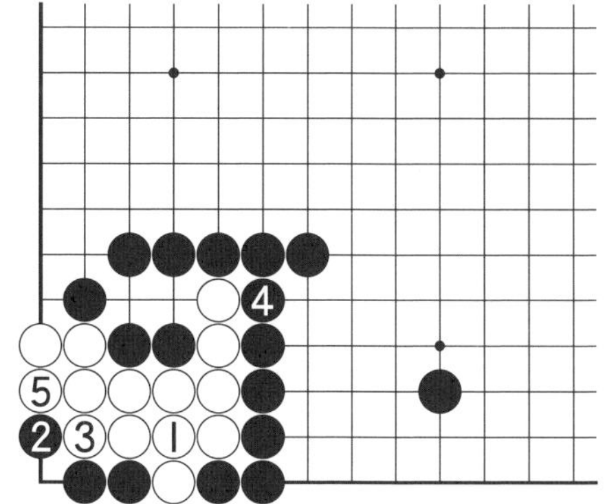

2도

2도(삶의 수순)

패는 최선이 아니다. 앞 그림에 이어 백1로 잇는 수가 있다. 흑2에는 백3, 그리고 흑4에 백5로 단수하는 수가 생겨서 살 수 있다.

공배가 두 개 비어 있었던 것이 백의 구명줄이었다.

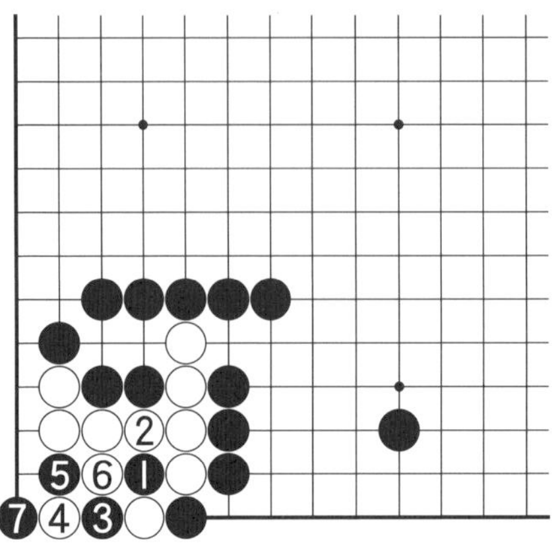

3도

3도(시도 2/ 혹시 이것으로 패?)

1도의 3으로 흑1에 끊는 것은 어떨까?

백2에 흑3으로 따내고 백4에 흑5로 강력하게 나가면 패가 되는 것 같다. 하지만 백은 흑의 희망과는 달리 패를 하지 않는다. 백6, 흑7 다음~

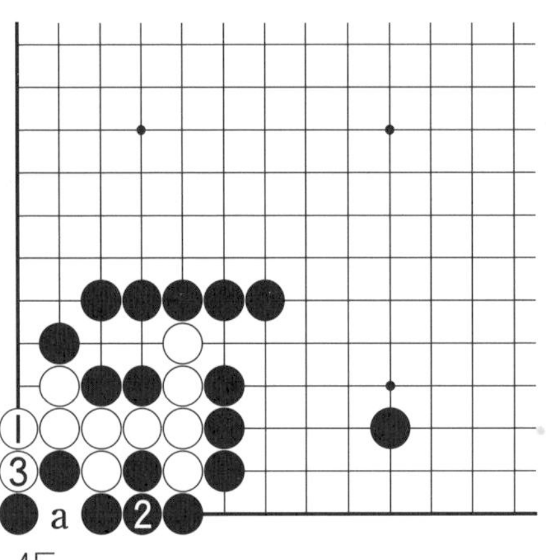

4도

4도(백, 촉촉수로 삶)

백1로 꼬부리듯이 내려서는 것이 좋은 수이다. 흑2로 이을 때 백3으로 뒤에서 단수하면 촉촉수가 되어 흑은 a에 이을 수가 없는 것이다.

그렇다면 백은 아슬아슬하지만 패도 안하고 삶을 얻을 수 있다.

5도(시도 3/ 역시 삶)

3도의 1로 흑1, 백2를 교환하고 흑3으로 공략하는 것이 마지막으로 남은 시도이지만 이것으로도 백을 잡을 수 없다.

백4, 6이 침착하며 8까지 살아 있다. 다음 흑a에 백b, 흑c, 백d로 삶을 확인할 수 있다.

5도

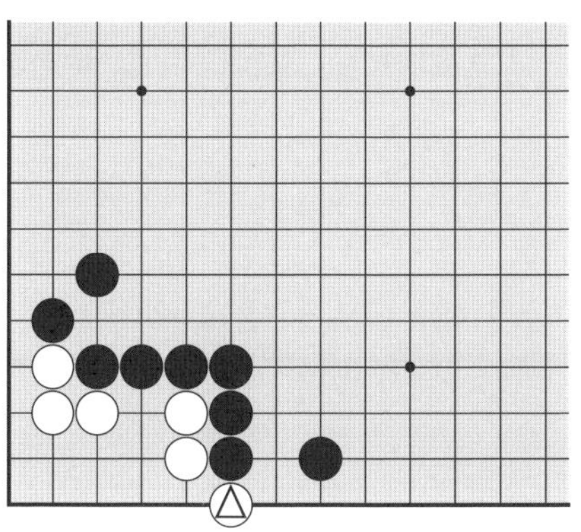

파생형 4

▨ 흑 차례

기본형과의 차이는 1선에 백△의 젖힘이 있다는 점이다.

이 젖힘 하나가 귀의 사활에 어떤 영향을 미칠까? 힌트를 주자면 무조건 잡는 수는 없다.

1도(최선/ 나가고 치중)

속수 같지만 흑1로 나가 백2와 교환하고 흑3으로 치중하는 것이 매서운 공략이다.

백4의 붙임은 최선의 한수이며 흑5에 a로 패를 하지 않고 백6으로 단수하는 것이 좋은 수읽기이다.

1도

2도(한 수 늦은 패)

앞 그림에 이어, 백1로 집어넣고 흑2에 백3으로 단수하는 수순이 준비되어 있다.

그러면 흑4로 막아서 한 수 늦은 패가 되는 것이 쌍방 최선이다. 흑은 패를 이긴 다음 a에 두어야 비로소 단패인 것이다.

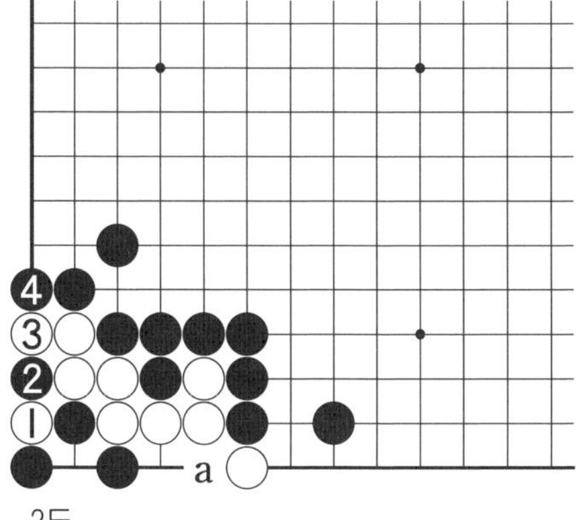

2도

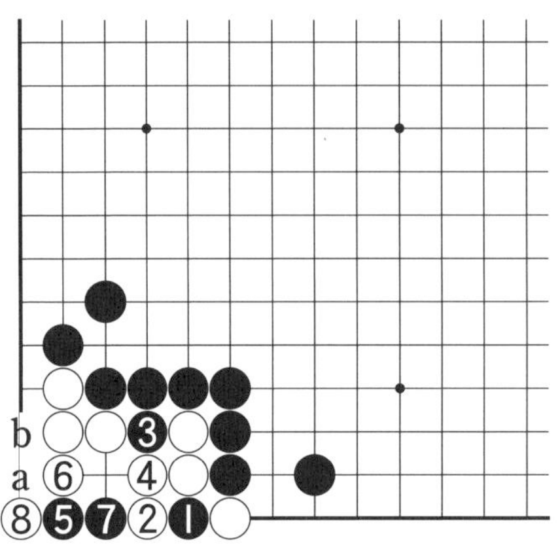

3도

3도(후속수단이 없다)

흑1로 먹여치고 백2로 따낼 때 흑3으로 나가는 것은 백4로 받아서 흑은 다음 별 뾰족한 후속수단이 없다. 흑5의 치중에는 백6에서 8이 앞서 배운 수순이다. 다음 흑a에는 백b로 살아 있다.

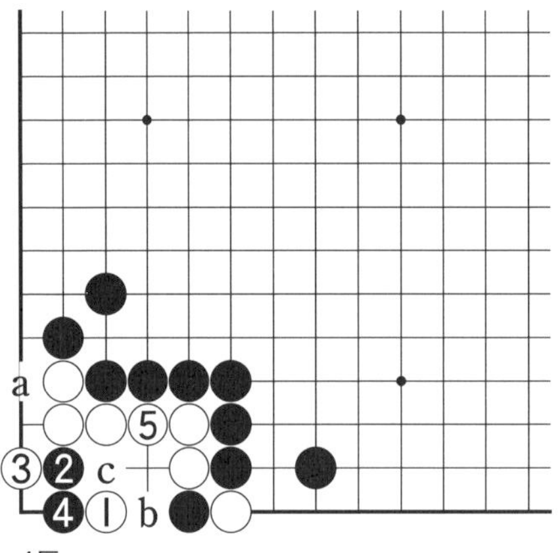

4도

4도(최소 빅의 삶 확보)

앞 그림의 2로는 백1로 뛰는 수도 가능하다. 흑2의 공략이 매섭지만 백3에 젖히고 5로 이어서 아무 문제가 없다.

　다음 흑a에는 백b로 삶을 확보한다. 그러면 흑c로 두어 봤자 후수 빅에 불과하다.

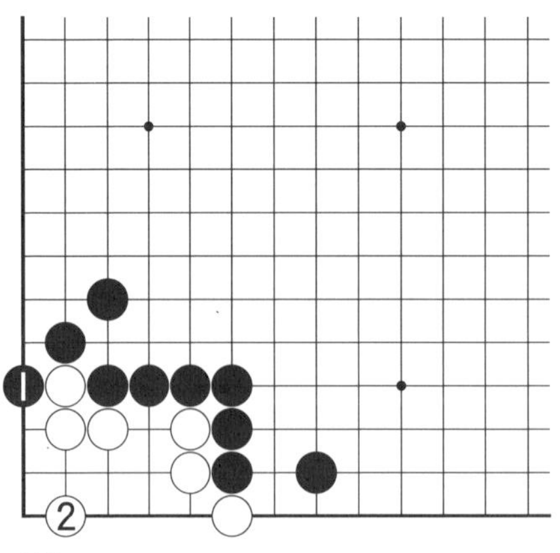

5도

5도(귀의 영원한 급소)

흑1로 젖히는 것은 안이한 태도이다. 물론 죽음은 젖힘에 있다는 격언을 따른 것이겠지만 번지수가 틀렸다.

　백은 2로 급소를 두어서 가볍게 살아 버린다. 귀의 영원한 급소는 2의 一!

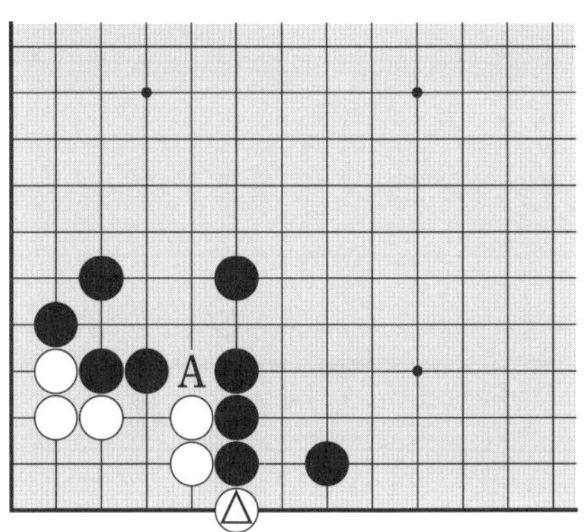

파생형 5

▨ 흑 차례

이번에는 백△의 1선 젖힘도 있고 A의 곳 공배도 하나 비어 있다.

이 조건이 귀의 사활에 어떤 영향을 미칠까?

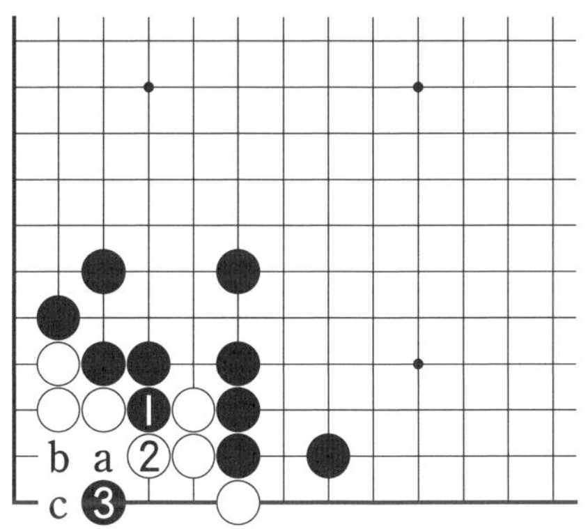

1도

1도(시도 1/ 앞에서 배운 수순)

흑1로 하나 나가 백2와 교환하고 흑3으로 치중하는 것이 앞서 배운 공략 수순인데, 과연 효과가 있을지 생각해보자.

이에 대해 백은 a, b, c의 세 가지 가운데 어느 것이 올바른 대응일까?

2도(곱게 이어서 빅의 삶)

백1로 곱게 잇는 것도 나쁘지 않은 응수이다.

흑2는 당연하며 백3의 꼬부림이 좋은 수여서 삶을 얻는다. 흑4는 필사의 한수이지만 백5, 7로 대응해서 빅의 삶이다.

2도

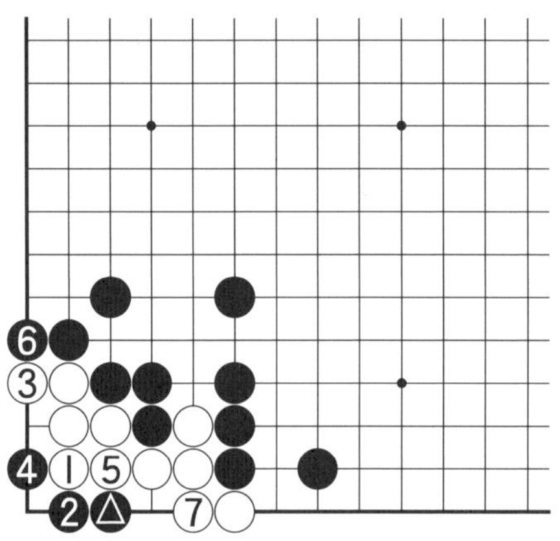

3도

3도(똑같은 결과)

흑▲ 때 백1로 묘하게 꼬부려 응수하는 방법도 성립한다. 흑2는 이 한 수이며 백3 역시 절대수이다.

흑은 4로 젖힐 수밖에 없으니 백5로 잇고 7까지 빅의 삶이다. 앞 그림과 똑같은 결과이다.

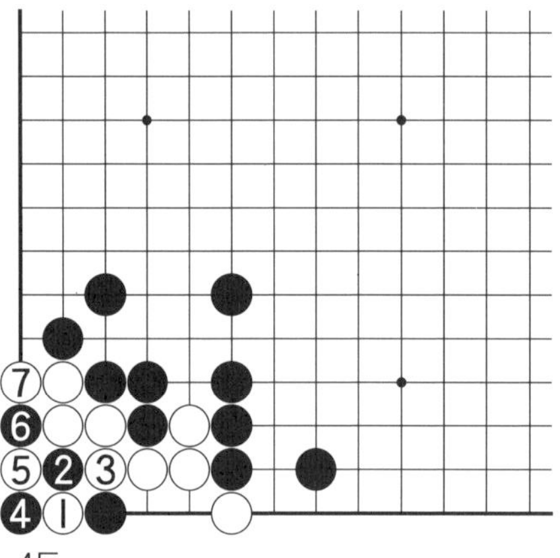

4도

4도(조건이 붙는 삶)

백1로 붙이는 수는 의문이다. 왜냐하면 조건이 붙는 삶을 얻기 때문이다.

흑2는 당연한 반응이며 백3도 필연적인 수이다. 흑4로 따낼 때 백5로 집어넣고 7에 단수한 것은 상용 수법이다. 계속해서~

5도(양패의 삶)

흑1에 백2로 두어 양패의 삶이다. 즉, 흑a에 단수해도 백은 b와 c의 패를 번갈아 따내어서 살아 있다.

단, 실전이라면 다른 곳에서 패가 났을 때 흑의 팻감이 무진장이므로 골치 아플 수도 있다.

5도

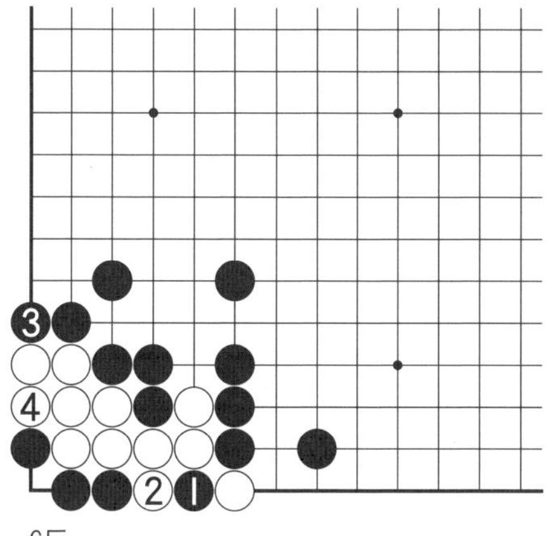

6도

6도(크게 살아 버린다)

그런데 이 상황에서, 그러니까 3도의 6 대신 흑1로 먹여치는 수는 없을까?

귀곡사로 유도하고 싶은 마음은 알겠는데 아쉽게도 백은 2, 4로 단수할 여유가 생기므로 크게 살아 버린다.

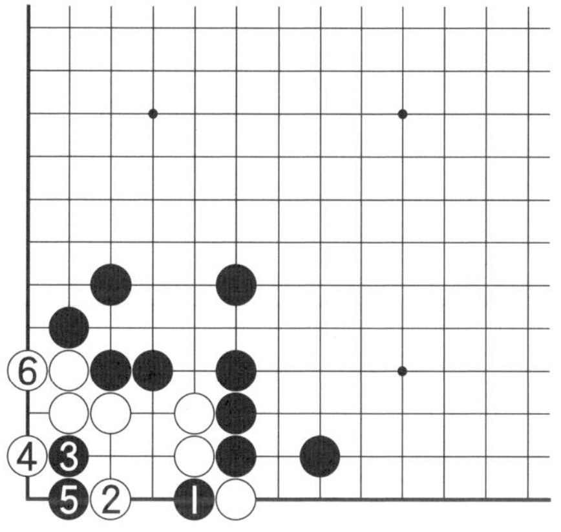

7도

7도(시도 2/ 간단하게 산다)

흑1로 먹여치는 것은 백2로 뛰는 것이 급소여서 후속수단이 없다.

가령 흑3으로 습격해도 백4의 젖힘이 준비되어 있다. 흑5는 백6으로 간단하게 살아 버림을 확인하기 바란다. 수순 중 흑3으로~

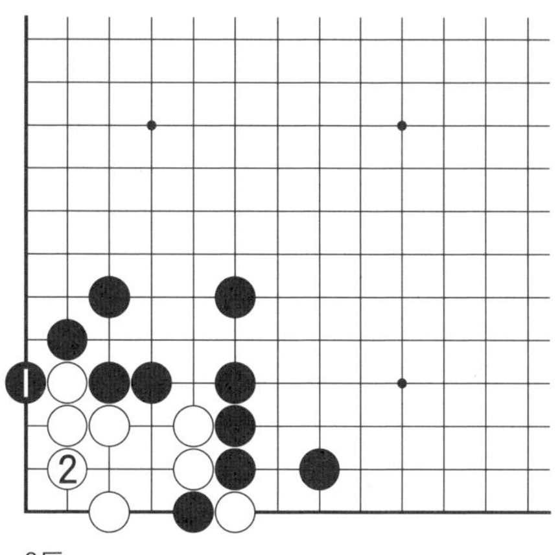

8도

8도(안성맞춤의 급소)

흑1로 젖혀 봐도 백2의 웅크림이 안성맞춤의 급소여서 쉽게 살아간다. 이상 검토해 봤듯이 귀의 백을 공략하는 수단은 모두 실패했다.

본래 귀의 백은 자체로 살아 있는 형태였던 것이다.

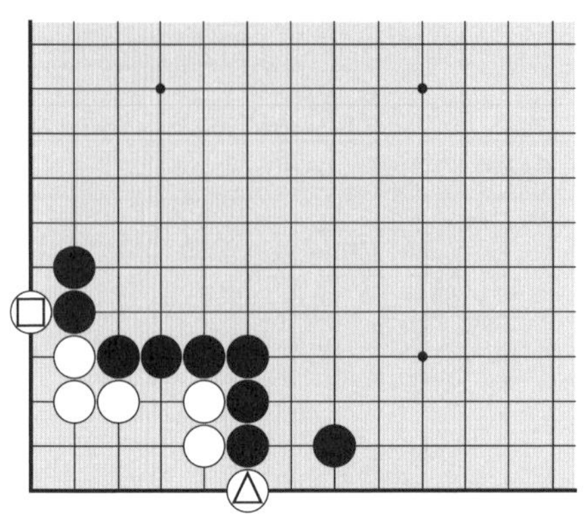

파생형 6

흑 차례

드디어 마지막 관문으로 이 장의 마무리 사활 형태이기도 하다.

위쪽 공배는 막혀 있지만 백△와 ▢, 두 개의 1선 젖힘이 있음에 주목하기 바란다. 과연 귀의 사활은 어떻게 될까?

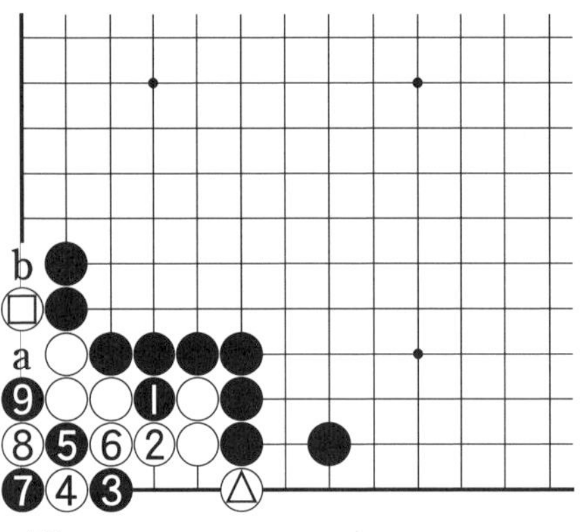

1도

1도(최선/ 한 수 늦은 패)

흑1, 3의 공략법이 최선이며 백도 4 이하 8로 대응해야 한다. 흑9 다음 백a에 흑b로 막아서 한 수 늦은 패!

백△는 필요했지만 백▢는 있으나 마나였던 것이다. [파생형 4]와 같은 결과이다.

2도(삶의 요령)

흑1로 먹여치는 것은 생각 없는 수이다. 백은 2로 급소를 두어서 가볍게 살아 버린다.

흑1로 a의 곳을 먹여치면 이번에는 백b로 뛰어서 받는 것이 요령이다. 모두 백이 살아있음을 확인하기 바란다.

2도

4

실전형
6궁도와 뒷박형
(중급 완성)

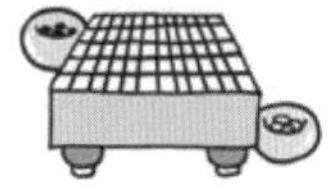

　실전에서는 다양한 사활 형태가 등장한다. 앞에서는 주로 그런 실전 사활의 기본과 응용을 배웠다면 여기서는 본격 실전 사활의 고급 활용을 맛볼 수 있을 것이다. 그 바탕이 되는 형태는 6궁도와 뒷박형이다.

　6궁도에서 가장 대표적인 삶의 기본형이 빗꼴이다. 머리빗 모양을 연상하게 한다고 해서 그런 이름이 붙었다. 6궁도는 늘 삶과 죽음의 경계선에 놓여 있는 형태라고 봐도 지나치지 않다.

　여기서는 귀와 변에서의 6궁도 사활을 익히기로 한다. 아울러 그 변화에 정통하면 프로초단 실력이라고 하는 뒷박형에 대해서는 그중 기본적인 사활을 중심으로 검토하기로 한다.

　이 장에서도 앞서와 같이 돌을 가감하거나 공배를 메우거나 비워서 사활의 변화를 추적하는 방식을 택했다. 꼬리에 꼬리를 무는 방식으로 공부하며 사활의 패턴에 익숙해지길 바란다.

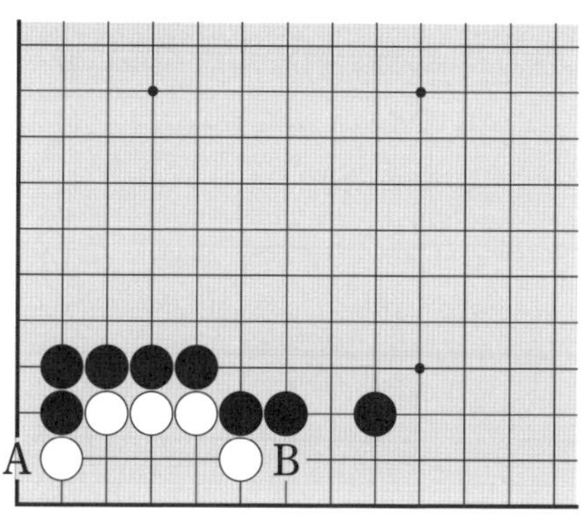

기본형

귀의 백 다섯점의 형태에 주목하기 바란다. 6궁도의 첫 관문인데, 이 형태는 기본형 중 기본형이라고 할 수 있겠다.

출발점은 흑A로 젖히든가 B에 막든가 둘 중 하나이다.

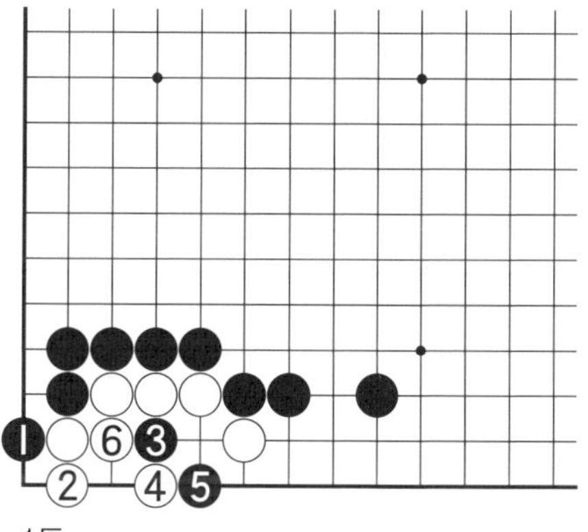

1도

1도(패가 최선)

흑1로 젖히면 백2의 내려섬은 필연적인 응수이다. 여기서 흑3으로 붙여 치중하는 것이 정확한 급소 공략이다.

다음 백4로 껴붙이고 흑5의 단수에 백6으로 패를 하는 것이 최선의 대응이자 정해의 코스이다.

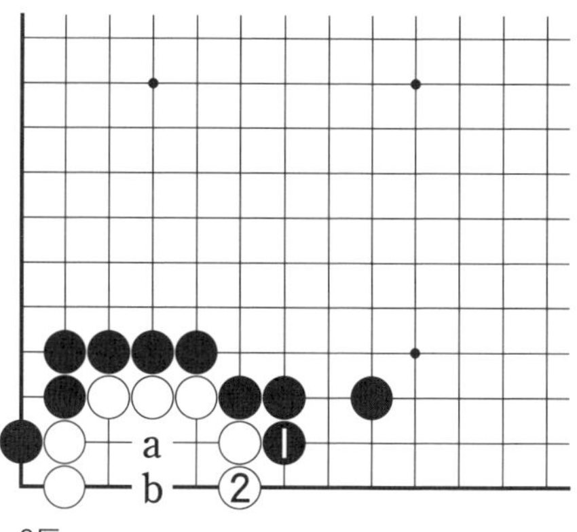

2도

2도(삶의 기본형인 빗꼴)

앞 그림의 3으로 흑1쪽을 막는 것은 잡겠다는 의지가 없는 행동이다. 백2로 내려서면 이것이 바로 그 유명한 삶의 기본형인 '빗꼴'이다.

흑a에는 백b, 흑b에는 백a로 살아 있음을 확인하자.

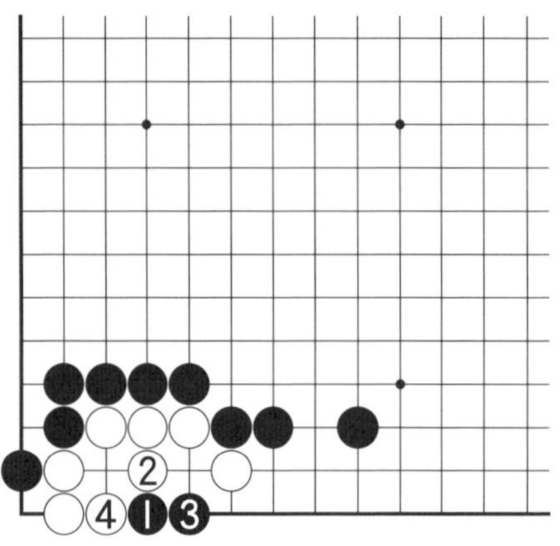

3도

3도(방향착오와 적의 급소)

여기서 흑1로 치중하는 것도 좌우 동형의 중앙에 해당하는 급소이지만 방향착오이다.

　백2가 적의 급소는 나의 급소여서 살아 버린다. 흑3에 백4가 가능한 것은 귀의 특수성 덕분이다.

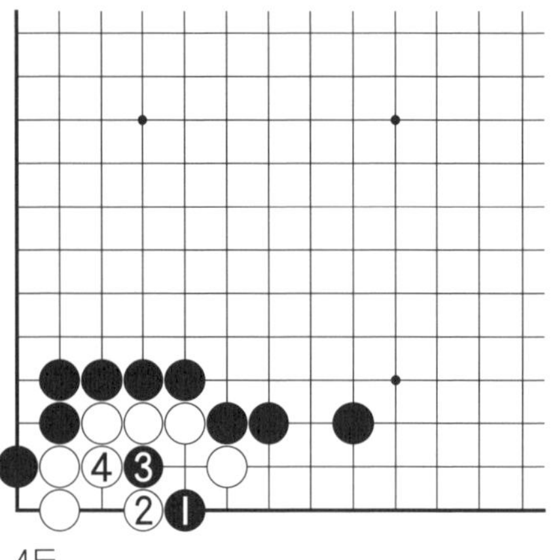

4도

4도(삐딱한 치중)

흑1쪽에서 삐딱하게 치중하는 것은 어떨까?

　백2면 흑3으로 단수해서 정해인 1도와 같은 결과가 되지 않는가.

　이렇게만 된다면 성공이지만 아쉽게도 이건 흑의 일방적인 수읽기이다.

5도(삶의 급소)

흑▲에 대해 백은 1로 물러서는 것이 삶의 급소이다.

　이곳이야말로 처음에 흑이 공략했던 이른바 적의 급소이다. 다음 흑a에는 백b로 받아서 거뜬하게 살 수 있다.

5도

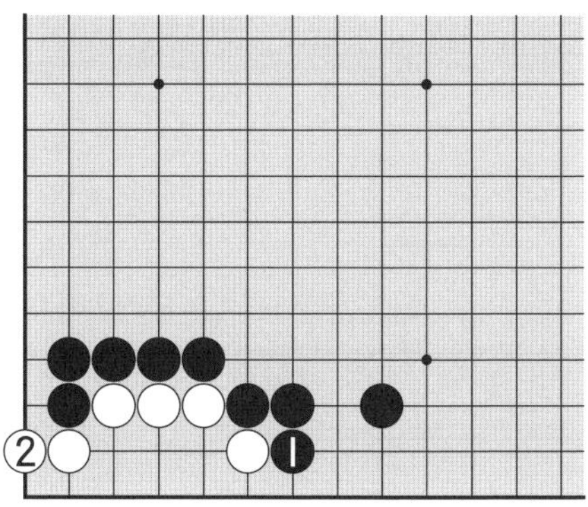

파생형 1

흑 차례

기본형에서 이번에는 흑1쪽을 꼬부려 막는 변화를 알아보기로 한다.

백은 몇 가지 대응이 있는데 2로 귀쪽에 내려서는 것도 그 가운데 하나이다. 그러면 귀의 사활은 어떻게 될까?

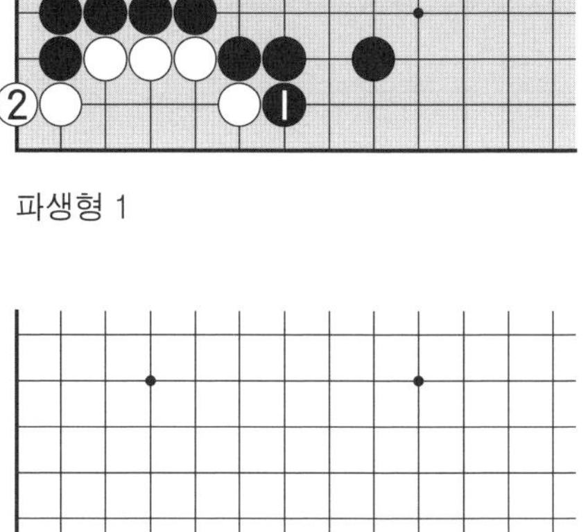

1도

1도(최선/ 석점의 중앙)

'석점의 중앙이 급소'라는 바둑격언이 있다. 늘어선 백△ 석점의 중앙인 흑1의 치중이 백의 명맥을 끊는 필사의 한수이다.

백2로 잇고 버텨도 흑3, 5로 백의 살길이 없음이 명백하다.

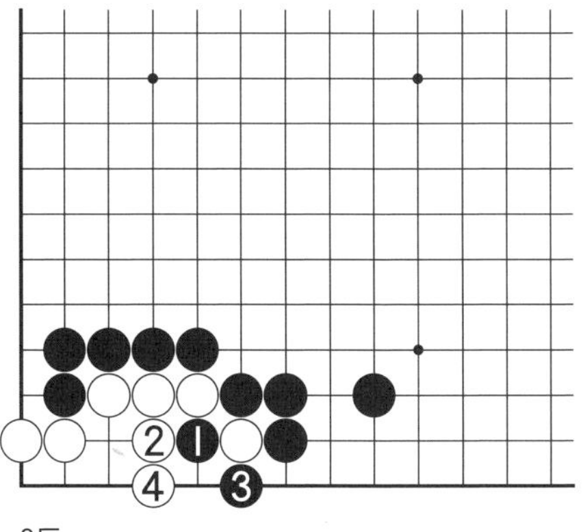

2도

2도(실패 코스)

급소를 모르면 흑1, 3으로 백 한점을 끊어잡는 것에 만족할 공산이 크다. 백은 기다렸다는 듯이 2로 단수하고 4까지 살아 버릴 것이다.

실전에서 초중급자가 흔히 범하는 실패 코스이다.

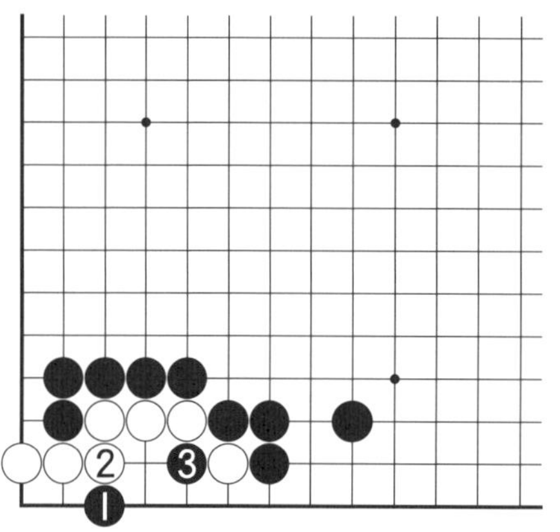

3도

3도(빗나간 급소에 잘못된 대응)

흑1의 치중은 빗나간 급소이지만 백도 응수를 틀리면 뜻밖의 참변을 낳는다.

2의 이음이 그 대표적인 잘못된 대응이다. 그러면 흑3으로 끊겨서 어이없이 잡혀 버린다.

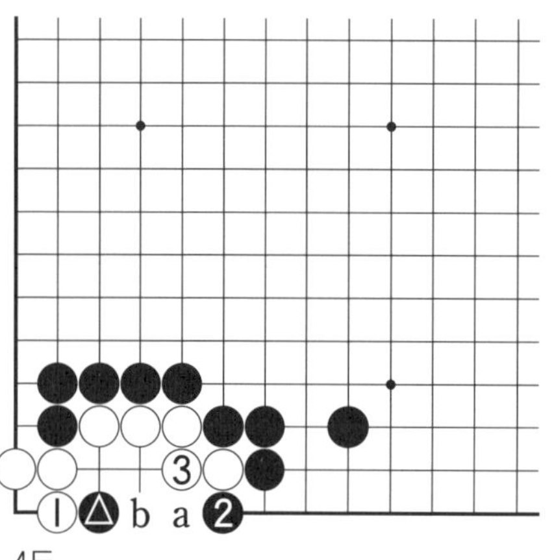

4도

4도(한 눈을 만들어 삶)

흑▲에 점잖게 백1로 귀쪽에서 한 눈을 만드는 것이 호수이다. 흑2에는 백3으로 이어서 걱정 없이 살 수 있다. 다음 흑a에는 백b가 있다.

흑2로는 3의 곳을 끊어 백 한점을 잡는 정도이다.

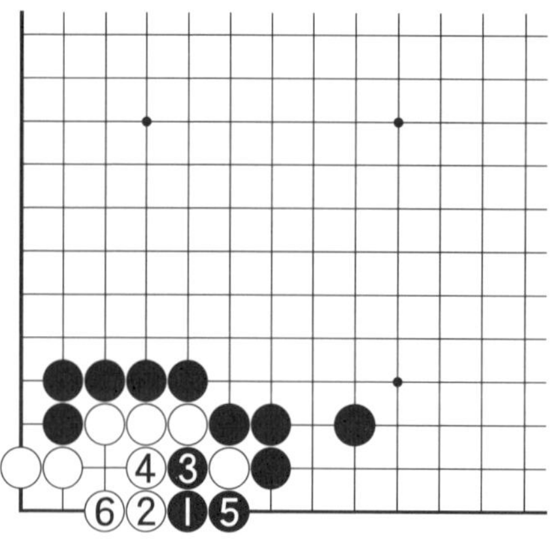

5도

5도(침착한 붙임)

흑1의 치중으로도 백을 잡을 수 없다. 백2의 붙임이 침착한 응수이다. 흑3에는 백4로 단수하고 6으로 너끈하게 살아 있다.

흑1로 5의 곳에 몰면 백이 2의 곳에 뛰는 것이 급소여서 역시 삶이다.

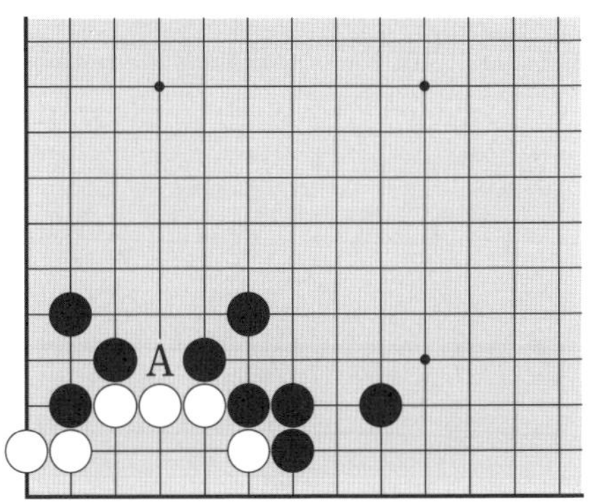

파생형 2

▨ 흑 차례

앞의 파생형과 차이점은 A의 곳 공배가 하나 비어 있다는 것이다.

이 조건이 귀의 사활에 어떤 영향을 미칠까? 과연 귀의 백을 잡을 수 있는지 판별해보자.

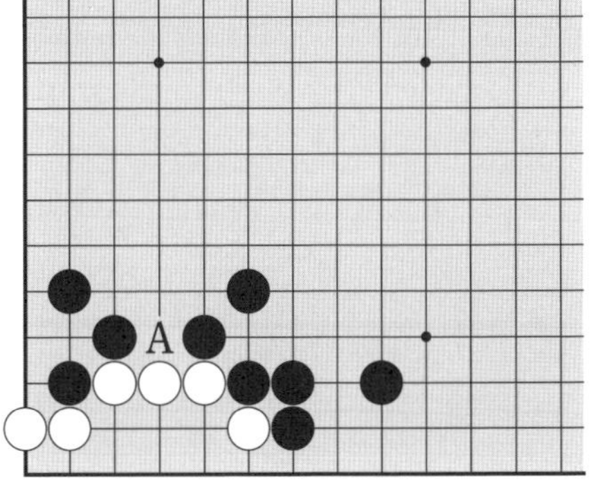

1도

1도(시도 1/ 백, 살아 있다)

흑1로 2의 ㅡ 자리를 붙이는 것은 귀의 양대 급소 가운데 하나로 유력한 공략법이다.

그러나 백2가 석점의 중앙에 해당하는 좋은 수비여서 더 이상 후속수가 없다. 이것으로 백은 살아 있다.

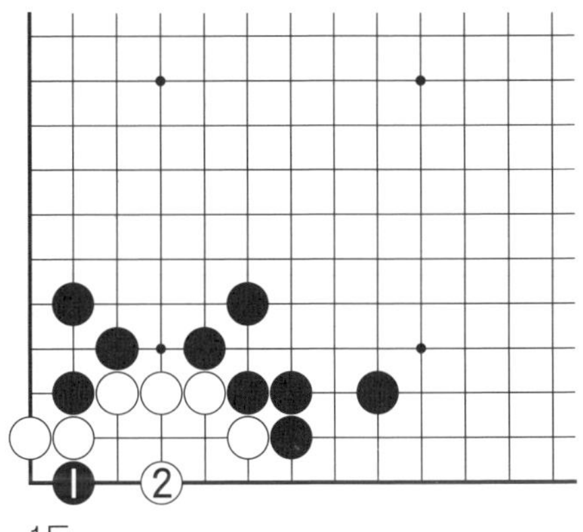

2도

2도(시도 2/ 살아 있다)

흑1로 일선에서 단수하는 수도 유력한 급소이지만, 앞 그림과 마찬가지로 백2가 석점의 중앙을 지키는 호수여서 싱겁게 실패한다.

실은 이 백은 자체로 살아 있었던 것이다.

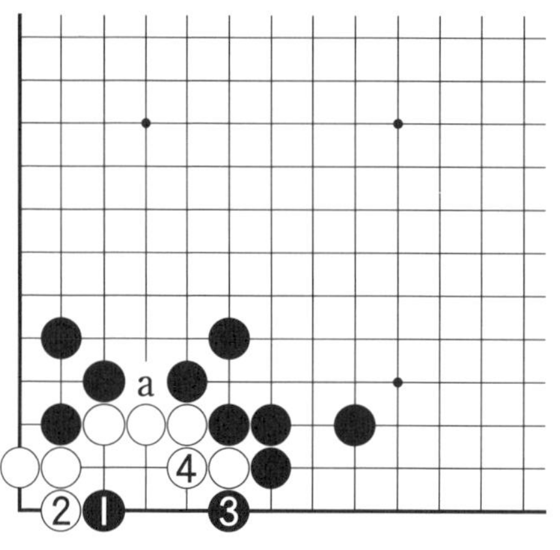

3도

3도(시도 3/ 살아 있다)

흑1의 치중에는 백2의 대응이 침착하다. 흑3에 단수해 봤자 백4로 이어서 그만이다.

요컨대 1의 한점을 살려올 수가 없는 것이다. a의 공배가 메워 있을 때도 이 수순은 실패하지 않았던가.

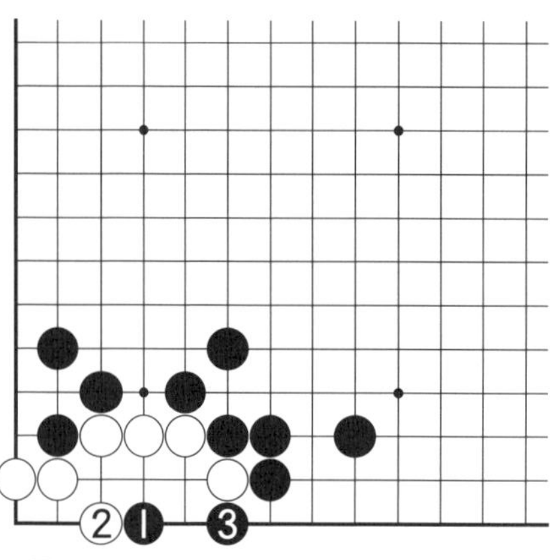

4도

4도(석점의 중앙 치중 이후)

그렇다면 석점의 중앙에 해당하는 흑1의 곳을 치중하는 것은 어떨까?

백2로 귀쪽에서 응수한다면 흑3으로 건너면서 자연스럽게 파호할 수 있으니 이것은 명백한 백의 죽음이다. 그러나~

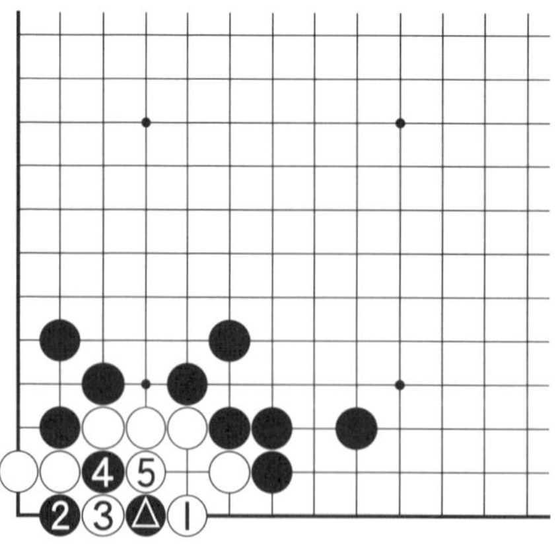

5도

5도(시도 4/ 크게 산다)

앞 그림은 흑 혼자만의 달콤한 수 읽기였다.

흑▲에 대해 백은 1로 차단하는 강수가 있었다. 흑2의 파호에는 백3으로 집어넣고 5로 몰아서 안심하고 크게 살 수 있다.

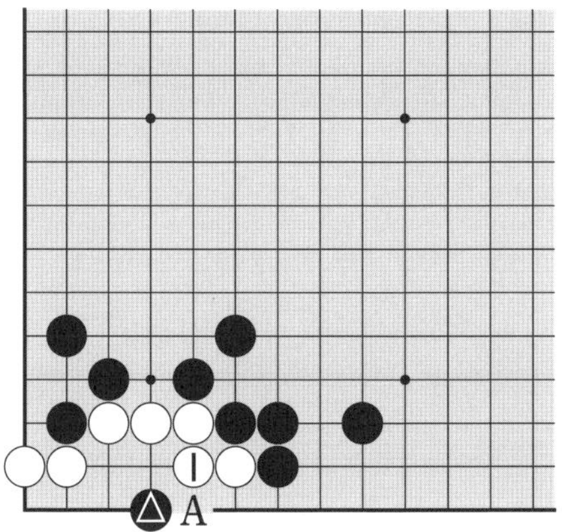

장면도

▦ 경솔한 이음 (흑 차례)

[파생형 2] 5도의 변화. 흑△의 치중에 대해 백1로 잇는 것은 경솔한 응수이다. A의 마늘모붙임이 정수였다.

여기서 과연 흑은 어떤 수가 있을까?

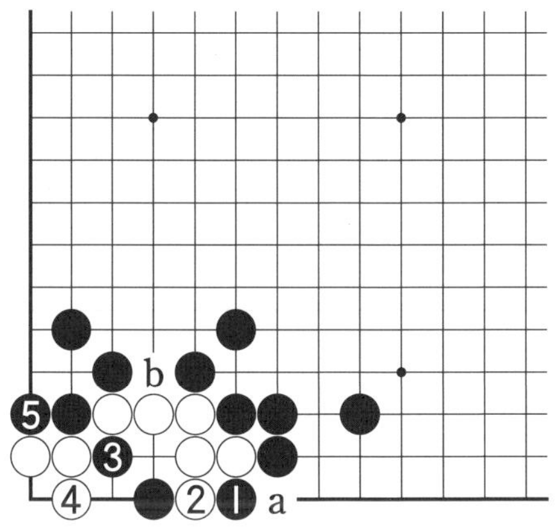

참고도 1

참고도 1(양자충의 죽음)

흑1의 젖힘이 백의 실책을 꾸짖는 준엄한 한수이다. 백2에 흑3으로 끊고 백4에는 흑5로 막아서 백은 양자충의 죽음이다.

다음 백a로 따내면 흑b로 뒤에서 막아 그만이다.

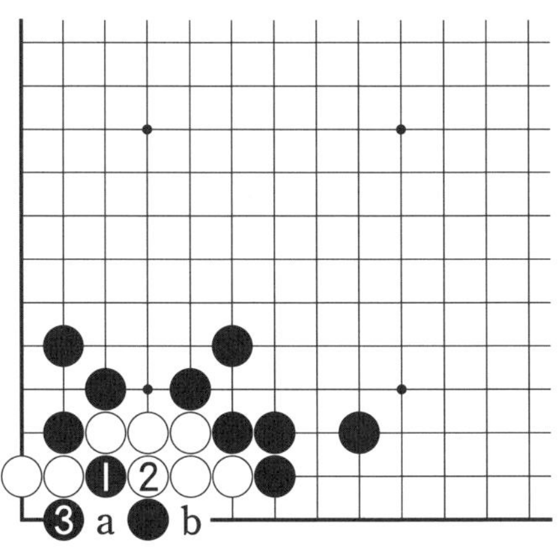

참고도 2

참고도 2(패는 미흡)

준비작업 없이 흑1로 끊는 것은 성급하다. 백2의 단수에 흑3의 패로 버티는 것이 고작이기 때문이다.

백도 a의 곳 패에 목숨을 걸어야 한다. 자칫 b에 몰다가는 흑a를 불러 횡사한다(4궁도의 죽음).

227

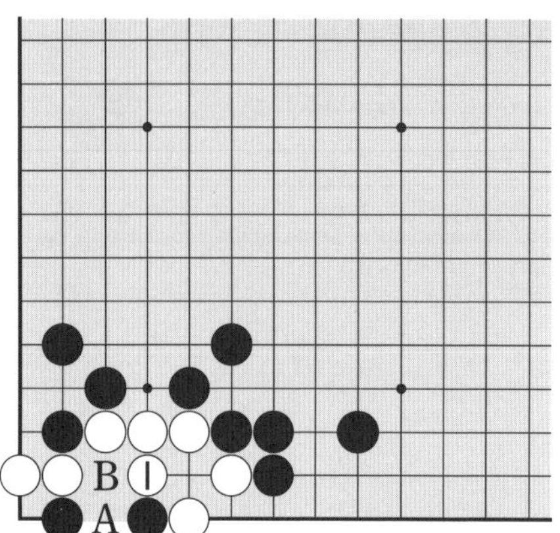

장면도

⊞ 그냥 단수 (흑 차례)

역시 5도의 변화. 이 상황에서 백A로 집어넣고 흑이 B로 따낼 때 백1로 단수하는 것이 올바른 수순인데, 백은 그냥 1로 단수했다.

과연 흑은 여기서 어떤 수단이 있을까?

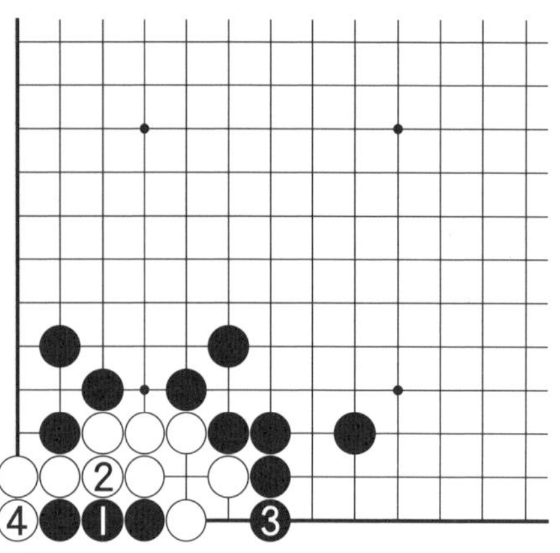

참고도 1

참고도 1(날카로운 발상)

잠자코 흑1로 잇는 것이 날카로운 발상이다.

백2로 단수할 때 흑3으로 내려서면 백은 비상사태임을 깨닫게 될 것이다. 4로 따낼 수밖에 없는데 이 다음~

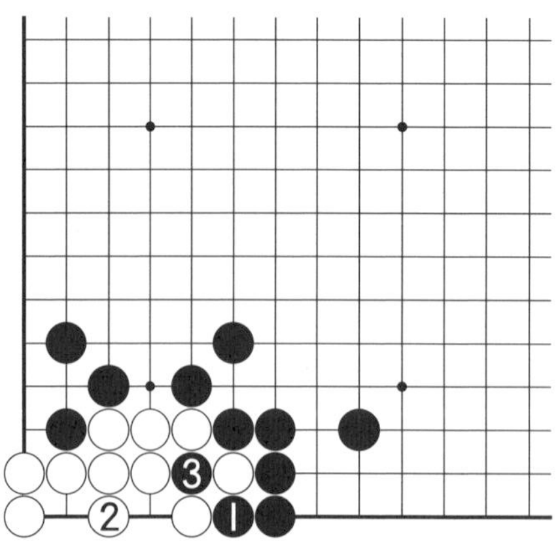

참고도 2

참고도 2(때 아닌 패)

흑1로 단수해서 좋다. 백은 저항할 수단도 없으니 2로 버텨서 패를 하는 것이 고작이다. 흑3으로 때 아닌 패가 발생한다.

본래 자체로 살아 있었던 백이 패가 되었으니 망한 셈이다.

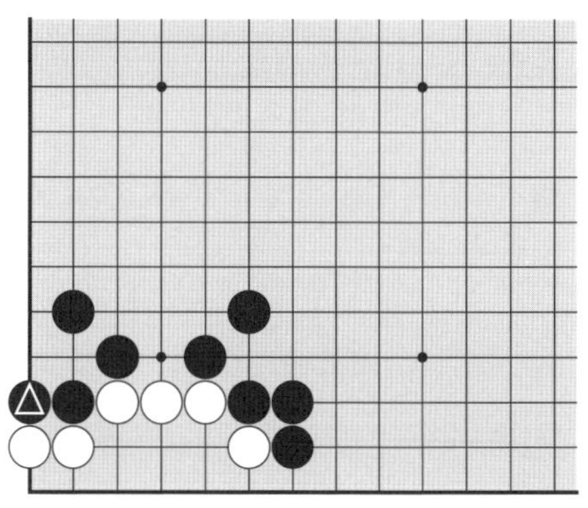

파생형 3

흑 차례

먼저 [파생형 2]와의 차이점을 확인하기 바란다.

　똑같은 배석에서 흑▲로 공배가 채워져 있는 점이 다르다는 걸 알아챌 수 있었을 것이다. 이 조건이 귀의 사활에 어떤 영향을 줄까?

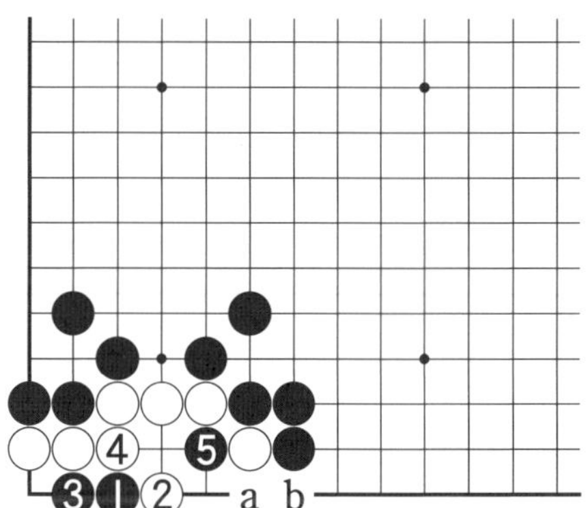

1도

1도(최선/ 유일한 급소)

뜻밖일지도 모르지만 흑1로 묘한 곳에 치중하는 것이 유일한 급소이다. 백2가 최강의 저항이지만 흑3의 파호가 결정타!

　백4에 흑5의 끊음이 성립해 백의 죽음이다. 다음 백a는 흑b로 그만이다.

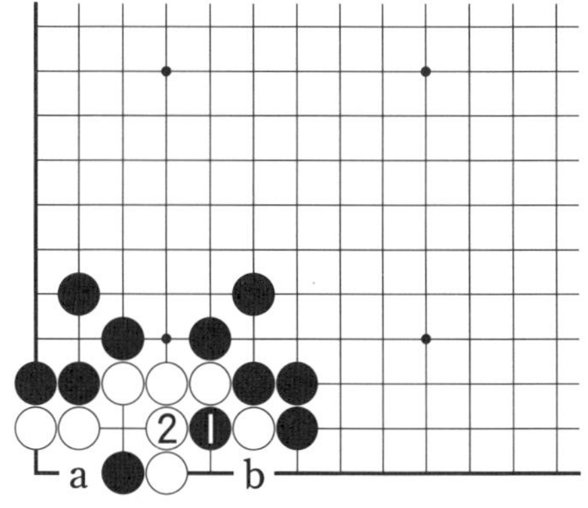

2도

2도(경솔한 끊음)

앞 그림의 3으로 흑1에 끊는 것은 경솔한 행동으로, 다된 밥에 코 빠뜨리는 격이다.

　그러면 백2가 당연하면서도 좋은 수이다. 다음 a와 b가 맞보기여서 백은 거뜬하게 살아 있다.

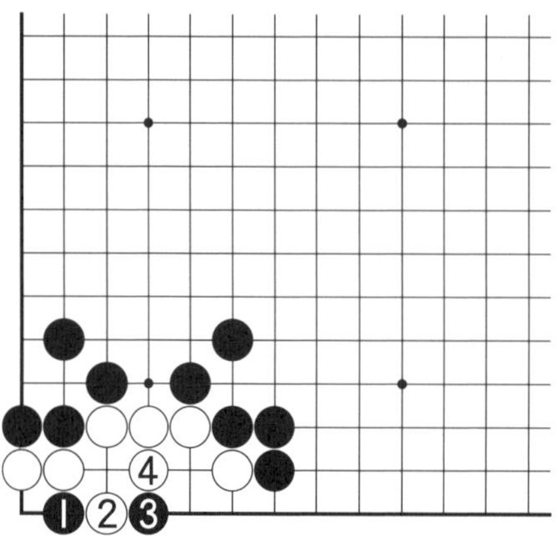

3도

3도(패는 미흡한 결과)

흑1로 2의 一 자리를 공략하는 것은 일단 유력한 급소이다. 백2는 절대의 응수이며 흑은 3으로 단수할 수밖에 없다.

그러나 백도 4의 패로 버티게 된다. 패가 미흡한 결과임은 말할 것도 없다.

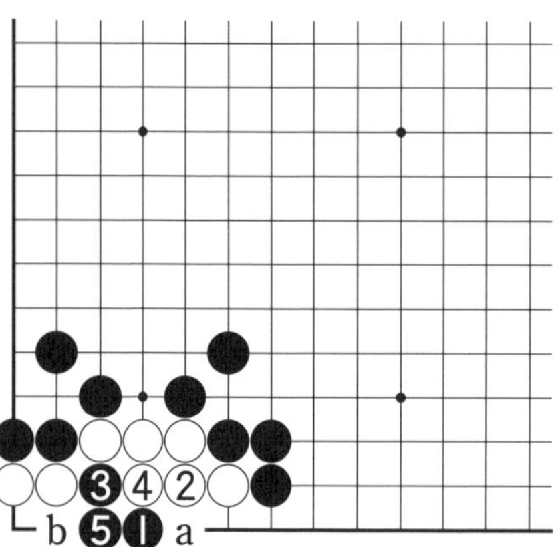

4도

4도(서로 실착)

흑1은 석점의 중앙에 해당하는 급소이지만 아쉽게도 번지수가 틀렸다. 그러나 백2의 이음은 실착이다. 흑3의 끊음이 통렬해 백은 살길이 없다. 흑5 다음 백a에 단수해 봤자 흑b로 그만이다.

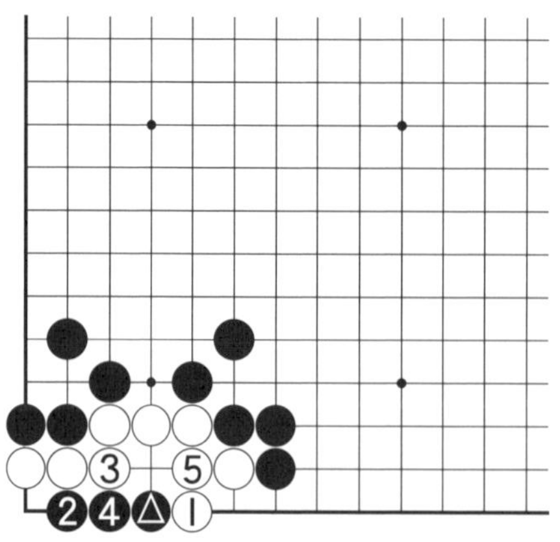

5도

5도(빅의 삶을 얻는다)

흑△의 치중에 대해서는 백1의 마늘모붙임이 좋은 응수여서 흑은 더 이상 공략할 방법이 없다.

2로 파호해 봤자 백3의 이음이 냉정한 한수이다. 흑4에는 백5로 이어서 빅의 삶을 얻는다.

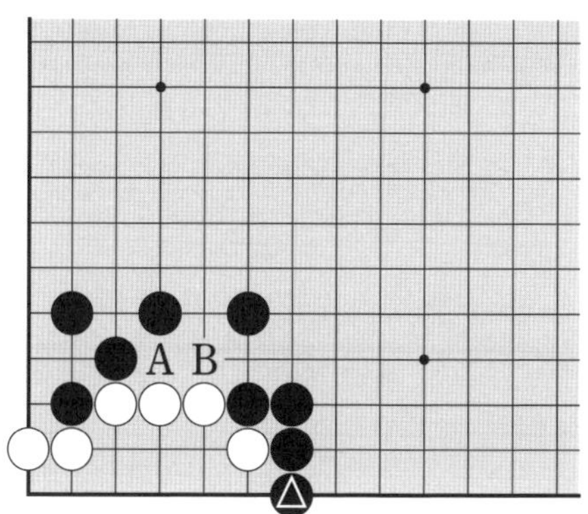

파생형 4

흑 차례

이번에는 대대적으로 형태가 달라진다.

　위쪽에 A와 B의 두 군데 공배가 비어 있다. 또 왼쪽 1선에도 흑돌이 놓여 있지 않으며, 오른쪽 1선에는 흑▲의 내려섬이 덧붙여져 있다. 그러면 귀의 사활은 어떻게 될까?

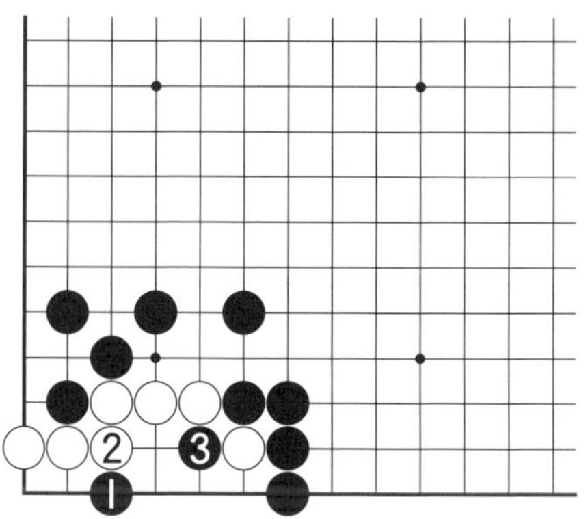

1도

1도(정해 1/ 같은 요령)

바로 앞의 파생형에서 급소였던 흑1의 곳이 이 경우에도 적용된다.

　백2의 이음을 강요하고 나서 흑3에 끊으면 간단하게 백을 잡을 수 있다. 너무 쉬운 수순이어서 의아할 정도일 것이다.

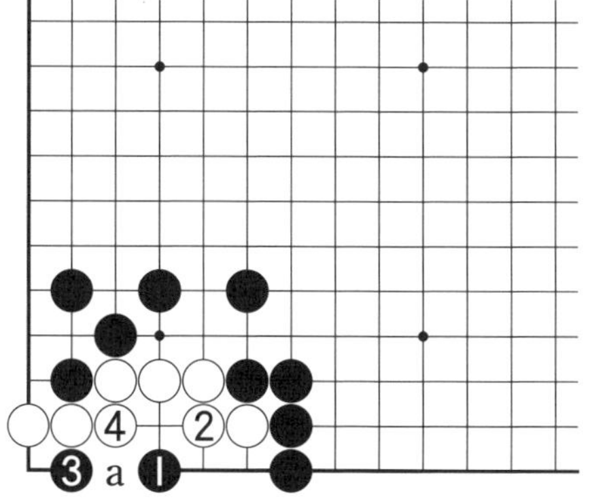

2도

2도(후수 빅에 불과)

흑1의 치중은 석점의 중앙에 해당하는 급소로 가장 먼저 떠올릴 만한 공략이지만 백2로 이으면 다음 수가 없다.

　흑3에는 백4로 이어서 그만이다. 흑은 a로 이어 봤자 후수 빅에 불과하다.

231

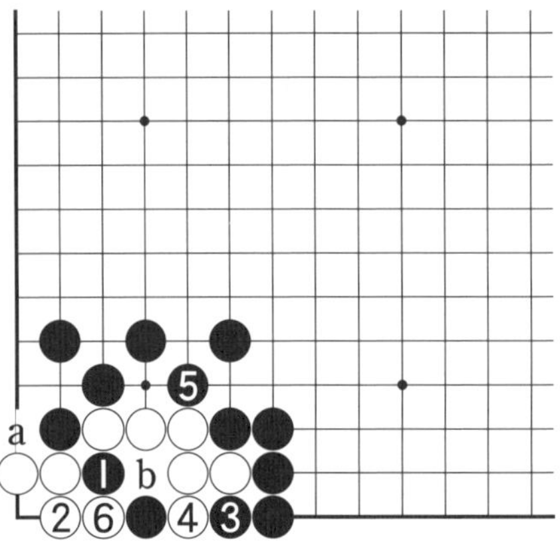

3도

3도(아슬아슬한 삶)

앞 그림의 3으로 흑1에 끊는다고 해도 좋은 결과를 이끌어낼 수 없다. 백2로 꼬부려서 귀쪽에서 한 눈을 만드는 것이 호수이다.

다음 흑3, 5에는 백6으로 단수해서 아슬아슬하지만 산다. 흑5로 a면 백b.

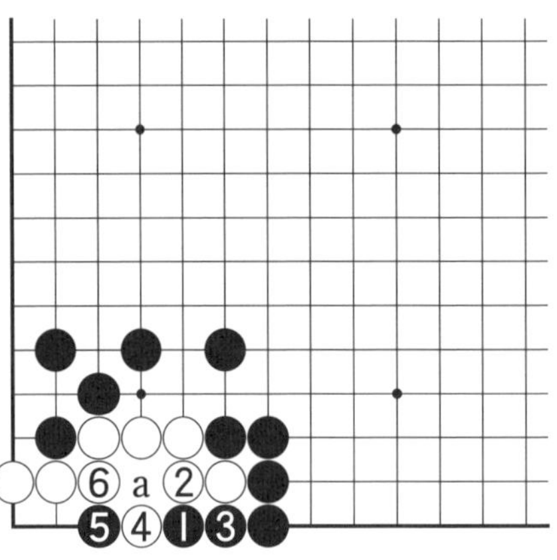

4도

4도(흑의 선패)

흑1로 공략하는 것은 침투력이 부족하다. 백2로 잇기만 해도 흑3으로 건널 때 백4에 막으면 6까지의 패가 필연이다.

흑이 약간 위안이라면 a로 따내어서 패가 시작되므로 흑이 우선권을 쥐고 있는 정도이다.

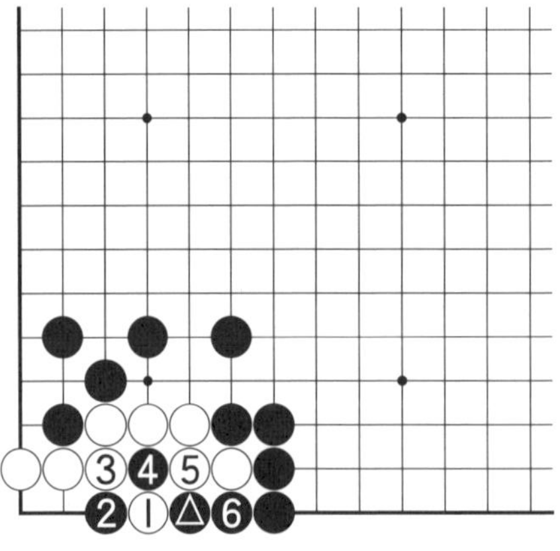

5도

5도(백의 선패)

흑▲ 때 백은 1로 붙여 응수하는 것이 좋다. 그러면 흑도 2쪽에서 단수하는 것이 최강이다. 백3도 절대의 한수이며 흑은 4로 따내고 6에 건넌다.

이 결과는 앞 그림과는 달리 백이 따낼 차례의 패이다.

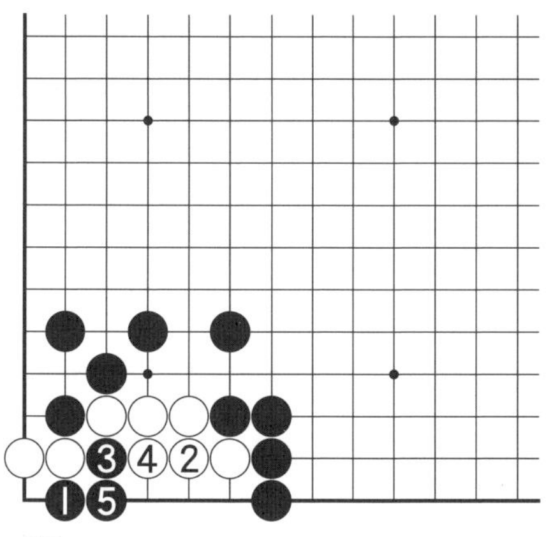

6도

6도(정해 2/ 또 하나의 급소)

흑1로 2의 一의 급소를 공략하는 수로도 백을 잡을 수 있다. 백2에는 흑3으로 끊어서 알기 쉽게 백의 죽음이다.

백4에는 흑5로 이어서 더 이상 설명할 필요도 없을 것이다. 수순 중 백2로는~

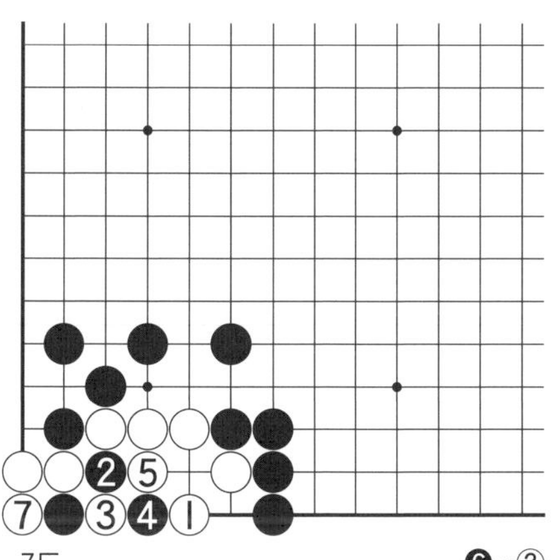

7도   **⑥**‥③

7도(최강의 저항)

백1로 호구치는 것이 최강의 저항이지만 흑2로 끊기면 역시 살길이 열리지 않는다.

어쨌든 백3에 먹여치고 흑4로 따낼 때 백5에 모는 것은 유력한 상용 수법이다. 그러면 흑6에 잇고 백7로 따낸 다음~

8도(한가운데 치중)

한가운데를 흑1로 치중하는 수가 성립하는 것이다. 넉점으로 잡혀주고 급소를 짚어서 잡는 수순이 멋지지 않은가?

다음 a와 b가 맞보기여서 백을 잡을 수 있음은 말할 것도 없다.

8도

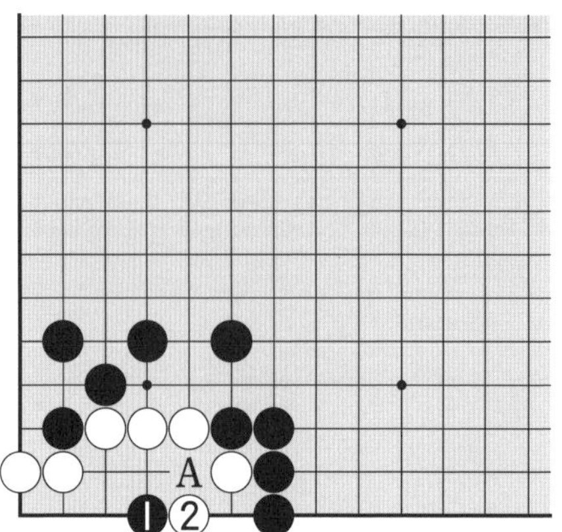

장면도

▦ 호구침 이후 (흑 차례)

흑1로 석점의 중앙에 치중했을 때 백2로 호구치면 어떻게 될까?

백2로 A에 이었다면 아무 불안도 없이 백이 그냥 살았던 것인데…. 과연 흑은 어떤 수단이 있는지 생각해보자.

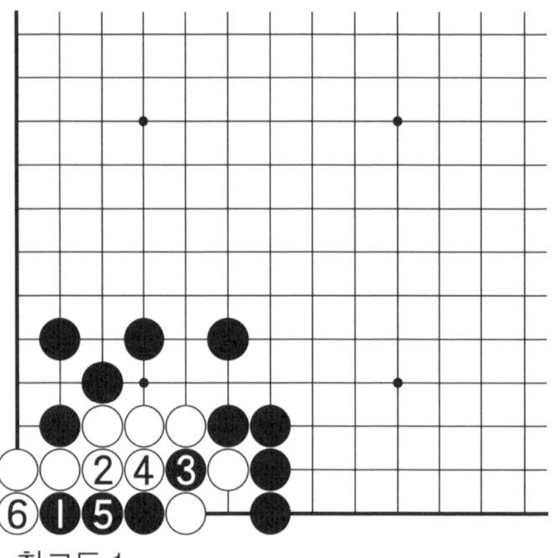

참고도 1

참고도 1(통렬한 급소)

흑1로 붙이는 수가 통렬한 급소이다. 백2로 이을 때 흑3으로 하나 먹여치고 나서 5에 잇는 것이 교묘한 수순이다(흑3으로 그냥 5의 곳에 이으면 백3으로 빅이 된다). 백6에 따낸 다음~

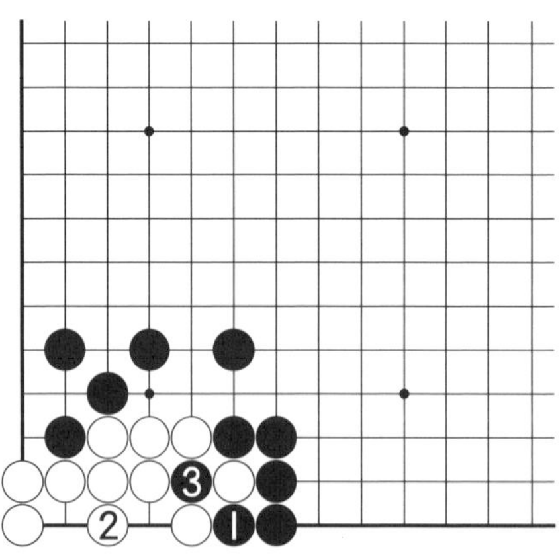

참고도 2

참고도 2(결과는 패)

흑1의 단수가 성립한다. 백은 2로 둘 수밖에 없으며 흑3으로 따내어서 이 패의 결과가 백의 삶과 죽음을 결정한다.

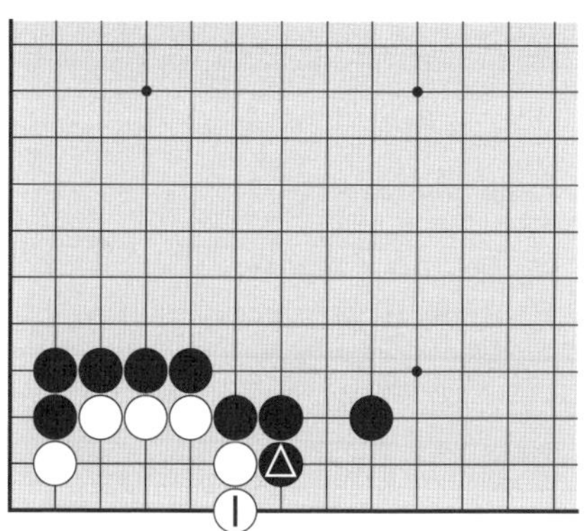

파생형 5

흑 차례

기본형으로 되돌아가서, 흑❷로 꼬부려 막았을 때 변쪽에서 백1로 내려서는 것이 여간 까다로운 수가 아니다. 그러면 귀의 사활은 어떻게 될까?

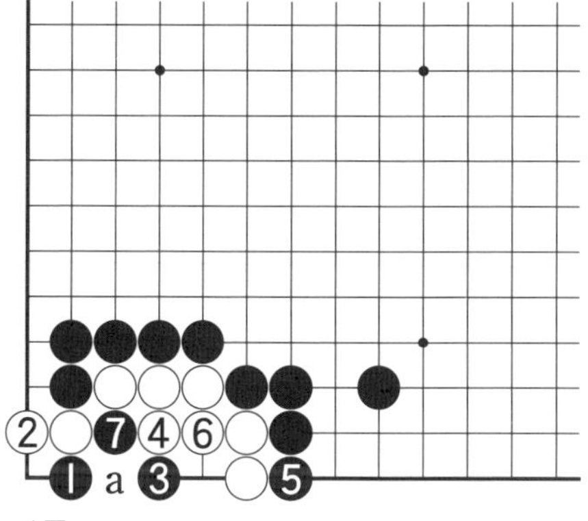

1도

1도(패가 쌍방 최선)

흑1의 껴붙임이 2의 ㅡ의 급소이자 정확한 공략이다. 흑2의 내려섬은 이 한수이며 흑3이 석점의 중앙에 해당하는 급소이다. 다음 백4로 방어할 때 흑5, 7로 패가 되는 것이 쌍방 최선이다.

흑7로 a는 백7로 이어서 빅이 되므로 유의한다. 수순 중 흑3으로~

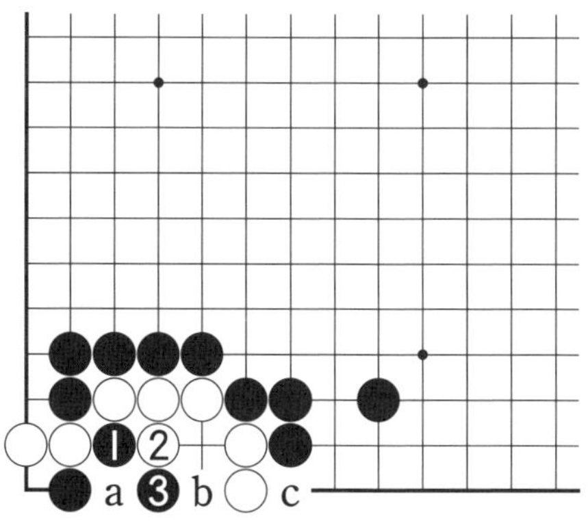

2도

2도(패는 되지만 손해)

흑1에 끊고 백2로 단수할 때 흑3이면 이래도 패가 된다. 단, 백이 a와 b에 연거푸 두어 패를 해소했을 때 정해보다 흑의 손해이다.

c쪽 끝내기가 남아있고 귀의 백집도 1집 많음을 확인하기 바란다.

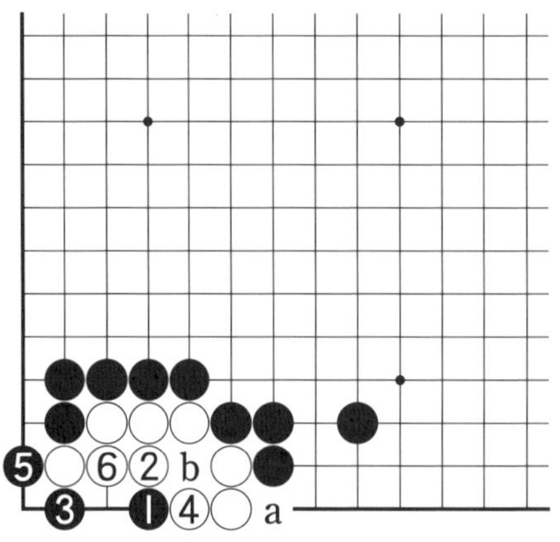

3도

3도(중앙 치중은 실패)

흑1의 치중은 석점의 중앙에 해당하는 급소이지만 백2가 좋은 응수여서 실패한다.

흑3의 붙임에 백4의 단수가 침착해서 6까지 살아간다. 만일 백4로 5면 흑a, 백b, 흑6으로 1도와 같아진다.

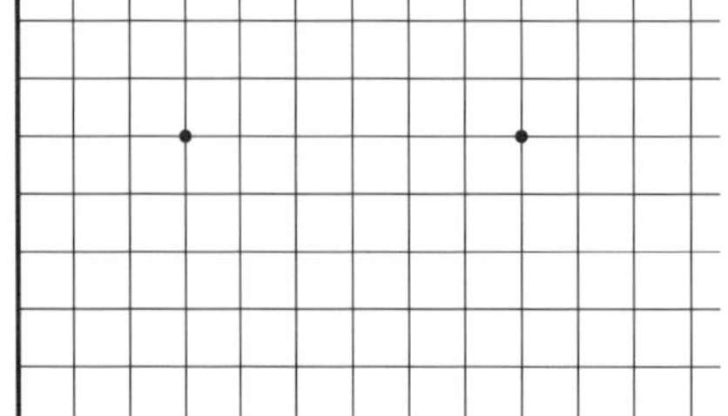

4도

4도(턱밑 치중도 실패)

흑1로 턱밑에 들이대듯이 치중하는 것도 그럴 듯해 보이지만 백2가 좋은 응수여서 여의치 않다. 흑3에는 백4로 받아서 그만이다.

다음 흑a로 따내도 백b로 몰아서 살아 있음이 명백하다.

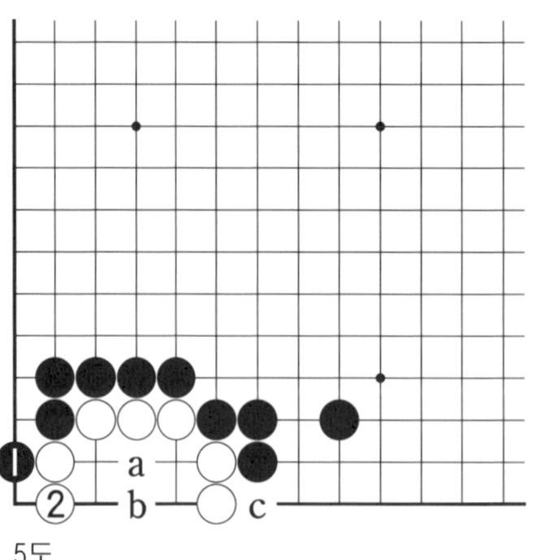

5도

5도(대표 완생형인 빗꼴)

흑1로 젖히면 백은 기쁜 마음으로 2로 받을 것이다. 그 유명한 빗꼴로, 대표적인 6궁도의 완생형이다. a와 b가 맞보기여서 살아 있다.

실전이라면 흑c를 팻감으로 쓰는 정도일 것이다.

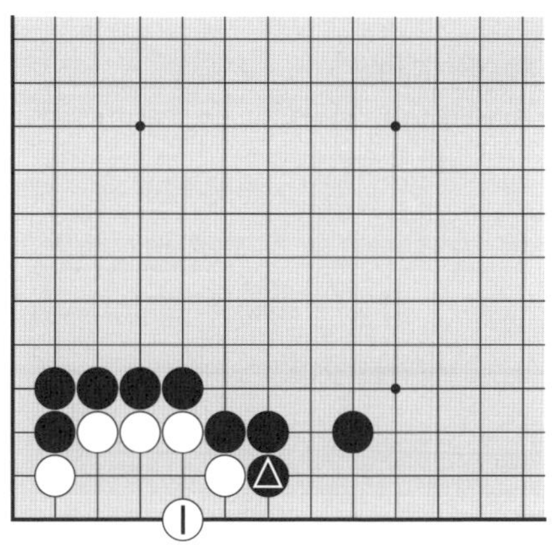

장면도

▦ 호구치는 변화 (흑 차례)

흑▲의 꼬부려 막음에 백1로 호구 치는 변화를 살펴보기로 한다.

앞서 [파생형 5]의 백1이 정수임은 물론이다. 흑은 어떤 수단이 있을까?

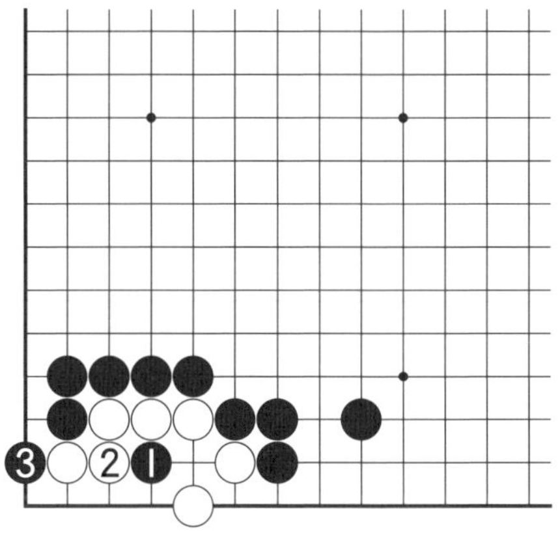

참고도 1

참고도 1(치중하고 젖힘)

흑1의 치중이 꼭 필요한 한수이다. 백2를 강요하고 나서 흑3으로 젖히면 너무도 간단하게 백을 잡을 수 있다.

백이 도저히 살 수 없음은 한눈에 봐도 알 수 있을 정도이다.

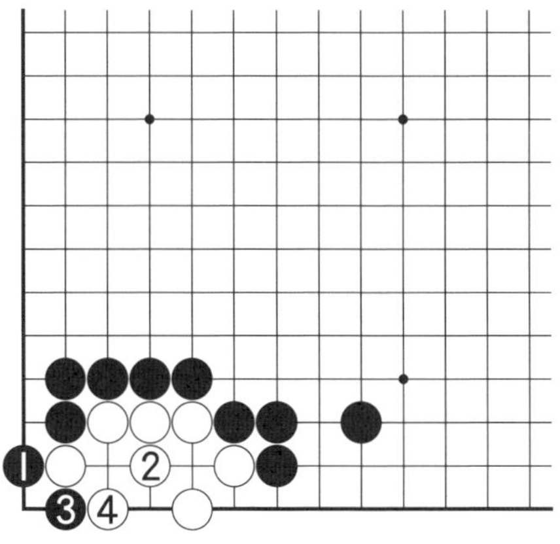

참고도 2

참고도 2(준비 부족으로 패)

흑1쪽을 즉각 젖히는 것은 사전 준비가 부족한 행동이다.

그러면 백2로 움츠리듯이 응수하는 것이 적의 급소는 나의 급소라는 격언에 딱 들어맞는 저항이다. 흑3에 백4의 패는 필연적이다.

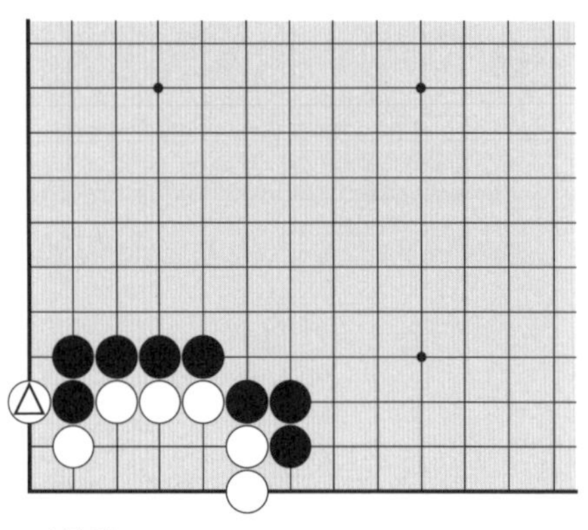

파생형 6

흑 차례

앞의 [파생형 5]에 백△의 1선 젖힘이 추가되어 있는 형태이다. 그러면 귀의 사활은 어떻게 변할까?

우선 귀를 공략하는 급소가 어디인지 생각해보자.

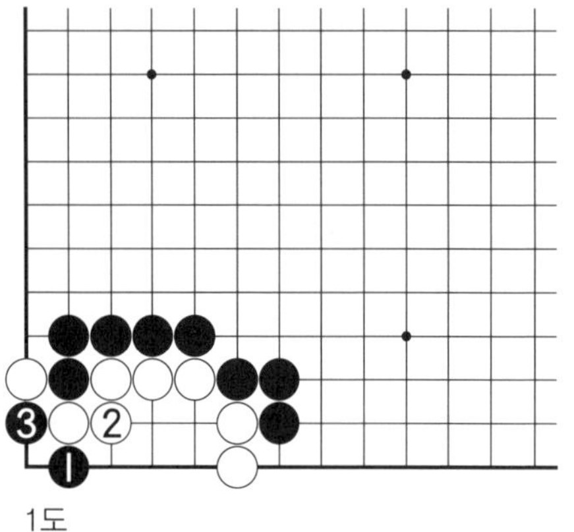

1도

1도(최선/ 흑의 묘수로 패)

흑1로 2의 一 자리를 껴붙이는 것이 날카로운 공략이다. 백2의 이음은 최선이며 흑3으로 패를 들어가는 것이 정해의 코스이다.

살아 있는 것 같던 백이지만 이런 흑의 묘수가 있었다.

2도

2도(배운 대로 두어서 패)

흑△ 때 백1로 잇는 변화. 그러면 앞서 배운 대로 석점의 중앙을 흑2로 공략하는 것이 멋지다.

백3은 절대이며 흑4를 선수해 백5를 강요하고 나서 흑6으로 패를 들어가는 것이 요령이다.

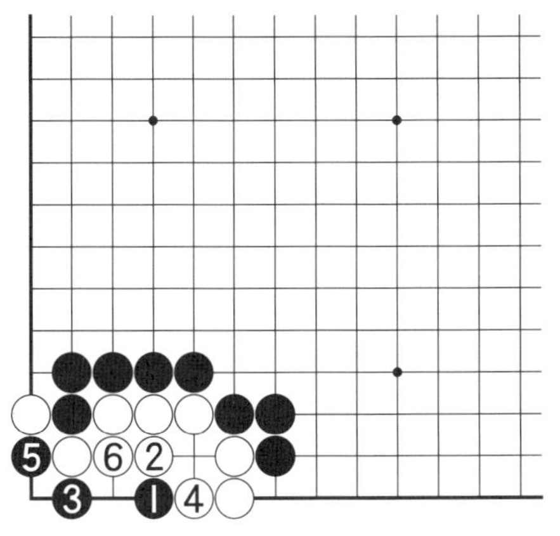

3도

3도(안전한 삶)

처음부터 흑1로 석점의 중앙을 공략하는 것은 이번에도 성공하지 못한다.

백2가 좋은 응수이며 흑3의 껴붙임에 백4쪽에서 단수하는 것이 침착하다. 그러면 6까지 안전하게 삶을 얻는다.

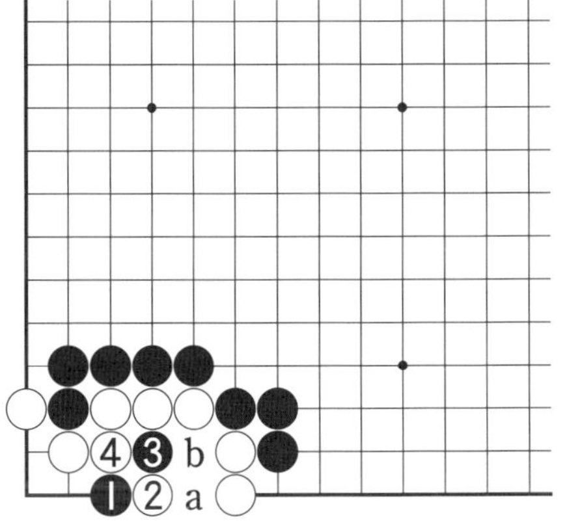

4도

4도(빗나간 급소)

흑1로 공략하는 것은 빗나간 급소이다. [파생형 5]에서도 그랬듯이 백2의 붙임이 좋은 응수여서 쉽게 살아 버린다.

흑3에는 백4로 단수해서 그만이다. 다음 흑a에 백b가 있음은 물론이다.

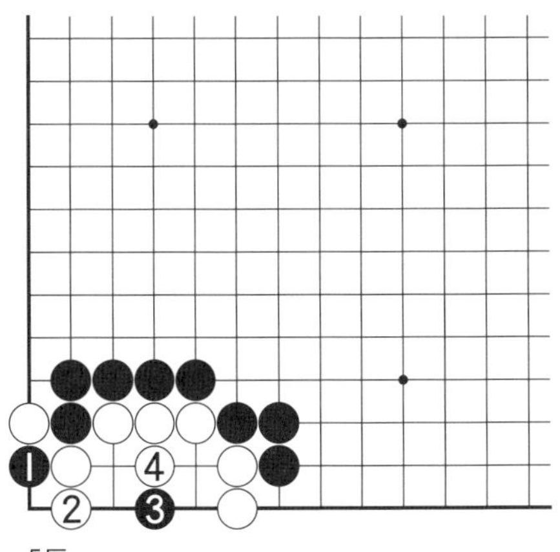

5도

5도(완생의 기본형인 빗꼴)

흑1의 먹여침은 백의 궁도를 줄여 놓겠다는 뜻이지만 백2로 늘게 해 싱거운 결말이다.

이 형태는 그 유명한 빗꼴로, 완생의 기본형 아닌가? 다음 흑3에는 백4로 끄떡없다. 흑3으로 4면 백3이다.

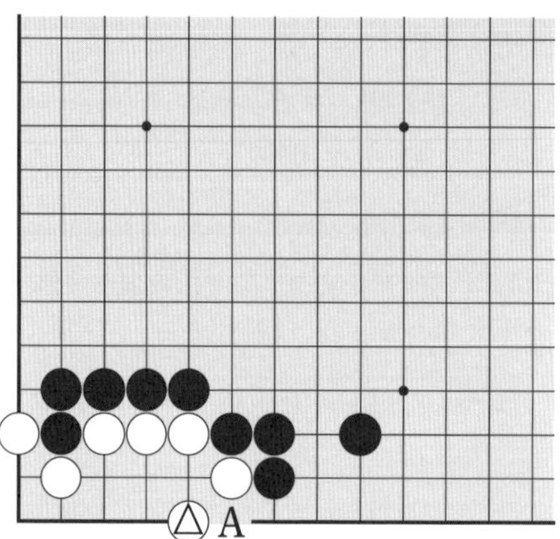

장면도

공략의 급소 (흑 차례)

이 상황에서 백은 A로 내려서지 않고 ⊘로 호구쳤다. 실은 이 수도 만만치 않은 변화를 품고 있다.

첫수가 성패를 판가름한다. 어디가 공략의 급소일까?

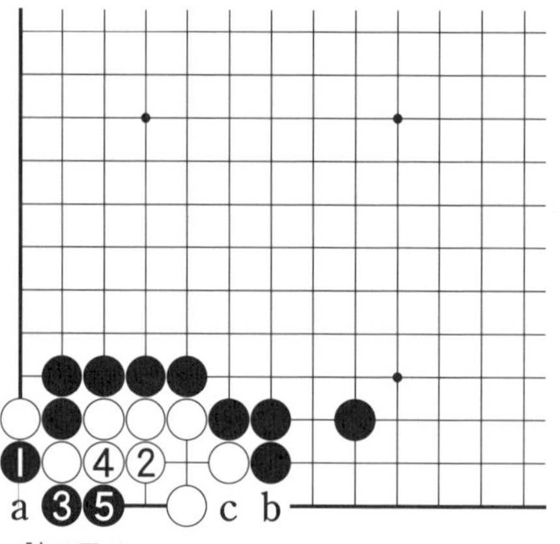

참고도 1

참고도 1(흑1로 먹쳐쳐서 패)

흑1의 먹여침이 출발점이다. 달리 두는 것은 다 실패한다. 백2 때 흑3이 필사의 한수이다. 다음 백4에 흑5로 따라붙어서 패가 된다.

백a에 흑b, 백c가 흑의 선수 권리(팻감이 됨!)인 점이 자랑이다.

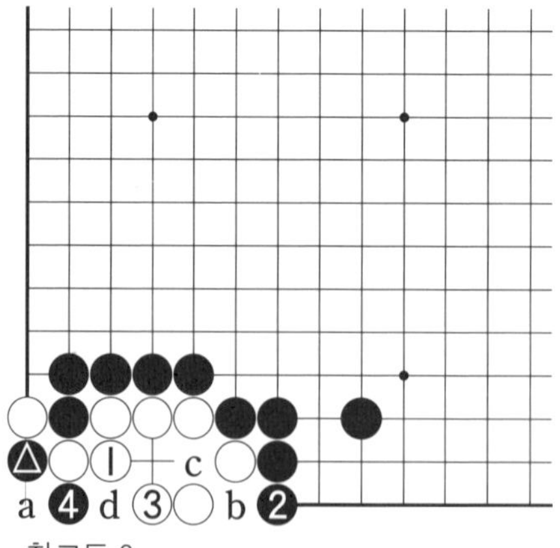

참고도 2

참고도 2(이어도 결국은 패)

흑▲에 대해 백1로 잇는 변화도 생각할 수 있다. 그러면 흑2를 선수하고 4로 젖혀서 역시 패가 된다.

다음 백a에 흑b, 백c가 역시 흑의 선수 권리이다. 백1로 a에 따내면 흑d의 치중을 불러 죽음이다.

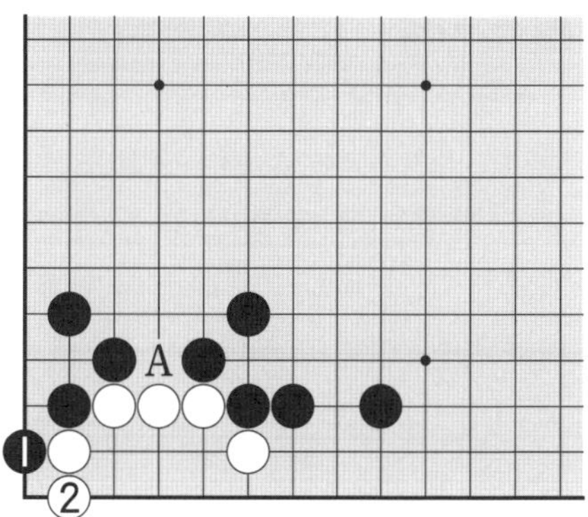

기본형

흑 차례

흑1의 젖힘에 백2로 내려선 것은 당연하다. 그러면 백의 사활은 어떻게 될지 생각해본다.

[1형]에서는 A의 곳 공배가 막혀 있는 것을 검토한 바 있었다. 첫 수가 중요한 포인트이다.

1도

1도(최선/ 붙임이 급소로 패)

흑1의 붙임이 유일한 급소이다. 이곳 역시 석점의 중앙에 해당하는 급소라고도 할 수 있다. 백2도 최강의 응수로 흑3, 백4의 패가 되는 것이 최선이다.

그러고 보니 a의 공배는 있으나 없으나 똑같다.

2도

2도(가볍게 산다)

흑1도 석점의 중앙으로 가장 유력한 공략이지만 이 경우는 실패한다. 백2가 적의 급소는 나의 급소여서 가볍게 살아 버린다.

흑1로 a여도 백2로 삶이며, 1로 b는 백c로 완생형인 빗꼴이다.

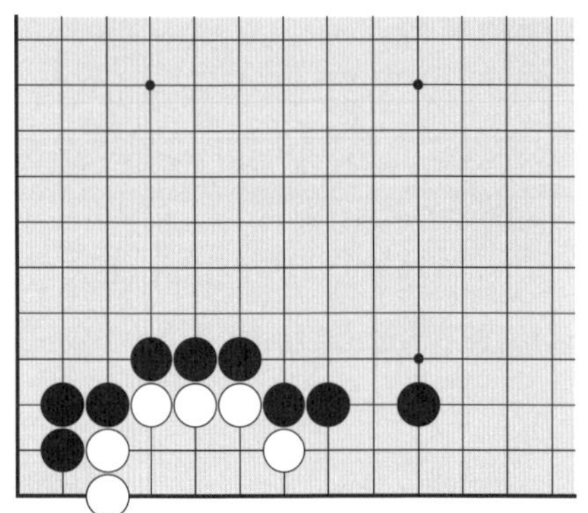

파생형 1

흑 차례

기본형과 구성 자체가 크게 달라져 있다. 귀쪽에서 오른쪽 변으로 한 줄씩 돌들이 이동해 있다는 점을 깨닫게 될 것이다. 위쪽 공배도 메워져 있다.

이럴 경우 백의 사활은 어떻게 될까?

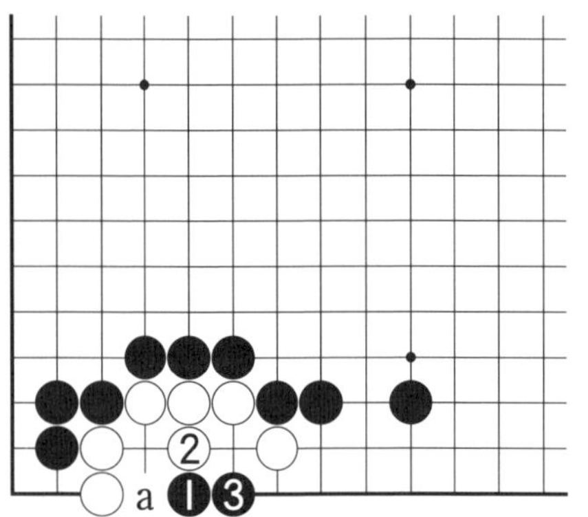

1도

1도(최선/ 석점의 중앙으로 죽음)

이번에야말로 흑1로 석점의 중앙을 공략하는 것이 통렬하다. 백2로 버텨도 흑3으로 파호하면 백은 잡힐 수밖에 없다.

한 줄씩 오른쪽으로 이동한 까닭에 백a가 성립하지 않는다.

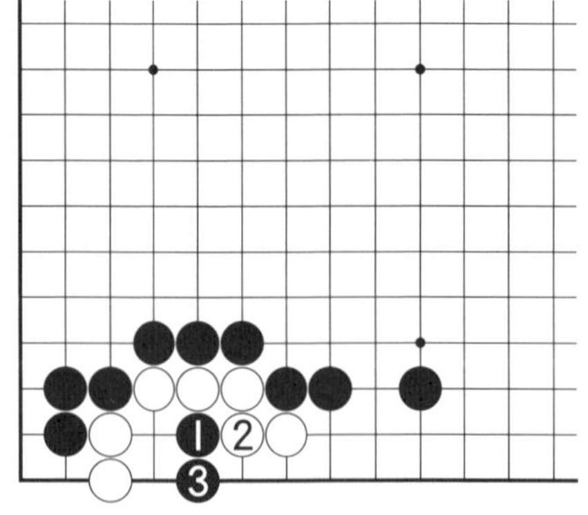

2도

2도(흑의 주문)

흑1도 석점의 중앙에 해당하는 급소가 아니냐고 할지 모른다. 백이 2로 잇는다면 흑3으로 파호해서 멋지다(흑의 주문!).

이렇게 된다면야 백이 사는 수가 없으니까 성공이다. 그러나 백2로는~

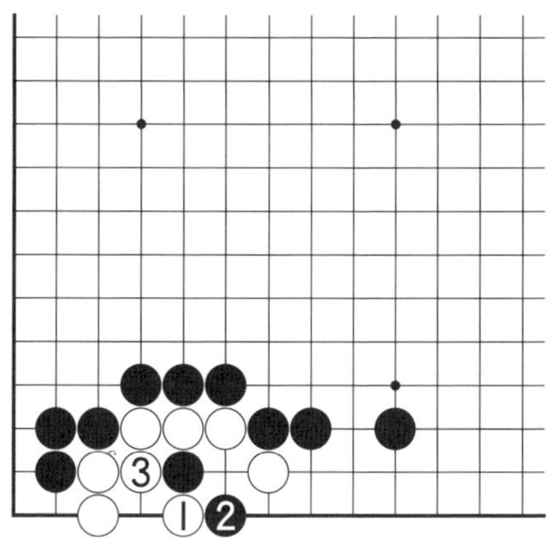

3도

3도(저항수단으로 패)

백1로 붙이는 강력한 저항수단이 있다. 흑은 2로 단수할 수밖에 없으니 그때 백3으로 버텨서 패가 된다.

따라서 앞 그림의 수순은 흑 혼자만의 달콤한 수읽기였던 것이다.

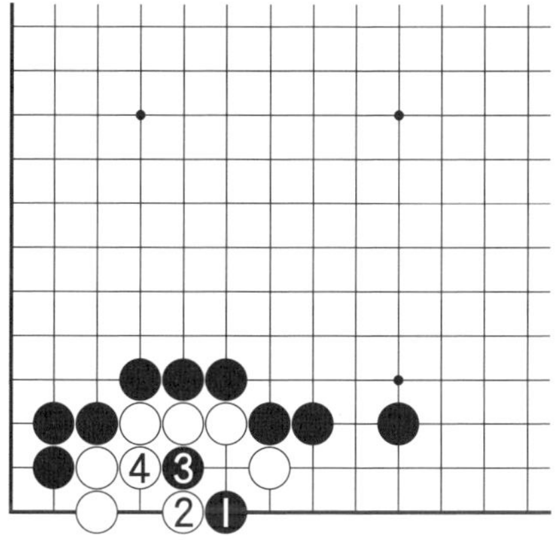

4도

4도(패가 나서는 실격)

흑1로 비딱하게 치중하는 것으로는 백을 무조건 잡을 수가 없다. 백2의 붙임이 적의 급소는 나의 급소!

결국 4까지 앞 그림과 같은 결과가 된다. 말할 것도 없이 패가 나서는 실격이다.

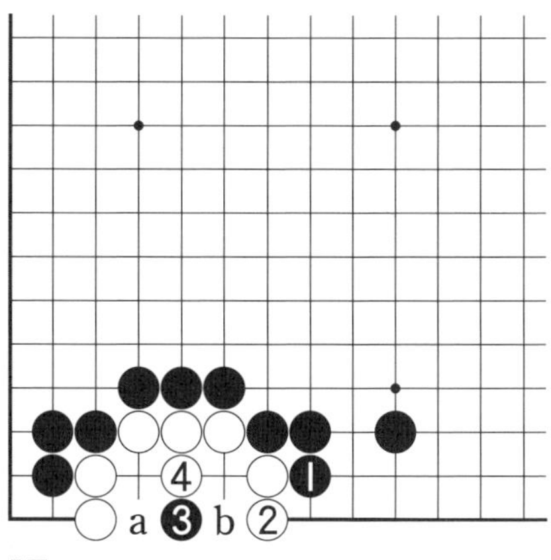

5도

5도(완생형인 빗꼴)

흑1로 꼬부려 막는 것은 잡겠다는 의지가 부족하다. 백2로 내려서면 이 형태는 기본적인 완생형인 빗꼴이 된다.

흑3으로 뒤늦게 공략해도 백4로 그만이다. 다음 a와 b가 맞보기인 것이다.

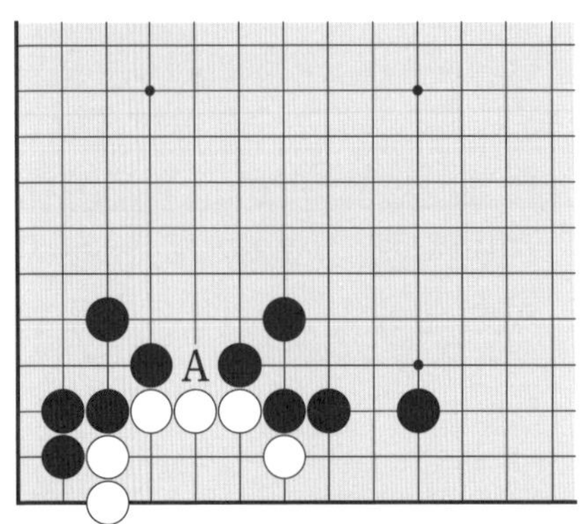

파생형 2

▨ 흑 차례

바로 앞의 [파생형 1]과의 차이는 A의 공배가 하나 비어 있다는 점이다. 이 조건이 백의 사활에 어떤 영향을 미칠까?

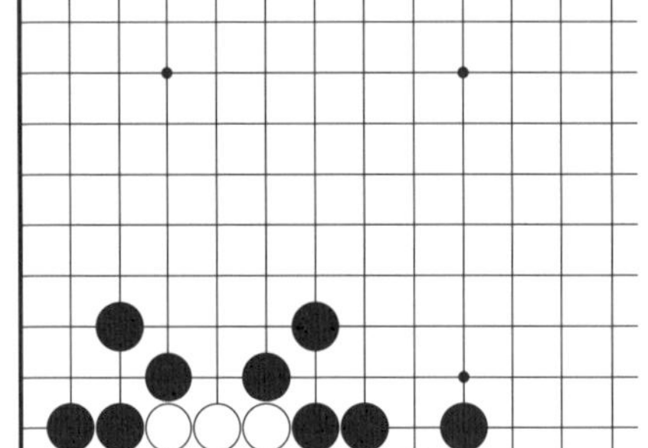

1도

1도(정해 1/ 강추의 패)

흑1의 치중이 석점의 중앙에 해당하는 급소이다. 백은 2에서 4, 6으로 버티게 되며 흑7까지의 패가 불가피하다.

　이 패는 흑이 이기는 경우 뒷맛이 깨끗한 까닭에 강력 추천하는 패이다.

2도(정해 2/ 패이지만 비추)

흑1로 공략해도 패가 된다. 4까지는 낯익은 수순이다. 흑1로 3에 치중해도 백2, 흑1, 백4로 같은 결과이다.

　흑이 패를 이겼을 때 백의 수수가 많아 실전이라면 골치 아플 수도 있다. 그러므로 비추!

2도

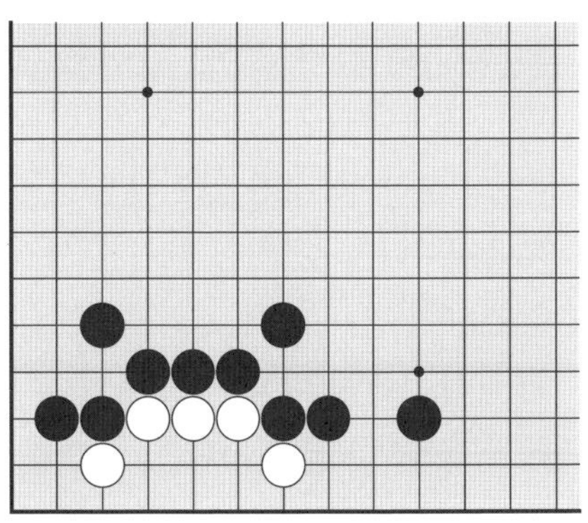

파생형 3

▨ 흑 차례

기본형의 원형에 가까운 모습이다.
좌우 양쪽에 흑의 꼬부려 막음이
없고 휑하니 터져 있음에 주목하기
바란다. 위쪽 공배는 메워져 있다.

　이럴 경우 백의 사활은 어떻게
될까?

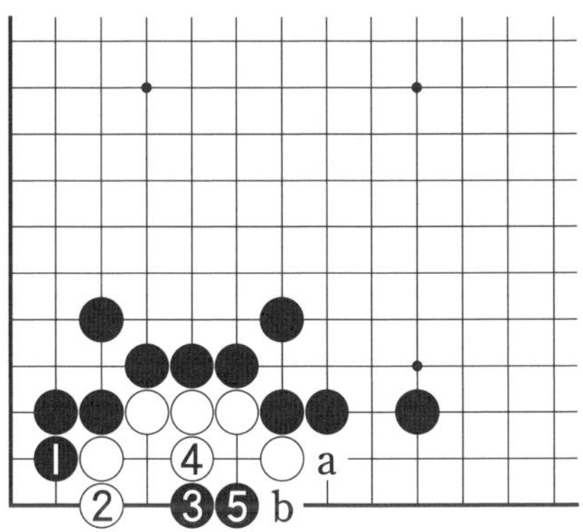

1도

1도(정해 1/ 꼬부려 막고 치중)

흑1로 꼬부려 막는 수가 출발점이
다. 백2를 기다려 흑3으로 치중하
면 [파생형 1] 1도의 공략수순과
같아진다. 다음 백4에는 흑5로 파
호해서 그만이다.

　흑1로는 a, 백b를 문답하고 흑3
에 치중해도 된다.

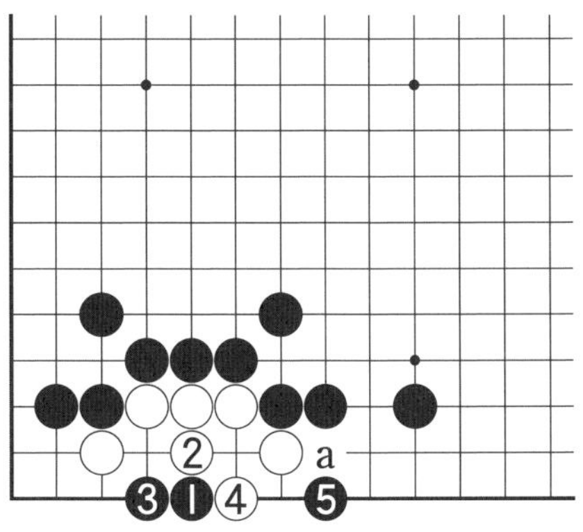

2도

2도(정해 2/ 석점의 중앙 치중)

처음부터 석점의 중앙인 흑1의 곳
을 치중하는 수도 성립한다. 백2에
는 흑3으로 파호하는 것이 중요하
다. 백4에는 흑5로 뗀다.

　만일 흑5로 a면 백이 5의 곳을
두어 패가 불가피하다. 계속해서~

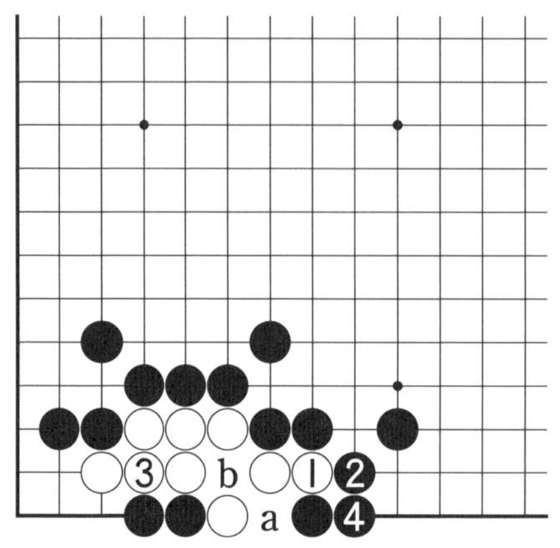

3도

3도(백의 죽음)

백1로 나와 봤자 흑2로 받아서 소용이 없다. 백3에 흑4로 이으면 백은 a의 곳을 둘 수가 없으니 b의 곳은 옥집이나 다름없다. 따라서 살길이 없다.

백1로 3에 둔다고 해도 흑이 1의 곳을 이어서 마찬가지다.

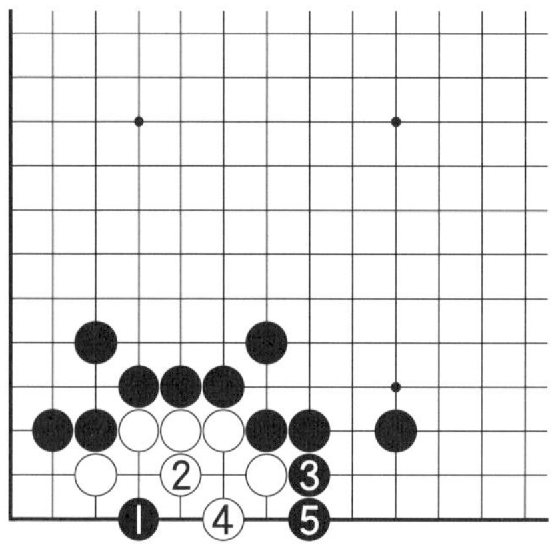

4도

4도(정해 3/ 제3의 급소도 성립)

흑1로 제3의 급소인 묘한 곳을 치중해도 백을 잡을 수 있다. 백2에는 흑3으로 막고 백4에는 흑5로 내려서면 백은 손을 들 수밖에 없다.

좌우동형이니 만큼 흑1로 4의 곳을 치중해도 똑같은 결과가 나옴은 말할 것도 없다.

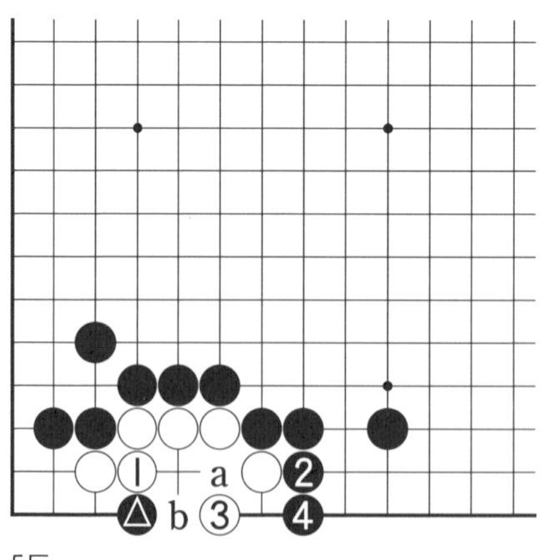

5도

5도(앞 그림의 변화)

흑▲에 대해 백1로 잇는 변화. 그러면 흑은 잠자코 2의 곳을 꼬부려 막아서 좋다. 백3에는 흑4로 내려서는 것이 침착한 한수이다.

백의 살길이 없음은 명백하다. 또 백3으로 a면 백b로 그만이다.

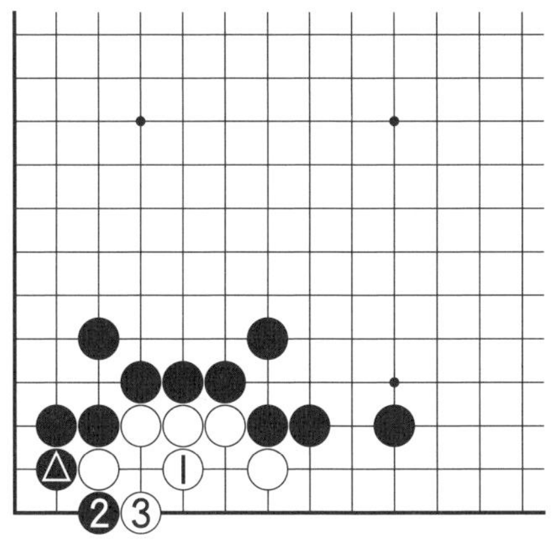

6도

6도(버티는 수가 성립?)

거슬러 올라가서 흑△로 꼬부려 막았을 때 백1로 버티는 수가 있지 않을까?

만약 흑이 2로 단수해 온다면 백3의 패로 버티는 수가 성립하므로 멋진 결과일 것이다. 그러나 흑2로는~

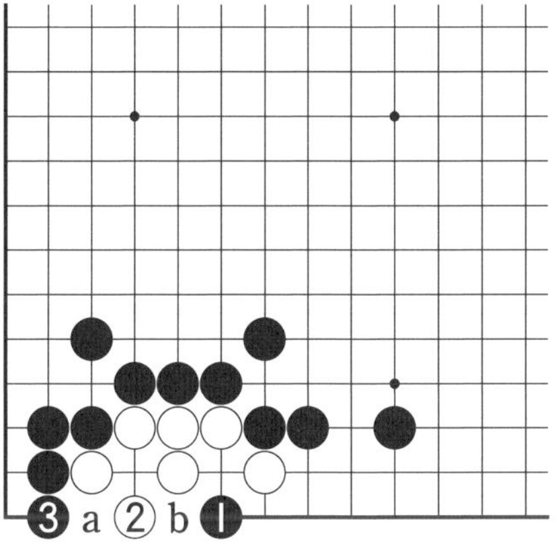

7도

7도(필살의 한수)

흑1로 치중하는 것이 필살의 한수이다. 백2에는 흑3으로 1선에 내려서는 것이 결정타!

다음 a와 b가 맞보기여서 백은 살길이 없다. 앞 그림의 패는 백의 희망사항이었다.

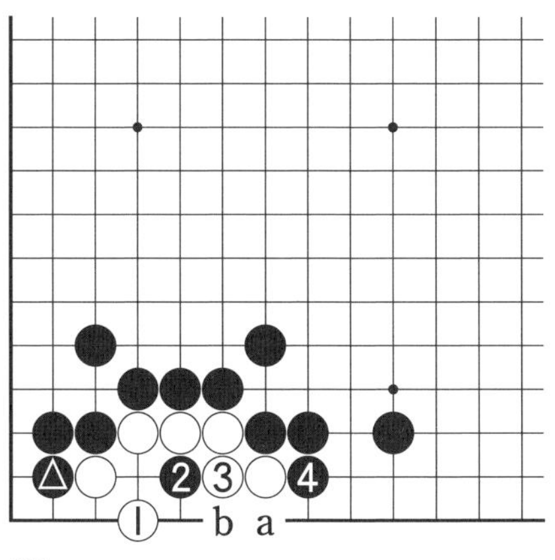

8도

8도(치중으로 백의 죽음)

흑△ 때 백1로 호구치는 변화도 살펴본다. 이 경우에는 흑2로 한방 치중하는 것이 좋은 수가 된다. 백3을 기다려 흑4면 백은 살길이 없다.

수순 중 흑2로 그냥 4에 막으면 백2, 흑a, 백b로 패가 난다.

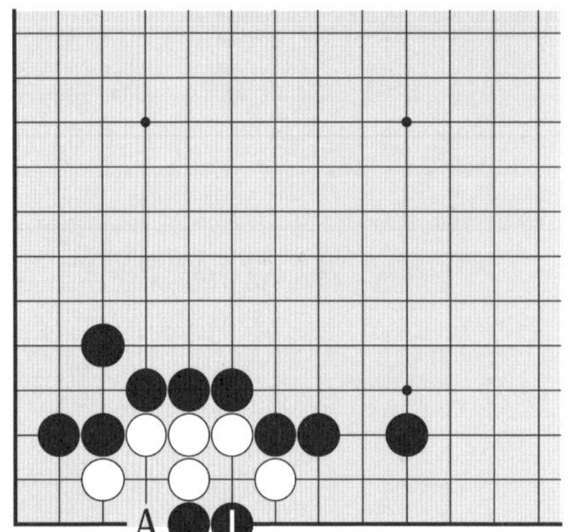

장면도

▦ 방향착오 (백 차례)

[파생형 3] 2도의 변화이다. 이 장면에서 흑은 A쪽을 느는 것이 올바른 파호인데, 1쪽을 느는 것은 잘못된 수가 분명하다. 과연 백은 어떤 수단이 있을까?

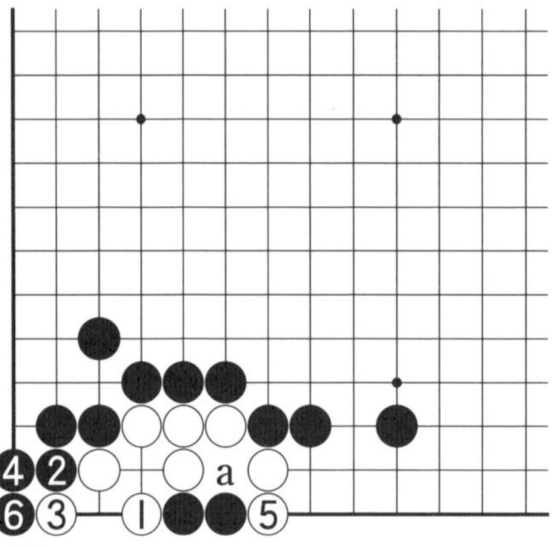

참고도 1

참고도 1(백1, 3으로 버텨서 패)

백1로 버티는 수가 생긴다. 흑2에 백3으로 젖히는 수가 있어 그냥 잡히지는 않는다. 흑4, 백5에 흑6의 단수는 당연하다.

다음 백a로 따내면 단패, 손을 빼면 한 수 늦은 패가 된다.

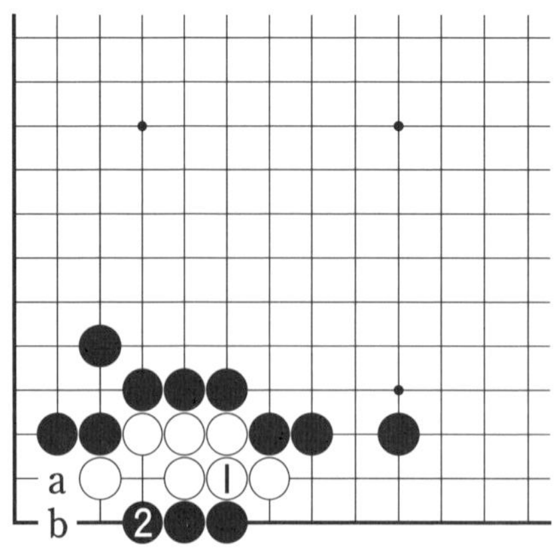

참고도 2

참고도 2(백1은 기회를 놓친 수)

백1로 잇는 것은 모처럼 온 좋은 기회를 놓친다. 알기 쉽게 적의 급소는 나의 급소에 해당하는 흑2로 파호하기만 해도 백은 살길이 막혀 버린다.

흑2로는 a, 백b를 문답하고 두어도 된다.

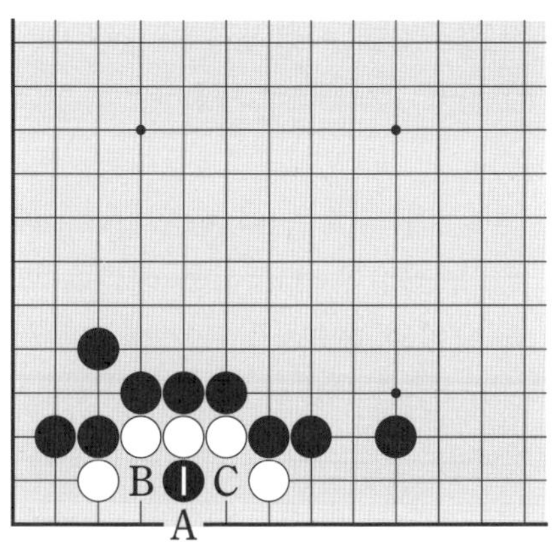

장면도

▦ 붙임 이후 (백 차례)

[파생형 3]에서 제시한 형태를 불러왔다. 여기서 흑1로 붙여 공략하는 수는 없을까? 이곳도 석점의 중앙 아닌가.

백은 A~C의 세 가지 선택이 있는데 어느 수가 최선의 대응일지 생각해보자.

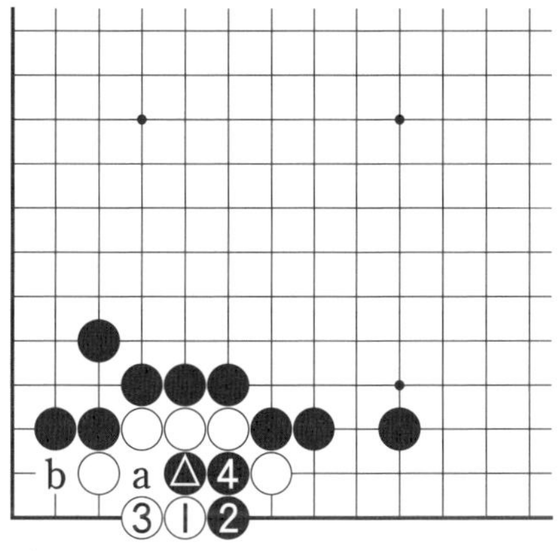

참고도 1

참고도 1(껴붙임은 죽음)

흑△에 대해 백1로 껴붙이는 수부터 검토해 보기로 한다. 그러면 흑은 2로 단수하고 4에 이어서 좋다. 다음 백a에는 흑b의 단수가 있다.

흑2는 3쪽에서 단수해도 마찬가지 결과가 된다.

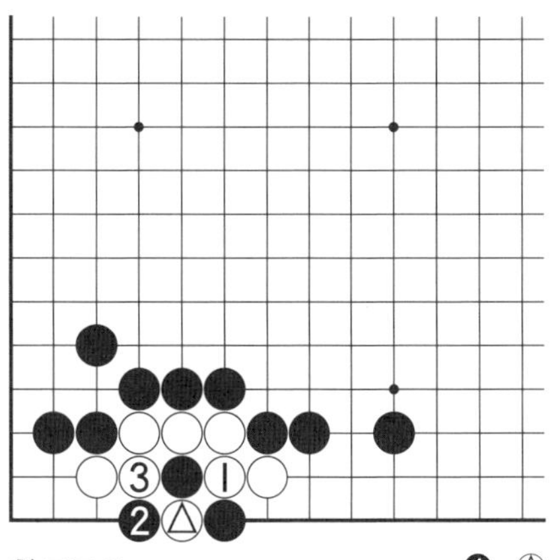

참고도 2   ❹…△

참고도 2(단수 단수해도 죽음)

앞 그림의 3으로 백1에 단수하는 것도 여의치 않다. 흑2로 따내어서 다음 수가 없는 것이다.

백3에 또 단수해 봤자 흑4로 이어서 그만이다. 이 넉점을 잡아도 살지 못함은 명백하다.

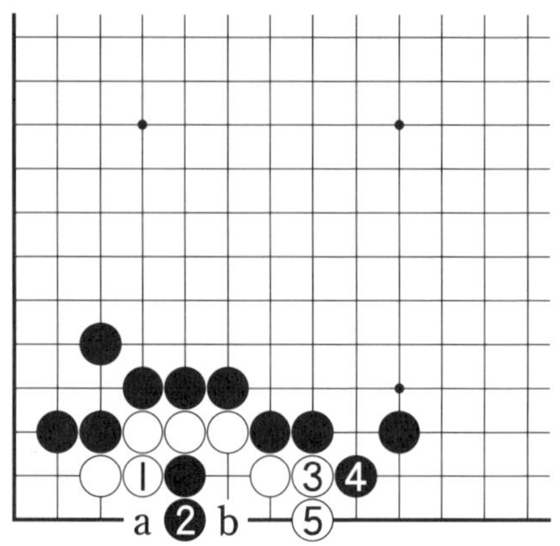

참고도 3

참고도 3(좋은 결과가 안나온다)

이번에는 백1쪽에 잇는 수를 살펴본다.

흑2의 파호는 이 한수인데(a에 젖히면 백b로 삶), 실은 이다음 백이 어떻게 두든지 좋은 결과는 나오지 않는다. 백3, 5쪽으로 궁도를 넓히면~

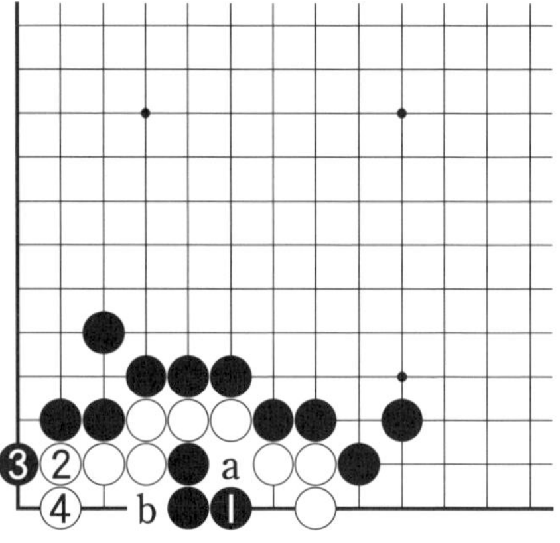

참고도 4

참고도 4(백, 맞보기의 삶일까?)

앞 그림에 이어, 흑1의 파호는 절대이다. 여기서 백은 2로 기어나가고 4에 꼬부려서 궁도를 넓히게 된다.

다음 흑a면 백b로 살고, 흑b면 백a로 이어서 빅의 삶인 것처럼 보인다. 그러나~

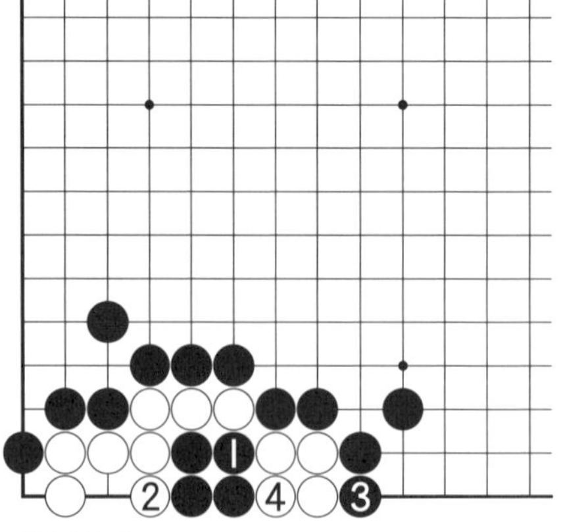

참고도 5

참고도 5(의외의 끊음이 성립)

의외일지도 모르지만 흑1로 끊는 수가 성립한다. 백은 2로 단수해서 별게 없다고 여길 것이다.

하지만 흑3으로 단수하고 백4로 따내고 보면 백을 경악하게 만드는 장면이 기다리고 있다.

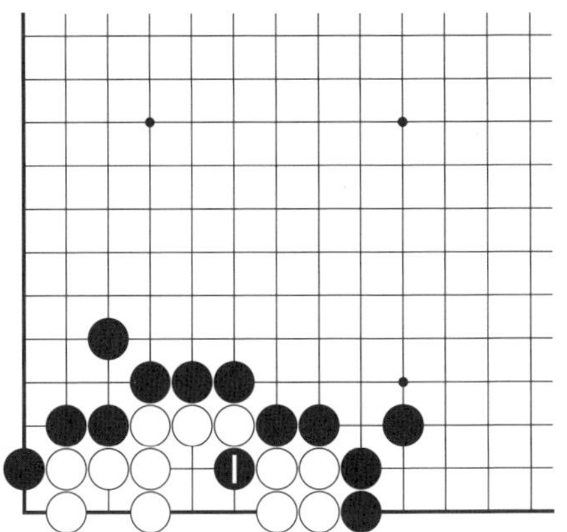

참고도 6

참고도 6(후절수로 백의 죽음)

앞 그림에 이어, 백이 따낸 자리를 흑1로 끊는 이른바 후절수의 맥점이 준비되어 있는 것이다.

따라서 백은 좋았다가 말았는데, 거슬러 올라가서 **참고도 3**의 수순에 문제가 있었다.

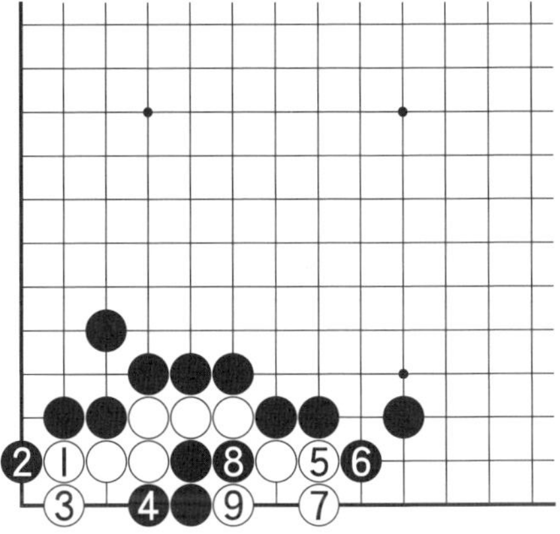

참고도 7

참고도 7(패의 수단이 있다)

백1로 귀쪽을 기어나가고 3에 꼬부려서 궁도를 넓히는 것이 좋은 수순이다. 흑4를 기다려 백5, 7로 변쪽을 넓히면 이번에는 사정이 달라진다.

다음 흑8의 끊음에 백9로 패를 들어가는 수가 있기 때문이다. 수순 중 흑6으로~

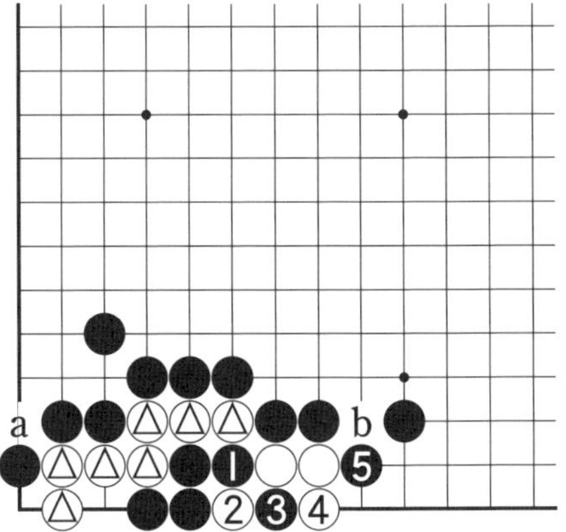

참고도 8

참고도 8(흑, 바람직하지 않다)

흑1에 끊는 것은 바람직하지 않다. 백2, 4의 상용수법을 허용하면 백이 먼저 따내는 패가 되므로 앞 그림과 큰 차이다.

실전이라면 백4로는 5에 늘고 흑a로 백△ 일단을 잡을 때 백b로 뚫을 수도 있다.

251

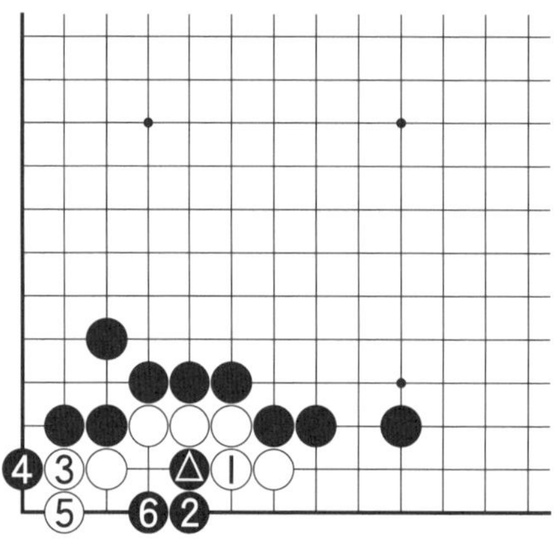

참고도 9

참고도 9(변쪽 이음이 최선)

흑△에 대해 백1로 변쪽을 잇는 것이 최선이며 삶으로 가는 유일한 선택이다.

흑2는 당연하며 백은 3으로 하나 기어나가고 5에 꼬부려 궁도를 넓히는 것이 중요하다. 다음 흑6의 파호는 당연한 행동이다.

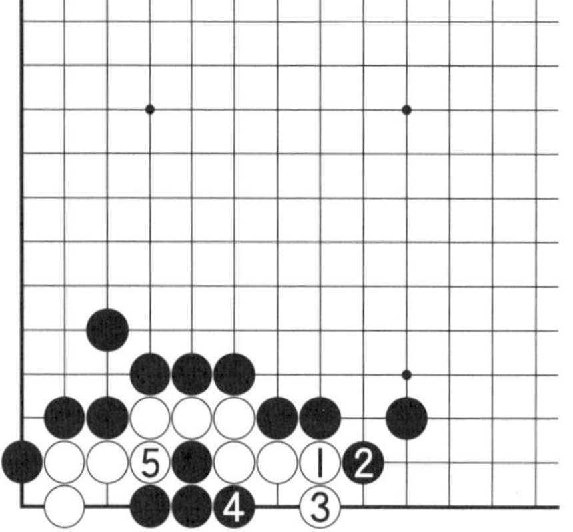

참고도 10

참고도 10(아슬아슬한 빅의 삶)

계속해서 이번에는 백1쪽을 기어나가고 3에 꼬부려서 궁도를 넓힌다. 흑4의 파호가 부득이할 때 백5로 이으면 이건 빅의 형태이다.

백은 아슬아슬하지만 삶의 모습임이 명백하다.

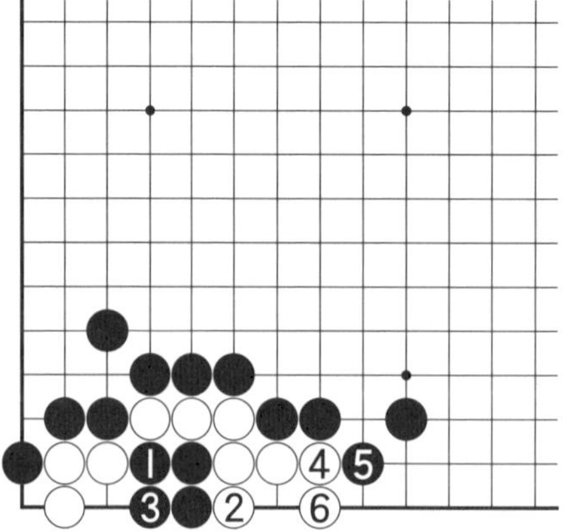

참고도 11

참고도 11(흑, 후속수단이 없다)

참고도 9의 6으로 흑1에 끊는 수는 성립하지 않는다.

그러면 백은 패를 하지 않고 2로 단수한다. 흑3으로 파호해 봤자 백이 4에서 6으로 한 눈을 더 만들면 흑은 후속수단이 없다.

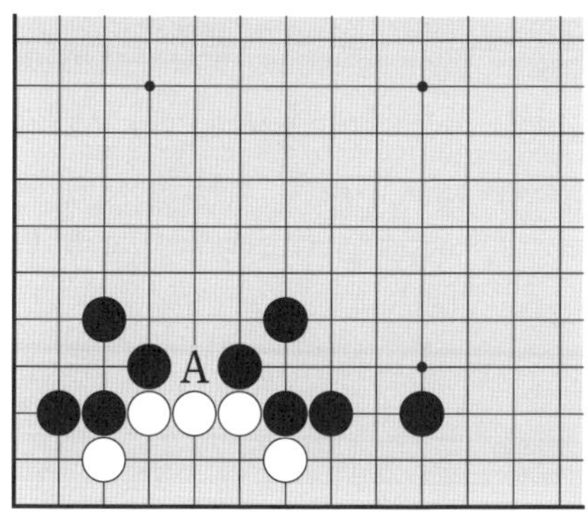

파생형 4

흑 차례

[파생형 3]과 다른 것은 A의 공배가 하나 비어 있다는 점이다. 이러면 백의 사활에 어떤 영향을 미칠까?

　요컨대 백을 잡으러 가는 수단을 찾아보기 바란다.

1도(정해 1/ 턱밑 치중이 급소)

흑1로 백의 턱밑에 치중하는 것이 매서운 공략이다.

　백2가 끈끈한 저항이지만 흑3에 꼬부려 막는 것이 침착하다. 백4에는 흑5로 내려서서 a와 b를 맞보면 백은 살길이 없다.

1도

2도(정해 2/ 변쪽 치중도 성립)

흑1로 변쪽을 치중하는 것도 성립한다. 백2로 귀쪽을 기어나갔을 때 흑3으로 연속 치중하는 것이 날카로운 맥점이다. 백4의 이음을 기다려 흑5로 막으면 성공이다.

　단, 흑5는 a에 젖혀도 백을 잡을 수 있다.

2도

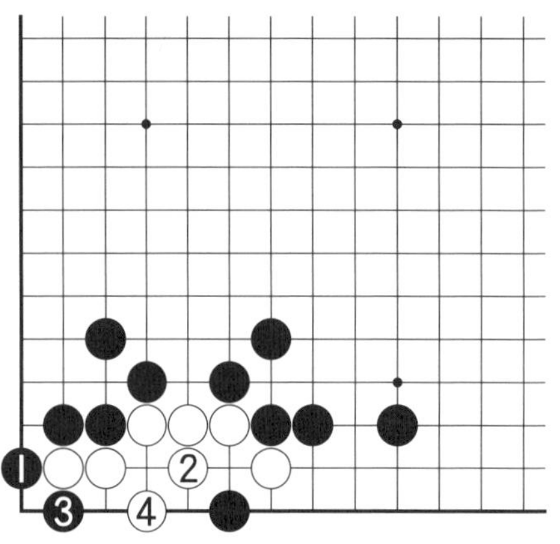

3도

3도(경솔한 젖힘)

앞 그림의 3으로 귀쪽을 흑1로 젖히는 것은 경솔한 행동이다. 백2가 멋진 수여서 삶의 형태를 갖춰 버린다. 흑3으로 젖혀도 백4로 거뜬하게 산다.

귀의 특수성이 백의 삶에 한몫을 한다.

4도

4도(붙임은 실패한다)

흑1의 붙임은 석점의 중앙에 해당하는 급소 가운데 하나이지만 백2로 잇게 해 백을 잡을 수 없다.

위쪽 공배가 메워져 있을 때도 실패하지 않았는가. 흑3에 백4 이하 12까지 빅의 삶을 얻는다.

5도

5도(석점 중앙의 치중도 실패)

흑1의 치중도 석점의 중앙이지만 위쪽 공배가 비어 있는 이 상황에서는 백을 도와주는 수에 불과하다.

백2가 급소이며 흑3에 백4로 받고 다음 a와 b를 맞보기로 살아 버린다.

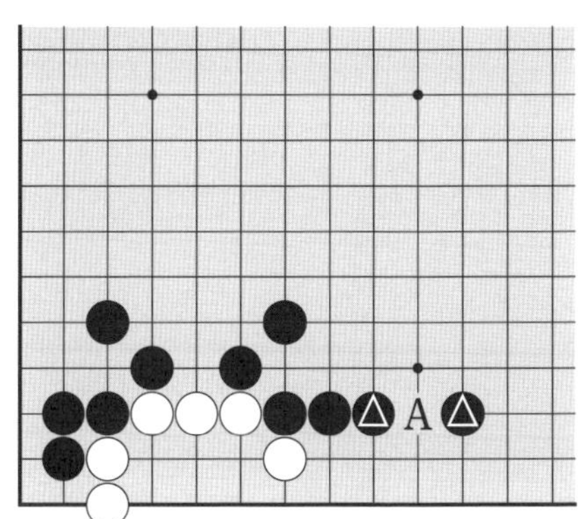

파생형 5

▨ 흑 차례

6궁도의 마지막 관문으로 다소 난해한 형태이다.

[파생형 2]와 다른 점은 그때는 흑돌이 A의 곳에 놓여 있었는데 이번에는 그 대신 흑▲ 두점이 덧붙여져 있다.

그러면 과연 백의 사활은 어떻게 변할까?

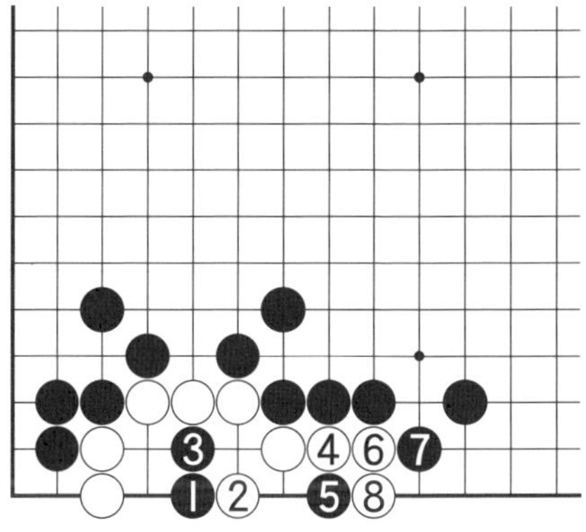

1도

1도(최선/ 1선의 묘수 일발)

출발점은 석점의 중앙이 급소라는 격언대로 흑1의 치중이다. 백2에 흑3의 파호는 당연하며 백4 때 흑5의 1선 붙임이 묘수!

백6도 필연이며 흑7 때 백8도 절대의 한수이다. 계속해서~

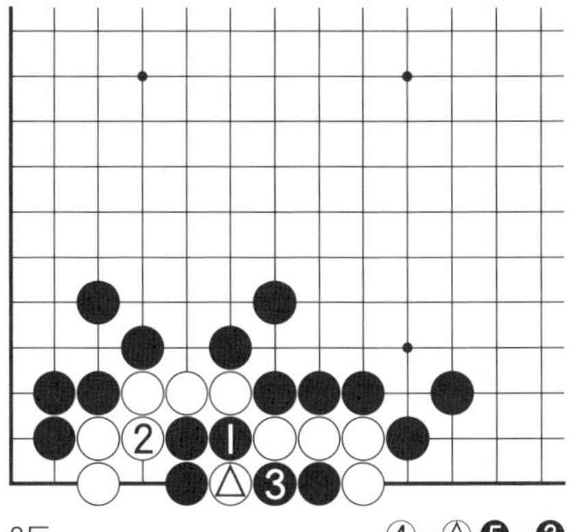

2도   ④…△ ❺…❸

2도(단수가 결정타)

흑1로 단수하는 것이 준비되어 있는 한수이자 결정타이다. 백2로 같이 단수할 수밖에 없을 때 흑3으로 따낸다.

백은 4로 되따낼 수밖에 없을 것이다. 역시 흑도 5로 되따낸다. 그러면~

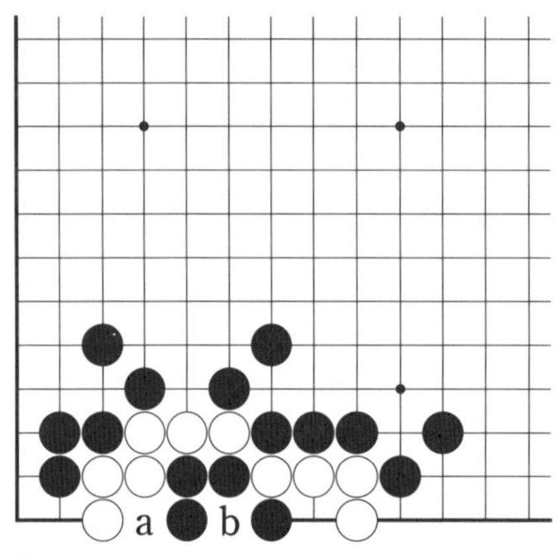

3도

3도(오궁도화)

이런 형태가 된다. 여기서 백이 둘 수 있는 유일한 수는 a의 단수뿐이다. 흑은 b로 잇는 한수이며, 오궁도화라는 전형적인 죽음의 궁도 아닌가.

　1도 흑1부터 이 그림에 이르기까지의 수순이 멋졌다.

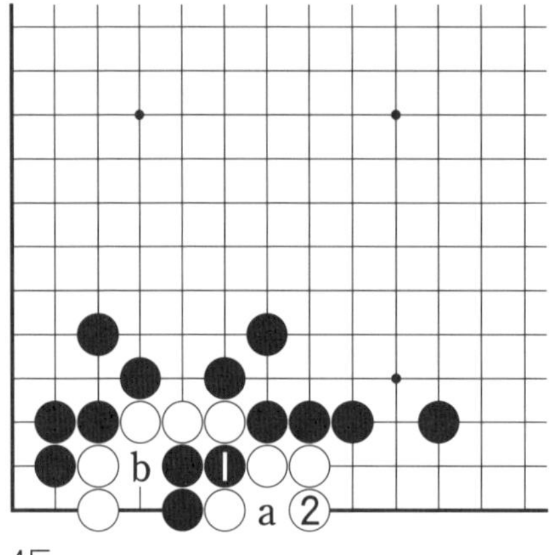

4도

4도(즉각 단수하면 패)

1도의 5로 흑1에 즉각 단수하기 십상일 것이다. 그러면 백은 2의 패로 버틴다. a의 패가 이 백의 사활을 판가름하게 된다.

　백2로 b에 단수하면 흑a로 따내어 오궁도화의 죽음이 됨에 주의!

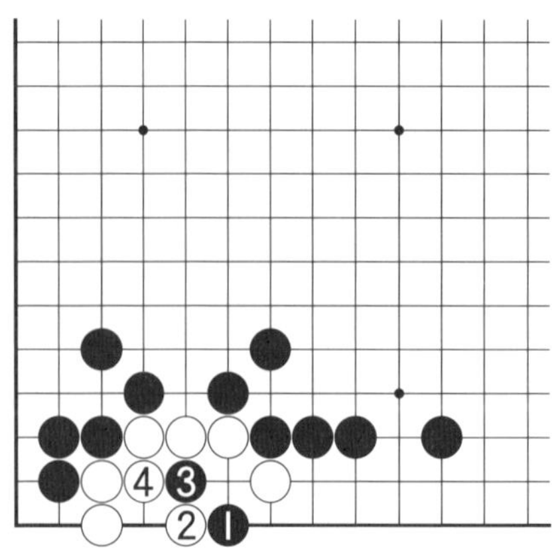

5도

5도(패가 나서는 낙제점)

흑1로 치중하는 것은 최선을 다하고 있지 못하다. 백2가 적의 급소는 나의 급소에 해당하는 좋은 응수여서 4까지 보듯이 패가 필연이다.

　잡는 수가 있었던 만큼 패가 나서는 낙제점이다.

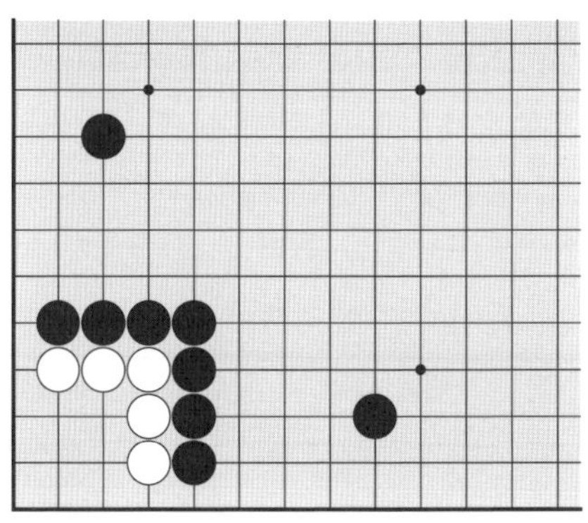

기본형

흑 차례

좌하귀의 백 다섯점이 됫박형의 기본형이라고 할 수 있는 형태이다. 됫박형은 패가 나는 경우가 90퍼센트 이상이라고 알아두면 좋다.

일단 공략의 급소는 빤해 보인다. 그럼 거기부터 출발해본다.

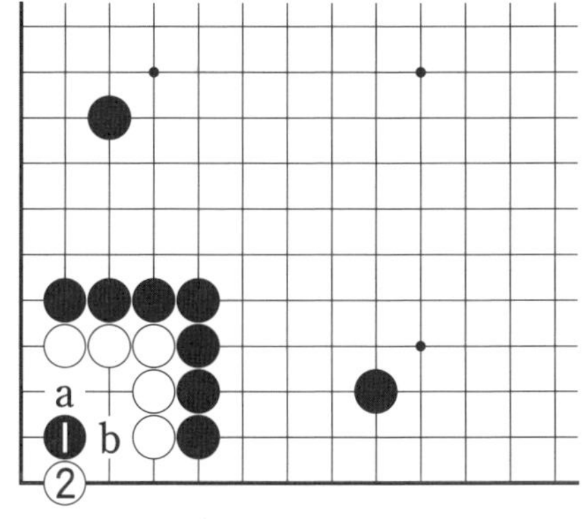

1도

1도(정해 1/ 좌우동형의 중앙)

흑1의 치중이 '좌우동형의 중앙은 급소'라는 격언에 해당하는 공략으로 눈 감고도 두는 수이다.

백2의 2의 一 자리 붙임은 최강의 저항이며 다음 흑은 a와 b의 두 가지 선택이 있다.

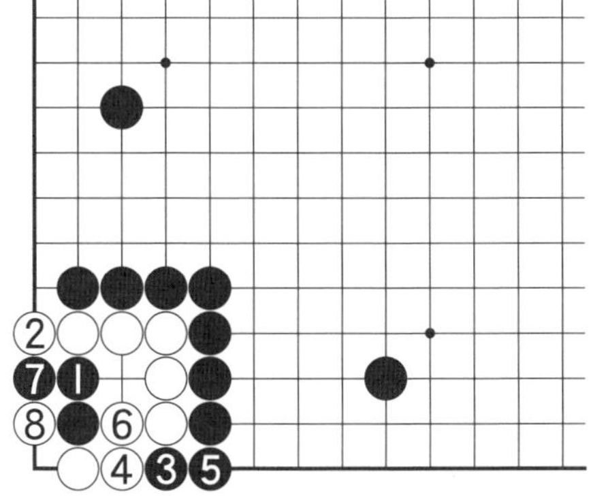

2도

2도(패가 최선)

흑1로 치받는 것이 알기 쉽다. 백2로 내려설 때 흑3, 5로 젖혀잇는 것이 좋은 요령이다.

백6을 기다려 흑7이면 백은 8로 패를 들어가지 않을 수 없다. 이 패가 최선의 결과 중 하나이다.

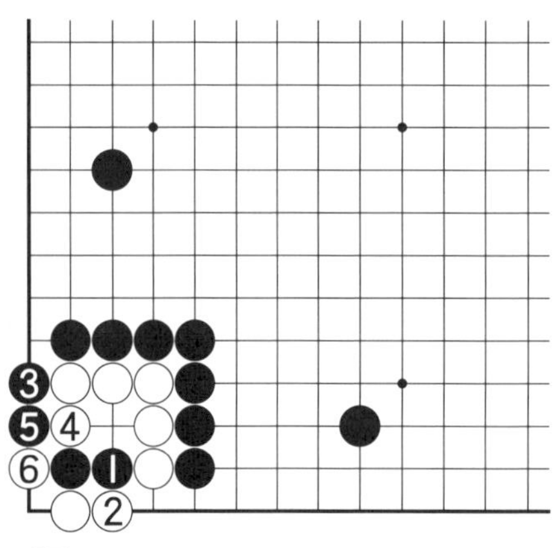

3도

3도(정해 2/ 유력한 수순)

흑1쪽을 치받는 것도 가능하다. 백2로 건널 때 이번에는 흑3쪽에서 젖히는 것이 좋은 수이다.

다음 백4로 움츠릴 때 흑5로 기어 들어가면 백은 6의 패를 해야 한다. 이래도 유력한 수순의 패이다.

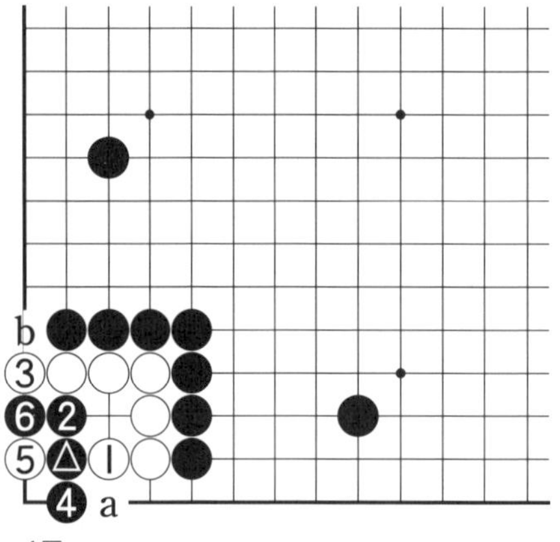

4도

4도(백, 유가무가의 죽음)

흑●에 대해 백1로 응수하는 것은 잘못이다. 흑2의 치받음이 당연하면서도 강력한 파호여서 대책이 없다. 백3에는 흑4의 내려섬이 급소이다. 6까지 유가무가의 죽음이다.

다음 백a면 흑b로 백의 자충 형태이다.

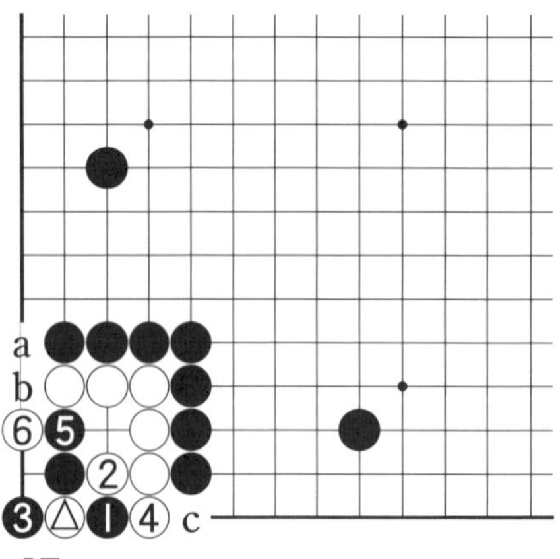

5도

5도(늘어진 패)

백△ 때 흑1의 젖힘은 경솔한 행동이다. 백2가 놓이면 흑은 좋은 결과를 기대하기 어렵다.

흑3에 따낼 때 백4, 흑5에 백6으로 패가 되지만 늘어진 만큼 백은 여유가 있다. 다음 흑a, 백b, 흑c, 백△로 될 곳이다.

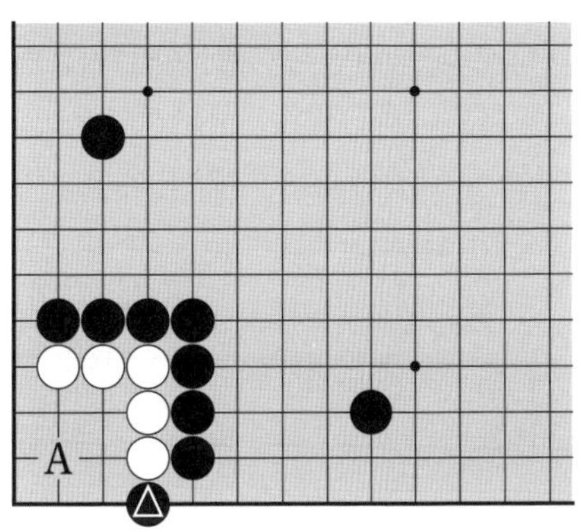

파생형 1

백 차례

기본형에서 흑은 A의 치중이 정수였다. 그런데 흑△로 1선에 젖힌 것은 변칙이라기보다 실수에 가깝다.

그러면 백은 어떻게 대응하는 것이 좋을까? 그렇다고 사는 길이 있는지도 생각해본다.

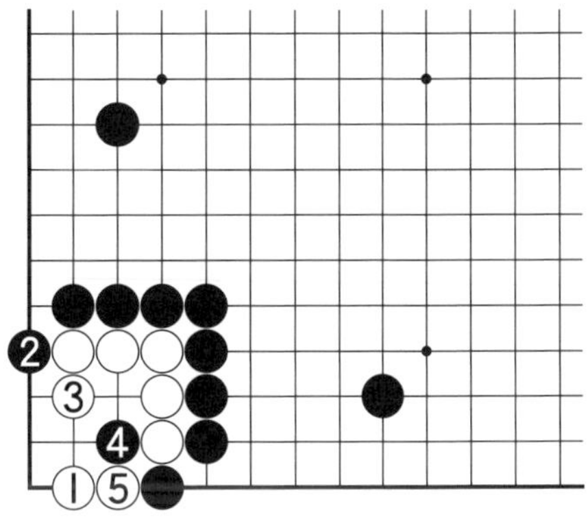

1도

1도(최선/ 2의 ㅡ의 급소)

바로 막지 않고 백1로 2의 ㅡ 자리에 급소를 두어 슬쩍 비키는 것이 좋은 응수이다.

흑2에는 백3으로 꼬부리는 것이 침착하다. 흑4는 필사의 파호이지만 백5로 끊으면서 단수한다.

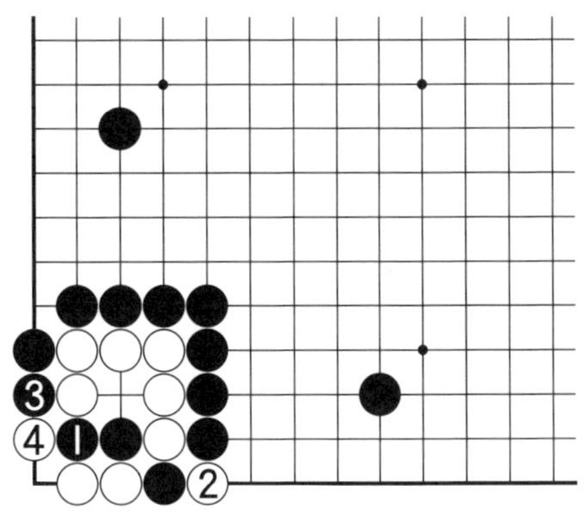

2도

2도(흑의 피해가 큰 패)

계속해서 흑은 1로 단수하고 3에 건너는 것이 최강이다. 그러면 백은 4로 패를 들어가는 것이 최선이다.

백이 패를 이길 경우, 기본형의 정해에 비해 흑의 피해가 큰 점에 주목하기 바란다.

259

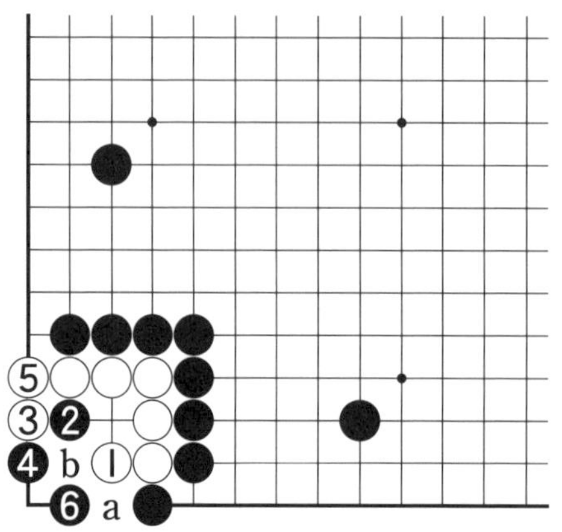

3도

3도(통렬한 붙임)

백1로 꼬부리면 흑2의 붙임이 통렬한 급소여서 살길이 사라진다. 백3, 5의 젖혀이음에는 흑6의 마늘모가 결정타이다.

다음 백a로 차단해 봤자 흑b로 이으면 유가무가 또는 죽음의 궁도이다.

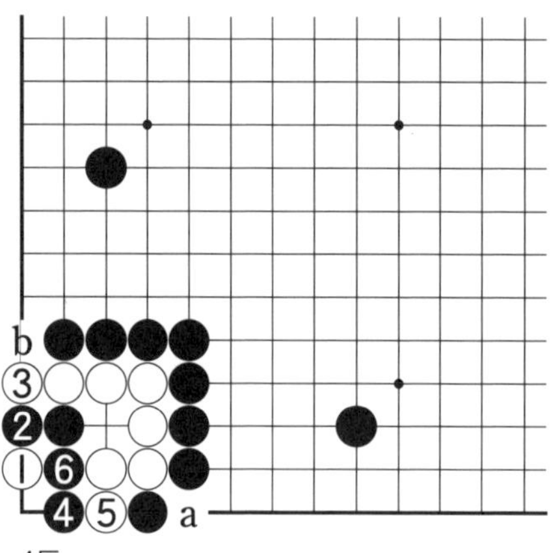

4도

4도(역시 유가무가)

앞 그림의 3으로 백1이 그럴 듯한 맥점이지만 흑2, 백3을 교환하고 나서 흑4로 뛰어드는 것이 절묘하다. 백5를 강요하고 흑6으로 이으면 이것 역시 유가무가 아닌가. 다음 백a에는 흑b로 그만이다.

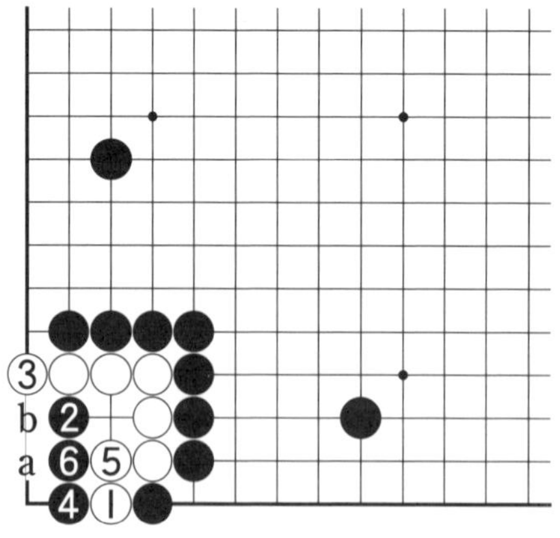

5도

5도(안성맞춤의 수법)

백1에 바로 막아도 흑2의 붙임이 급소가 된다. 백3에 흑4로 단수하는 것이 안성맞춤의 수법이다.

백5에 흑6으로 이으면 이래도 유가무가를 피할 수 없다. 다음 백a에는 흑b, 백b면 흑a로 백은 살길이 없다.

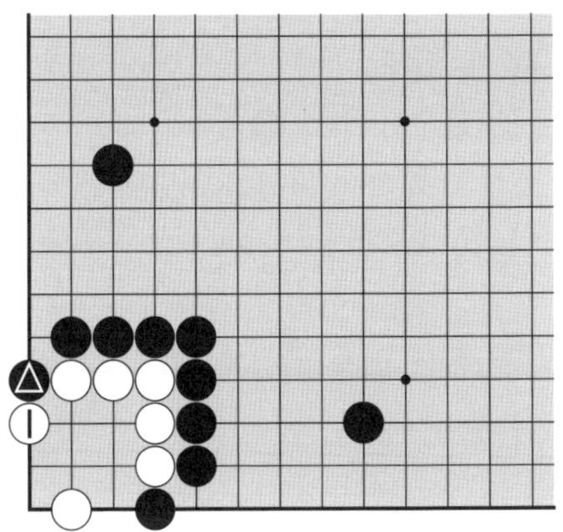

장면도

▦ 잡는 방법 (흑 차례)

[파생형 1] 1도의 변화에서 가져온 형태이다.

흑▲의 젖힘에 백1로 막으면 어떻게 될까? 이 상황에서 백을 잡는 수가 있는지 생각해보자.

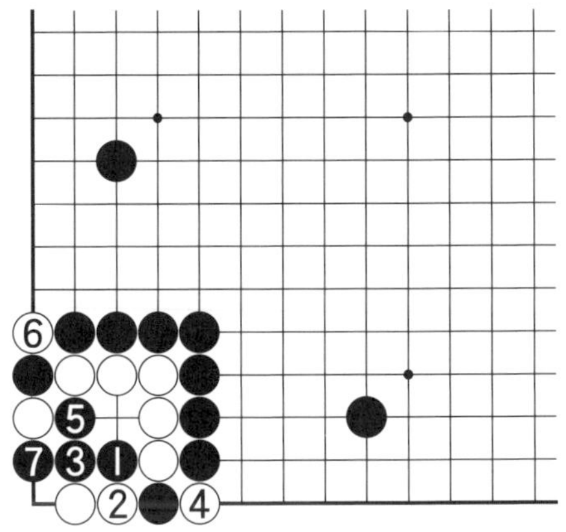

참고도 1

참고도 1(필살의 젖힘)

흑1로 젖히는 것이 필살의 급소이다. 백2로 끊을 때 흑3에 단수하고 또 5로 단수하는 것이 절묘하다. 백6을 기다려 흑7로 파호하면 오궁도화의 죽음이다.

수순 중 백2로 3에 물러서면 흑2로 이어 그만이다.

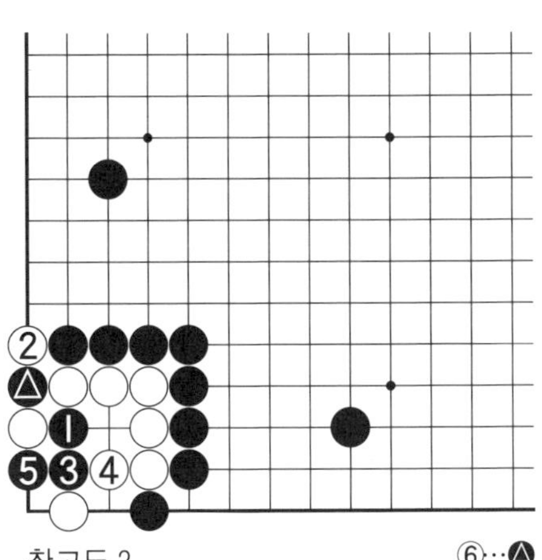

참고도 2

⑥…▲

참고도 2(성급한 끊음)

흑1로 끊는 것은 성급한 행동이다. 백2에 흑3으로 공략해도 백4가 현명한 응수여서 살아 버린다.

다음 흑5에 백6으로 이어서 빅의 삶이다. 그런데 백4로 5의 곳에 건너는 것은 패도 아니고 흑4로 백은 횡사한다.

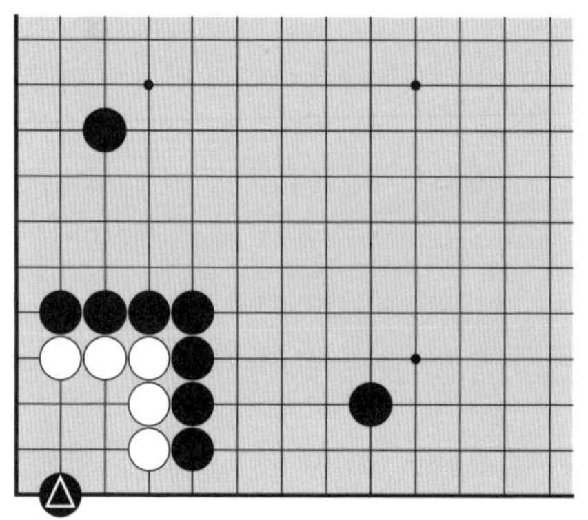

파생형 2

백 차례

기본형에서 흑이 ▲로 2의 一의 급소를 공략한 장면이다. 정공법은 아니지만 이 수도 만만치 않은 변화를 내포하고 있다.

　그러면 백은 어떻게 대응하는 것이 좋을까?

1도(최선/ 궁도를 넓힌다)

백1의 내려섬이 급소이다. 이렇게 궁도를 넓히는 것 말고 다른 수로는 살길을 찾을 수가 없다.

　흑2의 붙임이 까다롭지만 백3의 치중이 또 급소이다. 그러면 흑4에 백5로 건너서 빅의 삶을 얻는다.

1도

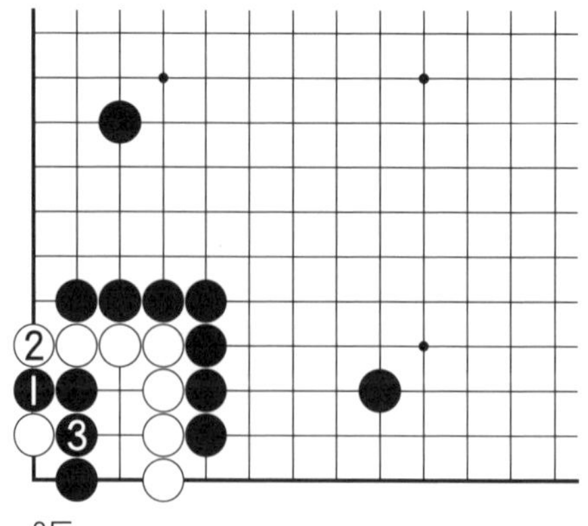

2도

2도(백, 경솔한 차단)

앞 그림의 4로는 흑1에 차단할 공산이 크다. 이에 대해 백2로 흑의 연락을 차단하는 것은 생각이 없는 경솔한 행동이다.

　흑3으로 손을 돌리면 유가무가가 되어 백의 죽음이다. 따라서 백2로는~

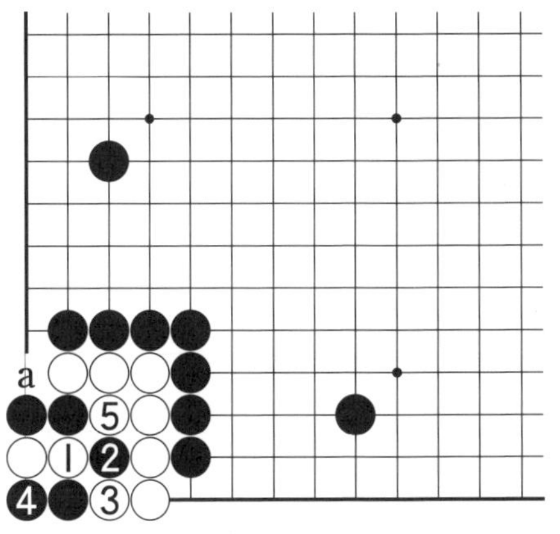

3도

3도(기발한 발상)

백1로 잡혀주는 수가 기발하다. 흑2로 잡을 수밖에 없을 때 백3으로 단수한다.

흑4로 따낼 때 백5쪽에서 다시 단수하면 아슬아슬하지만 살 수 있다. 다음 흑a면 백1로 따낸다.

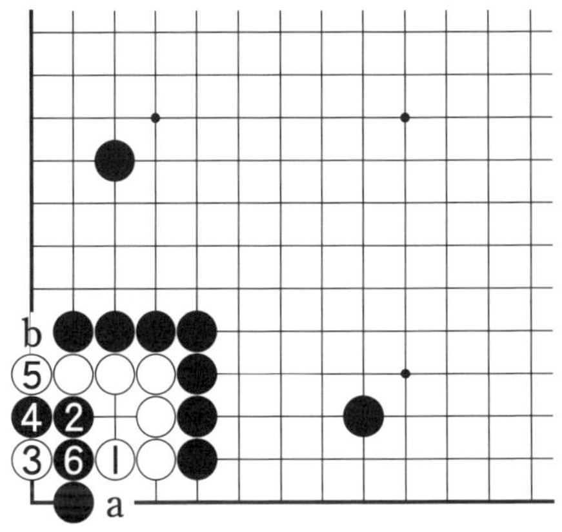

4도

4도(백, 유가무가의 죽음)

백1로 꼬부려서 흑 한점의 건넘을 저지하는 것은 죽음으로 가는 코스이다. 흑2의 붙임이 통렬한 급소!

백3에는 흑4, 6으로 접수해 유가무가가 되는 것이다. 다음 백a는 흑b로 소용이 없다.

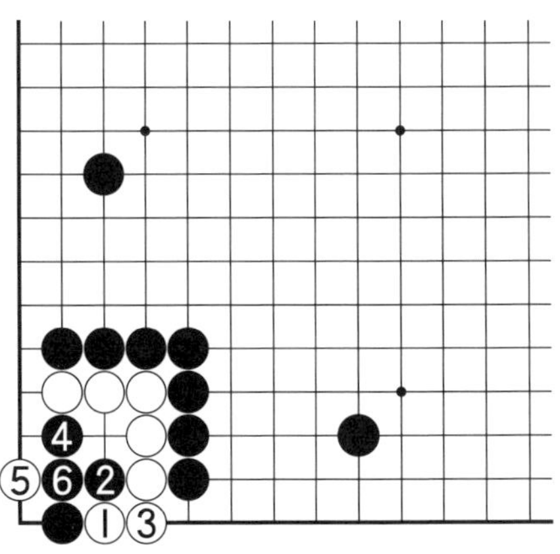

5도

5도(죽음의 궁도)

백1로 마늘모 붙이는 것으로도 살 수 없다. 흑은 무식하지만 2에 단수하고 4로 마늘모 붙이는 수가 결정타!

백5의 치중에는 흑6으로 침착하게 이어서 죽음의 궁도로 이끌 수 있다.

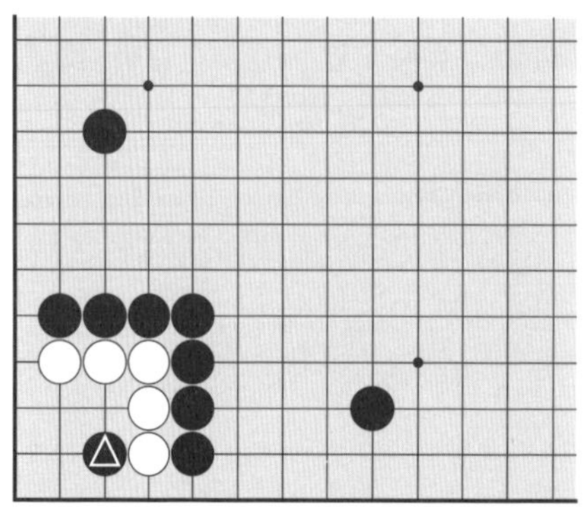

파생형 3

■ 백 차례

기본형의 기초적 파생 3부작 중 마지막에 해당하는 변화라고 할 수 있다.

　흑❸의 노골적인 붙임은 패도 안 내주고 그냥 잡아보려는 음흉한 (?) 의도를 품고 있는 수이다. 그러면 백은 어떻게 대응해야 할까?

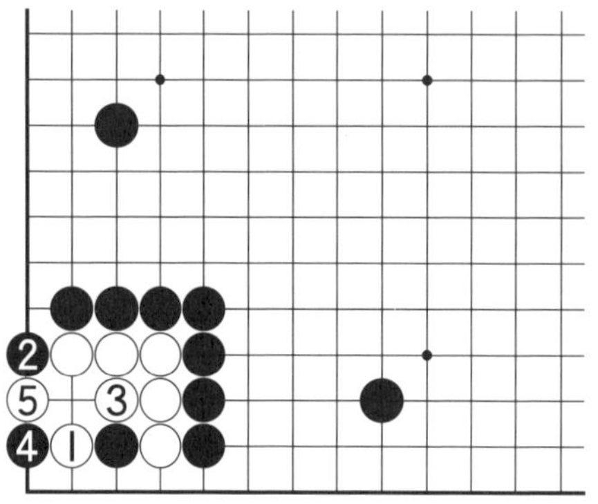

1도

1도(최선/ 슬쩍 비키며 단수)

백1로 붙여서 흑 한점의 움직임을 제한하는 것이 호수이다. 흑2의 젖힘이 날카로운 급소이지만 백3으로 슬쩍 비키며 단수하는 것이 인내의 방어이다. 다음 흑4에 백5로 패를 들어가는 것이 최선이다.

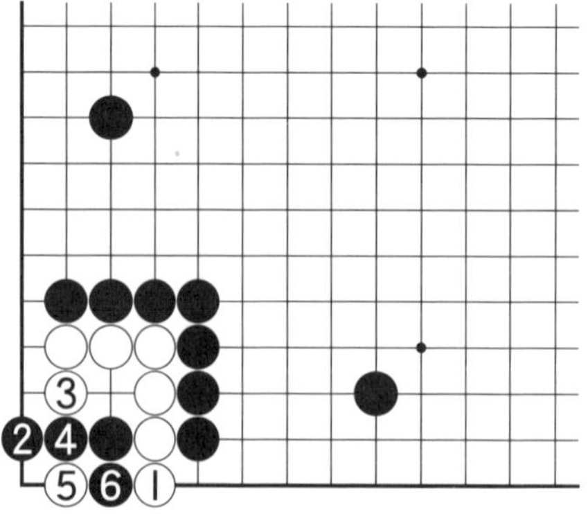

2도

2도(흑이 의도한 코스)

고지식하게 백1로 내려서서 흑의 건넘을 차단하는 것은 상대의 의도대로 두어주는 수이다.

　그러면 흑2의 한칸뜀이 필살의 급소이다. 백3, 5로 안간힘을 써 봐도 때가 늦다. 결국 유가무가로 잡힐 운명이다.

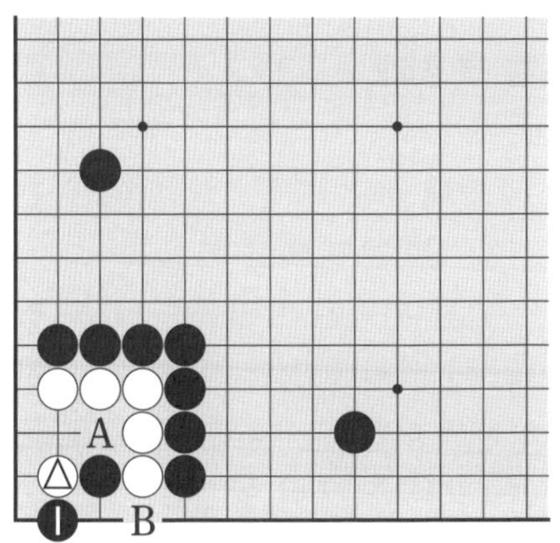

장면도

▦ 젖힘 이후 (백 차례)

바로 [파생형 3] 1도의 변화. 백△
에 대해 흑1로 젖힌 것은 큰 실수
이다.

　여기서 백은 어떻게 두는 것이
좋을까? A로 단수하는 것은 흑B
로 건너서 쉽게 패가 난다.

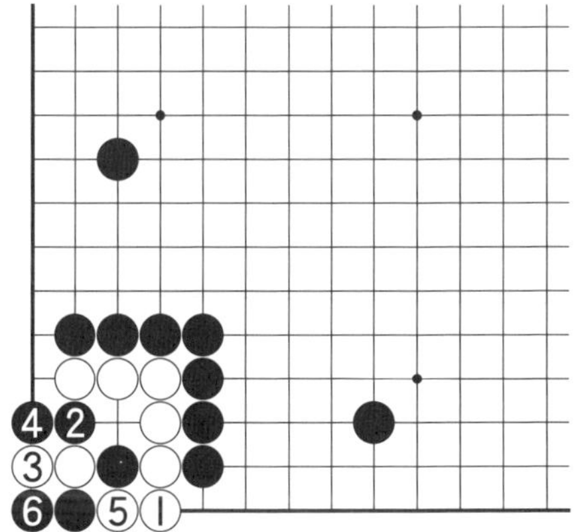

참고도 1

참고도 1(내려서는 한수뿐)

볼 것도 없이 백1로 내려서는 한수
이다. 흑2 때가 중요한 순간인데 백
3으로 두어 두점으로 키워서 잡혀
주는 수만 알면 된다.

　흑4로 잡을 때 백5로 단수한다.
흑6으로 따낸 다음~

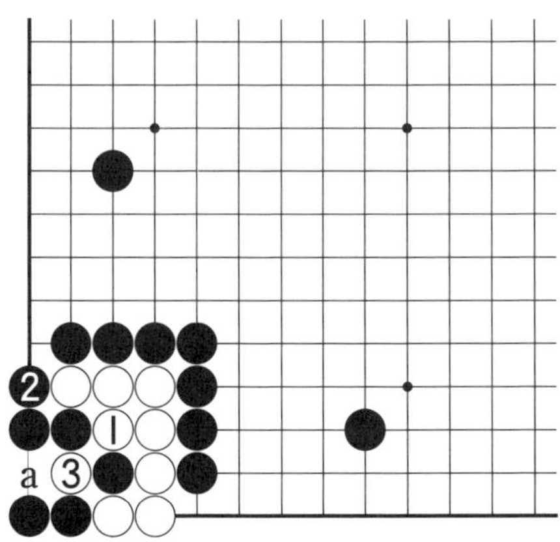

참고도 2

참고도 2(사석의 묘로 삶)

백1로 뒤쪽에서 단수하는 수가 성
립한다. 흑2로 건널 때 백3으로 따
내어서 아슬아슬하지만 살 수 있다.

　흑은 a에 두지 못하는 점이 아픔
이다. 백은 멋진 사석의 묘로 삶을
얻었다.

265

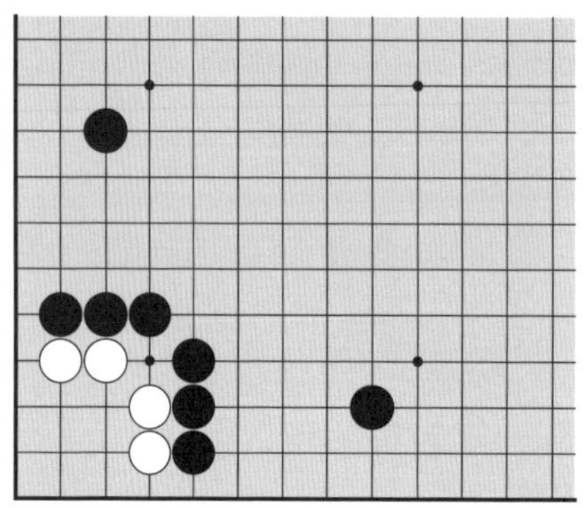

파생형 4

▨ 흑 차례

여기부터는 기본형에서 약간 변형된 형태이다. 우선 기본형과 다른 점을 찾아보기 바란다.

　귀가 완벽하지 않음을 알 수 있다. 이 차이가 귀의 사활에 중대한 영향을 미친다는 것이 힌트이다. 흑은 어떤 공략법이 있을까?

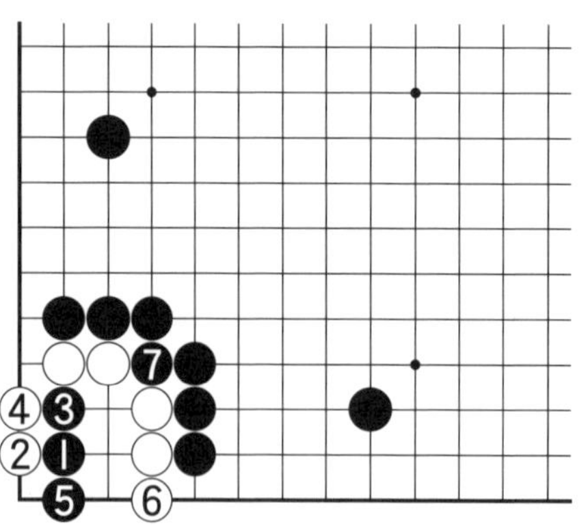

1도

1도(최선/ 좌우동형의 중앙)

기본형에서처럼 좌우동형의 중앙이 급소라는 격언대로 흑1로 치중한다. 백2의 붙임은 맥점이지만 흑3, 5의 수순이 침착하다. 백6의 차단 다음 7의 곳을 흑이 둘 수 있어 백은 죽음을 면치 못한다.

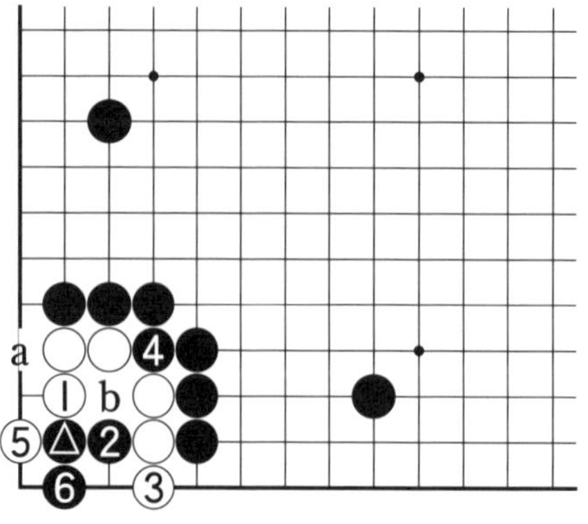

2도

2도(정확한 공략)

흑▲에 대해 백1로 응수해도 흑2에서 4의 파호가 정확한 공략이어서 살길이 없다. 백5에 흑6으로 꼬부려 다음 a와 b가 맞보기!

　[파생형 4]는 흑이 먼저 두면 백의 죽음이라고 알아두자.

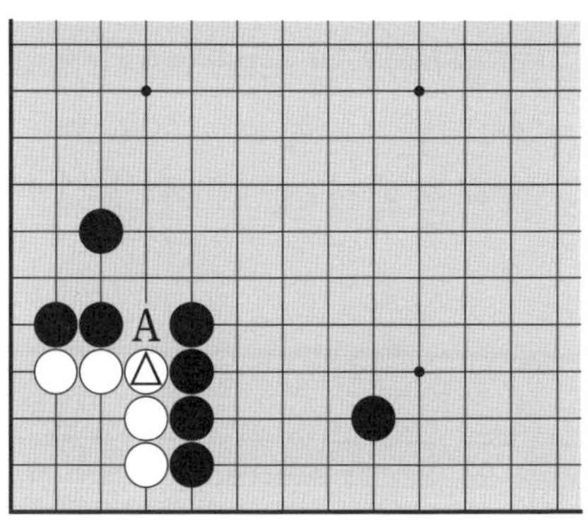

파생형 5

▨ 흑 차례

이번에는 백△의 돌이 놓여 있어 기본형과 같다. 단, A의 곳 공배가 비어 있는 점에 주목해야 한다. 그러면 귀의 사활은 어떻게 될까?

공배가 있어 백이 유리한 만큼 흑이 패라도 낼 수 있는지가 관건이다.

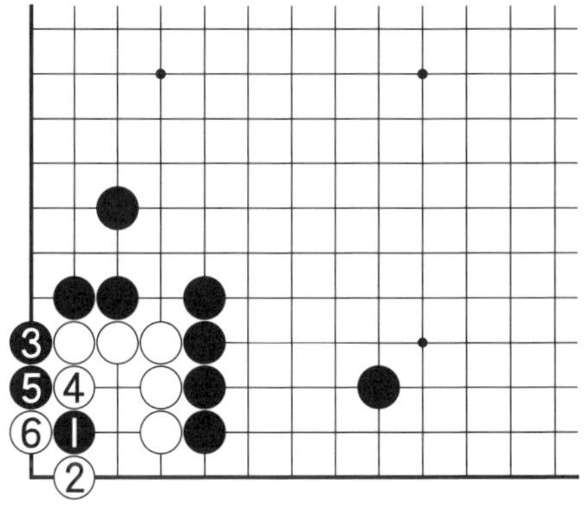

1도

1도(패가 최선)

출발점은 흑1의 치중이다. 됫박형을 상대로 첫수의 99퍼센트가 이곳이라고 봐도 좋겠다.

백2의 붙임은 상용의 응수이며, 흑3에 백4로 늦추고 흑5에 백6으로 패를 들어가는 것이 최선이다.

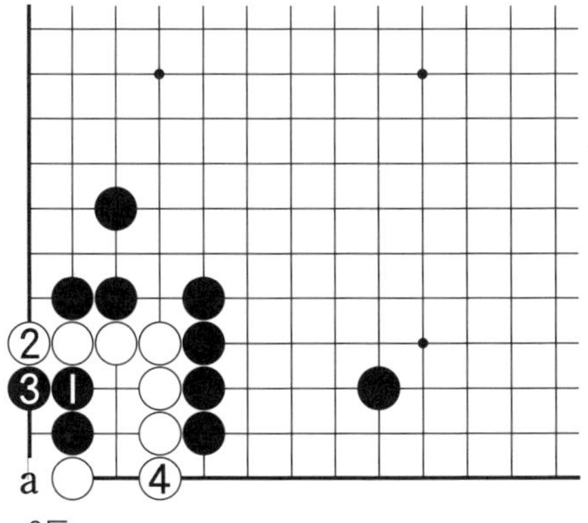

2도

2도(만년패)

앞 그림의 3으로 흑1로 치받아서 건너자고 하는 것은 바람직하지 못하다. 백2의 내려섬은 절대의 한수이다. 흑3에 백4로 내려서는 것이 호수이다.

다음 흑a로 두어 이러면 만년패의 형태이다.

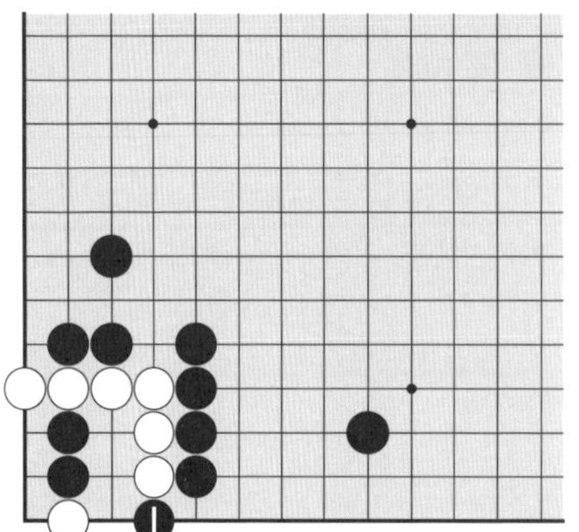

장면도

▦ 젖히는 변화 (백 차례)

바로 [파생형 5] 2도의 변화. 이 상황에서 흑1로 젖히는 수는 없을까?

궁도를 좁히는 원칙 중 첫 손가락에 꼽히며, 죽음은 젖힘에 있다고들 하는데….

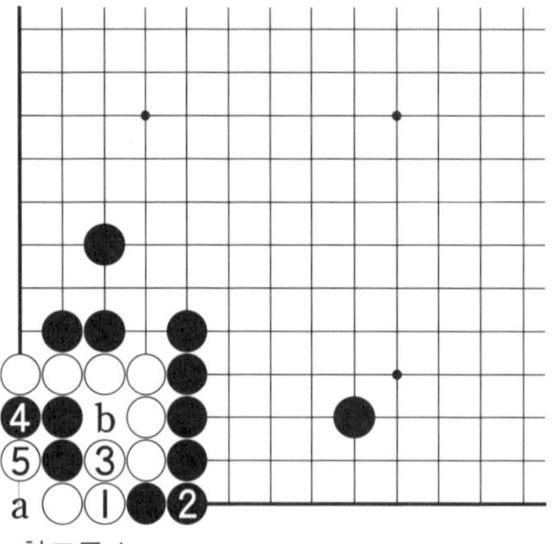

참고도 1

참고도 1(정확한 대응)

백1로 단수하고 3에 잇는 것이 정확한 대응이다. 흑4에는 백5로 집어넣어서 산다.

이러면 패가 아닌 것이 흑a에 백b로 뒤에서 단수하는 수가 성립하기 때문이다. 만일 흑4로 5면 백4로 빅의 삶이다.

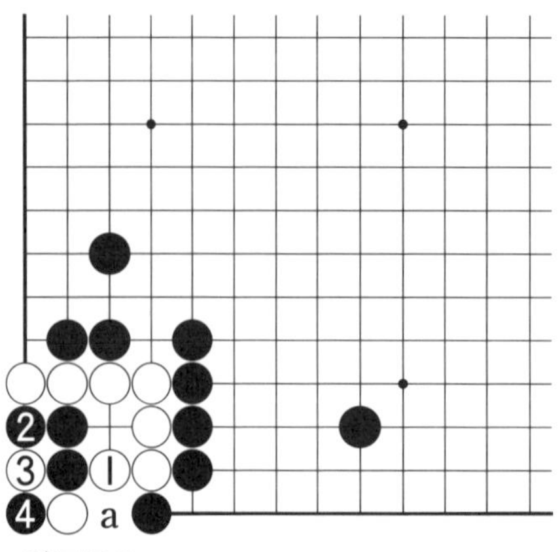

참고도 2

참고도 2(늦추면 패가 불가피)

백1로 늦춰 받는 것이 스마트해 보이지만 결과는 그렇지 않다. 흑2에 백3으로 들어가도 흑4로 따낼 때 패를 피할 방법이 없다.

a에 백돌이 없기 때문이다. 정해와의 차이가 이것이다.

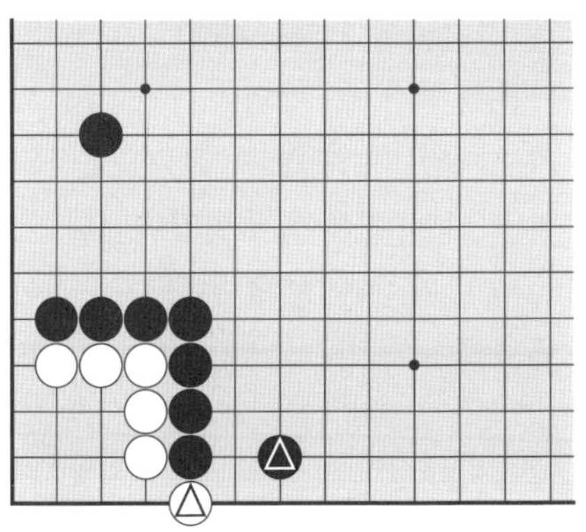

파생형 6

흑 차례

뒷박형의 마지막 관문이다. 기본형과 다른 점은 오른쪽 형태이다. 백△의 젖힘과 흑▲의 한칸뜀이 교환되어 있다.

요컨대 이 백의 1선 젖힘이 귀의 사활에 어떤 영향을 주느냐이다.

1도(패가 최선)

흑1의 치중은 당연한 수이며, 백2도 정해져 있는 응수이다.

흑3의 치받음에 백4도 이렇게 둘 수밖에 없다. 흑5에 백6, 8도 배운 수법이며 다음 흑a에 백b로 패가 되는 것이 최선이다.

1도

2도(빅의 삶)

앞 그림의 3으로 흑1쪽을 치받은 것은 방향착오이다. 백2에 돌이 오면 이제는 후속수단이 없는 것이다.

다음 흑3에 내려서도 백4로 꽉 이어서 궁도가 너무 넓다. 요컨대 백은 빅의 삶이다.

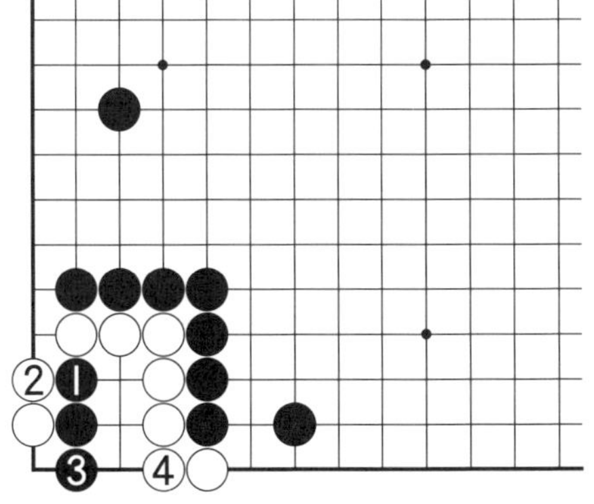

2도

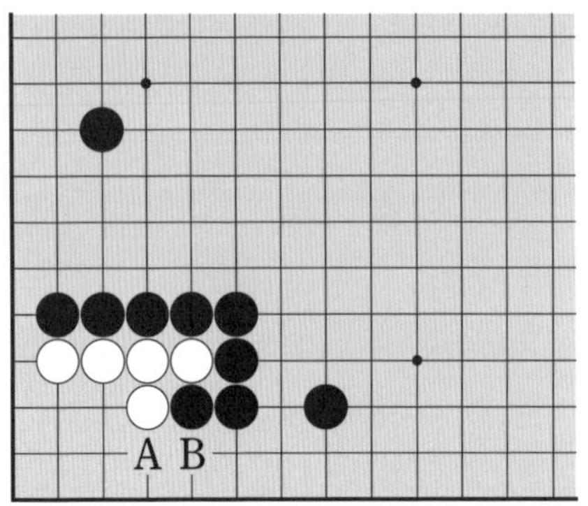

연습문제 1

연습문제 1 (흑 차례)

기본형의 응용 형태이지만 실전적인 사활이다. 백A와 흑B가 교환되어 있다면 기본형과 똑같아진다.

과연 흑은 어떻게 공략하는 것이 좋을까?

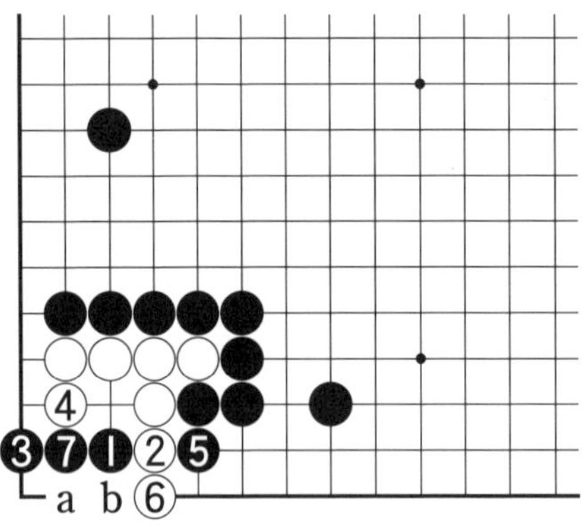

1도

1도(정해/ 유가무가의 죽음)

뜻밖일지도 모르지만 흑1로 뛰어드는 것이 급소이다. 백2에 받을 때 흑3으로 1선에 뛰는 것이 결정타!

백4에 흑5를 선수하고 7에 이으면 유가무가가 된다. 다음 백a에는 흑b로 그만이다.

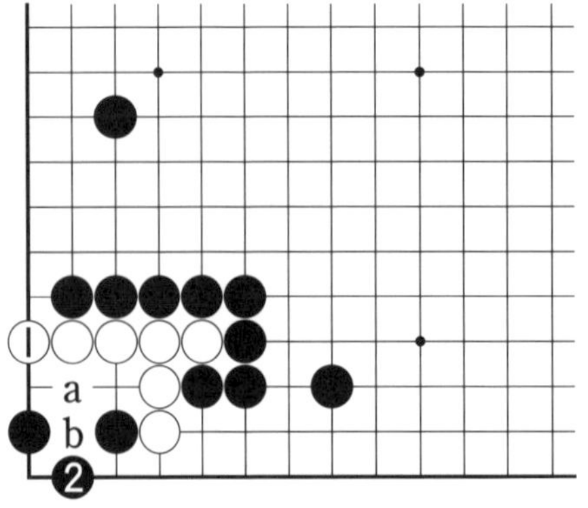

2도

2도(죽음의 궁도)

앞 그림의 4로 백1에 내려서는 것은 저항력이 약하다. 그러면 흑2로 웅크려서 귀에 눈 하나를 만드는 것이 호수이다.

이러면 백은 죽음의 궁도로 몰린다. 백a, 흑b로 두고 확인해 보도록 하자.

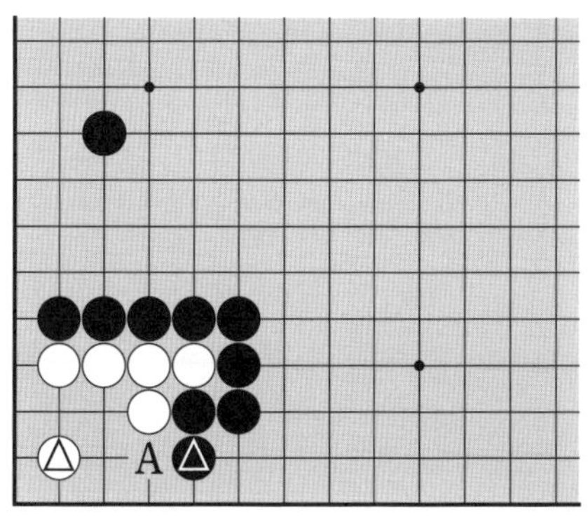

연습문제 2

▨ 연습문제 2 (흑 차례)

[연습문제 1]과 다른 점은 흑▲와 백△의 문답이 있다는 것이다. 백△가 A의 곳에 있다면 기본형과 차이가 없어진다.

과연 귀의 사활은 어떻게 될까? 첫수만 찾아내면 다음은 쉽다.

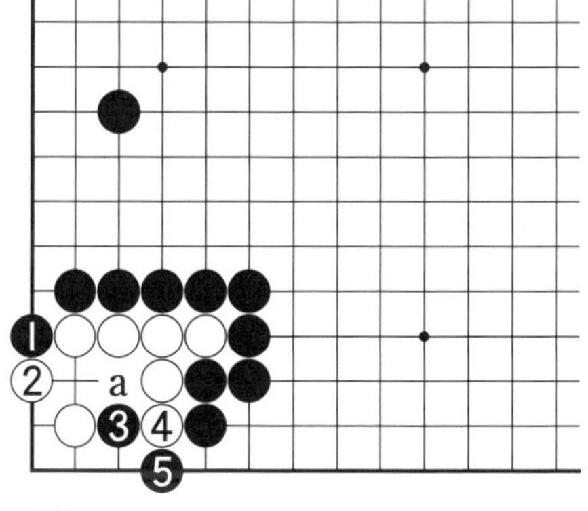

1도

1도(정해/ 젖히고 붙인다)

흑1의 젖힘이 출발점이다. 이 수만 찾으면 다음은 어렵지 않다. 백2는 절대의 응수이며 거기서 흑3의 붙임이 필살의 한수여서 백의 죽음!

백4, 흑5 다음 백a로 두지 못하는 점이 뼈아프다.

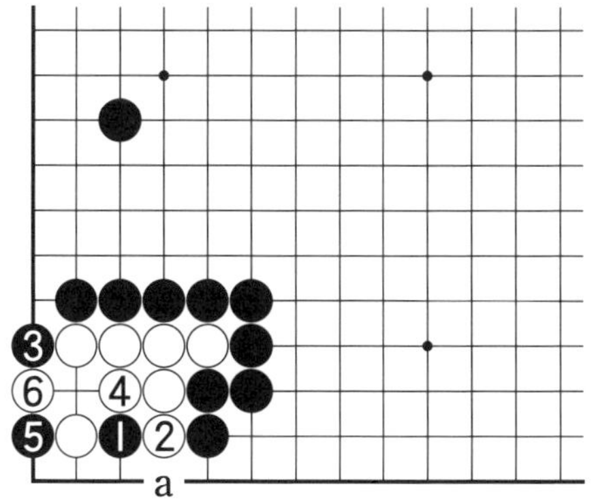

2도

2도(흑의 수순착오로 패)

흑1의 붙임을 서두르는 것은 명백한 수순착오로 백2, 4의 반발을 부른다. 흑5에 백6의 패가 필사의 저항이다.

백은 4로 6의 곳에 받으면 흑a로 건너서 앞 그림과 같아지므로 이렇게 4로 비튼 것이다.

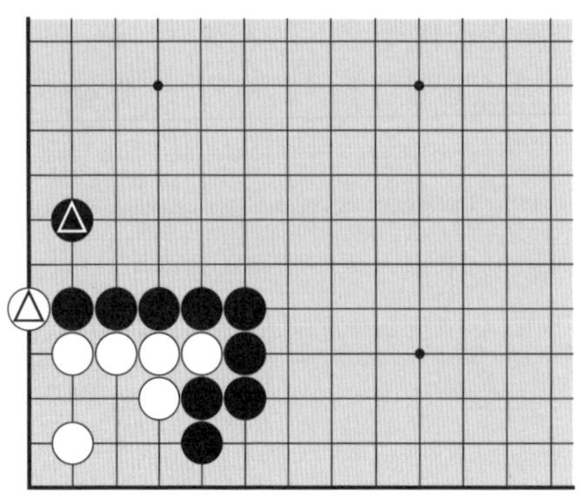

연습문제 3

▨ 연습문제 3 (흑 차례)

앞의 [연습문제 2]에 백△의 1선 젖힘과 흑△의 한칸뜀이 교환되어 있는 형태이다.

이번에는 사활의 결과가 어떻게 될까? 힌트가 없으면 풀기 어려울지도 모른다. 답은 잡는 수 없음!

1도(시도 1/ 백 삶)

흑1의 붙임이 그나마 유력한 공략이지만 백2, 흑3을 문답하고 나서 백4로 내려서는 것이 침착해 여유 있게 살아 버린다.

백△가 없다면 이다음 흑a의 젖힘이 통렬하겠지만…. 수순 중 흑3으로~

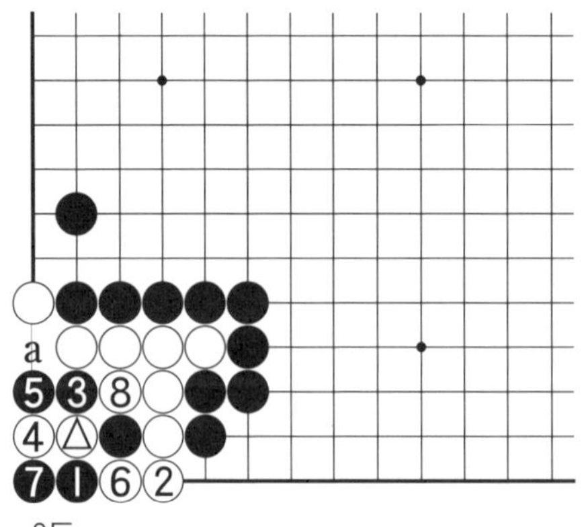

1도

2도(시도 2/ 백 삶)

흑1로 젖히는 것이 맥점이지만 백2로 내려서서 그만이다.

흑3에는 백4로 키워서 잡혀주는 것이 호수이다. 흑5, 7로 따낼 때 백8로 단수해서 살 수 있다. 다음 흑a에는 백△로 따낸다.

2도